王国平 主编

南宋史研究丛书

方建新 著

南宋藏书史

人民出版社

国家"十一五"重点图书出版规划项目

杭 州 市 社 会 科 学 院 重 大 课 题

浙江文化研究工程成果文库总序

习近平

有人将文化比作一条来自老祖宗而又流向未来的河,这是说文化的传统,通过纵向传承和横向传递,生生不息地影响和引领着人们的生存与发展;有人说文化是人类的思想、智慧、信仰、情感和生活的载体、方式和方法,这是将文化作为人们代代相传的生活方式的整体。我们说,文化为群体生活提供规范、方式与环境,文化通过传承为社会进步发挥基础作用,文化会促进或制约经济乃至整个社会的发展。文化的力量,已经深深熔铸在民族的生命力、创造力和凝聚力之中。

在人类文化演化的进程中,各种文化都在其内部生成众多的元素、层次与类型,由此决定了文化的多样性与复杂性。

中国文化的博大精深,来源于其内部生成的多姿多彩;中国文化的历久弥新,取决于其变迁过程中各种元素、层次、类型在内容和结构上通过碰撞、解构、融合而产生的革故鼎新的强大动力。

中国土地广袤、疆域辽阔,不同区域间因自然环境、经济环境、社会环境等诸多方面的差异,建构了不同的区域文化。区域文化如同百川归海,共同汇聚成中国文化的大传统,这种大传统如同春风化雨,渗透于各种区域文化之中。在这个过程中,区域文化如同清溪山泉潺潺不息,在中国文化的共同价值取向下,以自己的独特个性支撑着、引领着本地经济社会的发展。

从区域文化入手,对一地文化的历史与现状展开全面、系统、扎实、有序的研究,一方面可以藉此梳理和弘扬当地的历史传统和文化资源,繁荣和丰富当代的先进文化建设活动,规划和指导未来的文化发展蓝图,增强文化软实力,为全面建设小康社会、加快推进社会主义现代化提供思想保证、精神动力、智力支持和舆论力量;另一方面,这也是深入了解中国文化、研究中国文化、发展中国文化、创新中国文化的重要途径之一。如今,区域文化研究日益受到各地重视,成为我国文化研究走向深入的一个重要标志。我们今天实施浙江文化研究工程,其目的和意义也在于此。

千百年来,浙江人民积淀和传承了一个底蕴深厚的文化传统。这种文化传统的独特性,正在于它令人惊叹的富于创造力的智慧和力量。

浙江文化中富于创造力的基因,早早地出现在其历史的源头。在浙江新石器时代最为著名的跨湖桥、河姆渡、马家浜和良渚的考古文化中,浙江先民们都以不同凡响的作为,在中华民族的文明之源留下了创造和进步的印记。

浙江人民在与时俱进的历史轨迹上一路走来,秉承富于创造力的文化传统,这深深地融汇在一代代浙江人民的血液中,体现在浙江人民的行为上,也在浙江历史上众多杰出人物身上得到充分展示。从大禹的因势利导、敬业治水,到勾践的卧薪尝胆、励精图治;从钱氏的保境安民、纳土归宋,到胡则的为官一任、造福一方;从岳飞、于谦的精忠报国、清白一生,到方孝孺、张苍水的刚正不阿、以身殉国;从沈括的博学多识、精研深究,到竺可桢的科学救国、求是一生;无论是陈亮、叶适的经世致用,还是黄宗羲的工商皆本;无论是王充、王阳明的批判、自觉,还是龚自珍、蔡元培的开明、开放,等等,都展示了浙江深厚的文化底蕴,凝聚了浙江人民求真务实的创造精神。

代代相传的文化创造的作为和精神,从观念、态度、行为方式和价值取向上,孕育、形成和发展了渊源有自的浙江地域文化传统和与时俱进的浙江文化精神,她滋育着浙江的生命力、催生着浙江的凝聚力、激发着浙江的创造力、培植着浙江的竞争力,激励着浙江人民永不自满、永不停息,在各个不同的历史时期不断地超越自我、创业奋进。

　　悠久深厚、意韵丰富的浙江文化传统,是历史赐予我们的宝贵财富,也是我们开拓未来的丰富资源和不竭动力。党的十六大以来推进浙江新发展的实践,使我们越来越深刻地认识到,与国家实施改革开放大政方针相伴随的浙江经济社会持续快速健康发展的深层原因,就在于浙江深厚的文化底蕴和文化传统与当今时代精神的有机结合,就在于发展先进生产力与发展先进文化的有机结合。今后一个时期浙江能否在全面建设小康社会、加快社会主义现代化建设进程中继续走在前列,很大程度上取决于我们对文化力量的深刻认识、对发展先进文化的高度自觉和对加快建设文化大省的工作力度。我们应该看到,文化的力量最终可以转化为物质的力量,文化的软实力最终可以转化为经济的硬实力。文化要素是综合竞争力的核心要素,文化资源是经济社会发展的重要资源,文化素质是领导者和劳动者的首要素质。因此,研究浙江文化的历史与现状,增强文化软实力,为浙江的现代化建设服务,是浙江人民的共同事业,也是浙江各级党委、政府的重要使命和责任。

　　2005 年 7 月召开的中共浙江省委十一届八次全会,作出《关于加快建设文化大省的决定》,提出要从增强先进文化凝聚力、解放和发展生产力、增强社会公共服务能力入手,大力实施文明素质工程、文化精品工程、文化研究工程、文化保护工程、文化产业促进工程、文化阵地工程、文化传播工程、文化人才工程等"八项工程",实施科教兴国和人才强国战略,加快建设教育、科技、卫生、体育等"四个强省"。作为文化建设"八项工程"之一的文化研究工程,其任务就是系统研究浙江文化的历史成就和当代发展,深入挖掘浙江文化底蕴、研究浙江现象、总结浙江经验、指导浙江未来的发展。

　　浙江文化研究工程将重点研究"今、古、人、文"四个方面,即围绕浙江当代发展问题研究、浙江历史文化专题研究、浙江名人研究、浙江历史文献整理四大板块,开展系统研究,出版系列丛书。在研究内容上,深入挖掘浙江文化底蕴,系统梳理和分析浙江历史文化的内部结构、变化规律和地域特色,坚持和发展浙江精神;研究浙江文化与其他地域文化的异同,厘清浙江文化在中国文化中的地位和相互影响的关系;围绕浙江生动的当代实践,深入解读浙江现象,总结浙江经验,指导浙江发展。在研究力量上,通过课题组织、出版资助、重点研究基地建设、加强省内外大院名校合作、整合各地各部门力量等途径,形成上下联动、学界互动的整体合力。在成果运用上,注重研究成果的学术价值和应用价值,充分发挥其认识世界、传承文明、创新理论、咨政育人、服务社会的重要作用。

我们希望通过实施浙江文化研究工程,努力用浙江历史教育浙江人民,用浙江文化熏陶浙江人民,用浙江精神鼓舞浙江人民,用浙江经验引领浙江人民,进一步激发浙江人民的无穷智慧和伟大创造能力,推动浙江实现又好又快发展。

今天,我们踏着来自历史的河流,受着一方百姓的期许,理应负起使命,至诚奉献,让我们的文化绵延不绝,让我们的创造生生不息。

2006 年 5 月 30 日于杭州

以杭州(临安)为例　还原一个真实的南宋

——从"南海一号"沉船发现引发的思考

(代　序)

王鹏

2007 年 12 月 22 日,举世瞩目的我国南宋商船"南海一号"在广东阳江海域打捞出水。根据探测情况估计,整船金、银、铜、铁、瓷器等文物可能达到 6 万—8 万件,据说皆为稀世珍宝。迄今为止,全世界范围内都未曾发现过如此巨大的千年古船。"南海一号"的发现,在世界航海史上堪称一大奇迹,也填补与复原了南宋海上"丝绸之路"历史的一些空白①。不少专家认为"南海一号"的价值和影响力将不亚于西安秦始皇兵马俑。这艘沉船虽然出现在广东海域,但反映了整个南宋经济、文化的繁荣,标志着南宋社会的开放,也表明当时南宋引领着世界的发展。作为南宋政治、经济、文化、科技中心的都城临安(浙江杭州),则是南宋社会繁华与开放的代表。从某种意义上讲,没有以临安为代表的南宋的繁荣与开放,就不会有今日"南海一号"的发现;而"南海一号"的发现,也为我们重新审视与评价南宋,带来了最好的注解、最硬的实证。

提起南宋,往往众说纷纭,莫衷一是。长期以来,不少人把"山外青山楼外楼,西湖歌舞几时休? 暖风熏得游人醉,直把杭州作汴州"②这首曾写在临

---

① 参见《"南海一号"成功出水》一文,载《人民日报》2007 年 12 月 23 日。

② 林升:《题临安邸》,转引自田汝成《西湖游览志余》卷二《帝王都会》,上海古籍出版社 1980 年版,第 14 页。

安城一家旅店墙上的诗,当作是当时南宋王朝的真实写照。虽然近现代已有海内外学者开始重新认识南宋,但相当一部分人仍认为南宋军事上妥协投降、苟且偷安,政治上腐败成风、奸相专权,经济上积贫积弱、民不聊生,生活上纸醉金迷、纵情声色。总之,南宋王朝是一个只图享受、不思进取的偏安小朝廷。导致这种历史误解的原因,在很大程度上是出于人们对患有"恐金病"的宋高宗和权相秦桧一伙倒行逆施的义愤,这是可以理解的。但是,我们决不能坐在历史的成见之上人云亦云。只要我们以对历史负责、对时代负责、对未来负责的精神和科学求实的态度,以科学发展观为指导,对南宋进行全面、深入、系统的研究,将南宋放到当时特定的历史发展阶段中、放到中国社会发展的历史长河中、放到整个世界的文明进程中进行考察,就不难发现南宋时期在社会经济、思想文化、科学技术、国计民生等方面所取得的成就,就不难发现南宋对中华文明所产生的巨大影响,以此对南宋作出科学、客观、公正的评价,"还原一个真实的南宋"。

宋钦宗靖康元年(1126)闰十一月,金军攻陷北宋京城开封。次年三月,俘徽、钦二帝北去,北宋灭亡。同年五月,宋徽宗第九子、钦宗之弟赵构,在应天府(河南商丘)即位,是为高宗,改元建炎,重建赵宋王朝。建炎三年(1129)二月,高宗来到杭州,改州治为行宫,七月升杭州为临安府,此时起,杭州实际上已成为南宋的都城。绍兴八年(1138),南宋宣布临安府为"行在所",正式定都临安。自建炎元年(1127)赵构重建宋室,至祥兴二年(1279)帝昺蹈海灭亡,历时 153 年,史称"南宋"。

我们认为,研究与评价南宋,不应当仅仅以王朝政权的强弱为依据,而应当坚持"以人为本"的理念,以人们生存与生活状态的改善作为社会进步的根本标准。许多人评价南宋,往往把南宋王朝作为对象,我们认为所谓"南宋",不仅仅是一个历史王朝的称谓,而主要是指一个特定的历史阶段和历史时期。在马克思主义看来,历史的进步是社会发展和人的发展相统一的过程,"人们的社会历史始终只是他们的个体发展的历史"①,未来理想社

---

① 《马克思恩格斯选集》第 4 卷,人民出版社 1972 年版,第 321 页。

会"以每个人的全面而自由的发展为基本原则"①。人是社会发展的主体，人的自由与全面发展是社会进步的最高目标。这就要坚持"以人为本"的科学发展观，将人的生存与全面发展作为评价一个历史阶段的根本依据。南宋时期，虽说尚处在封建社会的中期，人的自由与发展受到封建集权思想与皇权统治的严重束缚，但南宋与宋代以前漫长的封建历史时期相比，这一时期所出现的对人的生存与生活的关注度以及南宋人的生活质量和创造活力所达到的高度都是前所未有的。

　　研究与评价南宋，不应当仅仅以军事力量的大小作为评价依据，而应当以其社会经济、文化整体状况与发展水平的高低作为重要标准。我们评判一个朝代，不但要考察其军事力量的大小，更要看其在经济、文化、科技、社会等各方面所取得的成就。两宋立国320年，虽不及汉、唐、明、清国土辽阔，却以在封建社会中无可比拟的繁荣和社会发展的高度，跻身于中国古代最辉煌的历史时期之列。无论是文化教育的普及、文学艺术的繁荣、学术思想的活跃、科学技术的进步，还是社会生活的丰富多彩，南宋都达到了前所未有的程度，在当时世界上也都处于领先地位。著名史学家邓广铭认为"宋代的文化，在中国封建社会历史时期之内，截至明清之际西学东渐的时期为止，可以说，已经达到了登峰造极的高度"。②

　　研究与评价南宋，不能仅仅以某些研究的成果或所谓的"历史定论"为依据，而应当以其在人类文明进步中所扮演的角色，以及对后世产生的影响作为重要标准。宋朝是中国封建社会里国祚最长的朝代，也是封建文化发展最为辉煌的时期。南宋虽然国土面积只有北宋的五分之三左右，却维持了长达153年（1127—1279）的统治。南宋不但对中国境内同时代的少数民族政权和周边国家产生了积极影响，而且对后世中华文化的形成产生了巨大影响。近代著名思想家严复认为："中国所以成于今日现象者，为善为恶，姑不具论，而为宋人所造就，什八九可断言也。"③近代史学大师陈寅恪先生

---

①　《马克思恩格斯全集》第23卷，人民出版社1972年版，第649页。

②　邓广铭：《宋代文化的高度发展与宋王朝的文化政策》，载《历史研究》1990年第1期。

③　严复：《严几道与熊纯如书札节钞》，载《学衡》第13期，江苏古籍出版社1999年影印本。

也曾经指出："华夏民族之文化,历数千载之演进,造极于赵宋之世。"①因此,我们既要看到南宋王朝负面的影响,更要充分肯定南宋的历史地位与历史影响,只有这样,才能"还原一个真实的南宋"。

一、在政治上,不但要看到南宋王朝外患深重、苟且偷安的一面,更要看到爱国志士精忠报国、南宋政权注重内治的一面

南宋时期民族矛盾异常尖锐,外患严重之至,前期受到北方金朝的军事讹诈和骚扰掠夺,后期又受到蒙元的野蛮侵略,长期威胁着南宋政权的生存与发展。在此情形下,南宋初期朝廷中以宋高宗为首的主和派,积极议和,向女真贵族纳贡称臣,南宋王朝确实存在消极抗战、苟且偷安的一面。但也要承认南宋王朝大多君王也怀有收复中原的愿望。南宋将杭州作为"行在所",视作"临安"而非"长安",也表现出了南宋统治集团不忘收复中原的意图。我们更应该看到南宋时期,在153年中,涌现了以岳飞、文天祥两位彪炳青史的民族英雄为代表的一大批爱国将领,众多的爱国仁人志士,这是中国古代任何一个朝代都难以比拟的。

同时,南宋政权也十分注重内治,在加强中央集权制度、推行"崇尚文治"政策、倡导科举不分门第等方面均有重大建树。其主要表现在:

1. 从军事斗争上看,南宋是造就爱国志士、民族英雄的时代

南宋王朝长期处于外族入侵的严重威胁之下,为此南宋军民进行了一百多年艰苦卓绝的抵抗斗争,涌现了无数气壮山河、可歌可泣的爱国事迹和民族英雄。因而,我们认为:南宋时代是面对强敌、英勇抗争的时代。众所周知,金朝是中国历史上继匈奴、突厥、契丹以后一个十分强大的少数民族政权,并非昔日汉唐时期的匈奴、突厥与明清时期的蒙古可比。金军先后灭亡了辽朝和北宋,南侵之势简直锐不可当,但由于南宋军民的浴血奋战,虽屡经挫折,终于抵挡住了南侵金军一次又一次的进攻,在外患深重的困境中站稳了脚跟。在持久的宋金战争中,南宋的军事力量不但没有削

---

① 《陈寅恪先生文集》第2卷,上海古籍出版社1980年版,第245页。

弱，反而逐渐壮大起来。南宋后期的蒙元军队则更为强大，竟然以 20 年左右的时间横扫欧亚大陆，使全世界都为之谈"蒙"色变。南宋的军事力量尽管相对弱小，又面对当时世界上最为强大的蒙元军队，但广大军民同仇敌忾，顽强抵抗了整整 45 年之久，这不能不说是世界抗击蒙元战争史上的一个奇迹。①

南宋是呼唤英雄、造就英雄的时代。在旷日持久的宋金战争中，造就了以宗泽、韩世忠、岳飞、刘锜、吴玠吴璘兄弟为代表的一批南宋爱国将领。特别是民族英雄岳飞率领的岳家军，更是使金军闻风丧胆。在南宋抗击蒙元的悲壮战争中，前有孟珙、王坚等杰出爱国将领，后有文天祥、谢枋得、陆秀夫、张世杰等抗元英雄，其中民族英雄文天祥领导的抗元斗争，更是可歌可泣，彪炳史册。

南宋是激发爱国热忱、孕育仁人志士的时代。仅《宋史·忠义列传》，就收录有爱国志士 277 人，其中大部分是南宋人②。南宋初期，宗泽力主抗金，并屡败金兵，因不能收复北宋失地而死不瞑目，临终时连呼三次"过河"；洪皓出使金朝，被流放冷山，历尽艰辛，终不屈服，被比作宋代的苏武；陆游"死去元知万事空，但悲不见九州同"的诗句，表达了他渴望祖国统一的遗愿；辛弃疾的词则抒发了盼望祖国统一和反对主和误国的激情。因此，我们认为，南宋不但是造就民族英雄的时代，也是孕育爱国政治家、军事家、文学家和思想家的沃土。

2. 从政治制度上看，两宋时期是加强中央集权、"干强枝弱"的时期

宋朝在建国之初，鉴于前朝藩镇割据、皇权削弱的历史教训，通过采取"强干弱枝"政策，不断加强中央集权统治，南宋时得到了进一步强化。在中央权力上，实行军政、民政、财政"三权分立"，削弱宰相的权力与地位；在地方权力上，中央派遣知州、知县等地方官，将原节度使兼领的"支郡"收归中央直接管辖；在官僚机构上，实行官（官品）、职（头衔）、差遣（实权）三者分离制度；在财权上，设置转运使掌管各路财赋，将原藩镇把持的地方财权收

---

① 参见何忠礼《论南宋定都杭州对当地经济文化的重大影响》，载《杭州研究》2007 年第 2 期。
② 参见俞兆鹏《南宋人才之盛及其原因》，载《杭州日报》2005 年 11 月 14 日。

归中央;在司法权上,设置提点刑狱一职,将方镇节度使掌握的地方司法权收归中央;在军权上,实行禁军"三衙分掌",使握兵权与调兵权分离、兵与将分离,将各州军权牢牢地控制在中央手里,从而加强了中央对政权、财权、军权等方面的全面控制。南宋继承了北宋加强中央集权的这一系列措施,为维护国家内部统一、社会稳定和经济发展提供了良好的国内环境。尽管多次出现权相政治,但皇权仍旧稳定如故。

3. 从用人制度上看,南宋是所谓"皇帝与士大夫共治天下"的时代

两宋统治集团始终崇尚文治,尊重知识分子,重用文臣,提倡教育和养士,优待知识分子。与秦代"焚书坑儒"、汉代"罢黜百家"、明清"文字狱"相比,两宋时期可谓是封建社会思想文化环境最为宽松的时期,客观上对经济、社会、文化发展起到了积极的促进作用①。其政策措施表现在:

推行"崇尚文治"政策。宋王朝对文人士大夫采取了较为宽松宽容的态度,"欲以文化成天下",对士大夫待之以礼、"不得杀士大夫及上书言事人"②,确立了"兴文教,抑武事"③的"崇文抑武"大政方针。两宋政权将"右文"定为国策,在这种政治氛围下,知识分子的思想十分活跃,参政议政的热情空前高涨,在一定程度上出现了"皇帝与士大夫共治天下"的局面,从而有力地推动了宋代思想、学术、文化的大发展。正由于两宋重用文士、优待文士,不杀文臣,因而南宋时常有正直大臣敢于上书直谏,甚至批评朝政乃至皇帝的缺点,这与隋、唐、明、清时期的动辄诛杀士大夫的政治状况大不相同。

采取"寒门入仕"政策。为了吸收不同阶层的知识分子参加政权,两宋对选才用人的科举制度进行了改革,消除了魏晋以来士族门阀造成的影响。两宋科举取士几乎面向社会各个阶层,再加上科举取士的名额不断增加,在社会各阶层中形成了"学而优则仕"之风。南宋时期,取士更不受出身门第的限制,只要不是重刑罪犯,即使是工商、杂类、僧道、农民,甚至是杀猪宰牛

---

① 参见郭学信《试论两宋文化发展的历史特色》,载《江西社会科学》2003 年第 5 期。
② 陶宗仪:《说郛》卷三九上,台北商务印书馆 1986 年影印文渊阁《四库全书》本。
③ 李焘:《续资治通鉴长编》卷一八,太平兴国二年正月丙寅条,中华书局 2004 年版,第 392 页。

的屠户,都可以应试授官。南宋的科举登第者多数为平民,如在宝祐四年(1256)登科的 601 名进士中,平民出身者就占了 70%。[1]

二、在经济上,不但要看到南宋连年岁贡不断、赋税沉重的状况,更要看到整个南宋生产发展、经济繁荣的一面

人们历来有一种误解,认为南宋从立国之日起,就存在着从北宋带来的"积贫积弱"老毛病。确实,南宋王朝由于长期处于前金后蒙的威胁之下,迫使其不得不以加强皇权统治作为核心利益,在对外关系上,以牺牲本国的经济利益为代价,采取称臣、割地、赔款等手段来换取王朝政权的安定。正因为庞大的兵力和连年向金朝贡,加重了南宋王朝财政负担和民众经济负担,也一定程度上影响了南宋的经济发展。但在另一方面,我们更应当看到,南宋时期,由于北方人口的大量南下,给南宋的经济发展带来了充足的劳动力、先进的生产技术和丰富的生产经验,再加上统治者出台的一些积极措施,南宋在农业、手工业、商业、外贸等方面都取得了突出成就。南宋经济繁荣主要体现在:

1. 从农业生产看,南宋出现了古代中国南粮北调的新格局

由于南宋政府十分注重水利的兴修,并采取鼓励垦荒的措施,加上北方人口的大量南移和广大农民的辛勤劳动,促进了流民复业和荒地开垦。人稠地少的两浙等平原地带,垦辟了众多的水田、圩田、梯田。曾经"几无人迹"的淮南地区也出现了"田野加辟"、"阡陌相望"的繁荣景象。南宋时期,农作物单位面积产量比唐代提高了两三倍,总体发展水平大大超过了唐代,有学者甚至将宋代农作物单位面积产量的大幅提高称为"农业革命"[2]。"苏湖熟,天下足"的谚语就出现在南宋[3]。元初,江浙行省虽然只是元十个行省中的一个,岁粮收入却占了全国的 37.10%[4],江浙地区成了中国农业最为发达的地区,并出现了中国南粮北调的新格局。

---

① 参见俞兆鹏《南宋人才之盛及其原因》,载《杭州日报》2005 年 11 月 14 日。
② 张邦炜:《瞻前顾后看宋代》,载《河北学刊》2006 年第 5 期。
③ 范成大:《吴郡志》卷五○《杂志》,中华书局 1990 年《宋元方志丛刊》本。
④ 脱脱:《元史》卷九三《食货一·税粮》,中华书局 2005 年版,第 2361 页。

2. 从手工业生产看,南宋达到了中国古代手工业发展的新高峰

南宋时期,随着北方手工业者的大批南下和先进生产技术的传入,使南方的手工业生产上了一个新的台阶。一是纺织业规模和技术都大大超过了同时代的金朝,南方自此成为了中国丝织业最发达的地区。二是瓷器制造业中心从北方移至江南地区。景德镇生产的青白瓷造型优美,有"饶玉"之称;临安官窑所造青瓷极其精美,为此杭州在官窑原址建立了官窑博物馆,将这些精美的青瓷展现给世人;龙泉青瓷达到了烧制技术的新高峰,并大量出口。三是造船业空前发展。漕船、商船、游船、渔船,数量庞大,打造奇巧,富有创造性;海船所采用的多根桅杆,为前代所无;战船种类众多,功用齐全,在抗金和抗蒙元的战争中发挥了重要作用。

3. 从商业发展看,南宋开创了古代中国商品经济发展的新时代

虽然宋代主导性的经济仍然是自然经济,但由于两宋时期冲破了历朝统治者奉行"重农抑商"观念的束缚,确立了"农商并重"的国策,采取了惠商、恤商政策措施,使社会各阶层纷纷从事商业经营,商品经济呈现出划时代的发展变化,进入了一个新的历史发展阶段。一是四通八达的商业网络。随着商品贸易的发展,出现了临安、建康(江苏南京)、成都等全国性的著名商业大都市,当时的临安已达 16 万户,人口最多时有 150 万—160 万人①,同时,还出现了 50 多个 10 万户以上的商业大城市,并涌现出一大批草市、墟市等定期集市和商业集镇,形成了"中心城市—市镇集市—边境贸易—海外市场"的通达商业网络②。二是"市坊合一"的商业格局。两宋时期由于城市商业繁荣,冲破了长期以来作为商业贸易区的"市"与作为居民住宅区的"坊"分离的封闭式坊市制度,出现了住宅与店肆混合的"市坊合一"商业格局,街坊商家店铺林立,酒肆茶楼面街而立。从《梦粱录》和《武林旧事》的记载来

---

① 杨宽先生在《中国古代都城制度史》一书中认为,南宋末年咸淳年间,临安府所属九县,按户籍,主客户共三十九万一千多户,一百二十四万多口;附郭的钱塘、仁和两县主客户共十八万六千多户,四十三万二千多口,占全府人口的三分之一。宋朝的"口"是男丁数,每户平均以五人计,约九十多万人。所驻屯的军队及其家属,估计有二十万人以上,总人口当在一百二十万人左右,包括城外郊区十万人和乡村十万人。

② 参见陈杰林《南宋商业发展:特点与成因》,载《安庆师范学院学报》2003 年第 4 期。

看,南宋临安城内商业繁荣,甚至出现了夜市刚刚结束,早市又告兴起的繁荣景象。三是规模庞大的商品交易。南宋商品的交易量虽难考证,但从商税收入可窥见一斑。淳熙(1174—1189)末全国正赋收入 6530 万缗,占全国总收入 30% 以上,据此推测,南宋商品交易额在 20000 万缗以上,可见商品交易量之巨大①。南宋商税加专卖收益超过农业税的收入,改变了宋以前历代王朝农业税赋占主要地位的局面。

4. 从海外贸易看,南宋开辟了古代中国东西方交流的新纪元

两宋期间,由于陆上"丝绸之路"隔断,东南方向海路成为对外贸易的唯一通道,海外贸易成为中外经济文化交流的主要通道。南宋海外贸易繁荣表现在:一是对外贸易港口众多。广州、泉州、临安、明州(浙江宁波)等大型海港相继兴起,与外洋通商的港口已近 20 个,还兴起了一大批港口城镇,形成了北起淮南/东海,中经杭州湾和福、漳、泉金三角,南到广州湾和琼州海峡的南宋万余里海岸线上全面开放的新格局,这种盛况不仅唐代未见,就是明清亦未能再现②。二是贸易范围大为扩展。宋前,与我国通商的海外国家和地区约 20 处,主要集中在中南半岛和印尼群岛,而与南宋有外贸关系的国家和地区增至 60 个以上,范围从南洋(南海)、西洋(印度洋)直至波斯湾、地中海和东非海岸。三是出口商品附加值高。宋代不但外贸范围扩大、出口商品数量增加,而且进口商品以原材料与初级制品为主,而出口商品则以手工业制成品为主,附加值高。用附加值高的制成品交换附加值低的初级产品,表明宋代外向型经济在发展程度上高于其外贸伙伴。③

三、在文化上,不但要看到封闭保守、颓废安逸的一面,更要看到南宋"百家争鸣、百花齐放"的繁荣局面

由于以宋高宗为首的妥协派大多患有"恐金病",加之南宋要想收复北

---

① 参见陈杰林《南宋商业发展:特点与成因》,载《安庆师范学院学报》2003 年第 4 期。
② 参见葛金芳《南宋:走向开放型市场的重大转折》,载《杭州研究》2007 年第 2 期。
③ 参见葛金芳《南宋:走向开放型市场的重大转折》,载《杭州研究》2007 年第 2 期。

方失地在军事上和经济上确实存在着许多困难,收复中原失地的战争,也几度受到挫折,因此在南宋统治集团中,往往笼罩着悲观失望、颓废偷安的情绪。一些皇亲贵族,只要不是兵荒马乱,就热衷于享受山水之乐和口腹之欲,出现了软弱不争、贪图享受、胸无大志、意志消沉的"颓唐之风"。反映在一些文人士大夫的文化生活中,就是"一勺西湖水。渡江来、百年歌舞,百年醋醉"的华丽浮靡之风。但是,这并不能掩盖两宋文化的历史地位与影响。宋代是中国古代文化最为光辉灿烂的时期之一。近代的中国文化,其实皆脱胎于两宋文化。著名史学家邓广铭认为:"宋代文化发展所能达到的高度,在从十世纪后半期到十三世纪中叶这一历史时期内,是居于全世界的领先地位的。"①日本学者则将宋代称为"东方的文艺复兴时代"②。著名华裔学者刘子健认为:"此后中国近八百年来的文化,是以南宋文化为模式,以江浙一带为重点,形成了更加富有中国气派、中国风格的文化。"③这主要体现在:

1. 南宋是古代中国学术思想的巅峰时期

王国维指出:"宋代学术,方面最多,进步亦最著","近世学术多发端于宋人"。宋学作为宋型文化的精神内核,是中国古代学术思想的新巅峰。宋学流派纷呈,各臻其妙,大师迭出,群星璀璨,尤其到南宋前期,思想文化呈现出一派勃勃生机和前所未有的活跃局面。

理学思想的形成。两宋统治者以文治国、以名利劝学的政策,对当时的思想、学术及教育产生了重要影响,最明显的一个标志是新儒学——理学思想的诞生。南宋是儒学各派互争雄长的时期,各学派互相论辩、互相补充,共同构筑起中国儒学发展史上一个新的阶段。作为程朱理学集大成者的朱熹,是继孔孟以来最杰出的儒家学者。理学思想中倡导的国家至上、百姓至上的精神,与孟子的"君轻民贵"思想是一脉相承的。同时,两宋还倡导在儒

---

① 邓广铭:《国际宋史研讨会开幕词》,载《国际宋史研讨论文选集》,河北大学出版社1992年版,第1页。

② 宫崎市定:《宫崎市定论文选集》下册,商务印书馆1963年版。

③ 刘子健:《代序——略论南宋的重要性》,载黄宽重主编《南宋史研究集》,台湾新文丰出版公司1985年版。

家思想主导下的"儒佛道三教同设并行"，就是在"尊孔崇儒"的同时，对佛、道两教也持尊奉的态度。理学各家出入佛老；佛门也在学理上融合儒道；道教则从佛教中汲取养分，将其融入自身的养生思想，并吸纳佛教"因果轮回"思想与儒家"纲常伦理"学说。普通百姓"读儒书、拜佛祖、做斋醮"更是习以为常。两宋"三教合流"的文化策略迎合了时代的需要，使宋代儒生不同于以往之"终信一家、死守一经"，从而使得南宋在思想、文化领域均有重大突破与重大建树。

思想学术界学派林立。学派林立是南宋学术思想发展的突出表现，也是当时学术界新流派勃兴的标志。在儒学复兴的思潮激荡下，尤其是在鼓励直言、自由议论的政策下，先后形成了以朱熹为代表的道学，以陆九渊为代表的心学，以叶适为代表的永嘉事功之学，以吕祖谦为代表的婺学，以陈亮为代表的永康之学等主要学派，开创了浙东学派的先河。南宋时期学派间互争雄长和欣欣向荣的景象，维持了近百年之久，形成了继春秋战国之后中国历史上第二次"百家争鸣"的盛况，为推动南宋经济文化的发展起到了积极作用。尤其是浙东事功学派极力推崇义利统一，强调"商藉农而立，农赖商而行"，认为只有农商并重，才能民富国强，实现国家中兴统一的目的。这种功利主义思想，反映了当时人们希望发展南宋经济和收复北方失地的强烈愿望。

2. 南宋是古代中国文学艺术的鼎盛时期

近代国学大师王国维认为："天水一朝人智之活动与文化之多方面，前之汉唐、后之元明皆所不逮也。"①南宋文学艺术的繁荣主要表现在：一是宋词的兴盛。宋代创造性地发展了"词"这一富有时代特征的文学形式。词的繁荣起始于北宋，鼎盛于南宋。南宋词不仅在内容上有所开拓，而且艺术上更趋于成熟。辛弃疾是南宋最伟大的爱国词人，豪放词派的最高代表，也是南宋词坛第一人，与北宋词人苏轼一样，同为宋词最为杰出的代表。李清照是婉约词派的代表人物，形成了别具一格的"易安体"，对后世影响很大。陆

---

① 王国维：《静庵文集续编·宋代之金石学》，载《王国维遗书》第 5 册，上海古籍出版社1983 年版。

游既是著名的爱国诗人,也是南宋词坛的巨匠,他的词充满了奔放激昂的爱国主义感情,与辛弃疾一起把宋词推向了艺术高峰。二是宋诗的繁荣。宋诗在唐诗之后另辟蹊径,开拓了宋诗新境界,其影响直到清末民初。宋诗完全有资格在中国诗史上与唐诗双峰并峙,两水并流。三是话本的兴起。南宋话本小说的出现,在中国文学史上是一件极有意义的大事,它标志着中国小说的发展已进入到了一个新的阶段。宋代话本为中国小说的发展注入了新鲜的活力,迎来了明清小说的繁荣局面。南宋还出现了以《沧浪诗话》为代表的具有现代审美特征的开创性的文学理论著作。四是南戏的出现。南宋初年,出现了具有很强的现实性和感染力的"戏文",统称"南戏"。南宋戏文是元代杂剧的先驱,它的出现标志着中国古代戏曲艺术的成熟,为我国戏剧的发展奠定了雄厚基础①。五是绘画的高峰。宋代是中国绘画史上的鼎盛时期,标志我国中古时期绘画高峰的出现。有研究者认为:"吾国画法,至宋而始全。"②宋代画家多达千人左右,以李唐、刘松年、马远、夏圭等人为代表的南宋著名画家,他们的作品在画坛至今仍享有十分崇高的地位。此外,南宋的多位皇帝和后妃也都是绘画高手。南宋绘画形式多样,山水、人物、花鸟等并盛于世,其中尤以山水画最为突出,它们对后世的影响极大。南宋画家称西湖景色最奇者有十,这就是著名的"西湖十景"的由来。宋代工艺美术造型、装饰与总体效果堪称中国工艺史上的典范,为明清工艺争相效仿的对象。此外,南宋的书法、雕塑、音乐、歌舞等也都有长足的发展。

3. 南宋是古代中国文化教育的兴盛时期

宋代统治者大力倡导学校教育,将"崇经办学"作为立国之本,使宋代的教育体制较之汉唐更加完备和发达。南宋官学、私学皆盛,彻底打破了长期以来士族地主垄断教育的局面,使文化教育下移,教育更加大众化,适应了平民百姓对文化教育的需求,推动了文化的大普及,提高了全社会的文化素质,促进了南宋社会文化事业的进步和发展。在科举考试的推动下,南宋的中央官学、地方官学、书院和私塾村校并存,各类学校都获得了蓬勃的发展。

---

① 参见何忠礼、徐吉军《南宋史稿》,杭州大学出版社 1999 年版,第 657 页。
② 潘天寿:《中国绘画史》,上海人民美术出版社 1983 年版,第 158 页。

南宋各州县普遍设立了公立学校,其学校规模、学校条件、办学水平,较之北宋有了更大发展。由于理学家的竭力提倡和科举考试的需要,南宋地方书院得到了大发展,宋代共有书院 397 所,其中南宋占 310 所①。南宋私塾村校遍及全国各地,学校教育由城镇延伸到了乡村,南宋教育达到了前所未有的普及程度。

4. 南宋是古代中国史学的繁荣时期

南宋以"尊重和提倡"的形式,鼓励知识分子重视历史,研究历史,"思考历代治乱之迹"。陈寅恪先生指出:"中国史学莫盛于宋。"②南宋史学家袁枢的《通鉴纪事本末》,创立了以重大历史事件为主体,分别立目,完整地记载历史事件的纪事本末体;朱熹的《资治通鉴纲目》创立了纲目体;朱熹的《伊洛渊源录》则开启了记述学术宗派史的学案体之先河。南宋在历史上第一次提出了"经世致用"的修史思想。南宋史学家不仅重视当代史的研究,而且力主把历史与现实结合起来,从历史上寻找兴衰之源,以史培养爱国、有用的人才。这些都对后代的史学家有很大的启迪和教益。

四、在科技上,既要看到整个宋代在中国古代科技史上的地位,又要看到南宋对古代中国科学技术的杰出贡献

宋代统治集团对在科学技术上有重要发明及创造、创新之人给予物质和精神奖励,为宋代科技发展与进步注入了前所未有的强大动力。宋朝是当时世界上发明创造最多的国家,也是中国为世界科技发展贡献最大的时期。英国学者李约瑟说:"每当人们在中国的文献中查找一种具体的科技史料时,往往会发现它的焦点在宋代,不管在应用科学方面或纯粹科学方面都是如此。"③中国历史上的重要发明,一半以上都出现在宋朝,宋代的不少科技发明不仅在中国科技史上,而且在世界科技史上也号称第一。《梦溪笔

---

① 参见何忠礼《论南宋定都杭州对当地经济文化的重大影响》,载《杭州研究》2007 年第 2 期。
② 陈寅恪:《陈垣明季滇黔佛教考序》、《陈垣元西域人华化考序》,载《金明馆丛稿二编》,上海古籍出版社 1980 年版,第 240、238 页。
③ 李约瑟:《李约瑟文集》,辽宁科技出版社 1986 年版,第 115 页。

谈》的作者北宋沈括、活字印刷术的发明者毕昇这两位钱塘（浙江杭州）人，都是中外公认的中国古代伟大科学巨匠。南宋的科技在北宋基础上进一步得到发展，其科技成就在很多方面居于世界领先地位。这主要表现在：

1. 南宋对中国古代"三大发明"的贡献

活字印刷术、指南针与火药三大发明，在南宋时期获得进一步的完善和发展，并开始了大规模的实际应用。指南针在航海上的应用，始见于北宋末期，南宋时的指南针已从简单的指针，发展成为比较简易的罗盘针，并将它应用于航海上，这是一项具有世界意义的重大发明。李约瑟指出：指南针在航海中的应用，是"航海技艺方面的巨大改革"，"预示计量航海时代的来临"。中国古代火药和火药武器的大规模使用和推广也始自南宋。南宋出现的管形火器，是世界兵器史上十分重要的大事，近代的枪炮就是在这种原始的管形火器基础上发展起来的。此外，南宋还广泛使用威力巨大的火炮作战，充分反映了南宋火器制造技术的巨大进步。南宋开始推广使用活字印刷术，出现了目前世界上第一部活字印本。此外，南宋的造纸技术也更为发达，生产规模大为扩展，品种繁多，质量之高，近代也多不及。

2. 南宋在农业技术理论上的重大突破

南宋陈旉所著的《农书》是我国现存最早的有关南方农业生产技术与经营的农学著作，他是中国农学史上第一个提出土地利用规划技术的人。陈旉在《农书》中首先提出了土壤肥力论等多种土地的利用和改造之法，并对搞好农业经营管理提出了卓越的见解。稻麦两熟制、水旱轮作制、"耕耙耖"耕作制，在南宋境内都得到了较好的推广。植物谱录在南宋也大量涌现。《橘录》是我国最早的柑橘专著；《菌谱》是世界历史上最早的菌类专著；《全芳备祖》是世界上最早的植物学辞典，比欧洲要早 300 多年；《梅谱》是世界上最早的有关梅花的专著。

3. 南宋在制造技术上的高度成就

宋代冶金技术居世界最高水平，南宋对此作出了卓越的贡献。在有色金属的开采与冶炼方面，南宋发明了"冶银吹灰法"和"铜合金铁"冶炼法；在煤炭的开发利用上，南宋开始使用焦煤炼铁（而欧洲人是在 18 世纪时才发明了焦煤炼铁),是我国冶金史上具有重大意义的里程碑。南宋是我国纺织技术高度发展时期,特别是蚕桑丝绸生产,已形成了一整套从栽桑到成衣的过程,生产工具丰富,为明清的丝绸生产技术奠定了基础。南宋的丝纺织品、织造和染色技术在前代的基础上达到了一个新水平。南宋瓷器无论在胎质、釉料,还是在制作技术上,都达到了新的高度。同时,南宋的造船、建筑、酿酒、地学、水利、天文历法、军器制造等方面的技术水平,也都比过去有很大的进步。如现保存于杭州碑林的石刻《天文图》,是迄今为止所能见到的最早的全天星图;绘于南宋绍定二年(1229)的石刻《平江图》,是我国现存最完整的城市规划图,至今仍完好地保存在苏州市博物馆。

4. 南宋在数学领域的巨大贡献

南宋数学不仅在中国数学史上,而且在世界数学史上取得了极为辉煌的成就。南宋杰出的数学家秦九韶撰写的《数学九章》提出的"正负开方术",与现代求数学方程正根的方法基本一致,比西方早 500 多年。另一位杰出的数学家杨辉,编撰有《详解九章算法》、《日用算法》、《乘除通变本末》、《田亩比类乘除捷法》、《续古摘奇算法》、《杨辉算法》等十余种数学著作,收录了不少我国现已失传的数学著作中的算题和算法。杨辉对级数求和的论述,使之成为继沈括之后世界上最早研究高阶等差级数的人。杨辉发明的"九归口诀",不仅提高了运算速度和精确度,而且还对明代珠算的发明起到了重要作用。因此,李约瑟把宋代称为"伟大的代数学家的时代",认为"中国的代数学在宋代达到最高峰"。[①]

5. 南宋在医药领域的重要贡献

南宋是中国法医学正式形成的时期。宋慈《洗冤集录》是世界上第一部法医学专著,比西方早 350 余年。它不仅奠定了我国古代法医学的基础,而且被奉为我国古代"官司检验"的"金科玉律",并对世界法医学产生了广泛影响。南宋是中国针灸医学的极盛时期。王执中《针灸资生经》和闻人耆年

---

① 参见《中国科学技术史》第 1 卷第 1 册,科学出版社 1975 年版,第 273、284、287、292 页。

《备急灸法》两书,皆集历代针灸学知识之大全,反映了当时针灸学的最高水平。南宋腧穴针灸铜人是针灸学上第一具教学、临床用的实物模型。陈自明所著《外科精要》一书对指导外科的临床应用具有重要意义。陈自明《妇人大全良方》是著名的妇产科著作,直到明清时期仍被妇科医生奉为经典。朱瑞章的《卫生家宝产科方》,被称为"产科之荟萃,医家之指南"。无名氏的《小儿卫生总微论方》和刘昉的《幼幼新书》,汇集了宋以前在儿科学方面所取得的成就,是我国历史上较早的一部比较系统、全面的儿科学著作。许叔微《普济本事方》是中国古代一部比较完备的方剂专书。

五、在社会生活上,不但看到南宋一些富豪官绅生活奢华、挥霍淫乐的一面,更要看到南宋政府关注民生、注重民生保障的一面

南宋社会生活的奢侈之风,既是南宋官僚地主腐朽的集中反映,也是南宋经济文化空前繁荣的缩影。我们不但看到南宋一些富豪官绅纵情声色、恣意挥霍的社会现象,更要看到南宋政府倡导善举、关注民生、同情民苦的客观事实。两宋社会保障制度,在中国古代救助史上占有重要地位,并为宋后社会保障制度的建立奠定了基础。有学者认为,中国古代真正意义上的社会保障事业是从两宋开始的。同时,两宋时期随着土地依附关系的逐步解除和门阀制度的崩溃,逐渐冲破了以前士族地主一统天下的局面。两宋社会结构开始调整重组,出现了各阶层之间经济地位升降更替、社会等级界限松动的现象,各阶层的价值取向趋近,促进社会各阶层的融合,平民化、世俗化、人文化趋势明显①。两宋社会的平民化,不仅体现在科举取士面向社会各个阶层,不受出身门第的限制,而且体现在官民之间身份可以相互转化,既可以由贵而贱,也可以由贱而贵;贫富之间既可以由富而贫,也可以由贫而富②。其具体表现在:

1. 南宋农民获得了更多的人身自由

两宋时期,租佃制普遍发展,这是古代专制社会中生产关系的一次重大

---

① 参见邓小南《宋代历史再认识》,载《河北学刊》2006 年第 5 期。
② 参见郭学信《宋代俗文化发展探源》,载《西北师大学报》2005 年第 3 期。

调整。在租佃制下,地主招募客户耕种土地,客户只向地主交纳地租,而不必承担其他义务。在大部分地区,客户契约期满后有退佃起移的权利,且受到政府的保护,人身依附关系大为减弱。按照宋朝的户籍制度,客户直接编入国家户籍,成为国家的正式编户,并承担国家某些赋役,而不再是地主的"私属",因而获得了一定的人身自由。两宋农民在法律上可以自由迁徙,这是历史的一大进步①。南宋随着商品经济的发展,农民获得了更多的人身自由,他们可以比较自由地离土离乡,转向城市从事手工业或商业活动。

2. 南宋商人社会地位得到了提高

宋前历朝一直奉行"重农轻商"政策,士、农、工、商,商人居"四民"之末,受到社会的歧视。宋代商业已被视同农业,均为创造社会财富的源泉,"士、农、工、商,皆百姓之本业"②成为社会共识,使两宋商人的社会地位得到前所未有的提高。随着工商业的发展,在南宋手工业作坊中,工匠主和工匠之间形成了雇佣与被雇佣关系。南宋官营手工业作坊中的雇佣制度,代替了原来带有强制性的指派和差人应役招募制度,雇佣劳动与强制性的劳役比较,工匠所受的人身束缚大为松弛,新的经济关系推动了南宋手工业经济的发展,又促进了资本主义生产关系的萌芽。

3. 南宋市民阶层登上了历史舞台

"坊郭户"是城市中的非农业人口。随着工商业的日益发展,宋政府将"坊郭户"单独"列籍定等"。"坊郭户"作为法定户名在两宋时期出现,标志着城市"市民阶层"的形成,市民阶层开始作为一个独立的群体正式登上了历史舞台,成为不可忽视的社会力量③。南宋时期,还实行了募兵制,人们服役大多出自自愿,从而有效保障了城乡劳力稳定和社会安定,与唐代苛重的兵役相比,显然是　个进步。

---

① 参见郭学信、张素音《宋代商品经济发展特征及原因析论》,载《聊城大学学报》2006年第5期。
② 陈耆卿:《嘉定赤城志》卷三七《风土》,中华书局1990年《宋元方志丛刊》本。
③ 参见郭学信《宋代俗文化发展探源》,载《西北师大学报》2005年第3期。

4. 南宋社会保障制度更为完善

南宋的社会保障体系主要表现在：一是"荒政"制度。就是由政府无偿向灾民提供钱粮和衣物，或由政府将钱粮贷给灾民，或由政府将灾民暂时迁移到丰收区，或将粮食调拨到灾区，或动员富豪平价售粮，并在各州县较普遍地设置了"义仓"，以解决暂时的粮食短缺问题。同时，遇丰收之年，政府酌量提高谷价，大量收籴，以避免谷贱伤农；遇荒饥之年，政府低价将存粮大量粜出，以照顾灾民。二是"养恤"制度。在临安等城市中，南宋政府针对不同的对象设立了不同的养恤机构。有赈济流落街头的老弱病残或贫穷潦倒乞丐的福田院，有收养孤寡等贫穷不能自存者的居养院，有收养并医治鳏寡孤独贫病不能自存之人的安济院，有收养社会弃子弃婴的慈幼局，等等。三是"义庄"制度。义庄主要由一些科举入仕的士大夫用其秩禄买田置办，义田一般出租，租金则用于赈养族人的生活。虽然义庄设置的最初动机在于为本宗族之私，但义庄的设置在一定范围内保障了族人的经济生活，对南宋官方的社会保障起到了重要的辅助作用。南宋的社会保障政策与措施对倡导善举、缓和社会矛盾、维护社会稳定等发挥了积极作用。①

六、在历史地位上，既要看到南宋在当时国际国内的地位，又要看到南宋对后世中国和世界的影响

1. 南宋对东亚"儒学文化圈"和世界文明进程之影响

两宋的成就居于当时世界发展的顶峰，对周边国家和世界均产生了巨大影响。

南宋对东亚"儒学文化圈"的影响。南宋朱子学对东亚"儒学文化圈"各国文化的作用不容低估，对东亚各民族产生了广泛而深刻的影响，至今仍然积淀在东亚各民族的文化心理中，对东亚现代化起着重要作用。在文化输入上，这些周边邻国对唐代文化主要是制度文化的模仿，而对两宋文化则侧

---

① 参见杜伟《略述两宋社会保障制度》，载《沙洋师范高等专科学校学报》2004 年第 1 期；陈国灿《南宋江南城市的公共事业与社会保障》，载《学术月刊》2002 年第 6 期。

重于精神文化的摄取，尤其是对南宋儒学、宗教、文学、艺术、政治制度的借鉴。南宋儒学文化传至东亚各国，与各国的学术思想和民族文化相融合，产生了朝鲜儒学、日本儒学、越南儒学等东亚儒学，形成了东亚"儒学文化圈"。这表明南宋儒学文化在东亚民族之间的文化交流和传播中，对高丽、日本、越南等国学术文化与东亚文明的形成和发展的历史产生了重大影响，这可以说是东亚文明发展中的一大奇观。同时，南宋儒学文化中的优秀成分和合理精神，在现代东亚社会的政治、经济、思想文化、社会生活、家庭关系等方面仍然发挥着重要影响和作用。如南宋儒学中的"信义"、"忠诚"、"中庸"、"和"、"义利并取"等价值观念，在现代东亚经济社会中的积极作用也显而易见。

　　南宋对世界经济发展的影响。随着南宋海外贸易的发展，与我国通商的海外国家与地区从宋前的 20 余个增至 60 个以上。海外贸易范围从宋前中南半岛和印尼群岛，扩大到西洋（印度洋至红海）、波斯湾、地中海和东非海岸，使雄踞于太平洋西岸的南宋帝国与印度洋北岸的阿拉伯帝国一起，构成了当时世界贸易圈的两大轴心。海上"丝绸之路"取代了陆上"丝绸之路"，成为中外经济文化交流的主要通道。鉴于此，美籍学者马润潮把宋代视为"世界伟大海洋贸易史上的第一个时期"[1]。同时，随着商品经济的发展，北宋出现了世界上最早的纸币——交子，至南宋时，纸币开始在全国普遍使用。有学者将纸币的产生与大规模的流通称为"金融革命"[2]。纸币流通的意义远在金属铸币之上，表明我国在货币领域的发展已走在世界前列。

　　南宋对世界文明进程的影响。宋代文化对世界文化的影响，主要表现在两宋的活字印刷术、火药、指南针"三大发明"的西传上。培根指出："这三种发明已经在世界范围内把事物的全部面貌和情况都改变了：第一种是在学术方面，第二种是在战事方面，第三种在航行方面；由此产生了无数的变化，这种变化是如此巨大，以至没有一个帝国，没有一个教派，没有一个赫赫

---

① 转引自葛金芳《南宋：走向开放型市场的重大转折》，载《杭州研究》2007 年第 2 期。

② 参见张邦炜《瞻前顾后看宋代》，载《河北学刊》2006 年第 5 期。

有名的人物,能比得上这三种机械发明。"①马克思的评价则更高:"火药、指南针、印刷术——这是预告资产阶级到来的三大发明。火药把骑士阶层炸得粉碎,指南针打开了世界市场并建立了殖民地,而印刷术则变成了新教的工具和科学复兴的手段,变成对精神发展创造必要前提的强大杠杆。"②两宋"三大发明"对世界文明的决定性作用是毋庸赘言的。两宋科举考试制度也对法、美、英等西方国家选拔官吏的政治制度产生了直接作用和重要影响,被人誉为"中国的第五大发明"。

2. 南宋对中国古代与近代历史发展之影响

中外学者普遍认为:"这时的文化直至 20 世纪初都是中国的典型文化。其中许多东西在以后的一千年中是中国最典型的东西,至少在唐代后期开始萌芽,而在宋代开始繁荣。"③

南宋促进了中国市民社会的形成。随着商品经济的繁荣,两宋时期不仅出现了一大批大、中、小商业城市与集镇,而且形成了杭州、开封、成都等全国著名商业大都市,第一次出现了城市平民阶层,呈现了中国古代社会前所未有的时代开放性。到了南宋,市民阶层更加壮大,世俗文化与世俗经济更加繁荣,意味着中国市民社会开始形成,开启了中国社会的平民化进程。正由于南宋时期出现了欧洲近代前夜的一些特征,如大城市兴起、市民阶层形成、手工业发展、商业经济繁荣、对外贸易发达、流通纸币出现、文官制度成熟等现象,美国、日本学者普遍把宋代中国称为"近代初期"。④

南宋促成了中国经济重心的南移。由于南宋商品经济的空前发展,有些学者甚至断言,宋代已经产生了资本主义萌芽。西方有学者认为南宋已处在"经济革命时代"。随着宋室南下,南宋经济的发展与繁荣,使江南成为全国经济最为发达的地区。南宋时期,全国经济重心完成了由黄河流域向

---

① 培根:《新工具》,商务印书馆 1984 年版,第 103 页。
② 马克思:《机械、自然力和科学应用》,人民出版社 1978 年版,第 67 页。
③ 费正清、赖肖尔:《中国:传统与变革》,江苏人民出版社 1995 年版,第 118—119 页。
④ 张晓淮:《两宋文化转型的新诠释》,载《学海》2002 年第 4 期。

长江流域的历史性转移,我国经济形态自此逐渐从自然经济转向商品经济,从封闭经济走向开放经济,从内陆型经济转向海陆型经济,这是中国传统社会发展中具有路标性意义的重大转折①。如果没有明清的海禁和极端专制的封建统治,中国的近代化社会也许会更早地到来。

南宋推进了中华民族的大融合。南宋时期,中国社会出现了第三次民族大融合。宋王朝虽然先后被同时代的女真、蒙古等少数民族所征服,但无论是前金还是后蒙,在其思想文化上,都被南宋所代表的先进文化所征服,融入中华民族的大家庭之中。10—13世纪,中原王朝与北方游牧民族的时战时和、时分时合,使以农耕文化为载体的两宋文化迅速向北扩散播迁,女真、蒙古等少数民族政权深受南宋所代表的先进的政治制度、社会经济和思想文化的影响,表现出对南宋文化的认同、追随、仿效与移植,自觉不自觉地接受了先进的南宋文化,使其从文字到思想、从典章制度到风俗习惯均呈现出汉化趋势②。南宋文化改变了这些民族的文化构成,提高了文化层位,加速了这些民族由落后走向文明、走向进步的进程,从而在整体上提高了中国北部地区少数民族的文化水平。

南宋奠定了理学在封建正统思想中的主导地位。理学的形成与发展,是南宋文化对中国古代思想文化的重大贡献。南宋理宗朝时,理学被钦定为封建正统思想和官方哲学,确立了程朱理学的独尊地位,并一直垄断元、明、清三代的思想和学术领域长达700余年,其影响之深广,在古代中国没有其他思想可以与之匹敌③。同时,两宋时期开创了中国古代儒、佛、道"三教合流"的文化格局。与汉武帝"罢黜百家、独尊儒术"不同,南宋在大兴儒学的前提下,加大了对佛、道两教的扶持,出现了"以佛修心,以道养生,以儒治世"的"三教合一"的格局。自宋后,在古代中国社会中基本延续了以儒学为主体,以佛、道为辅翼的文化格局。

两宋对中国后世王朝政权稳定的影响。两宋王朝虽然国土面积前不及

---

①　参见葛金芳《南宋:走向开放型市场的重大转折》,载《杭州研究》2007年第2期。

②　参见虞云国《略论宋代文化的时代特点与历史地位》,载《浙江社会科学》2006年第3期。

③　参见何忠礼《论南宋在中国历史上的地位和影响》,载《杭州研究》2007年第2期。

汉唐,后不如元明清,却是中国封建史上立国时间最长的王朝。两宋王朝之所以在外患深重的威胁下保持长治久安的局面,很大程度上取决于两宋精于内治,形成了一系列的中央集权制度和民族认同感,因此,自宋朝后,中华民族"大一统"的思想深入人心,中国历史上再也没有出现过地方严重分裂割据的局面。

3. 南宋对杭州城市发展之影响

正是南宋经济、文化、社会各方面的高度发展,促成了京城临安的极度繁荣,使其成为12—13世纪最为繁华的世界大都会;也正是南宋带来的民族文化的大交流、生活方式的大融合、思想观念的大碰撞,形成了京城临安市民独特的生活观念、生活方式、性格特征、语言习惯。直到今天,杭州人所独有的文化特质、社会习俗、生活理念,都深深地烙上了南宋社会的历史印迹。

京城临安,一座巍峨壮丽的世界级的"华贵之城"。南宋朝廷以临安为行都,使杭州的城市性质与等级发生了根本性的巨大变化,从州府上升为国都,这是杭州城市发展的里程碑,杭州由此进入了历史上最辉煌的时期。南宋统治者对临安城的建设倾注了大量的心血,并倾全国之人力、物力、财力加以精心营造。经过南宋诸帝持续的扩建和改建,南宋皇城布满了金碧辉煌、巍峨壮丽的宫殿,与昔日的州治相比已不可同日而语。同时,南宋对临安府也进行了大规模的改造和扩建,南宋御街便是其中的杰出代表。南宋都城临安,经过100多年的精心营建,已发展成为百万人口以上的大城市,成为当时亚洲各国经济文化的交流中心,城市规模已名列十二三世纪时世界的首位。当时的杭州被意大利著名旅行家马可·波罗称赞为"世界上最美丽华贵之天城"。与此同时,12世纪的美洲和澳洲尚未被外部世界所发现,非洲处于自生自灭的状态,欧洲现有的主要国家尚未完全形成,北欧各地海盗肆虐,基辅大公国(俄罗斯)刚刚形成[①]。到了南宋后期(即13世纪中叶)临安人口曾达到150万—160万人,此时,西方最大最繁华的城市威尼斯也

---

① 参见何亮亮《从"南海一号"看中华复兴》,载《文汇报》2008年1月6日。

只有 10 万人口,作为世界最著名的大都会伦敦、巴黎,直至 14 世纪的文艺复兴时期,其人口也不过 4 万—6 万人①。仅从城市人口规模看,800 年前的杭州就已遥遥领先于世界各大城市。

京城临安,一座繁荣繁华的"地上天宫"。临安是全国最大的手工业生产中心。南宋临安工商业发达,手工业门类齐、制作精、分工细、规模大、档次高,造船、陶瓷、纺织、印刷、造纸等行业都建有大规模的手工业作坊,并有"四百一十四行"之说。临安是全国商业最为繁华的城市。城内城外集市与商行遍布,天街两侧商铺林立,早市夜市通宵达旦;城北运河樯橹相接、昼夜不歇;城南钱江两岸各地商贾海舶云集、桅杆林立。临安是璀璨夺目的文化名城。京城内先后集聚了李清照、朱熹、尤袤、陆游、杨万里、范成大、辛弃疾、陈起等一批南宋著名的文化人。临安雕版印刷为全国之冠,杭刻书籍为我国宋版书之精华。城内设有全国最高的学府——太学,规模最为宏阔,与武学、宗学合称"三学",临安的教育事业空前繁荣。城内文化娱乐业发达,瓦子数量、百戏名目、艺人人数、娱乐项目和场所设施等方面,也都是其他城市所无法比拟的。临安不但是全国政治中心,也是全国经济中心和文化中心。今日杭州之所以能成为"人间天堂",成为全国历史文化名城,成为我国七大古都之一,很大程度上就是得益于南宋定都临安,得益于南宋经济文化的高度繁荣。

京城临安,一座南北荟萃、精致和谐的生活城市。北方人口的优势,使南下的中原文化全面渗透到本土的吴越文化之中,形成了临安独特的社会生活习俗,并影响至今。临安的社会是本地居民与外来人员和谐相处的社会,临安的文化是南北文化交融、中外文化交流的结晶,临安的生活是中原风俗与江南民俗相互融合的产物。总之,南宋临安是一座兼容并蓄、精致和谐的生活城市。其表现为:一是南北交融的语言。经过南宋 100 多年流行,北方话逐渐融合到吴越方言之中,形成了南北交融的"南宋官话"。有学者指出:"越中方言受了北方话的影响,明显地反映在今日带有'官话'色彩的

---

①　参见何忠礼《论南宋在中国历史上的地位和影响》,载《杭州研究》2007 年第 2 期。

杭州话里。"①二是南北荟萃的饮食。自南宋起,杭人饮食结构发生了变化,从以稻米为主,发展到米、面皆食。"南料北烹"美食佳肴,结合西湖文采,形成了具有鲜明特色的"杭帮菜系",而成为中国古代菜肴的一个新的高峰。丰富美味的饮食,致使临安人形成了追求美食美味的饮食之风。三是精致精美的物产。南宋时期,在临安无论是建筑寺观,还是园林别墅、亭台楼阁和小桥流水,无不体现了江南的精细精致,更有陶瓷、丝绸、扇子、剪刀、雨伞等工艺产品,做工讲究、小巧精致。四是休闲安逸的生活。城市的繁华与西湖的秀美,使大多临安人沉醉于歌舞升平与湖山之乐中,在辛劳之后讲究吃喝玩乐、神聊闲谈、琴棋书画、花鸟鱼虫,体现了临安人求精致、讲安逸、会休闲的生活特点,也反映了临安市民注重生活与劳作结合的城市生活特色,反映了临安文化的生活化与世俗化,并融入今日杭州人的生活观念中。

七、挖掘南宋古都遗产,丰富千年古都内涵,推进"生活品质之城"建设

今天的杭州之所以能将"生活品质之城"作为自己的城市品牌,就是因为今日杭州城市的产业形态、思想文化、城市格局、园林建筑、西湖景观等方面都烙下了南宋临安的印迹;今日杭州人的生活观念、生活内涵、生活方式、生活环境、生活习俗,乃至性格、语言等方面,都与南宋临安人有着千丝万缕的历史渊源。因此,我们在共建共享"生活品质之城"的同时,就必须传承南宋为我们留下的丰富的古都遗产,弘扬南宋的优秀文化,吸取南宋有益的精神元素,不断充实千年古都的内涵,以此全面提升杭州的经济生活品质、文化生活品质、政治生活品质、社会生活品质和环境生活品质,让今日的杭州人生活得更加和谐、更加美好、更加幸福。

1. 传承南宋"经世致用"的务实精神,引领"和谐创业",提升杭州经济生活品质

南宋经济之所以能达到历史上的较高水平,我们认为主要是南宋"富民"思想和"经世致用"务实精神所致。南宋经济是农商并重、求真务实的经

---

① 参见徐吉军《论南宋定都杭州对当地经济文化的重大影响》,载《杭州研究》2007 年第 2 期。

济。南宋浙东事功学派立足现实,注重实用,讲究履践,强调经世,打破"重农轻商"传统观念和"厚本抑末"国策,主张"农商并重",倡导轻徭薄赋、与民休息,实现藏富于民,最后达到民富国强。浙东事功学派的思想主张,为南宋经济尤其是商品经济的发展起到了推波助澜的作用,使南宋统治者逐步改变了"舍利取义"、"以农为本"的思想,确立了"义利并重"、"工商皆本"的观念,推动大批农村剩余劳动力不断涌入城市,从事商业、手工业、服务业等经济活动,促进了南宋经济的繁荣。同时,发达的南宋经济也是多元交融、开放兼容的经济,是士、农、工、商多种经济成分相互渗透的经济,是本地居民与外来人员多元创业的经济,是中原经济与江南经济相互融合的经济,是中外交流交换交融的经济。因此,南宋经济的繁荣,也是通过多元交流,在交融中创新、创造、创业的结果。

今日杭州,要保持城市综合实力在全国的领先优势,增强城市综合竞争力,不断提升城市经济生活品质,就应吸取南宋学者"富民"思想的合理内核,秉承南宋"经世致用"和"开放兼容"的精神,坚持"自主创新"与"对外开放"并重,推进"和谐创业",实现内生型经济与外源型经济的和谐发展。今天我们传承南宋"经世致用"的务实精神,就要以走在前列、干在实处的姿态,干实事、求实效,开拓创新,将儒商文化融入到经济建设中,放心、放手、放胆、放开发展民营经济,走出一条具有杭州特色的创新发展之路。同时,秉承南宋"开放兼容"的精神,就要以更加开阔的视野、更加宏大的气魄,顺应经济全球化趋势,在更大范围、更广领域、更高层次参与国际分工和国际合作,提高杭州经济国际化程度,把杭州建设成为21世纪国际性区域中心城市、享誉国际的历史文化名城、创业与生活完美结合的国际化"生活品质之城",不断提升杭州的经济生活品质。

2. 挖掘南宋"精致开放"的文化特色,弘扬"精致和谐、大气开放"的人文精神,提升杭州文化生活品质

"精致和谐、大气开放",是杭州城市文化的最大特色。人们可以追溯到距今8000年的"跨湖桥文化",从那里出土的一只陶器和一叶独木舟,去寻找杭州的"精致"与"开放";可以在"良渚文化"精美的玉琮和"人、禽、兽三

位一体"的图腾图案中,去品味杭州的"精致"与"大气";也可以在吴越的制瓷、酿酒工艺和"闽商海贾"的繁荣景象中,去领略杭州的"精致"与"开放"。但是,我们认为能最集中、最全面体现"精致和谐、大气开放"的杭州人文特色的是南宋文化。南宋时期,临安不但出现了吴越文化与中原文化的大融合,也出现了南宋文化与海外文化的大交流。多民族的开放融合、多元文化的和谐交融,不但使南宋经济呈现出高度繁荣繁华,而且使南宋文化深深融入临安人的生活之中,也使杭州城市呈现出精致精美的特色。农业生产更加追求精耕细作,手工业产品更加精致精细,工艺产品更加精美绝伦,饮食菜肴更加细腻味美,园林建筑更加巧夺天工,诗词书画更加异彩纷呈。正是因为南宋临安既具有"多元开放"的气魄,又具有"精致精美"的特色,两者的相互渗透与融合,使杭州的城市发展达到了极盛时期,从而成为当时世界上最繁华的大都会。今天我们能形成"精致和谐、大气开放"的杭州人文精神,确实有其深远的历史渊源。

今天,我们深入挖掘南宋沉淀的、至今仍在发挥重要影响的文化资源,就是"精致精美"、"多元开放"的南宋人文特色。杭州"精致和谐、大气开放"的人文精神,既是对杭州历史文化的高度提炼,是"精致精美"、"多元开放"的南宋人文特色的高度概括,也是市委、市政府在新世纪立足杭州发展现实,谋划杭州未来发展战略,解放思想、实事求是、与时俱进、创新思维的结果。在思想观念深刻变化,经济体制深刻变革,社会结构深刻变动,利益格局深刻调整,国内外各种思想文化相互激荡的今天,杭州不仅要挖掘、重振南宋"精致精美"、"多元开放"的人文特色,使传统特色与时代精神有机结合,而且要用"精致和谐、大气开放"的城市人文精神来增强杭州人的自豪感、自信心、进取心、凝聚力,以更高的标准和要求、更宽的胸怀和视野、更大的气魄和手笔、更强的决心和力度,再创历史的新辉煌。

3. 借鉴南宋"寒门入仕"的宽宏政策,推进"共建共享",提升杭州政治生活品质

宋代打破了以往只有官僚贵族阶层才可以入仕参政的身份性屏障,采取"崇尚文治"政策,制定保护文士措施,以宽松、宽容的态度对待文人士

大夫，尊重知识分子，重用文臣，提倡教育和养士，优待知识分子，为宋代文人士大夫提供了一个敢于说话、敢于思考、敢于创造的空间，使两宋成为封建社会中思想文化环境最为宽松的时期。同时，由于"寒门入仕"通道的开辟，使一大批中小地主、工商阶层、平民百姓出身的知识分子得以通过科举入仕参政，士农工商成为从上到下各级官僚的重要来源，使一大批有才华、有抱负、懂得政治得失、关心民生疾苦的社会有识之士登上了政治舞台。这种相对自由的政治环境和不拘一格选拔人才的政策，不但为两宋政权的巩固，而且为整个两宋经济、文化、社会的发展提供了人才支撑和知识支撑。

南宋"崇文优士"的国策和"寒门入仕"、网罗人才的做法，对于今天正在致力于建设"生活品质之城"的杭州，为不断巩固人民群众当家作主的政治地位，形成民主团结、生动活泼、有序参与、依法治市的政治局面，提高人民群众政治生活品质方面都有着现实的借鉴意义。我们应借鉴南宋"尊重文士、重用文臣"的做法，尊重知识、尊重人才。要营造"凭劳动赢得尊重、让知识成为财富、为人才搭建舞台、以创造带来辉煌"的氛围，以一流环境吸引一流人才，以一流人才创造一流业绩，鼓励成功、宽容失败，真正做到事业留人、感情留人、适当待遇留人，从政治上、工作上、生活上关心、爱护人才，并将政治、业务素质好，具有领导能力的复合型人才大胆提拔到各级领导岗位上来。我们应借鉴南宋"寒门入仕"、广开言路的做法，推进决策科学化、民主化。要坚持党务公开、政务公开，按照"问情于民"、"问需于民"、"问计于民"的要求，深入了解民情，充分反映民意、广泛集中民智，不断完善专家决策咨询制度，建立有关决策的论证制和责任制，真心实意地听取并吸收各方专家学者的真知灼见，切实落实人民群众的知情权、参与权、选择权、监督权，推进决策科学化、民主化。我们应围绕建设"生活品质之城"的目标，营造全民"共建共享"的社会氛围。要引导全市广大干部群众进一步解放思想、更新观念、开拓创新，自觉地把提高生活品质作为杭州未来发展的根本导向和总体目标，贯彻落实到经济、政治、文化、社会建设和党的建设各个方面，在全市上下形成共建"生活品质之城"、共享品质生活、合力打造"生活品质之城"城市品牌的浓厚氛围,推进杭州又好又快地发展。

4. 借鉴南宋"体恤民生"的仁义之举,建设全民共享的"生活品质之城",提升杭州社会生活品质

两宋统治集团倡导"儒术治国",信奉儒家的济世精神。南宋理学的发展和繁荣,使新儒家"仁义"学说得到了社会各阶层的认可与效行。在这种思想的影响和支配下,使两宋在社会领域里初步形成了"农商并重"的格局,"士农工商"的社会地位较以往相对平等;在思想学术领域,"不杀上书言事者",使士大夫的思想言论较以往相对自由;在人身依附关系上,农民与地主、雇工与手工业主都较宋代以前相对松弛;在社会保障制度上,针对不同人群采取不同的社会福利措施,各种不同人群较宋前有了更多的保障。两宋的社会福利已经初具现代社会福利的雏形,尽管不同时期名称不同,救助对象也有所差异,但一直发挥着救助"鳏寡孤独老幼病残"的作用;两宋所采取的施粥、赈谷、赈银、赈贷、安辑和募军等措施,对缓解灾荒所造成的严重困难发挥了积极作用。整个两宋时期,在长达 320 年的统治过程中,尽管面对着严重的民族矛盾,周边先后有契丹(辽)、西夏、吐蕃、金、蒙古等政权的威胁,百姓负担也比前代沉重得多,但宋代大规模的农民起义却少于前代,这与当时人们社会地位相对平等、社会保障受到重视、家庭问题处理妥当不无关系。

南宋社会"关注民生"、"同情民苦"的仁义之举,尤其是针对不同人群建立的较为完备的社会保障体系,在构建社会主义和谐社会,建设覆盖城乡、全民共享的"生活品质之城"的今天,有着特别重要的现实意义。建设覆盖城乡、全民共享的"生活品质之城",既是一项长期的历史任务,又是一个重大的现实课题。要使"发展为人民、发展靠人民、发展成果由人民共享、发展成效让人民检验"的理念落到实处,就必须把老百姓的小事当作党委、政府的大事,以群众呼声为第一信号,以群众利益为第一追求,以群众满意为第一标准,树立起"亲民党委"、"民本政府"的良好形象。要始终坚持以人为本、以民为先的理念,既要关注城市居民,又要关注农村居民;既要关注本地居民,又要关注外来创业务工人员;既要关注全体市民

生活品质的整体提高,又要特别关注困难群众、弱势群体、低收入阶层生活品质的明显改善。要始终关注老百姓的衣食住行、安危冷暖、生老病死,让老百姓能就业、有保障,行得便捷、住得宽畅,买得放心、用得舒心,办得了事、办得好事,拥有安全感、安居又乐业,让全体市民共创生活品质、共享品质生活。

5. 整合南宋"安逸闲适"的环境资源,打造"东方休闲之都",提升杭州环境生活品质

杭州得天独厚的自然山水环境,经过南宋 100 多年来"固江堤、疏西湖、治内河、凿新井"、"建宫城、造御街、设瓦子、引百戏"等多方面的措施,形成都城"左江(钱塘江)右湖(西湖)、内河(市区河道)外河(京杭运河)"的格局,使杭州的生态环境、旅游环境、休闲环境大为改观,极大地丰富了杭州的旅游资源。南宋为我们留下的不但是一面"南宋古都"的"金字招牌",还留下了"安逸闲适"的休闲环境和休闲氛围。在"三面云山一面城"的独特环境里,集中了江、河、湖、溪与西湖群山,出现了大批的观光游览景点,并形成了著名的"西湖十景"。沿湖、沿河、沿街的茶肆酒楼,鳞次栉比,生意兴隆;官私酒楼、大小餐馆充满着"南料北烹"的杭帮菜肴和各地名肴;大街小巷布满大小馆舍旅店,是外地游客与应考士子的休息场所。同时,临安娱乐活动丰富多彩,节庆活动繁多。独特的自然山水,休闲的环境氛围,使临安人注重生活环境,讲究生活质量,追求生活乐趣。不但皇亲国戚、达官贵人纵情山水,赏花品茗,过着"高贵奢华"的休闲生活;而且文人士大夫交接士朋,寄情适趣,热衷"高雅脱俗"的休闲生活;就是普通百姓也往往会带妻携子,泛舟游湖,享受"人伦亲情"的山水之乐。

今天的杭州人懂生活,会休闲,讲究生活质量,追求生活品质,都可以从南宋临安人闲情逸致的生活态度中找到印迹。今天的杭州正在推进新城建设、老城更新、环境保护、街区改善等工程,都可以从南宋临安对"左江右湖、内河外河"的治理和皇城街坊、园林建筑的建设中得到有益启示。杭州要打造"东方休闲之都",共建、共享"生活品质之城",建设国际旅游休闲中心,就必须重振"南宋古都"品牌,充分挖掘南宋文化遗产,珍惜杭州为数不多的地

上南宋遗迹。进一步实施好"西湖"、"西溪"、"运河"、"市区河道"等综合保护工程;推进"南宋御街"——中山路有机更新,以展示杭州自南宋以来的传统商业文化;加强对南宋"八卦田"景区的保护与利用,以展示南宋皇帝"与民同耕"的怀古场景;加强对南宋官窑遗址的保护与利用,以展示南宋杭州物产的精致与精美;加强对南宋皇城遗址和太庙遗址的保护利用,以展示昔日南宋京城的繁荣与辉煌。进入 21 世纪的杭州,不但要保护、利用好南宋留下的"三面云山一面城"的"西湖时代",更要以"大气开放"的宏大气魄,努力建设好"一主三副六组团六条生态带"的大都市空间格局,形成"一江春水穿城过"的"钱塘江时代",实现具有千年古都神韵的文化名城与具有大都市风采的现代化新城同城辉映。

序　言

徐　规

靖康之变,北宋灭亡。建炎元年(1127)五月初一日,宋徽宗第九子、钦宗之弟赵构在应天府(河南商丘)即帝位,重建宋政权。不久,宋高宗在金兵的追击下一路南逃,最终在杭州站稳了脚跟,并将此地称为行在所,成为实际上的南宋都城。

南宋自立国起,到最终为元朝灭亡(1279),国祚长达一百五十三年之久。对于南宋社会,历来评价甚低,以为它国力至弱,君臣腐败,偏安一隅,一无作为。近代以来,一些具有远见卓识的史学家却有不同看法,如著名史学大师陈寅恪先生在上个世纪四十年代初指出:

> 华夏民族之文化,历数千载之演进,造极于赵宋之世。[①]

著名宋史专家邓广铭先生更认为:

> 宋代是我国封建社会发展的最高阶段,两宋期内的物质文明和精神文明所达到的高度,在中国整个封建社会历史时期之内,可以说是空前绝后的。[②]

很显然,对宋代的这种高度评价,无论是陈寅恪还是邓广铭先生,都没

---

① 《金明馆丛稿二编》,三联书店 2001 年版。
② 《关于宋史研究的几个问题》,载《社会科学战线》1986 年第 2 期。

有将南宋社会排斥在外。我以为，一些人之所以对南宋贬抑至深，在很大程度上是出于对患有"恐金病"的宋高宗和权相秦桧一伙倒行逆施的义愤，同时从南宋对金人和蒙元步步妥协，国土日朘月削，直至灭亡的历史中，似乎也看到了它的懦弱和不振。当然，缺乏对南宋史的深入研究，恐怕也是其中的一个原因。

众所周知，南宋历史悠久，国土虽只及北宋的五分之三，但人口少说也有五千万人左右，经济之繁荣，文化之辉煌，人才之众多，政权之稳定，是历史上任何一个偏安政权所不能比拟的。因此，对南宋社会的认识，不仅要看到它的统治集团，更要看到它的广大人民群众；不仅要看到它的军事力量，更要看到它的经济、文化和科学技术等各个方面，看到它的人心之所向。特别是由于南宋的建立，才使汉唐以来的中华文明在这里得到较好的传承和发展，不至于产生大的倒退。对于这一点，人们更加不应该忽视。

北宋灭亡以后，由于在淮河、秦岭以南存在着南宋政权，才出现了北方人口的大量南移，再一次给中国南方带来了充足的劳动力、先进的技术和丰富的生产经验，从而推动了南宋农业、手工业、商业和海外贸易显著的进步。

与此同时，南宋又是中国古代文化最为光辉灿烂的时期。它具体表现为：

一是理学的形成和儒学各派的互争雄长。

南宋时候，程朱理学最终形成，出现了以朱熹为代表的主流派道学，以胡安国、胡宏、张栻为代表的湖湘学，以谯定、李焘、李石为代表的蜀学，以陆九渊为代表的心学。此外，浙东事功学派也在尖锐复杂的民族矛盾和阶级矛盾的形势下崛起，他们中有以陈傅良、叶适为代表的永嘉学派，以陈亮、唐仲友为代表的永康学派，以吕祖谦为代表的金华学派。理宗朝以前，各学派之间互争雄长，呈现出一派欣欣向荣的景象。

二是学校教育的大发展，推动了文化的普及。

南宋学校教育分中央官学、地方官学、书院和私塾村校，它们在南宋都获得了较大发展。如南宋嘉泰二年（1202），仅参加中央太学补试的士人就达三万七千余人，约为北宋熙宁（1068—1077）初的二百五十倍①。州县学在北宋虽多次获得倡导，但只有到南宋才真正得以普及。两宋共有书院三百九十七所，其中南宋占三百一十所②，比北宋的三倍还多，著名的白鹿洞、象山、丽泽等书院，都是各派学者讲学的重要场所。为了适应科举的需要，私塾村校更是遍及城乡。学校教育的大发展，有力地推动了南宋文化的普及，不仅应举的读书人较北宋为多，就是一般识字的人，其比例之大也达到了有史以来的高峰。

三是史学的空前繁荣。

通观整个南宋，除了权相秦桧执政时期，总的说来，文禁不密，士大夫熟识政治和本朝故事，对国家和民族有很强的责任感，不少人希望借助于史学研究，总结历史上的经验和教训，以供统治集团作为参考。另一方面，南宋重视文治，读书应举的人比以前任何时候都多，对史书的需要量极大，许多人通过著书立说来宣扬自己的政治主张，许多人将刻书卖书作为谋生的手段。这样就推动了南宋史学的空前繁荣，流传下来的史学著作，尤其是本朝史，大大超过了北宋一代。南宋史家辈出，他们治史态度之严肃，考辨之详赡，一直为后人所称道。四川路、两浙东路、江南西路和福建路都是重要的史学中心。四川路以李焘、李心传、王称等人为代表，浙东以陈傅良、王应麟、黄震、胡三省等人为代表，江南西路以徐梦莘、洪皓、洪迈、吴曾等人为代表，福建路以郑樵、陈均、熊克、袁枢等人为代表。他们既为后世留下了宝贵的史料，也创立了新的史学体例，史书中反映的爱国思想也对后世史家产生了重大影响。

四是公私藏书十分丰富。

南宋官方十分重视书籍的搜访整理，重建具有国家图书馆性质的秘书省，规模之宏大，藏书之丰富，远远超过以前各个朝代。私家藏书更是随着

---

① 《宋会要辑稿》崇儒一之三九。
② 参见曹松叶《宋元明清书院概况》，载《中山大学语言历史研究所周刊》第 10 集，第 111—115 期，1929 年 12 月至 1930 年版。

雕版印刷业的进步和重文精神的倡导而获得了空前发展。两宋时期,藏书数千卷且事迹可考的藏书家达到五百余人,生活于南宋的藏书家有近三百人①,又以浙江为最盛,其中最大的藏书家有郑樵、陆宰、叶梦得、晁公武、陈振孙、尤袤、周密等人,他们藏书的数量多达数万卷至十数万卷,有的甚至可与秘府、三馆等。

五是文学、艺术的繁荣。

南宋是中国古代文学、艺术繁荣昌盛的时代。词是两宋最具代表性的文学形式。据唐圭璋先生所辑《全宋词》统计,在所收作家籍贯和时代可考的八百七十三人中,北宋二百二十七人,占百分之二十六;南宋六百四十六人,占百分之七十四,李清照、辛弃疾、陆游、姜夔、刘克庄等都是南宋杰出词家。宋诗的地位虽不及唐代,但南宋诗就其数量和作者来说,大大超过了北宋。有北方南移的诗人曾几、陈与义,有"中兴四大诗人"之称的陆游、杨万里、范成大、尤袤,有同为永嘉(浙江温州)人的徐照、徐玑、翁卷、赵师秀,有作为江湖派代表的戴复古、刘克庄,有南宋灭亡后作"遗民诗"的代表文天祥、谢翱、方凤、林景熙、汪元量、谢枋得等人。此外,南宋的绘画、书法、雕塑、音乐、舞蹈以及戏曲等,都在中国文化史上占有一定的地位。

在日常生活中,南宋的民俗风情、宗教思想,乃至衣、食、住、行等方面,对今天的中国也有着深刻影响。

南宋亦是我国古代科学技术发展史上最为辉煌的时期,正如英国学者李约瑟所说:"对于科技史家来说,唐代不如宋代那样有意义,这两个朝代的气氛是不同的。唐代是人文主义的,而宋代较着重科学技术方面……每当人们在中国的文献中查找一种具体的科技史料时,往往会发现它的焦点在宋代,不管在应用科学方面或纯粹科学方面都是如此。"②此话当然一点不假,不过如果将南宋与北宋相比较,李约瑟上面所说的话,恐怕用在南宋会更加恰当一些。

---

① 参见《中国藏书通史》第五编第三章《宋代士大夫的私家藏书》,宁波出版社 2001 年版。
② 李约瑟:《中国科学技术史·导论》,中译本,北京科学出版社 1990 年版。

首先，中国古代四大发明中的三大发明，即就指南针、火药和印刷术而言，在南宋都获得了比北宋更大的进步和更广泛的应用。别的暂且不说，仅就将指南针应用于航海上，并制成为罗盘针使用这一点来看，它就为中国由陆上国家向海洋国家的转变创造了技术上的条件，意义十分巨大。再如，对人类文明作出重大贡献的活字印刷术虽然发明于北宋，但这项技术的成熟与正式运用是在南宋。其次，在农业、数学、医药、纺织、制瓷、造船、冶金、造纸、酿酒、地学、水利、天文历法、军器制造等方面的技术水平都比过去有很大进步。可以这样说，在西方自然科学没有东传之前，南宋的科学技术在很大程度上代表了中国封建社会科学技术的最高水平。

南宋军事力量虽然弱小，但军民的斗争意志异常强大。公元 1234 年，金朝为宋蒙联军灭亡以后，宋蒙战争随即展开。蒙古铁骑是当时世界上最为强大的军队，它通过短短的二十余年时间，就灭亡了西夏和金，在此前后又发动三次大规模的西征，横扫了中亚、西亚和俄罗斯等大片土地，前锋一直打到中欧的多瑙河流域。但面对如此劲敌，南宋竟顽强地抵抗了四十五年之久，这不能不说是世界战争史上的一个奇迹。从中涌现出了大量可歌可泣的英雄人物，反映了南宋军民不畏强暴的大无畏战斗精神，他们与前期的岳飞精神一样，成为中华民族宝贵的精神财富。

古人有言："以古为镜，可以知兴替。"近人有言："古为今用，推陈出新。"前者是说，认真研究历史，可为后人提供历史上的经验和教训，以少犯错误；后者是说，应该吸取历史上一切有益的东西，通过去粗取精，改造、发展，以造福人民。总之，认真研究历史，有利于加强精神文明的建设，也有利于将我国建设成为一个和谐、幸福的社会。

对于南宋史的研究，以往已经有不少学者作了辛勤的努力，获得了许多宝贵的成果，这是应该加以肯定的。但是，不可否认，与北宋史相比，对南宋史的研究还不够，需要进一步探讨的问题、需要填补的空白尚有很多。现在杭州市社会科学院南宋史研究中心在省市有关部门的大力支持下，在全国广大南宋史学者的积极支持和参与下，计划用五六年的时间，编纂出一套五十卷本的《南宋史研究丛书》，对南宋的政治、经济、军事、学术思想、文化艺术、科学技术、重要人物、民俗风情、宗教信仰、典章制度和故都历史进行全面的、系统的、深入的研究。这确实是一项有胆识、有魄力的大型文化工程，不仅有其重要的学术价值，更有其重要的现实意义。当然，这也是曾经作为南宋都城的杭州义不容辞的责任。我相信，随着这套丛书的编纂成功，将会极大地推动我国南宋史研究的深入开展，对杭州乃至全国的精神文明建设都有莫大的贡献，故乐为之序。

2006 年 8 月 8 日于杭州市道古桥寓所

目　　录

第一章　南宋的官方藏书（上）

第一节　北宋馆阁藏书概述

一、北宋前期的崇文院——馆阁

宋初承沿唐五代之制，以昭文馆、史馆、集贤院为三馆，据《宋会要辑稿》、《续资治通鉴长编》（以下简称《长编》）、《玉海》等书记载，宋初的三馆仍以后梁贞明（915—920）中所建三馆旧屋数十间为之，在右长庆门东北。太平兴国二年（977），宋太宗幸三馆，看到三馆"湫隘卑痹，仅蔽风雨，周庐缴道，出于其旁，卫士驺卒，朝夕喧杂。"于是顾左右曰："是岂足以蓄天下图书，待天下之贤俊邪？"即日诏有司度于左升龙门东北车府地为三馆，命内侍督工徒晨夜兼作。三年二月成，乃下诏"其三馆新修书院宜为崇文院"，尽迁旧馆之书以实之。院之东廊为昭文书库，南廊为集贤书库，西廊有四库，分经史子集四部，为史馆书库①。概而言之，宋初重建三馆，以藏图书为主，共处

---

① 徐松辑：《宋会要辑稿》职官一八之五〇，中华书局用前北平图书馆影印本复制重印本，1957年版。参见《长编》卷一九，太平兴国二年正月条，中华书局点校本2004年第2版，第422页；王应麟：《玉海》卷一六五"太平兴国三馆"，江苏古籍出版社、上海书店影印清光绪九年浙江书局本，第3041页。

一院,太宗亲自命名为崇文院。尔后,崇文院作为三馆的统称①,正式见之于朝廷的诏书制敕与臣下的奏疏等官方文件及文人学者的著作中。

继太平兴国三年新建三馆,名为崇文院后,宋代中央官方藏书机构设置上的又一重大举措,是在崇文院内建秘阁。

关于建秘阁事,《宋会要辑稿》职官一八之四七、《麟台故事》卷一《沿革》、《长编》卷二九、《玉海》卷一六三"端拱秘阁"条等均有详细记载,前两书记载尤详。《麟台故事》载云:

> 端拱元年五月辛酉,诏置秘阁于崇文院中堂。按《六典》:秘书省中外三阁,掌典图书古今文字,皆在禁中。两汉或徙金马门外,历代不常其处。唐季乱离,中原多故,儒雅之风,几将坠地。故百王之书,荡然散失,兰台延阁,空存名号。上(太宗)崇尚儒术,屡下明诏,访求群书,四方文籍,往往而出,未数年间,已充牣于书府矣。至是,乃于史馆建秘阁,仍选三馆书万余卷以实其中,及内出古画、墨迹藏其中②。

秘阁作为皇室藏书机构,由来已久。早在西汉时,最高统治者通过广开献书之路,建藏书之策,"外有太常、太史、博士之藏,内有延阁、广内、秘书之府"③;至东汉桓帝,始置秘书监掌禁中图书秘记,谓之秘书。尔后,各代虽沿革不废,然秘阁之书皆置于内,是设在禁中的皇室藏书之处。唐末以后,图书散失,秘书省既无书籍,秘阁也就久废未建。从上引《麟台故事》等书所载可知,宋太宗重建秘阁,是由于通过多年广泛地访求图书,书府图书大增的情况下进行的。据欧阳修说:"秘阁初为太宗藏书之府,并以黄绫装潢,号曰太清本。"④如此,则太宗重建秘阁的初衷,是承继前代之制,将此作为本人与皇室贮藏图书处所。正如时任秘书监的李至所言:"馆内复建秘阁,以藏奇

----

① 程俱:《麟台故事》卷一《沿革》:"国初循前代之制,以昭文馆、史馆、集贤院为三馆,通名之曰'崇文院'。"《麟台故事校证》,中华书局2000年版,第7页。

② 《麟台故事》卷一《沿革》,《麟台故事校证》,第18—19页。

③ 《七略佚文》,快阁师石山房丛书;《汉书》卷三○《艺文志·序》如淳注引刘歆《七略》,中华书局点校本1962年版,第1072页。

④ 《长编》卷一九六,嘉祐七年六月丁亥条,第4763页。

书，总群经之博要，资乙夜之观览，斯实出于宸心，非因群下之议也。"李至同时又指出："然（秘阁）自建置之后，寒暑再周，顾其官司，未详所处。乞降明诏，令与三馆并列。至于高下之次，先后之称，亦昭示明文，著为定式。"太宗根据李至所请，下诏："自今秘阁宜次三馆，其秘书省依旧属京百司。"①同意李至所请，将秘阁与三馆并列。这一诏令，使自西汉延续至唐代的主要作为皇室藏书机构的秘阁，成为中央政府的藏书机构，"三馆与秘阁始合为一，故谓之'馆阁'"。②馆阁之名由此而来。

秘阁建立之初，以崇文院中堂为阁址，而层宇未立。淳化三年（992）五月，始命增修，八月阁成，经秘书监李至上言请求，太宗亲飞白书"秘阁"为额。③至此，宋代的"馆阁"机构正式建立完备。秘阁增修成后，景德四年（1007）五月，又"以其地迫隘，诏分内藏西库地广之"。④八年之后，即大中祥符八年（1015），荣王元俨宫大火，延烧至崇文院，真宗根据翰林学士陈彭年所言："唐中书、门下两省，宫城之内有内省，宫城之外有外省"之制，重修崇文院。"据秘阁旧屋宇间数，重修为内院，奉安太宗圣容及御书额，置供御书籍、天文禁书、图画，其四廊并充书库及史馆日历库，至馆阁直官、校理宿值；校勘及抄写书籍、雕造印板，并就外院，即于左右掖门外近便处修盖，仍别置三馆书库。其三馆书籍名目，候将来分擘正副本，取便安置。"⑤此次崇文院分置内外两院，"于右掖门外创崇文外院，别置三馆书库"的另一重要原因，是荣王宫火后，"宫城申严火禁甚峻"，真宗"以群臣更值寓宿，寒冱之月，饮食非便，乃命翰林学士陈彭年检唐故事而修复之"⑥。由于三馆书库置于

① 李至言及诏书并见《麟台故事》卷一《沿革》，《麟台故事校证》，第22页。参见《宋会要辑稿》职官一八之四七、四八。
② 叶梦得：《石林燕语》卷二，中华书局点校本1984年版，第24页。
③ 《长编》卷三三，淳化三年八月壬戌条，第738页。有关增修秘阁事，详《宋会要辑稿》职官一八之四八。
④ 江少虞：《宋朝事实类苑》卷二一引《蓬山志》，上海古籍出版社点校本1981年版，第391页。按：《蓬山志》五卷，崇宁中秘书少监罗畸编，多记北宋馆阁沿革建置。已佚。
⑤ 《麟台故事》卷一《省舍》，《麟台故事校证》，第28页。又见《宋会要辑稿》职官一八之五二。
⑥ 《长编》卷八四，大中祥符八年五月壬辰条，第1929页。

崇文外院,天禧元年(1017)八月丁亥,"诏崇文院以三馆为额"①,即崇文外院仍以三馆为名,以崇文内院为崇文院。三馆迁至外院后,以逼近市嚣,天圣八年(1030),祠部员外郎、直集贤院谢绛上言指出:"直舍卑喧,民椽丛接,太官、卫尉,供拟滋削,非先朝所以隆儒育才之本意,……愿开内馆,以恢景德之制。"②谢绛所说的内馆,即大中祥符八年荣王宫大火后,据原秘阁扩大重修的崇文内院。时,新修崇文院(即内院)成,仁宗同意了谢绛的请求,"徙三馆于崇文院"③。这样,三馆与秘阁又移置一处。大中祥符八年,因荣王宫火延燔,徙三馆于崇文外院时,原三馆旧地归内帑。嘉祐四年(1059),"差官编校馆阁书,朝廷复以内帑屋十三间还崇文"。自后,内迁的三馆书库与抄录、编校书籍官吏的"直舍"方具④,整个馆阁机构也就处于比较稳定的局面中。直到神宗元丰初,对官僚机构进行重大改革,三馆与秘阁并入秘书省。

北宋前期,重建三馆、秘阁,在不长的时期内,建立了一套比较健全的中央官方图书收藏机构,其目的即如上引宋太宗所说的"以蓄天下图书,待天下之贤俊"。

所以,馆阁当时也是宋代储养名流贤俊,培育两制、宰执等高级官僚的场所。"三馆职事,文儒之高选"⑤,使其"处以英俊之地而厉其名节,观以古今之书而开其聪明"⑥。关于宋代三馆秘阁的编制及人员组成,《宋会要辑稿》职官、《宋史·职官志》、《麟台故事》、《玉海》及宋人笔记中多有记述。《宋会要辑稿》职官一八之五○谓:

> (宋)[皇]朝从唐制,昭文馆、集贤殿置大学士,史馆有监修国史,皆宰相兼领;昭文、集贤又置学士、直学士;史馆、集贤置修撰。史馆有直

---

① 《长编》卷九○,第2077页。

② 赵汝愚:《宋朝诸臣奏议》卷五九《上仁宗乞开内馆恢景德之制》,上海古籍出版社点校本1999年版,第648页。又见《麟台故事》卷一《省舍》,《麟台故事校证》,第31页。

③ 《宋会要辑稿》职官一八之五二;《麟台故事》卷一《省舍》,《麟台故事校证》第31页;《长编》卷一一○,天圣九年十一月辛巳条,第2570页。

④ 江少虞:《宋朝事实类苑》卷三一引《蓬山志》,第392页。

⑤ 陈旭:《乞禁滥乞馆阁职事奏》,见《长编》卷一六六皇祐元年六月丁亥条,第4002页;又见《宋会要辑稿》选举三二之九,作监察御史陈升之言。

⑥ 刘安世:《尽言集》卷一,《四部丛刊续编》本。

馆、检讨；集贤有直院、校理；崇文院有检讨、校书，皆以他官领之。初，昭文、集贤学士、史馆修撰取最上一员判馆、院事，今亦以他官分判。

叶梦得《石林燕语》卷六：

国朝以史馆、昭文馆、集贤院为三馆，皆寓崇文院。其实别无舍，但各以库藏书列于廊庑间尔。直馆、直院谓之"馆职"，以他官兼者谓之"贴职"。元丰以前，凡状元、制科一任还，即试诗赋各一，而入否则用大臣荐而试，谓之"入馆"。官制行，废崇文院为秘书监，建秘阁于中，自少监至正字，列为职事官，罢直馆、直院之名，而书库仍在，独以直秘阁为"贴职"之首，皆不试而除，盖特以为恩数而已①。

洪迈《容斋随笔》卷一六载：

国朝馆阁之选，皆天下英俊，然必试而后命。一经此职，遂为名流。其高者，曰集贤殿修撰、史馆修撰、直龙图阁、直昭文馆、史馆、集贤院、秘阁。次曰集贤、秘阁校理。官卑者，曰馆阁校勘、史馆校讨，均谓之馆职②。

另洪迈《容斋四笔》卷一又云：

国朝儒馆仍唐制，有四：曰昭文馆、曰史馆、曰集贤院、曰秘阁。率以上相领昭文大学士，其次监修国史，其次领集贤。若只两相，则首厅兼国史。唯秘阁最低，故但以两制判之。四局各置直官，均谓之馆职，皆称学士。其下则为校理、检讨、校勘，地望清切，非名流不得处③。

根据上引《宋会要辑稿》、《容斋随笔》的材料，参以《麟台故事》卷三《选任》、卷四《官联》所载，宋代元丰改官制前馆阁设官如下：

---

①　《石林燕语》卷六，第93页。
②　洪迈：《容斋随笔》卷一六《馆职名存》，上海古籍出版社点校本1996年版，第206页。
③　《容斋四笔》卷一《三馆秘阁》，第618页。

		馆阁官（馆职）				准馆职
		最高等	高等	次等	末等	
崇文院	昭文馆	大学士（首相带职）	判昭文馆事、直昭文馆。			编校昭文馆书籍
	史馆	监修国史（次相兼职提纲修史）	判史馆事、史馆修撰、直史馆。	史馆检讨、史馆编修。	史馆校勘、史馆祗候。	编校史馆书籍
	集贤院（殿）	大学士（末相带职）	学士、判集贤院事、集贤修撰、直集贤院。	集贤校理。		编校集贤院书籍
	秘阁		判秘阁事、直秘阁。	秘阁校理。		编校秘阁书籍
	（馆阁）			崇文院检讨、馆阁校勘。		馆阁编校书籍、馆阁读书、（崇文院）校书

三馆秘阁除了上列馆阁官外,还有孔目官、书库官等担任馆阁日常事务性的下级胥吏。《麟台故事》卷四据《国史》、《会要》载云:

> 昭文馆孔目官一人,书库官一人,守当官三人,楷书五人;史馆孔目官一人,四库书直官一人,表奏官一人,书库官四人,守当官三人,楷书十三人,大中祥符中又置写日历楷书二人;集贤院孔目官一人,表奏官一人,掌舍一人;秘阁典书三人,楷书七人,写御书十人,装裁匠十二人;秘书省书令史一人,楷书六人①。

二、北宋中期以后的国家藏书机构——秘书省

自东汉桓帝置秘书监掌禁中图书秘记,至隋唐,秘书省一直为内府掌管

---

① 《麟台故事》卷四《官联》,《麟台故事校证》,第169页。

图书机构。但宋初，"虽有秘书省职官而无秘书省图籍"，"所掌祠祭祝版而已，书籍实在三馆秘阁"。① 而所谓秘书省职官只有判省事一人，以判秘阁官兼，惟掌常祭祝版。② 神宗元丰初，对官僚机构与制度进行了一次重大改革，三馆与秘阁并入秘书省，"不置昭文、集贤，以史馆入著作局，而直秘阁只为贴职"。③ 由其长官"秘书省监掌图籍、国史、天文历数之事。少监为之贰而丞参与之"。④ 除此，其属官大致有著作郎、著作佐郎、校书郎、秘书郎、秘书省正字等，全面负责原三馆秘阁的"掌典籍之事"。其中图书收藏保管即"刊写分贮集贤院、昭文馆、秘阁图籍则秘书郎主之，编校正误则校书郎、正字主之。"⑤此后，至北宋灭亡，秘书省机构及这一职能一直未变。

宋初，秘书省在光化坊，隶京百司。元丰初三馆秘阁并入秘书省后，秘书省徙至新建崇文院旧址，即天圣九年（1031）新建秘阁之地。政和五年（1115）四月八日，徽宗"诣景灵宫朝献，还，幸秘书省。诏曰：'延见多士，历览藏书之府，典谟训诰与祖宗遗文皆在，又以馆天下之儒学，而屋室浅狭，上漏旁穿，若不足以容，甚非称太平右文之盛。可令书艺局重行修展。'八月十二日，诏秘书省移于他所，以其地为明堂。"⑥这次新建秘书省位于禁外端门之东南，驰道之左，横街之南，工程浩大，历时整整五年，于宣和二年（1120）九月才建成⑦。《麟台故事》卷一《省舍》对新省有较详细记述：

> 宣和（三）[二年]，新省成。棂星门东向，在景灵宫东北门少西，殿门南向，中为右文殿。殿之后为道山堂，堂之后为监、少直舍。直舍之

① 《麟台故事》卷二《职掌》，《麟台故事校证》，第 82 页。

② 参见《麟台故事》卷二《职掌》《麟台故事校证》，第 81 页；《玉海》卷一二一《元丰秘书省》，江苏古籍出版社、上海书局据清光绪九年浙江书局刊本影印本，第 2244 页。

③ 《容斋四笔》卷一《三馆秘阁》，第 618 页。按：以史馆入著作局，是指修史职能，史馆的藏书则仍归属秘书省，只不过再不单设史馆书库。

④ 《玉海》卷一二一《元丰秘书省》引《国史·职官志》，第 2244 页。

⑤ 《玉海》卷一二一《元丰秘书省》，第 2244 页。参见《麟台故事》卷四《官联》，《麟台故事校证》，第 171 页。

⑥ 《宋会要辑稿》职官一八之一七、一八。

⑦ 关于政和、宣和间新建秘书省事，据《玉海》卷一二一《元丰秘书省》，参考《宋会要辑稿》职官一八之二一所载，当建成于宣和二年，《麟台故事》误书于宣和三年。见《麟台故事校证》卷一，第 36 页校证（二）。

后为著作局,局有厅,有直舍、书库吏舍,周以两庑。右文殿东庑便门之东,秘阁在焉。秘阁之后为提举官厅事,厅事之后为提举官直舍,直舍之后为编修会要所。书局旋罢,不果入。秘阁之南为丞、郎直舍,直舍之南为提举三馆秘阁官厅事,周以四庑,校、正直舍与吏舍、书库等在焉。朱碧辉焕,栋宇宏丽。上邻清都,为京城官府之冠①。

新秘书省建成后,宣和四年三月,徽宗亲自临幸,自宰执、侍从至秘书省官员皆从,举行了隆重的仪式,对此,《宋会要辑稿》职官一八之二一至二三、《麟台故事》卷五《恩荣》均有详细记述。从新建如此规模宏大的秘书省以及徽宗亲自巡幸新秘书省的隆重仪式,足以说明宋代最高统治者对图书业的重视,而从太宗重建三馆,新建秘阁,到真宗、仁宗时重建崇文院,再到徽宗新建秘书省,清楚地反映了北宋中央官方藏书机构建设的发展过程,在此同时,包括图书的保管、利用、借阅以及馆阁人员值日在内的制度建设和图书的征集、收藏、整理编目、校勘等在内的图书建设也得到相应的发展完善。可惜的是,如此富丽宏大的新秘书省建成后,不到八年,随着开封被金兵攻陷、北宋的灭亡而毁于一旦,它所收藏的数万册图书也几乎毁散殆净。

三、北宋馆阁藏书的特点与数量

三馆与秘阁作为北宋中期以前的国家藏书机构,其藏书各有分工与特点。其中史馆是三馆中最重要的藏书处所,对此陈乐素先生《宋初三馆考》②有专门考述。陈先生列举宋初王溥所上《唐会要》一百卷诏藏史馆和宋初平定南方各割据政权所得图书大多藏于史馆,以及昭文、集贤只一书库而史馆独设四个书库等事实,指出宋初三馆中以史馆藏书为多为主,所论甚是。对此,我们还可举出很多例子,如太宗亲自授意编写的四部大书《太平御览》、《太平广记》、《册府元龟》、《文苑英华》中,当时未刻梓的《文苑英华》一千

---

① 《麟台故事》卷一《省舍》,《麟台故事校证》,第35页。
② 载《图书季刊》第3卷第3期,1936年9月。后收入《求是集》第二集,广东人民出版社1984年版。

卷,"以书付史馆"。① 再如雍熙间,"史馆承诏集《神医普救方》",雍熙四年(987),翰林学士贾黄中等编集后上之。亦藏于史馆。②《文苑英华》是一部诗文总集,《神医普救方》为医方书,均是千卷大书,它们都被收藏于史馆,可进而证明史馆在宋初中央藏书机构中的重要地位。不仅是宋初,而且在整个北宋时期,史馆都是馆阁中最主要的藏书机构。《宋会要辑稿》崇儒五之一九——五之四三设有"献书升秩"一栏,记载了朝野臣民进呈所撰著作得到升秩的情况,其中自太宗太平兴国五年至神宗元丰三年(980—1080)三馆秘阁并入秘书省前,一百年间,各地臣民所献自撰著作共六十次,对所献著作处置有明确记录的二十次(其余四十次未载收藏于何处),其中命收藏于馆阁的有十次之多,占二分之一。命收藏于秘阁的六次。另史馆作为国家的修史机构,自淳化五年(994)四月起,凡起居院记录之《起居注》、《时政记》,每月都要送史馆,而枢密院所行公事,亦令副使一人,专加纂集,送史馆。③ 另如大理寺逾月无公案,在奏报朝廷的同时,也将奏疏交付史馆。可见史馆除收藏一般图书外,还收藏起居注、时政记及枢密院、大理寺等报送的档案材料。这都说明史馆藏书不但数量多,且范围广。它是宋代中央藏书机构即馆阁中的基本书库。

另外值得重视的是秘阁。上文已引欧阳修之言,谓"秘阁初为太宗藏书之府,并以黄绫装潢,号曰太清本。"《宋会要辑稿》职官一八之四七载其初建时云:

> 太宗端拱元年五月,诏就崇文院中堂建秘阁,择三馆真本书籍万余卷及内出古画墨迹藏其中。凡史馆先贮天文、占候、谶纬、方术书五千一十二卷,图画百四十轴,尽付秘阁。有晋王羲之、献之、庾亮、萧子云、唐太宗、(元)[玄]宗、颜真卿、欧阳询、柳公权、怀素、怀仁墨迹;顾恺之画、维摩诘像、韩幹马、薛稷鹤、戴嵩牛及近代东丹王李赞华千角鹿、四川黄(荃)鹰、白兔,亦一时之妙也④。

① 《宋会要辑稿》崇儒五之一。
② 《长编》卷二八,雍熙四年九月辛巳条,第940页。
③ 《宋大诏令集》卷一五〇《修时政记诏》,中华书局点校本1962年版,第555页。参见《长编》卷三五淳化五年四月丙戌、丁酉条,第778、779页。
④ 另见《麟台故事》卷一《沿革》,《麟台故事校证》,第19页。

从这条记载可以看到,秘阁藏书大致包括三个方面:一是原藏三馆中的真本书籍。所谓真本,是经过校订的"定本"图书。如仁宗天圣四年(1027)十一月,翰林侍读学士、判国子监孙奭上疏说:"诸科举人,惟明法一科律文及疏未有印本,是致举人难得真本习读,乞令校定镂板颁行。"①二是书画真迹。这除了上引秘阁建立之初,宫中后苑"内出画、墨迹藏其中"外,以后,凡搜访得到的与各地臣民所献的书画墨迹也都藏于秘阁。如至道元年(995),监秘阁三馆书籍内侍裴愈奉诏使江南、两浙诸州寻访图书,得古书六十余卷、名画四十五轴、古琴九及王羲之、贝灵该、怀素等墨迹共八本,藏于秘阁②。咸平三年(1000)四月,直昭文馆勾正中上石本大小篆、八分三体书《孝经》,亦藏于秘阁。③ 皇祐四年(1052)二月,宗室右屯卫大将军克继上夏竦所集字学书《古文韵》六卷,"仍以其书送秘阁"。④ 秘阁多藏书画的情况,《宋朝事实类苑》卷五〇引《蓬山志》专门有"秘阁画"一条,作了较详细记载。三是有关天文、占候、谶纬方术之书。在宋代,最高统治者害怕百姓利用天文、占候、谶纬方术之书蛊惑人心,造谣生事,危害封建统治,故对此类图书作为禁书,私人不得收藏。太祖开宝五年九月即下令"禁玄象器物、天文、图谶、七曜历、太一雷公、六壬遁甲等不得藏于私家,有者并送官。"⑤太宗继位后,又立即"令诸州大索明知天文、术数者传送阙下,敢藏匿者弃市,募告者赏钱三十万。"⑥另据《玉海》卷五二载:宝元二年正月,学士院还奉诏详定阴阳禁书的范围,规定除《孙子》、《吴子》,历代史《天文》、《律历》、《五行志》并《通典》所引诸家兵外,馀悉为禁书。此次由学士院、司天监所定系禁书籍有十四门,为目录一卷。这些严禁私家收藏的图书,则专门收藏于秘阁中,其中包括历代兵书,因"兵书与天文为秘书",朝廷在三馆秘阁设官编校书籍时,任命专人"就秘阁编校"⑦。

---

① 《宋会要辑稿》崇儒四之七。

② 《宋会要辑稿》崇儒四之七。

③ 《麟台故事》卷一《储藏》,《麟台故事校证》第39—40页,《宋会要辑稿》崇儒四之一七。

④ 《宋会要辑稿》崇儒五之一九。

⑤ 《长编》卷一三开宝五年九月纪事,第290页。

⑥ 《长编》卷一七开宝九年十一月纪事,第385页。按:太宗于开宝九年十月甲寅即位,是年十二月甲寅,即当年改元为太平兴国。

⑦ 《宋朝事实类苑》卷三一引《蓬山志》,第397页。

除此之外，秘阁还收藏了较大数量的御制、御集。初以收藏太宗御制墨迹为主，如淳化元年（990）七月丁酉，以御制《秘藏诠》十卷、《逍遥咏》十一卷，秘藏诸杂诗赋十卷、佛赋一卷、幽隐律诗四卷、怀感一百韵诗四卷、怀感迥文五、七言诗一卷，凡四十一卷藏于秘阁。咸平三年（1000）二月壬子，翰林侍读学士吕文仲上新编太宗御集三十卷，诏藏秘阁，录别本藏三馆。大中祥符五年（1012）龙图阁学士陈彭年又表上奉诏编录太宗御集四十卷、《君臣赓载集》三十卷、《朱邸集》十卷、《文明政化》十卷、《秘藏铨》三十卷等多种典籍，诏奉安于太清楼、资政殿、崇文院、秘阁、西京三馆各一本①。

关于秘阁藏书数量，景德初校《史记》、前、后《汉书》时"秘阁一万五千七百八十五卷，皆黄本书，编帙严整，以备进御。"②由此可见，秘阁在宋代中央政府藏书机构中具有特殊地位，它不但收藏经过校定的真本图书和前人、今人的珍贵翰墨书画，以及天文、术数、兵书等禁书，而且还因收藏大量御制御书和其他图书供御用，使其和皇室主要藏书机构太清楼、龙图阁、御书院具有同等地位。所以，如果说史馆是宋代中央藏书机构中的基本书库的话，那么，秘阁则是它的特藏书库。

关于三馆中昭文馆、集贤院的藏书情况，在宋代史籍与宋人的著述中鲜有较详细而具体的记述。据《宋朝事实类苑》卷三一引《蓬山志》载，景德初（1004）再校《史记》、前后《汉书》时，"集贤院四万二千五百五十四卷，期间杂伪国及籍没之书卷帙不等，仍多复本，岁久多蠹"。③而景祐初整理三馆秘阁书，编《崇文总目》时，"昭文馆三万八千二百九十一卷"④。又据《玉海》卷五二载，嘉祐四年（1059）至七年，朝廷曾对三馆秘阁图书进行了一次较大规模的整理、补写与编定。嘉祐七年十二月，"诏以所写黄本一万六百五十九卷、

---

① 以上淳化元年、咸平三年、大中祥符五年太宗御制御集墨迹藏秘阁事，均见《玉海》卷二八，第543—544页。另《宋会要辑稿》崇儒六之五、六之六详细记述了大中祥符五年十一月秘阁所藏太宗御书墨迹的数量。

② 《宋朝事实类苑》卷三一引《蓬山志》，第395页。

③ 《宋朝事实类苑》卷三一引《蓬山志》，第395页。

④ 《宋朝事实类苑》卷三一引《蓬山志》，第394页。

黄本印书四千七百三十四卷(下注:总一万五千三百九十三)悉送昭文馆"①。综合以上所载,集贤院藏书数量亦不少,只是多复本,且岁久多蠹,而宋代中期以后,一些校勘精当之书藏于昭文馆,使其所藏图书质量有了很大提高。

以上是三馆秘阁各库藏书情况与特点。仁宗景祐元年(1034)始,对三馆秘阁图书进行了一次全面整理,"命翰林学士张观、知制诰李淑、宋祁将馆阁正副本书看详,定其存废、伪谬重复,并从删去,内有差漏者,令补写校对。仿《开元四部录》,约《国史艺文志》著为目录"②。庆历元年(1041)上之,这就是著名的《崇文总目》。全书六十余卷③,著录图书总数凡三万六千六十九卷。这是对四馆(昭文、史馆、集贤、秘阁)图书的合并著录,是指正本而言,不包括副本与复本。也就是说,至仁宗庆历元年,三馆秘阁去其重复,共有图书三万六千六十九卷。

馆阁图书自《崇文总目》编就后,虽亦不无散佚,但由于朝廷大力推行访求遗书的政策措施,至政和七年(1117),"累年所得,(崇文)《总目》之外,已数百家,几万余卷"④。

乃命校书郎孙觌等人对秘书省图书再次进行整理编目,名曰《秘书总目》。《秘书总目》比《崇文总目》著录的图书增加数百家,一万余卷。这当然也是指正本而言。这样,合先前所藏,至北宋末,秘书省所藏正本图书有近五万卷。

宋代建立之初,"三馆书才数柜,计万三千余卷"⑤。后经宋代各级统治者通过征集、刻印等措施,使图书的数量有了较快的增加,据《宋史·艺文志总序》考核著录:

---

① 沈括:《梦溪笔谈》卷一《故事一》:"今三馆秘阁,凡四处藏书,然同在崇文院。其间官书多为人盗窃,士大夫家往往得之。嘉祐中,置编校官八员,杂雠四馆书,给吏百人,悉以黄纸为大册写之。自此私家不敢辄藏。校雠累年,仅能成昭文一馆之书而罢。"胡道静《梦溪笔谈校证》,上海古籍出版社据中华书局上海编辑所1962年新一版影印本1986年版,第75页。

② 《玉海》卷五二《庆历崇文总目》,第996页。

③ 对《崇文总目》的卷数,各书记载不一。《长编》、《玉海》作六十卷,《麟台故事》引《中兴书目》作六十六卷,《宋朝事实类苑》作六十七卷,其他如《文献通考》作六十四卷,《宋史·艺文志》作六十六卷。

④ 马端临:《文献通考》卷一七四《经籍一》,中华书局1986年版,第1509页。

⑤ 《宋会要辑稿》崇儒四之一五。

尝历考之,始太祖、太宗、真宗三朝,三千三百二十七部,三万九千一百四十二卷。次仁、英两朝,一千四百七十二部,八千四百四十六卷。次神、哲、徽、钦四朝,一千九百六部,二万六千二百八十九卷。三朝所录,则两朝不复登载,而录其所未有者。四朝于两朝亦然。最其当时之目,为部六千七百有五,为卷七万三千八百七十有七焉①。

这里需要说明几点:第一,《宋史·艺文志》所考核的北宋各时期的藏书是三馆(秘阁)的藏书数量。第二,三馆(秘阁)各个时期的图书数量未作重复统计,即"三朝(太祖、太宗、真宗)所录,则两朝(仁宗、英宗)不复登载,而录其所未有者,四朝(神、哲、徽、钦)于两朝亦然"。也就是说,后一时期的图书是这一时期内新增加的前一时期未见登录的图书,所以,后一时期的图书数量实际上应当加上前一时期的图书数量,而北宋后期的三馆所藏图书是上述三个时期之和,即《宋史·艺文志》所说的"最其当时之目,为部六千七百有五,为卷七万三千八百七十有七"。《宋史·艺文志》上列北宋三个时期,太祖、太宗、真宗三朝(960—1022)凡六十三年,仁宗、英宗二朝(1023—1067)凡四十五年,神宗、哲宗、徽宗、钦宗四朝(1068—1126)凡五十九年,三馆藏书数量及其递增情况如下表:

时间(起止)	增加数量		总数		备注
	部数	卷数	部数	卷数	
宋初			1182	13000	宋初三馆藏书13000卷。以北宋末藏书总数73877卷合6705部计算。每部书约有11卷,则宋初约有书1182部,而太祖、太宗、真宗三朝增加的图书当除去此数
太祖、太宗、真宗三朝(960—1022)63年	2145	26142	3327	39142	
仁宗、英宗两朝(1023—1067)45年	1472	8446	4799	47588	
神宗、哲宗、徽宗、钦宗四朝(1068—1126)59年	1906	26289	6705	73877	

① 《宋史》卷二〇二,第5033页。

以上是《宋史·艺文志》所载至北宋末,三馆所藏图书总数及其递增情况,当比较确切。但这是就正本而言,至于三馆所藏正副本图书总数,除了太平兴国间新修崇文院成时有一统计数字,即昭文书库、集贤书库与史馆经、史、子、集六个书库书籍正副本凡八万卷外①,其他未见有详细而具体的记载,亦难以统计、估算。至于包括皇室藏书在内的整个北宋中央官府所藏图书数量更是难以统计、估算了。

第二节 南宋国家图书馆——秘书省

一、南宋秘书省的重建

元丰初,三馆、秘阁并入秘书省,秘书省作为中央政府集中的藏书处所,秘书省也就成为现代意义上的国家图书馆。如上所述,宣和二年(1120)建成富丽堂皇的新秘书省后不几年,随着北宋的灭亡,秘书省及其所藏图书,被金兵破坏抢劫一空。

南宋建立之初,由于金兵接连南侵,在较长一段时期内,南宋朝廷处于立足未稳、流离颠沛之中,驻跸定都何处也难以确立,百司机构很不健全。绍兴元年(1141),高宗驻跸越州(治今浙江绍兴市),是年二月,“复秘书省”②,五月,根据秘书少监程俱之请,以绍兴城内“火珠山巷孙氏及吕惟明没官屋二所权置局”③,始正式复秘书省。绍兴二年,南宋朝廷移跸临安府后,先临时寓于宋氏宅院,后迁至油车巷东法惠寺。在法惠寺大殿之后,新建中

---

① 《宋会要辑稿》职官一八之五〇。
② 李心传:《建炎以来系年要录》(以下简称《系年要录》)卷四二,绍兴元年二月丙戌条,中华书局1988年版,第769页。
③ 陈骙:《南宋馆阁录》卷二《省舍》,第9页。按:《南宋馆阁录》原名《中兴馆阁录》,于淳熙四年秋编成,见李焘《中兴馆阁录·序》,载《南宋馆阁录》中华书局点校本1998年版,第3页。又按:《玉海》卷一二一《绍兴秘书省》,称绍兴元年复秘书省,“寓法惠寺”,误。法惠寺为明年驻跸杭州时秘书省暂寓处。

厅三间,厅后主廊一间,堂五间,厅堂两傍,省官分居之。其南有屋三间作为藏书库。另有一些秘书省官吏办公生活用房①。之后,随着宋金对峙局面的形成,绍兴宋金和议的签订,南宋政局渐趋稳定,经济、文化事业也得到较快恢复发展。在此期间,南宋朝廷通过给予优厚的奖励,号召朝野臣民踊跃献书和命令官员主动访求、征集、收购图书等措施,使南宋建立之初几乎一无所有的国家藏书得到了较快的恢复。正是在南宋政局已较稳定、经济文化得到恢复发展,特别是国家图书收藏有了很大增加的情况下,绍兴十三年十二月,秘书丞严抑上书建言:"本省藏祖宗《国史》、历代图籍,旧有右文殿、秘阁,石渠及三馆四库。自渡江后,权寓法慧寺,与居民相接,深虑风火不虞,欲望重建,仰富右文之意。"高宗同意了严抑的请求,"于是建省于天井巷之东,以故殿前司寨为之"。此次修建秘书省,只用了一年半时间就建成,高宗亲自书"右文殿"、"秘阁"两榜,命将作监米友仁书"道山堂"榜②。

二、南宋秘书省的规模

绍兴十三年始新建的秘书省在青河坊糯米仓巷西,怀庆坊北,通浙坊东。大致据北宋东京政和时所建秘书省,但其规模更为宏大富丽。陈骙《南宋馆阁录》卷二《省舍》有详细记述。整个建筑群范围东西三十八步,南北二百步。除了秘书省外,还有编修会要所、国史日历所、国史院。秘书省本身建筑大致分三个部分:一是大门至道山堂,共五十七间。又分四部分,前为秘书省大门、后为右文殿、再后为秘阁、再后为道山堂。在秘阁与道山堂间,有一条长五丈宽一丈五尺的石砌水渠。在道山堂东西,各有屋二间,分别由秘书监、少监居之。二是东廊,凡四十二间,为秘书省官员办公处与光馆库、各书库。三是西廊,共四十三间,亦为秘书省官员办公处与书库。编修会要所在道山堂"少监位之西",凡十五间;国史日历所在道山堂之东,共十九间;国史院在省门内之东,有屋六十二间。在整个秘书省建筑群内,还有许多亭台池涧等点缀性的建筑,配以小桥流水、奇花异木,环境优美而宁静。通过

---

① 参见《南宋馆阁录》卷二《省舍》,第9页。
② 《系年要录》卷一五〇,绍兴十三年十二月癸巳条,第2419页。

《南宋馆阁录》带有描写性的记述,可以认定,南宋新建的秘书省是一座标准的集图书收藏、管理及修史、图书编撰、校勘、刻印和本省官员及修史、图书编撰人员办公为一体的设备齐全、条件优越的国家图书馆。

为了具体了解南宋秘书省的规模设置及担负的收藏国家图书的藏书职能,下面根据《南宋馆阁录》卷二《省舍》、卷三《储藏》,将淳熙四年(1177)止,南宋秘书省以及与之相关的编修会要所、国史日历所、国史院内各藏书书库、处所的分布、面积、收藏图书范围与内容,列表如下:

名称		位置	面积(间)	收藏内容	备注
秘 书 省	秘阁		5	御札 607 轴,35 册,5 道。太上皇帝(高宗)《圣政》61 册,《日历》1002 册。御容 467 轴。御画 14 轴,1 册。人物 173 轴,1 册。鬼神 201 轴。畜兽 118 轴。山水窠石 144 轴。名贤墨迹 126 轴,1 册。	
	道山堂		5	中设抹绿厨,藏秘阁、四库书目。	
	御书 石刻	东 廊	1	高宗"右文之殿"1 座,"秘阁"1 座,《琴赋》6 段,《文赋》9 段,《千文》3 段,《神女赋》4 段,《舞赋》3 段,《古意》3 段,《史节》2 段,《养生论》2 段,《登楼赋》2 段,《高唐赋》3 段。	卷二《省舍》载高宗御书石刻"秘阁",藏于西廊之御书石刻库。此据卷三《储藏》所载。
	御书 石刻	西廊	1	高宗御书碑刻《史集帖》8 段,《乐毅论》1 段,《五色章》1 段,《跋四生图》1 段,《锦里诗》1 段。孝宗御书碑刻《今上皇帝御书光尧寿圣太上皇帝政序》1 座,《用人论》1 座,《春赋》1 座。	
	古器库	东 廊	3	内设绿厨 3,木架 6,藏古器 418 件,砚 75,琴 7。	
	东拜阁 待班所		3	绍兴十六年、十七年、十八年、二十九年、三十年曝书会及乾道七年济国公(虞允文)《群玉题名》石刻。	
	西拜阁 待班所	西廊	3	《进日历题名》及绍兴十四年、十五年、二十六年、二十七年、二十八年石刻。	

（续表）

名称	名称	位置	面积（间）	收藏内容	备注
秘书省	图画库	东廊	1		卷二《省舍》"图画库"下注云："图画藏秘阁。"
	秘阁书库（东库）	东廊	3	经史子集四类书13506卷，958册；御前书经史子集四类2502卷。	秘阁书库分东西两库，表中藏书数为二库总藏书数。
	秘阁书库（西库）	西廊	2		
	经书库	东廊	5	库内各设绿厨7，共藏经史子集四类数23583卷，6512册。	表中藏书数为各书库总藏书数。
	子书库		5		
	史书库		5		
	集书库		5		
	印本书库	西廊	3	设绿厨7，藏诸州印板本书6098卷，1721册。	
	碑石库		2	《进日历题名》碑刻1（校书郎石起宗书），米芾帖18段。	
编修会要所	印书作	编修会要所内	2	《太平广记》东府版5000片，新刻《馆阁录》版154片，《中兴书目》版1580片。	
	搜访库		5	经史子集四类书23145卷，7456册。碑刻"著作之庭"，礼部侍郎胡铨隶书，大理寺丞虞似良刻；《淳熙四年进实录题名》，校书郎胡晋臣书。	
国史日历所	国史库	国史日历所内	2	内藏日历、时政记、起居注等文字。	
	著作庭		3	内全漆书厨1，藏著作庭书目。	
国史院	旧书库	国史院内	2	不详。	

附:南宋秘书省位置图

附：南宋秘书省建筑图

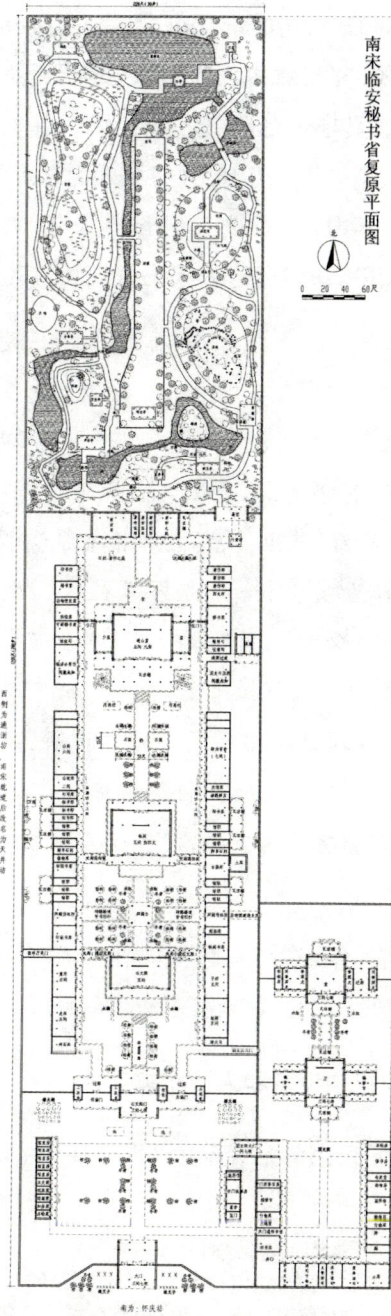

南宋临安秘书省复原平面图

嘉定六年(1213),在南宋秘书省建造使用整整八十年后,"以积久颓敝",曾进行过一次较大规模的修缮,历时近二年,费钱九万余贯,"中外一新"①。

绍定四年九月丙戌,临安城内发生特大火灾,延烧至秘书省,仅剩著作庭与后园。于是秘书省具申朝廷降钱,委转运司、临安府计置起造,进行重建。这次重建,以十一月一日兴工,自大门至殿门基址增高二尺,与官路平。次年十月毕工,用了一年时间,费钱三十五余万贯,中外鼎新,规模一如旧式。② 宋末,周密(1232—1298)曾进入秘书省观画,其记当时的秘书省云:

> 乙亥岁秋,秘书监丞黄悏汝济,以蓬省旬点,邀余偕行,于是具衣冠望拜右文殿,然后游道山堂。堂故米老(友仁)书匾,后以理宗御书易之。著作之庭,胡邦衡所书,曰"蓬峦",曰"群玉堂"。堂屏,坡翁所作竹石,相传淳熙间,南安守某人,乃取之长乐僧寺壁间,去其故土,而背施髹漆,匣以持献曾海野,曾殂后,复献韩相平原(侂胄),韩诛,簿录送官。左为"汗青轩",轩后多古桂,两旁环石柱二。小亭曰"蓬莱",曰"濯缨",曰"方壶",曰"含章",曰"茹芝",曰"芸香"。射亭曰"绎志",曰"采良门"。"采良"二字,莫知所出。
>
> 登浑仪台,观铜浑仪。绍兴间内侍邵谔所为,精致特甚,色泽如银如玉。此器凡二,一留司天台,一留此以备测验。最后步石渠,登秘阁,两旁皆列龛藏先朝会要及御书画,别有朱漆巨匣五十余,皆古今法书名画也……。③

乙亥岁,当是德祐元年(1275),说明时秘书省经绍定四年重修后,建筑设置完好,只是,南宋灭亡之后,南宋秘书省也就被毁而未保存下来。

三、南宋秘书省的机构设置和人员组成

自元丰间三馆并入秘书省后,至南宋重建秘书省,仍沿习惯,以秘书省

---

① 佚名:《南宋馆阁续录》卷二《省舍》,第170页。
② 详《南宋馆阁续录》卷二《省舍》,第170页。
③ 周密:《齐东野语》卷一四《馆阁观画》,中华书局点校本1983年版,第249页。

为馆阁，故南宋陈骙所撰记载南宋秘书省建置、沿革、图书收藏、编纂及官员任职的专书，名之为《中兴馆阁录》，而秘书省官属仍称馆职①。据《宋会要辑稿》职官一八之二四载：

> 绍兴元年二月十九日，诏复置秘书省，权以秘书监或少监一员、丞、著作郎、著作佐郎各一员、校书、正字各二员为额。

《系年要录》、《宋史·高宗纪》所记则更明确，谓绍兴元年（1131）二月"丙戌，复秘书省。仍诏监、少不并置，置丞、郎、著佐各一员，校书郎、正字各二员"②。"仍诏监、少不并置"，这样，绍兴元年，复置秘书省时，定编额为：秘书监或少监、丞各一人，著作郎、佐郎各一人，校书郎、正字各二人，共八人。绍兴五年（1135）八月，因大臣言，仿唐太宗置文学馆设十八学士之制，并如祖宗故事，"诏增馆职为十八员"，既而秘书省再请增加编制，于是"命秘书郎及著作各除二员，校书郎、正字通除十二员，而少丞不与焉"③。另经、史、子、集四库、续搜访经、史、子、集四库、秘阁上下库、御制御札名贤墨迹图画库、古器库、印本书库、印本库、碑石库、各以省吏分掌。除此之外，秘书省在绍兴十三年大规模重建前其机构设置较重大变化是绍兴十年二月丁卯（二十二日），"罢史馆，以日历事归秘书省国史案，令著作官修纂，仍命宰相提举，以监修国史系术，遇修国史、实录，即各置院，始用元丰制也。既而著作佐郎王扬英言，国史案文移，诸司多不报。乃命以国史日历所为名"④。对此，自南宋建立南渡至绍兴十三年，秘书省的建置变化，生活于北南宋之交的李攸所著《宋朝事实》卷九《官职》有一总结性的记述：

> 渡江后，制作未遑。绍兴元年，始诏置秘书省，权以秘监或少监一员、丞、著作郎、佐各一员，校书、正字各二员为额。续又参酌旧制，校书

---

① 《宋史》卷二〇二《艺文志·序》："神宗改官制，遂废馆职。"（第5032页）按此馆职是指昭文馆大学士以下带职官及以三馆名的职事官。但秘书省属官仍称馆职，在南宋史籍中屡见。如下引《系年要录》卷九二"诏增馆职为十八人"可为例证。

② 《系年要录》卷四二，绍兴元年二月内戌条，第769页；《宋史》卷二六《高宗纪三》，第485—486页。

③ 《系年要录》卷九二，绍兴五年八月甲辰条，第1530页。按："少丞不与焉"，指不增加名额。

④ 《系年要录》卷一三四，第2152页。

郎、正字召试学士院而后命之。自是采求缺文,补缀漏逸,四库书略备。即秘书省复建史馆,以修神宗、哲宗《实录》,选本省官兼检讨、校勘,以侍从官充修撰。五年,效唐人十八学士之制,少、监、丞外,置著作郎、佐、秘书郎各二人,校书郎、正字通十二人。又移史馆于省之侧,别为一所,以增重其事。九年,诏著作局惟修日历,遇修国史、修实录,则开实录院,以正名实①。

关于绍兴十三年新秘书省建成后,秘书省的机构设置和人员组成变化情况,《宋朝事实》卷九《官职》亦有详细的综合性叙述,兹引录如下:

> (绍兴十三年)是冬,新省成,少监游操援政和故事,乞置提举官,遂以授礼部侍郎秦熺,令掌求遗书,仍铸印以赐。置编定书籍官二人,以校书郎、正字充。孝宗即位,诏馆职储养人才,不可定员。乾道九年,正字至六员。淳熙二年,少、监并置,皆前所未有。除少、监、丞外,以七员为额(四库馆臣案:乾道、淳熙系孝宗年号,与《江阳谱》所云起建隆迄宣和者已不合,至下文所记绍熙,系光宗年号,非李攸所及见,当是后人所增)。寻复诏不立额。绍熙二年,馆职缺人,上令召试二员,谨加审择,取学问议论平正之人。自是少、监、丞外,多止除二员。是时,陈傅良上言:"请以右文、秘阁修撰并旧馆阁校勘三等为史官。自校勘供职,稍迁秘阁修撰,又迁右文,在院三五年,如有劳绩,就迁次对,庶几有专官之效,无冷局之嫌。"时论韪之,然不果行。中兴分案四:曰经籍,曰祝版,曰知杂,曰太史。吏额:都、副孔目官二人,四库书官二人,表奏官、书库官各一人,守当官二人,正名楷书五人,守阙一人,正贴司及守阙各六人,监门官一人以武臣充,专知官一人。

在秘书省内,还有一些隶属机构,主要有日历所、会要所等。日历所负责以宰执时政记、左右史起居注所书会集修撰日历。在宋代,修撰国史、日历、实录作为一种日常修史活动,除了南宋初金兵入侵与南宋末年蒙古军南下战

---

① 李攸:《宋朝事实》卷九《官职》,《丛书集成初编》本。

乱时期外，从未停止过。其名称与隶属虽有变化，但大部分时候，归属秘书省。南宋时日历所即设在秘书省内。故《宋史·职官志》明确称："日历所隶秘书省，以著作郎、著作佐郎掌之。以宰执时政记、左右史起居注所书会集修撰，为一代之典。"①

会要所主要负责修撰历朝会要，《宋史·职官志》载云：

> 会要所。以（秘书）省官通任其事。绍兴九年，诏秘书省官雠校《国朝会要》，逐官添给茶汤钱。乾道四年，诏尚书右仆射陈俊卿兼提举编修《国朝会要》，每遇提举官开院过局，就本省道山堂聚呈文字，提举诸司官、承受官、主管诸司官，并令国史日历所官兼。五年，令本省再加删定，以续修《国朝会要》为名。九年，秘书少监陈骙言："编类建炎以后会要成书，以《中兴会要》为名。"并从之。其后接续修纂，并隶秘书省②。

除此，有太史局之印历所，"印历所掌雕印历书。南渡后，并同隶秘书省，长、贰、丞、郎，轮季点检"③。据上节所述南宋秘书省的规模，编修会要所、国史日历所与原不是常设机构、绍兴初"国史、实录皆寓史馆"的国史实录院，均在秘书省内。以上这些以修撰刻印图书的机构或隶属秘书省，或设置在秘书省内，主要原因，一是秘书省内有丰富的藏书可利用，二是日历、会要、国史的实际编撰者很多就是秘书省官员。这同时说明，南宋秘书省作为馆阁机构，除了是国家图书馆性质的中央藏书机构外，还是国家图书编撰中心，另外，还担负有雕印历书等特殊图书的任务。

---

① 《宋史》卷一六四《职官志四》，第3877页。方按：《宋史·职官志》此条记载系照抄《宋朝事实》卷九《官职》。

② 《宋史》卷一六四《职官志四》，第3877—3878页。方按：《宋史·职官志》此条记载亦照抄《宋朝事实》卷九《官职》。

③ 《宋史》卷一六四《职官志四》，第3879页。

第三节　南宋中央官方藏书来源与数量

一、南宋秘书省藏书的来源

南宋秘书省藏书的来源,大致承沿北宋时的做法,其主要渠道:一是继续实行优待奖励措施,广开献书之路;二是命令各级官吏,广泛访求、征集图书;三是大量编撰印刻包括御集御制御札、史书等在内的各种图书。

(一)继续实行优待奖励措施,广开献书之路

早在北宋时期,宋代最高统治者就制定一系列优待奖励政策,号召朝野臣民进献图书。对于进献图书者,或给予科举出身、或直接授予官职,或赐予钱财。如早在宋朝建立不久,乾德四年(966)闰八月,朝廷就诏购亡书,凡进书者先令史馆点检,馆中所无者则收之。献书人送学士院试问吏理,堪任职官者具名以闻。"是岁,三礼涉弼、三传彭翰、学究朱载皆应诏献书,总千二百二十八卷。赐弼等科名"①。太平兴国九年(984)正月,又下诏,令三馆以《开元四部书目》比校,所缺者于待漏院榜示中外,臣僚之家,有三馆阙书许上之。有书来上者,三百卷以上者,经学士院引验,如堪任官职者,与一子出身。不及三百卷者,据卷帙多少,优给金帛。如不愿纳官者,借本缮写。②真宗咸平四年(1001)十一月二十七日,又诏中外士庶有收得三馆所少书籍,每纳到一卷,给千钱,如及三百卷已上。量材录用,与出身酬奖。并令史馆抄出所少书籍名目,于待漏院张挂,及遣牒诸路转运司严行告示。③此后,终北宋之世,宋代最高统治者一直实行优待奖励措施,号召臣民广泛献书,收到了很好的效果。如大中祥符八年(1015)四月,荣王宫火,延燔崇文院秘阁,三馆与秘阁图书损失严重。翰林学士陈彭年上书请募购,五百卷以上者

---

① 《宋会要辑稿》崇儒四之一五。《长编》卷七,乾德四年闰八月条(第178页),彭翰作彭干。
② 《宋会要辑稿》崇儒四之一六。
③ 《宋会要辑稿》崇儒四之一七。

优其赐。有献书者十九人，得书一万七百五十四卷①。

南宋建立之初、鉴于皇室、馆阁和中央各政府机构藏书几乎一无所有，南宋统治者继承北宋祖宗做法，更是大力号召臣民踊跃献书，并作为恢复国家藏书的主要措施。对此，《宋会要辑稿》崇儒、《系年要录》亦都有记述，如：

> （绍兴六年）五月二十八日。诏："史馆见阙元祐七年十一至十二月、元祐八年一全年《实录》文字，应臣僚士庶有收藏者，许赴史馆送纳。其先到者，与转一官。如不愿转官或白身人与恩泽一资，仍并与升擢差（遗）遣。"从使馆修撰范冲请也②。

> （绍兴九年）五月四日，史馆言："见阙《神宗正史·地理志》而下十三志及哲宗一朝纪、志、列传全书。窃见中原初复，东京及诸州旧史必有存者，望委留司于国史院、秘书省等处检寻上件正史，如无正本，但有副本静草，或部秩不全，并差人津发前来。仍乞下臣僚之家搜访投进，降付本馆，优与推恩。"从之③。

笔者曾对《宋会要辑稿》、《系年要录》、《南宋馆阁录》作过较认真的阅读、搜寻，结合有关文集、笔记，仅宋高宗绍兴年间，见于记载的较大规模的献书活动就有三十余人次。如绍兴初年，即有进士何克忠上《太宗实录》四册、国朝《宝训》十二册、《名臣列传》二册；故右金吾上将军张楙妻王氏，以亡夫家藏六朝《实录》、《会要》、《国史志》等书二百二十二册来上；处州缙云县若澳巡检唐开，上王珪重修国朝《会要》三百卷；又有将仕郎黄濛者，上《太祖实录》、《太宗实录》、《真宗实录》、《仁宗实录》、《英宗实录》五百余卷、《天圣南郊卤簿记》十册。而有的献书多达数千上万卷。绍兴二年三月，故太常少卿曾旻子温夫献累朝典籍二千余卷；绍兴三年五月，承奉郎林伃上家藏徽宗御书、御画、御笔札七轴、《实录》、《会要》等书籍二千一百二十二卷。绍兴五年七月，僧宝月上李卫公《必胜集》等图书三十九种。绍兴五年九月，大理评

---

① 《宋会要辑稿》崇儒四之一七、四之一八。
② 《宋会要辑稿》崇儒四之二四。
③ 《宋会要辑稿》崇儒四之二五。

事诸葛行仁献《册府元龟》等书凡万一千五百一十五卷①。绍兴二年三月，故太常少卿曾旼子温夫献累朝典籍两千余卷。兹特据《宋会要辑稿》崇儒、《系年要录》等书所载，将朝野臣民个人进献图书、书画等列表略述如下：

南宋私人进献图书表②

序号	时间	献书人	献书事略及所献图书、数量	图书处置	获奖赏情况	材料来源：书名卷/页
1	绍兴 1 (1131)/ 3/18	进士何克忠	《太祖皇帝实录》4册，《国朝宝训》12册，《名臣列传》2册，《国朝会要》3册。	付秘书省，仍令录本进入。	特与补下州文学。	《辑稿》崇儒 4/20—21《要录》43/782
2	绍兴 1/ 6/16	故右金吾卫上将军张楶妻镇国夫人王氏	亡夫家藏六朝《实录》、《会要》、《国史志》等书222册。	付秘书省。	诏令礼部降度牒10道付张楶家。	《辑稿》崇儒 4/21
3	绍兴 1/ 7/7	章效	欧阳修编纂《太常因革礼》100卷。	诏付太常寺，令秘书省借本，校勘抄录，藏于本省。		《辑稿》崇儒 5/30、《玉海》69/1307
4	绍兴 1/ 7/24	处州缙云县若澳巡检唐开	王珪《重修国朝会要》300卷。	付秘书省，仍令本省录本进入。	诏再与转一官。	《辑稿》崇儒 4/21
5	绍兴 1/ 6/戊辰	迪功郎诸葛行言	国朝训典等书万卷。		官其一子。	《要录》45/809

---

① 此据《宋会要辑稿》崇儒四之二四，而〔宋〕《嘉泰会稽志》卷一六载，绍兴五年六月，诸葛行仁进所藏图书八千五百四十八卷，赏以官。《宋元方志丛刊》中华书局 1990 年版，第 7023 页。

② 为省略文字，便于排版，此表材料来源一栏引用图书都尽可能用最省略的文字表达，书名用简称，卷数用阿拉伯数字。如《宋会要辑稿》崇儒四之二〇作《辑稿》4/20，《系年要录》卷四五，第 809 页，作《要录》45/809，与全书正文标列方式不同，特此说明。又，表中进献时间一栏所示年、月、日，实为文献所载对献书人所献图书处置之时间，或为有司及臣下上奏报告之时间，实际进献图书时间当在此之前。

（续表）

序号	时间	献书人	献书事略及所献图书、数量	图书处置	获奖赏情况	材料来源：书名卷/页
6	绍兴1/9/13	将仕郎黄濛	《太祖皇帝实录》50卷、《太宗皇帝实录》80卷、《真宗皇帝实录》150卷、《仁宗皇帝实录》200卷、《英宗皇帝实录》30卷、《天圣南郊卤簿册记》10册。	诏送秘书省。	赐濛空名度牒五道，不受，濛乞白身补官恩例。诏与循一资。	《辑稿》崇儒4/41
7	绍兴初	谢克家	司马光撰《通鉴举要历》80卷。			《书录解题》4／113
8	绍兴2/2	将仕郎贺廪,贺铸（1052—1125）之子	家藏书籍5000卷。	送秘书省。	诏与本家将仕郎恩泽一名。廪令吏部入近便差遣。	《辑稿》崇儒4/21—22
9	绍兴2/3/4	故太常少卿曾旼男温夫	家藏累朝典籍2000余卷。	诏并送秘书监收管。	温夫与补将仕郎	《辑稿》崇儒4/22
10	绍兴2/7/1	太平州芜湖县进士韦许	家藏太宗皇帝御书并书籍。		诏特补迪功郎。	《辑稿》崇儒4/22
11	绍兴3/5/1	左承奉郎林伃	家藏徽宗御书、御画、御笔札7轴并祖宗《实录》、《国朝会要》、国史及古文文籍2122卷。		诏与本家将仕郎恩泽一名,伃令吏部先次与合入近便差遣。	《辑稿》崇儒4/23
12	绍兴3/10/23	知静江府许中	政和重修《国朝会要》1部、政和修定《谥法》1部、宣和重修《卤簿记》1部。	诏《国朝会要》送中书门下省,准备检照,《谥法》并《卤簿》送秘书省。		《辑稿》崇儒4/23
13	绍兴4/4/辛丑	左朝奉大夫广东转运判官章杰	上缮写本路所藏祖宗以来条令及续降指挥1018卷。	诏敕令所看详,申尚书省。		《要录》75/绍兴四年夏四月

（续表）

序号	时间	献书人	献书事略及所献图书、数量	图书处置	获奖赏情况	材料来源：书名卷/页
14	绍兴 5/3/19	承节郎毛刚中	仁宗康定中于观文殿所纂《鉴古图记》10卷。		诏特转一官。	《辑稿》崇儒4/24、《玉海》32
15	绍兴 5/7/28	僧宝月（宋初功臣史珪之后）	《李卫公必胜集》、《兵钤》、《水镜》、《武略要义》、《管子》、《青田记》、《墨子》、《鬼谷子》、《风云论》、曹武祖《新书》、诸葛亮《玉局通关秘诀》、郭元振《安边策》、《六宾集》、《平胡策》、《论天地》、《龙虎》、《风云》、《鸟水》、《六花》、《八阵》等营图阵图凡39种。		诏宝月特补下州文学。	《辑稿》崇儒4/24
16	绍兴 5/9/4	大理评事诸葛行仁	《册府元龟》等书凡1515卷。		诏与本家将仕郎恩泽一名。	《辑稿》崇儒4/24
17	绍兴 6/9/27	成忠郎徐衡进	诸葛武侯书。	中书舍人兼直学士院兼侍讲陈与义言：此书恐是后人附托，非亮之书。或可存之，以备广览。	诏令户部赐徐衡束帛。	《辑稿》崇儒5/32
18	绍兴中	刘峤	《司马文正公传家集》80卷。			《郡斋读书志》19/1001①

---

① 晁公武：《郡斋读书志》卷一九："集乃公（司马光）自编次。公薨，子康又没，晁以道得而藏之。中更禁锢，迨至渡江，幸不失坠，后以授谢克家，刘峤得而刻版上之。"（第1001页）按：《郡斋读书志》未载刘峤（1077—1138）上此书时间，现据刘峤生活时代，姑系于此。

（续表）

序号	时间	献书人	献书事略及所献图书、数量	图书处置	获奖赏情况	材料来源：书名卷/页
19	绍兴9/4/25	平江府吴江县进士李德光	《真宗皇帝语录》及五帝功臣绘像图，共2册。	诏送史馆。		《辑稿》崇儒4/25
20	绍兴13/闰4/1	沈嘉猷	监本《春秋三传》。		诏可令户部倍赐束帛。	《辑稿》崇儒4/25
21	绍兴15/3/17	左朝奉郎知建州李德昭	家藏南齐褚渊墨迹1轴。		赐银绢百疋两。	《辑稿》崇儒4/27
22	绍兴15/9/21	明州进士陈旸	书籍756卷。	留秘书省。	诏与永免文解。	《辑稿》崇儒4/27
23	绍兴15/10/2	普州安岳县进士秦真卿	家藏书唐明皇赐近臣古史三节，墨迹一轴		诏真卿与免文解一次，赐钱一千贯。	《辑稿》崇儒4/27
24	绍兴15/11/3	忠训郎张棆	秘书省所阙书籍51种。	送秘书省。	诏与转一官。	《辑稿》崇儒4/27
25	绍兴16/7/18	明州奉化县陈泰初	神宗、哲宗御集共118册。		诏与转一官。	《辑稿》崇儒4/28、《要录》155/绍兴十有六年
26	绍兴16/10/19	右文林郎贺廪	碑刻273本。		诏与堂除差遣。	《辑稿》崇儒4/29
27	绍兴16/10/25	右迪功郎陈友迪	书籍若干（数目不详）。		诏特差监潭州南岳庙。	《辑稿》崇儒4/29
28	绍兴16/11/25	眉州进士苏蒋	《苏元老文集》25册、柳公权等书画3轴。		诏与永免文解。	《辑稿》崇儒4/29
29	绍兴16/11/25	彭州进士王偃	蔡襄、米芾书与黄筌、孙知微等画，共15轴。		诏与永免文解。	《辑稿》崇儒4/29
30	绍兴17/10/29	宗室、秉义郎不匿	家藏米芾临王羲之《破羌帖》。		诏与优便遣。	《辑稿》崇儒4/29

序号	时间	献书人	献书事略及所献图书、数量	图书处置	获奖赏情况	材料来源：书名卷/页
31	绍兴17/11/8	右迪功郎前严州建德县主簿钱云骙	借到阙书2990余卷。		诏与循一资。	《辑稿》崇儒4/29
32	绍兴18/2/2	进士武杰	献李邕《披云帖》。		诏与免文解一次。	《辑稿》崇儒4/29
33	绍兴18/3/1	左迪功郎新（城）[成]都府司理参军郭师心	献唐褚遂良临《黄〔庭〕经》1轴。		诏与循一资。	《辑稿》崇儒4/29
34	孝宗乾道7/1/10	资州助教杨志发	缴进元祐宰臣吕大防家所藏神宗、哲宗两朝御笔，元祐皇太后遗诏。		特补荣州文学。	《辑稿》崇儒4/29—30

以上所列三十四次南宋朝野臣民献书活动都集中在南宋初，这是因为南宋建立初国家图书几乎一无所有，朝廷屡下诏书，号召臣民进献，故文献资料所载较详实。这同时说明，南宋初国家藏书的主要来源之一是私家藏书的进献。

宋朝政府在号召臣民献书的同时，还鼓励朝野人士进献本人与祖父、先人或他人著作。对于进献著作者，已有官职的，给予晋级提升或物质奖励；布衣无功名者，可直接授予官职，也可免解直接参加科举考试，成为与科举、恩荫并行的一种奖掖人才，让士人进入仕途的一项政策措施。对此晁公武的《郡斋读书志》、陈振孙的《直斋书录解题》所著录的图书中，有很多是作者本人或经他人推荐，献给朝廷，经审阅而诏送馆阁或有关部门，有的还被雕版印行。而《宋会要辑稿》崇儒从五之一九至五之四三专列"献书升秩"一节，用了很长篇幅，记录了《国朝会要》（即太宗至英宗五朝）中自太平兴国八年（983）至《光宗会要》绍熙三年（1192），二百余年中一百五十余次的进献活动，约进献著作二百余种；其中南宋仅高宗、孝宗两朝，《宋会要辑稿》记录的进献著作就有八十六人次，一百多种。如所周知，今本《宋会要辑稿》非《宋会要》原本，遗漏甚多，故实际进献著作的人次、图书、种类与数量当大大超过上面的数字。在上述进献撰述著作中，最主要有：绍兴元年（1131）程俱上所编《麟台故事》五卷,诏送秘书省。绍兴五年胡安国奉诏进呈所著《春秋传》,继而又于乾道九年(1173)主动进呈先次缮写到《周易》、《周礼》、《礼记》、《春秋》四经解。乾道三年至六年,李焘进呈《长编》,诏有司缮写校勒,藏于秘阁。另外如绍兴末著名史学家郑樵进献其所编著《通志》等。兹特据《宋会要辑稿》崇儒、《系年要录》、《玉海》、《直斋书录解题》等书所载,将朝野臣民进献个人及父、祖等著述列表略述如下。需要说明的是,下表中所列不包括大臣所献箴、颂、策论、奏等单篇文及诗赋,亦不包括秘书省官员在内的中央各部门官与地方官奉诏令编写的日历、实录、会要、国史及礼书、编敕、法律文书。

南宋进献著作表①

序号	进献时间:年号/月/日	进献人	进献著作及作者	处置及奖赏	材料来源:书名卷/页
1	建炎1 (1127)/6	丞相李纲	《三君行事纪要录》。		《书录解题》5/155
2	建炎初	丞相李纲	宣教郎傅雱撰《建炎通问录》1卷。		《玉海》58/1117
3	建炎4/6/2	婺州进士李季	所编次传习异书。	官给纸札誊写。李季日给食钱1贯	《辑稿》崇儒5/30
4	建炎4/7/29	宗正少卿范冲(范祖禹之子)	范祖禹所著《唐鉴》、《仁皇训典》、《帝学》。	给以笔札,令冲勘读投进。	《辑稿》崇儒5/30
5	绍兴1/9/19	秘书少监程俱	《麟台故事》5卷。	诏送秘书省。	《辑稿》崇儒5/30、《书录解题》6/178、《玉海》51/975
6	绍兴1/9	张冲等	《太乙光照辩误归正论》10首。		《辑稿》崇儒5/30
7	绍兴2/闰4/24	林瑜	《砭石论》。	召赴都堂审察。	《玉海》62/1181
8	绍兴3/2	右谏议徐俯	《春秋解议》。		《玉海》40/760

———————

　　①　此表所用数字如前表用阿拉伯数字表示,材料来源一栏引用书籍亦如前表用简称。又,表中进献时间一栏所示年、月、日,实为文献所载对进献者所进献著作处置之时间,或为有司及臣下上奏报告之时间,实际进献著作时间当在此之前。

（续表）

序号	进献时间：年号/月/日	进献人	进献著作及作者	处置及奖赏	材料来源：书名卷/页
9	绍兴 3/6/9（《玉海》作 9月6日）	大理卿李与权	《士师龟总》5册。	诏令与权别录副本，缴申尚书省。	《辑稿》崇儒 5/30—31、《玉海》67/1276
10	绍兴 4/7/辛酉	知湖州汪藻	《建炎中兴诏旨》37册。	诏送史馆。	《玉海》64/1216
11	绍兴 4/9/6 ①	抚州邓名世	己所著《春秋四谱》6卷、《辨论谱说》1卷10篇、《古今姓氏书辨证》40卷。	赐进士出身，充史馆校勘。	《辑稿》崇儒 5/31、《玉海》50/956
12	绍兴 5/3/庚子	兵部侍郎王居正	《辨学》（43 篇）7卷。	诏送秘书省。	《玉海》42/804
13	绍兴 5/4/庚午	曾纡	其父布所著《三朝正论》2卷。	诏付史馆。	《玉海》62/1182
14	绍兴 5/6/31	故龙图阁学士杨时家	杨时著《三经义辨》10卷。	令本家抄录投进。	《玉海》42/804
15	绍兴 5/7/8	衢州进士毛邦彦	《春秋正义》。	诏赐绢三十匹。	《辑稿》崇儒 5/31
16	绍兴 5	常州布衣陈得一	《统元历》1卷。		《书录解题》12/367
17	绍兴 6/2/6	迪功郎林儵	己所纂述《易》、《书》。	诏特循两资，与堂除差遣。	《辑稿》崇儒 5/31
18	绍兴 6/3/6	江南西路安抚制置大使、兼知洪州李纲	靖康间编修到《奉迎录》。	诏送史馆。	《辑稿》崇儒 5/31
19	绍兴 6/4	宋藻	《十君论》。	召对，补迪功郎。	《玉海》62/1181
20	绍兴 6/5/12	左朝请大夫，充秘阁修撰、提举临安府洞霄宫林虡	缮写其先臣希元丰中所修《宝训》副本。	诏送史馆。	《辑稿》崇儒 5/31

———————

① 《玉海》卷五〇载，邓名世绍兴四年三月乙亥（二十五日）上书，九月六日赐进士出身，充史馆校勘。

（续表）

序号	进献时间:年号/月/日	进献人	进献著作及作者	处置及奖赏	材料来源:书名卷/页
21	绍兴 6/5/24	成忠郎李沇	其高祖文易所编《皇宋大典》（四十门）3 卷。	诏其书送秘书省,李沇与转一官。	《辑稿》崇儒 5/31—32、《玉海》69/1311
22	绍兴 6/8/3	右通直郎曾惇（直宝文阁纡之子）	祖布所著《三朝正论》真迹。	送史馆,诏惇与转一官,仍令户部支赐银绢 100 匹两。	《辑稿》崇儒 5/32、《玉海》62/1182①
23	绍兴 6/8/6	文旦	《春秋要义》。	诏文旦转一官。	《辑稿》崇儒 5/32
24	绍兴 6/8/6	崔岩	祖先子方所著《春秋经解》12 卷、《本例例要》1 卷。	补上州文学。	《辑稿》崇儒 5/32、《系年要录》104/1694、《玉海》40/760
25	绍兴 6/8/19	前国学生冯邦杰	《注孙子》。	赐绢 20 疋。	《辑稿》崇儒 5/32
26	绍兴 6/9/27	进士何畴	《孙子解》。	令户部赐束帛。	《辑稿》崇儒 5/32
27	绍兴 7/2/21	林保	《中兴龟鉴》。	特赐紫章服。	《辑稿》崇儒 5/32
28	绍兴 7/8/23	夔州州学教授李昌	《要览》。	诏令本州取索,实封以进。	《辑稿》崇儒 5/32
29	绍兴 7/7/12	左朝请大夫、充徽猷阁待制邵博	父伯温所著《辨诬》。	诏送史馆。	《辑稿》崇儒 5/32
30	绍兴 7/闰10/3	江浚明	《阵图策》。	赐绢十疋。	《辑稿》崇儒 5/32
31	绍兴 7/11/23	右迪功郎李时雨上《玉垒忠书》	《玉垒忠书》。	循一资。	《辑稿》崇儒 5/32
32	绍兴 8/4/15	布衣王俳	《孝经解义》。	诏赐绢 30 疋。	《辑稿》崇儒 5/32—33

---

① 《玉海》系于绍兴五年四月庚午,并称曾布之子曾纡上。

（续表）

序号	进献时间：年号／月／日	进献人	进献著作及作者	处置及奖赏	材料来源：书名卷／页
33	绍兴 8/5/6	布衣柴宗愈	《中兴圣统》。	与兑文解一次。	《辑稿》崇儒 5/33
34	绍兴 8/6/5	知简州李授之	《易解》。	诏送秘书省。李授之除直秘阁。	《辑稿》崇儒 5/33
35	绍兴 9/1/1	左朝奉郎新差通判阆州勾龙庭实	编类《春秋三传》、《十七史》20 部。	令临安府给纸札，缮写以进。	《辑稿》崇儒 5/33
36	绍兴 9/1/15	右承事郎主管台州崇道观王铚	编集哲宗皇帝元祐八年补录及《七朝国史》。	诏特转一官。	《辑稿》崇儒 5/33
37	绍兴 10/1/29	欧阳安永	《龟鉴》。	令户部赐束帛，令秘书省录本进入。	《辑稿》崇儒 5/33
38	绍兴 10/3	徽猷阁待制、提举江州太平观胡安国	《春秋传》30 卷。	降诏奖谕。既而推恩，除宝文阁直学士，赐银绢三百匹两。	《辑稿》崇儒 5/31、《玉海》40/761
39	绍兴 10	杨时子适	其父解《中庸篇》及《论语义》。	与适升等差遣。	《辑稿》崇儒 5/31
40	绍兴 10/10/16	泉州进士王文献	注解《司马灋》2 万余言。	诏特与免解一次。	《辑稿》崇儒 5/33
41	绍兴 10/12/10	国学永免解进士程全一	《孝经解》。	诏与差充太学职事。	《辑稿》崇儒 5/33
42	绍兴 11/6/15	抚州布衣吴曾	《春秋左氏传发挥》、《春秋正辞通例》13 卷。	特与补右迪功郎。	《辑稿》崇儒 5/33、《玉海》40/761
43	绍兴 11/11/27	布衣林独秀	《孝经指解释义》。	令户部倍赐束帛。	《辑稿》崇儒 5/33

(续表)

序号	进献时间: 年号/月/日	进献人	进献著作及作者	处置及奖赏	材料来源:书名卷/页
44	绍兴 12/ 5/17	汉州布衣陈靖	《中兴统论》。	诏补右迪功郎。	《玉海》62/1181
45	绍兴 12/ 12/2	进士董自任	《春秋总鉴》12卷。	与永免文解,差充太学职事。其书送秘书省,录本进入。	《辑稿》崇儒5/33—34、《玉海》40/761
46	绍兴中		《尹氏论语解》10卷,徽猷阁待制河南尹焞彦明撰①。		《书录解题》3/75
47	绍兴中	邵溥	其父邵伯温撰《邵氏辨诬》3卷。		《书录解题》5/151页
48	绍兴13/1/戊午	右迪功郎监潭州南岳庙毕良史	《春秋正辞》20卷、《通例》15卷。	特改毕良史京官②。	《书录解题》3/64、《要录》148/2377
49	绍兴13/ 1/24	左朝散大夫主管台州崇道观王普	进先臣宾讲《论语口义》。	诏送史馆。	《辑稿》崇儒5/34
50	绍兴13/闰4/21	进士蔡直方	《椒通览》2册。	与永免文解。	《辑稿》崇儒五/三四
51	绍兴13/ 5/11	左迪功郎何傅③	《中兴龟鉴》。	诏与转一官。	《辑稿》崇儒5/34、《要录》149/2394
52	绍兴13	宰相秦桧等	《绍兴监学法》26卷、《目录》25卷、《申明》七卷、《对修厘正条法》4卷,共62卷。		《书录解题》7/224
53	绍兴13/ 8/23	湖南路安抚司参议官王铚	《太玄经解义》等。	令户部赐银三百两。	《辑稿》崇儒5/34

---

① 按:由经筵上之。

② 按:《书录解题》卷三谓:"良史为东京留守属官。东京再陷,留敌中三年,著此书。已而得归,表上之。"(第64页)

③ 《宋会要辑稿》崇儒五之三四作何补,此据《系年要录》卷一四九,第2394页。

（续表）

序号	进献时间：年号/月/日	进献人	进献著作及作者	处置及奖赏	材料来源：书名卷/页
54	绍兴 13	湖南路安抚司参议官王铨	祖宗《八朝圣孝通纪》、《论语》等。	王铨转一官。	《辑稿》崇儒 5/34、《玉海》62/1182
55	绍兴 13/9/18	衢州布衣柴翼益①	《春秋尊王聚断》。		《辑稿》崇儒 5/34、《要录》150/2411
56	绍兴 14/3/戊寅	王铨	《八朝圣孝通纪论》。	诏迁一官。	《玉海》62/1182
57	绍兴 14/12/13/	左朝奉郎知荣州杨朴	《礼部韵括遗》。	诏转一官。	《辑稿》崇儒 5/34
58	绍兴 15/10/27	贵州文学刘翔	《易解》。	与教授差遣。	《辑稿》崇儒 5/34
59	绍兴 16/3/8	郑邦哲	《左氏韵类》。	诏与转一官。	《辑稿》崇儒 5/34
60	绍兴 16/3/22	处州学生耿世南	编类徽宗朝诏、诰、宰执以下词章。	赐绢 20 疋。	《辑稿》崇儒 5/34、《玉海》64/1216
61	绍兴 16/4/17	左奉议郎郭伸	《易解》。	诏与转一官。	《辑稿》崇儒 5/34—35
62	绍兴 16/7/4	饶州进士董凌（《玉海》作"董陵"）	所编《徽宗皇帝御笔手诏》2 册。	赐绢 20 匹。	《辑稿》崇儒 5/35、《玉海》64/1216
63	绍兴 16/8/24	左奉议郎守监察御史王镃	《戚里元龟》。	诏与转一官。	《辑稿》崇儒 5/35
64	绍兴 16/9/6	抚州布衣吴澥	《宇内辨》、《历代疆域志》各 10 卷，《寡见论》、《责实论》各 2 卷。《谨始论》5 卷。②	与永免文解。	《辑稿》崇儒 5/35、《玉海》62/1181

---

① 《宋会要辑稿》崇儒五之三四作柴翼，此据《系年要录》卷一五〇，绍兴十三年九月辛未条（第 2411 页）。

② 《玉海》卷四二又称，时吴沆又进《曆经正论》四卷（第 804 页）。

（续表）

序号	进献时间：年号/月/日	进献人	进献著作及作者	处置及奖赏	材料来源：书名卷/页
65	绍兴 16/9/6	抚州布衣吴沆	《易璇玑》、《三坟训义》各3卷，《群经正论》4卷。	吴沆犯庙讳，不与奖赏。	《辑稿》崇儒5/35
66	绍兴 17/4/17	迪功郎吴适	《大衍图》。	高宗令秘书省看详。如委有可采，吴适当处以库序之职。	《辑稿》崇儒5/35
67	绍兴 18/2/17	福州进士陈梦协	《十七史蒙求》。	令有司加赐束帛。	《辑稿》崇儒5/35
68	绍兴中	右迪功郎李著	《楚泽丛语》8卷。		《书录解题》10/236
69	绍兴 25/10/2	右朝请郎张永年	其父阁文集。	诏永年除直秘阁。	《辑稿》崇儒5/35
70	绍兴 26	丞相万俟卨等	《绍兴贡举法》50卷。		《书录解题》7/224
71	绍兴 27/5/2	故左朝散大夫洪兴祖男藏	父兴祖编纂《徽宗皇帝御集》72卷。	付史馆。诏兴祖特赠直敷文阁。	《辑稿》崇儒5/35
72	绍兴 27/9	兴化军免解进士彭与	《周易义解》10册、《神授易图》4册、《太极歌》1册、《易证诗》1册、《羲文图》2轴。	诏与补上州文学，仍特许免解、令赴省试。	《辑稿》崇儒5/35
73	绍兴 28/2	郑樵	《通志》200卷。		《玉海》47/886
74	绍兴 28/冬	利州路提刑范如圭	所纂《至和嘉祐(名臣)章疏》36篇。		《玉海》61/1169
75	绍兴 29/7/17	知成都府双流县李焘	《皇朝公卿百官表》112卷(内90卷系自编纂)。	从国史院言：下本路漕司，借本抄录赴院，以备参照。	《辑稿》崇儒5/35—36
76	绍兴 29/	医官王继先等	《绍兴校定本草》22卷。	刻板修内司。	《书录解题》13/386
77	绍兴 30/3/7	免解进士宋大明	《周易解》。	诏大明该今次特奏名殿试，候唱名日与升等。	《辑稿》崇儒5/36

（续表）

序号	进献时间：年号/月/日	进献人	进献著作及作者	处置及奖赏	材料来源：书名卷/页
78	隆兴1（1163）	翰林承旨洪遵	《中兴以来玉堂制草》64卷。		《玉海》64/1215
79	隆兴中	敷文阁直学士、提举江州太平兴国宫胡诠	《春秋集善》11卷。	被旨投进。	《读书附志·拾遗》1225
80	隆兴2/10/3	两浙路计度转运副使朱夏卿	其先父胜非手录《渡江》、《复辟事迹》各1帙。	令缮写投进。	《辑稿》崇儒5/37
81	乾道2/5	陈确	名臣奏议（三十门）20卷。	诏迁秩。	《玉海》61/1170
82	乾道2（1166）/6/4	尚书兵部员外郎张行成	进《易》。	除直徽猷阁、知潼川府。	《辑稿》崇儒5/37
83	乾道3/3	起居舍人洪迈、给事中王曮等	《同符贞观录》。		《玉海》58/1117
84	乾道3/8/29	左朝散郎李焘	所著《续资治通鉴》太宗以后文字。	付本官抄录，发送秘书省校勘，藏之秘阁。	《辑稿》崇儒5/37
85	乾道3/12/8	参政蒋芾	乾道《筹边国志》。		《玉海》57/1098
86	乾道4/5/1	宰执	李焘所著《续资治通鉴长编》108卷。	特转焘两官。	《辑稿》崇儒5/37
87	乾道7/9/21	故广南东路转运判官王梁材孙卫卿	崇宁以来手诏16册，并编录诏旨宽恤文字7册。	与免解一次。	《辑稿》崇儒5/38
88	乾道7	太常簿赵粹中	《恢复机密十论》（十六门）40卷，又《富强要策》10卷《专论屯田》。		《玉海》62/1182
89	乾道7/12/3	右修职郎、处州龙泉县丞方拟	所录徽宗皇帝御笔手诏等63项。	与减二年磨勘。	《辑稿》崇儒5/38

（续表）

序号	进献时间：年号/月/日	进献人	进献著作及作者	处置及奖赏	材料来源：书名卷/页
90	乾道 8/6/2	右修职郎、监临安府都盐仓李丙	《丁未录》100 册，200 卷。	特转右承事郎。	《辑稿》崇儒 5/38
91	乾道 9/闰1/23	敷文阁直学士、左通直郎、提举江州太平兴国宫胡铨	《周易》、《周礼》、《礼记》、《春秋》四经解。	诏令投进。	《辑稿》崇儒 5/38、《玉海》42/804
92	乾道 9/2/2	故尚书刑部侍郎程振孙、饶州乡贡进士邵	祖抄写崇宁以来诏旨等文字，誊录成 20 册，并御制御书，通计 113 件。	诏与补下州文学。	《辑稿》崇儒 5/38
93	淳熙 1（1174）/5/29	明州进士沈忞	《海东三国史记》50 卷。	诏与免文解一次，仍赐银绢一百匹两。其书付秘阁。	《辑稿》崇儒 5/39
94	淳熙 3/1/20	监临安府粮料院钱阅	父周材所著《毛诗解》1 部。	诏候任满日，与堂除差遣一次。	《辑稿》崇儒 5/39
95	淳熙 3/5/16	知资州冯震	父辖建炎初被蒙太上皇帝御笔 1 轴。	诏付国史日历所。	《辑稿》崇儒 5/39
96	淳熙 3	权礼侍郎李焘	《四系录》（记女真契丹起灭，自绍圣迄宣和靖康）20 卷。		《玉海》58/1117
97	淳熙 3/10/8	通判潭州潘慈	裒集到祖宗以来因革法令，并《修法枢要》。	诏与转一官。	《辑稿》崇儒 5/39、《玉海》66/1263
98	淳熙 4/7/9	权刑部侍郎程大昌	所著《禹贡论》52 篇，《后论》8 篇。	诏付秘阁。	《辑稿》崇儒 5/39、《玉海》37/713
99	淳熙 4①	赵鼎	《皇朝名臣经济奏议》150 卷。		《读书附志》1217
100	淳熙 4	吕祖谦	《皇朝文鉴》150 卷。		《书录解题》15/447—448

---

① 按：赵希弁《读书附志》称此书"淳熙中赵忠定帅蜀时所进也"。查《宋史》卷二七《高宗本纪四》："淳熙四年八月庚辰，以赵鼎知枢密院事，充川陕宣抚处置使。"故姑系于赵鼎帅蜀之次年。

序号	进献时间：年号/月/日	进献人	进献著作及作者	处置及奖赏	材料来源：书名卷/页
101	淳熙5/6/9	军器少监张珫	所著《论语拾遗》20篇。	诏付秘阁。	《辑稿》崇儒5/39
102	淳熙5	秘书监临海陈骙	所著《中兴馆阁书目》30卷。		《书录解题》8/236
103	淳熙6/7/28	右司员外郎周舜元	《解盐图》1册。	付史馆。	《玉海》181/3336
104	淳熙6/8/8	新知池州王日休	所撰《九兵总要》340卷。	诏与转一官，添差沿海制置司议官	《辑稿》崇儒5/39
105	淳熙8/6/7	知剑州王章	《圣朝赦令德音》1部（自建隆开国止崇宁五年）。	诏送秘阁。	《辑稿》崇儒5/39、《玉海》64/1217
106	淳熙8/8/5	知阆州吕凝之	《易》书40卷。	高宗曰："可与寺监丞差遣。"	《辑稿》崇儒5/39
107	淳熙8/10	国子监簿喻良能	忠义传（起于战国王蠋，终于五代孙晟，上下一千一百年，所取者一百九十人）25卷。	颁之武学授之将帅。	《玉海》58/1107
108	淳熙11/12/4	知潭州林栗	《春秋经传集解》32卷（《玉海》作33卷）。	诏特转一官，其书付秘书省。	《辑稿》崇儒5/40、《玉海》40/761
109	淳熙11/12/4	知台州熊克	《九朝通略》168卷60册。	诏特转一官，其书付秘书省	《辑稿》崇儒5/40、《书录解题》4/119、《玉海》47/902
110	淳熙12/2/1	迪功郎任清叟	曾祖伯雨所撰《春秋绎圣传》12卷。	诏付秘书省。	《辑稿》崇儒5/40、《玉海》40/762

（续表）

序号	进献时间：年号/月/日	进献人	进献著作及作者	处置及奖赏	材料来源：书名卷/页
111	淳熙 12/4/26	知潭州林栗	《周易经传集解》32卷①、《系辞》上下2卷，《文言》、《说卦》、《序杂》本文共为1卷，《河图》、《洛书》、《八卦九畴》、《大衍总会图》、《六十四卦立成图》、《大衍揲蓍解》共为1卷，总36册。	诏付秘书省，令学士院降敕书奖谕。	《辑稿》崇儒5/40
112	淳熙中	林栗	《春秋经传集解》33卷。		《书录解题》3/67
113	淳熙 12/10/21	权发遣江阴军胡介	进父世将措画川峡边防战守钱粮奏议30卷。	诏付史馆。	《辑稿》崇儒5/40
114	淳熙 13/1/1	知福州赵汝愚	累朝忠臣良士便宜奏章150卷、目录5卷。		《辑稿》崇儒5/40
115	淳熙 13/3/5②	郑大中	其父建德所著《汉规》。	付秘书省，大中与免文解。	《辑稿》崇儒5/40、《玉海》49/936
116	淳熙 13/8/26	新知龙州王称	《东都事略》130卷，计40册，目录1册。	付国史院，诏王称除直秘阁。	《辑稿》崇儒5/40—41、《读书附志》1107、《书录解题》4/110
117	淳熙 13	冲晦处士河南郭雍	《传家兵学》6卷。		《书录解题》1/20
118	淳熙 14/3/18	和州布衣龚敦颐（龚原曾孙）	《列传谱述》100卷。	特补龚敦颐上州文学。	《辑稿》崇儒5/41、《玉海》58/1107
119	淳熙 14/9/17	荆湖北路提点刑狱公事朱佺	其伯父长文所著《春秋通志》11册。	诏付秘书省。	《辑稿》崇儒5/41、《玉海》40/762

---

①　陈振孙：《直斋书录解题》卷一："《周易经传集解》三十六卷，兵部侍郎福清林栗黄中撰。"上海古籍出版社点校本1987年版，第23页。

②　按：《玉海》系于淳熙十三年二月五日。

（续表）

序号	进献时间：年号／月／日	进献人	进献著作及作者	处置及奖赏	材料来源：书名卷／页
120	淳熙 15/3/8	右谏义大夫谢谔	己所编集《孝史》50卷并《序》及目录，共 11 册。	诏付秘书省。	《辑稿》崇儒 5/41/
121	淳熙 15/5/13	左司郎中王正已	《皇帝圣德孝感记》。	诏付史馆。	《玉海》57/1098
123	淳熙 15/7/25	郑钩	《钦天要略》25 卷。	诏郑钩循文林郎，与近关教授差遣。	《辑稿》崇儒 5/42
124	淳熙 16/1/23	太傅史浩	《尚书讲议》22 卷。	诏付秘书省。	《辑稿》崇儒 5/42
125	淳熙中	洪迈	唐绝句诗（初编得五千四百篇，后采乐府小说诸诗撮其可读者）82 卷。	孝宗命置复古殿书院。	《玉海》59/1124
126	淳熙中	经筵奏请	李壁编《中兴诸臣奏议》450 卷。	下本州录进。	《玉海》61/1170—1171
127	淳熙中	晁公武	《（春秋）故训传》30 卷。		《玉海》40/761
128	淳熙中	吏部侍郎赵粹中	《庙仪》1 卷。		《书录解题》6/189
129	绍熙 3（1192）	吏部郎陈傅良	《周礼说》（以格君心正朝纲均国势为目，目各四篇）。		《玉海》39/740
130	绍熙 3/11/24	显谟阁学士、通议大夫韩彦直	《水心镜》167 卷。	诏彦直与转两官，其书宣付史馆。	《辑稿》崇儒 5/43
131	绍熙中	临安府免解进士侯望	《古今年号录》5 卷。		《读书附志·拾遗》1230
132	绍熙 5/	起居舍人兼嘉王府赞读彭寿（彭龟年子）	《内治圣监》20 卷。		《书录解题》5/168

（续表）

序号	进献时间：年号/月/日	进献人	进献著作及作者	处置及奖赏	材料来源：书名卷/页
133	庆元1（1195）/5/17	布衣姜	《鼓瑟制度乐书》3卷。	送太常详。	《玉海》105/1934
134	庆元2	徐梦莘	《三朝北盟集编》250卷又《纲目》1册。	除直秘阁。	《玉海》47/887
135	庆元6	宰相京镗等	《役法撮要》189卷。		《书录解题》7/225
136	开禧3（1207）/1/14	章颖	《四将传》（刘、岳、李、魏）7册。	诏付史馆。	《玉海》58/1107
137	嘉定3（1210）/6/16	张幼公	其父张从祖纂辑《国朝会要》588卷《目录》2卷。	秘书省史库。	《南宋馆阁续录》4/203
138	嘉定5/5	李心传	《建炎以来系年要录》100卷。	付国史院。	《玉海》47/901
139	嘉定5/9/24	吏部侍郎彭龟年之子钦	《圣德记》（龟年劝讲所得圣语及事实本末）。	诏付史馆。	《玉海》57/1098
140	嘉定6	全州教授黄学行	《历代尊师本末》2卷。		《玉海》113/2097
141	嘉定7	南剑守臣刘允济	罗从彦撰《圣宋遵尧录》8卷（采祖宗故实可垂法后世者，纂录辨释）。		《玉海》卷58/1118
142	嘉定13	秘书丞吴郡张攀	《馆阁续书目》30卷。		《书录解题》8/236
143	宝庆2（1226）	直秘阁昆山卫湜	《礼记集说》160卷。		《书录解题》2/49
144	端平1（1234）/10	真德秀	《大学衍义》43卷。		《玉海》39/740、《读书附志·拾遗》1227
145	淳祐3（1243）	吴泳	《嘉绍本议》（63篇）3卷。		《玉海》61/1171

南宋统治者继续推行奖励朝野臣民积极进献著作的做法,极大地提高了士大夫与读书人潜心学问,努力撰述的积极性,促进了文化学术事业的繁荣与发展。同时也扩大了馆阁藏书的来源,增加了馆阁藏书的数量。南宋秘书省藏书数量超过了北宋馆阁鼎盛时期的藏书,其中很大部分是当代人的著作。

(二)命令各级官吏广泛访求、征集图书

在实行优待奖励措施,号召臣民献书的同时,南宋最高统治者也承沿北宋时的政策措施,命令中央与地方各级官吏广泛访求、征集、收购图书。

据《宋会要辑稿》崇儒、《系年要录》、《玉海》等记载,整个南宋期间,朝廷每隔一段时间都会下诏征集图书,而秘书省馆阁成员,则根据本省或阙图书奏请朝廷命中央和地方官访求征集。类似的这种奏请和诏令,在上述三书中载录甚多,兹移录数则如下。

绍兴二年十月九日:

> 右司(监)[谏]刘棐言:"臣少尝游蜀,见眉州进[士]杜谔萃八十余家《春秋》之说,而又自立说以断之。愿诏宣抚处置使司上其书各十部,留之禁中,颁之经筵。赐秘书省国子监等处。"诏札与张浚,如有本,令津发前来①。

绍兴二年十一月二十三日:

> 秘书少监洪炎言:"福州故相余深、泉州故相赵梃之,家藏国史实录善本。严州前执政薛昂,收书亦广。太平州芜湖县僧寺寄收蔡京书籍,望下逐州,谕令来上,优加恩赉。内有蔡京寄书,乞令本路转运司差官前去根取。"从之。②

绍兴三年四月二十一日:

> 右司员外郎刘岑言:"切惟祖宗创业之初,开三馆以储未见之书。

---

① 《宋会要辑稿》崇儒四之二二。
② 《宋会要辑稿》崇儒四之二二。

艰难以来，兵火百变，文书之厄，莫甚今日。虽三馆之制具在，而向来之书画亡。乞诏四方求遗书，以实三馆。果得异书，且应时用，则酬以厚赏。"从之①。

又如绍兴十八年六月乙卯，高宗就曾亲自过问秘书省求遗书墨迹，说："四川不经兵乱，可委诸司寻访。仍令提举官每月趣之。"②而"淳熙六年六月二十七日，吏部侍郎阎苍舒言，蜀书最多，皆边防利害、修城制度、军器法式、专司法令。泸州有《军器榘模》一书，最详备，请下秘省录书目，送制置司参对，四川官书目抄写送省"③。笔者就今本《宋会要辑稿·崇儒》检索而得，类似这种臣僚所上访求遗书的奏请和南宋最高统治者诏令搜访图书投进的记载有近百条，与此同时，除了对征集投进图书人员及时奖励外，至绍兴中期，高宗还命秦桧之子秦熺和秘书省颁布了一套征集、进献图书的奖赏办法：

> 如投献到晋、唐墨迹真本者，取旨优异投恩，秘阁阙书，善本及二千卷者，有官人与转官，士人与永免文解或免解，不及二千卷以上者，比类增减推赏，如愿给者，总计工墨纸札，优与支给。诸路监司守臣求访到晋、唐真迹及善本书籍，应得上件赏格者，比类推赏。其投献到书籍。先下秘书省校对。如委是善本，方许收留。④

此赏格还被镂版颁行各地，一直作为朝廷主动访求搜购图书的政策而沿用不缀，取得了显著效果。使南宋秘书省所无的原北宋馆阁所藏图书大多得以恢复，还征集收藏了一些北宋馆阁没有的晋、唐真正墨迹和善本书稿，在较短时期内恢复了北宋时期的藏书水平。对此，淳熙十三年（1186）九月二十五日，秘书郎莫叔光言：

> 国家崇建馆阁，文治最盛，太上皇帝（高宗）再造区夏，绍兴之初，已下借书分校之令。至（绍兴）十三年，诏求遗书。十六年又定献书推赏

---

① 《宋会要辑稿》崇儒四之二二至二三。
② 《系年要录》卷一五七，第2560页。
③ 《玉海》卷一五一《淳熙〈军器榘模〉》，第2782页。
④ 《宋会要辑稿》崇儒四之二八，参见《系年要录》卷一五五，绍兴十六年七月壬辰条，第2511页。

之格,图籍于是备矣。然至今又四十年,承平滋久,四方之人益以典籍
为重,凡缙绅家世所藏善本,监司郡守搜访得之,往往锓版,以为官书。
乞诏诸路监司守臣,各以本路本郡书目解发至秘书省,听本省以《中兴
馆阁书目》点对,如有未收之书,即移文本处取索,庶广秘府之储。①

莫叔光这一奏疏,总结了南宋初期几次重大的征集图书活动及其奖赏措施,
说明不但中央官府借书、抄书,广求遗书,而且各地监司郡守亦积极搜访民
间图书,锓版以为官书。而他又建议以地方官府征集锓版的图书,对照当时
《中兴馆阁书目》,凡秘书省所无的,允许取索。南宋统治者正是采取这种经
常性的,主动的征集图书的方法,使得国家藏书得到很快地增长。据保守的
统计估算,南宋期间,中央政府主动征集到的图书有四万余卷。其中除了上
引《宋会要辑稿·崇儒》所载几次重要的征集图书活动外,南宋初期秘书省
等中央机构与地方政府征集到较多数量的图书的还有:绍兴二年(1132)二
月,访闻到平江府太祖贺皇后族孙、著名词人贺铸(1052—1125)之子贺廪正
在出售其家所藏图书,朝廷即命守臣尽数收买。既而贺廪以家藏书籍五千
卷上之。此外还有故相韩琦、前任秘书省长官洪楒与赵明诚家藏图书②。绍
兴十三年,高宗再次下诏诸路搜访遗书,这一年访求到越州直秘阁陆宰(陆
游父)家所藏图书凡万三余卷有奇③。

(三)御集御制御札和官方图书的编撰印刻

与北宋馆阁藏书相同的一点是,南宋秘书省藏有包括北宋各帝在内的
较大数量的御集、御制、御札。其中北宋各帝的御集、御制、御札主要是朝野
臣民进献和臣僚征集得来的,如绍兴二年(1132)七月一日,太平州芜湖进士
韦许上家藏太宗皇帝御书④;绍兴三年正月十二日,闻湖州管下故执政林撼
家藏有徽宗御书,开元寺有仁宗皇帝御书一大匣,道场山天圣、报本二寺各

---

① 《宋会要辑稿》崇儒四之三一。
② 以上征集图书记载,见《宋会要辑稿》崇儒四之二一至四之二四。
③ 沈作宾等:[宋]《嘉泰会稽志》卷一六《求遗书》,中华书局《宋元方志丛刊》1990年版,第
7023页。
④ 《宋会要辑稿》崇儒四之二二。

有祖宗御书，"令本州守臣劝诱献纳"①。通过进献和征集，收集到了部分散失的北宋各帝的御集，御制，御笔。南宋各帝的御集、御制、御札，则是南宋秘书省中秘阁藏书的主要来源与内容，这在上文第二节所列表中已有标列，不再赘述。

除此之外，南宋秘书省还收藏了为数不少的朝廷组织的经常性的编撰、刻印的图书，成为当然的秘书省的藏书来源。这包括起居注、时政记这样的档案性材料；日历、日录、国史、会要在内的准史书和史书；以及诏令、制敕与礼书等。以实录为例。仅《宋史·艺文志》著录，自高宗至理宗实录就有《高宗实录》五百卷、《光宗实录》一百卷、《宁宗实录》四百九十九册、《理宗实录》初稿一百九十册。

据《南宋馆阁录》与《南宋馆阁续录》"储藏"所载，南宋秘书省藏有太上皇（高宗）《圣政》六十一册、《日历》一千零两册、《总会要》二百册《日历》二千册、《圣政》五册；《光宗会要》一百册、《日历》三百册《圣政》三册；《宁宗会要》一百十五册、《日历》五百十册。仅高宗、孝宗、光宗、宁宗四朝，其日历、会要就有四千七百零九册、加上《实录》、《国史》，另如《圣政》、《宝训》、《玉牒》等，最保守的估计，有万册以上。

另外，南宋秘书省内还藏有数量可观的御制书画墨迹，据《玉海》卷三四《嘉定秘阁御制御札目录》载：嘉定三年（1210）"秘阁藏御制御札六百七轴、三十五册、五道。续藏六百五十二轴、十一册，挂屏扇面九十有九。"

同样，南宋朝廷在经常性地、有组织地编撰图书的同时，又大力发展官方刻书、印书业，凭借其浓厚的财力、物力与其他有利条件，刻印了大量的图书，成为馆阁藏书的重要来源。宋代官方有许多刻书机构。就南宋而言：中央一级就有秘书省、国子监及刑部、礼制局、司天监等专门刻印法律、礼仪、天文历法图书的机构，而最重要的刻书机构是国子监。南宋建都临安后，于绍兴九年（1139）重建国子监，"取旧国子监书籍镂板颁行"；绍兴二十一年五月，秦桧请令国子监复刻《五经》、《三史》，高宗又令对"其他缺书亦令次第

---

① 《宋会要辑稿》崇儒四之二二。

雕板,虽重有所费,亦不惜也。"①。至于秘书省和其他机构抄录刻印的各地进献、征集的图书和其他著作更是无法计算。南宋最高统治者沿续北宋时期的做法,直接关心、组织的馆阁,国子监等经常的编纂、刻印图书,是秘书省自身藏书的重要来源。同时为中央政府其他机构和地方政府,学校及私人藏书提供了大量图书。

二、南宋秘书省藏书的大致数量

关于南宋秘书省在淳熙四年时藏书内容与数量,笔者在上节据《南宋馆阁录》卷二《省舍》、卷三《储藏》所制表中已有显示,合各处所藏,主要分三大部分,一是各种图书,二是书画墨迹,三是古器物。其中经史子集各类图书达六万八千八百三十四卷。这一数字,包括副本在内。而据淳熙四年(1177)依《崇文总目》之例所编《中兴馆阁书目》著录,秘书省所藏正本图书四万四千四百八十六卷,较《崇文总目》多一万三千八百一十七卷。正如陈振孙所指出的,时"中秘所藏,视前世独无歉焉,殆且过之"②。至宁宗嘉定间,自绍兴以来,"承平百载,遗书十出八九,著书立言之士又益众,往往多充秘府"③。而据嘉定十二年(1219)所编《中兴馆阁续书目》著录,在《中兴馆阁书目》后,秘书省所藏图书新增凡七百五十二家,八百四十五部,一万四千九百四十三卷④。这样,至嘉定十二年,秘书省所藏图书达到八万三千七百七十七卷,比北宋末年馆阁藏书七万三千八百七十七卷⑤,整整多了九千九百卷。

如上所述,北宋灭亡,原有的馆阁藏书毁散殆尽,南宋建立之初,国家藏书几乎一无所有。但经绍兴到淳熙,再到嘉定,在不到一百年的时间内,南宋馆阁即秘书省的藏书数量,就超过了北宋末年馆阁藏书最多时期,其图书数量增长速度之快,可以说是以前任何王朝,任何一个时期所没有过的,究

---

① 《系年要录》卷一六二,绍兴二十一年五月乙丑条,第 2638 页。
② 《直斋书录解题》卷八《中兴馆阁书目》,第 236 页。
③ 《文献通考》卷一七四《经籍一》,第 1510 页。
④ 《直斋书录解题》卷八《馆阁续书目》,第 236 页。
⑤ 《宋史》卷二〇二《艺文志·序》考核登记,至北宋末"最其当时之目,为部六千七百有五,为卷七万三千八百七十有七焉"。第 5033 页。

其原因,是南宋最高统治者继续推行北宋太祖,太宗的重文政策,十分重视包括编纂,刻印,收集图书在内的文化基础设施建设,采取多种措施,扩大图书的收藏,有多种渠道的藏书来源。

第四节　南宋秘书省对图书的管理

一、专职保管与宿值制度

为了妥善保管好图书,北宋时,三馆、秘阁及秘书省的图书与库房都有专门分机构以及专职管理、保管人员。如真宗咸平初,设有监三馆书籍、秘阁图书、点检三馆秘阁书籍、同勾当三馆秘阁事,由内侍官、朝臣与三班使臣充,专掌三馆秘阁图书。其中秘阁御制御书、图画、经史子集书籍及朝廷检阅典故,及御前取降图画、书籍由经籍案掌行①。南宋秘书省承沿北宋馆阁制度,"经史子集四库、续搜访经史子集四库、秘阁上下库、御制御札名贤墨迹图画库、古器库、印板书库、印板库、碑石库各以省吏分掌"②。各书库又都有数量不等的书直官、书库官、库子等低级官员胥吏负责日常书库管理、图书书画的保管。

北宋馆阁订有一套严格、完善的宿值制度。《麟台故事》载:

祖宗朝,三馆宿官或被夜召,故宿直唯谨。秘书省监、丞以下日轮一员省宿,当宿官请急,即轮以次官,参假日补填。内长、贰五日一员,正旦、寒食、冬至节假并入伏不轮。其后,宿官请急,不报以次官,止关皇城司照会。至元祐,遂引例立为法,宿官请假,更不轮以次官。政和六年,措置秘书省官请当宿官告假,即轮以次官,候参假补填。月具直宿请假官员数、职位、姓名,报御史台。官吏各为历长、贰点检觉察,即

①　《宋会要辑稿》职官一八之五一。
②　《南宋馆阁录》卷一〇《职掌》,第153页。

吏告假,报以次人及补填。如宿官法。日轮职掌二人,孔目官、专副至守当官通轮;楷书二人、正名楷书至守阙通轮;库子二人,装界作、翰林司、厨子各一人,亲事官四人,剩员五人①。

据此,从馆阁高级官员到一般的胥吏库员,都要轮流值日夜宿。轮到宿值的官员吃、住都要在秘书省内。南宋秘书省承沿北宋制度,据《南宋馆阁录》卷六《故实》载:"绍兴元年十一月,诏秘书省依旧制,日轮官一员止宿,遇请假验实,即轮以次官止宿。长、贰五日一次点宿。"②据此,南宋秘书省亦沿袭北宋崇文院之制,有长官宿值制度。

在宋人文集中,常有担任馆职的官员记述在三馆、秘书省宿值的诗文。如生活在北宋末南宋初,曾任秘书省正字、秘书少监的韩驹(1080—1135),有《馆中直宿书事》诗云:

> 十载名山惯杖藜,清都直宿梦魂疑。
> 卧闻长乐钟声近,尚忆寒山半夜时。
> 北风吹马袭貂裘,薄雪连云冻未收。
> 银阙昼开禽鸟白,信知三馆是瀛洲。③

南宋中兴四大诗人之一的杨万里,于孝宗淳熙间、光宗初两次入秘书省为秘书少监与秘书监,有多首记述秘书省的诗,其《省中直舍因敲新竹怀周元吉》诗:

> 老眼逢书怯细看,抄书一事更应难。
> 昨携如意敲新箨,右臂朝来作许酸。④

---

① 《麟台故事》卷二《职掌》,《麟台故事校证》第97—98页。关于北宋馆阁宿值制度,可参见《宋会要辑稿》职官一八之一八。又《梦溪笔谈》卷二三:"馆阁每夜轮校官一人直宿,如有故不宿,则虚其夜,谓之'豁宿'。故事,豁宿不得过四,至第五日即须入宿。遇豁宿,例于宿历名位下书:'腹肚不安,免宿。'故馆阁宿历,相传谓之'害肚历'。"上海古籍出版社《梦溪笔谈校证》据中华书局上海编辑所1962年新一版影印本,第741页。
② 又见《宋会要辑稿》职官一八之二五。
③ 韩驹:《陵阳集》卷三,影印文渊阁《四库全书》本。
④ 杨万里:《诚斋集》卷二二,《四部丛刊初编》本。

诗中记述了作者晚年在秘书省值日看书、抄书的情景。

宋代建立的这种严格的专人负责保管馆阁图书的措施以及大臣官吏宿值监管图书制度，较好地保证了秘书省内图书少受意外损失，也较好地避免了火灾等突发事件的发生。

二、防盗、防火、防潮措施

南宋秘书省在对图书保管中，十分重视防盗、防火、防潮。这首先在书库建造时就已考虑到。

书库作为图书的储藏处所，在北宋崇文院时期，从选址到规划、建造，都由朝廷决定，须得到最高统治者皇帝的首肯。如太平兴国三年（978）新建崇文院，端拱初于崇文院中置秘阁，淳化中增修秘阁，都是直接秉承太宗的旨意或得到他的同意后进行的。北宋时，三馆、秘阁的书库几乎都建于禁中①。这主要出于安全防火考虑。因为禁中重地，火禁甚严。政和间新建秘书省，始移于宫外。如上所述，南宋秘书省建在青河坊糯米仓巷西、怀庆坊北。在建筑之始，就考虑到防火、防盗等措施。概括而言，主要有以下三点：

1.新省围墙外留空地，以作士卒禁卫充巡道。新建秘书省设有围墙，为避免官私乱侵乱占，围墙外四周"各量留空地五步，充巡道，以御火灾"②。而秘书省围墙外，有巡逻人员巡查，主要为防盗、防火灾。秘书省内，配有"潜火军兵六十六人，军员二人，看管殿阁军员六人"。由"殿前步军司。临安府差到"③。尔后，秘书省围墙外，多为民居所占，嘉泰二年（1202）六月因遗火延烧。于是，秘书省官员请于朝，不许再造。并于"省西北墙外添筑外墙一重，并置铺屋巡逻"④。在此同时，对省门东、西拦门墙外居民私盖的浮屋，尽

---

① 按：北宋政和间新建秘书省前，三馆秘阁书库都是建在禁中，其间大中祥符八年（1015）四月，宫中荣王元俨宫发生大火，一直延烧内藏左藏库、朝元门、崇文院、秘阁，真宗根据翰林学士陈彭年的建议，"于右掖门外创崇文外院，别置三馆书库"。后来，仁宗嘉祐四年（1059）还崇文院于禁中，直至元丰改官制行，三馆、秘阁并入秘书省，也还设在禁中。可参见《长编》卷八四大中祥符八年四月壬申、五月壬辰纪事与《麟台故事》卷一《省舍》，《麟台故事校证》，第19页。

② 《南宋馆阁录》卷二《省舍》，第10页。

③ 《南宋馆阁录》卷一〇《职掌》，第157页。

④ 《南宋馆阁续录》卷二《省舍》，第169页。

令拆除,"置权子以障其地"①。

2.省内专设有"潜火司",备有灭火器材、设施

秘书省内设有负责防火、灭火的潜火司,位于东廊书库集中处后一间,"防火器皆列于偏门外"。在右文殿"东西偏门外设潜火大桶二十、小桶三十八、栲栳杓百柄,铁搭钩二、麻索二"。右文殿后秘阁,阁前有拜阁台接右文殿,"台左右有踏道砖路通东西廊","左右列水缸八"。另,省内有一条长五丈、宽一丈的石砌水渠,西廊秘书郎所居傍有方池以及多处美化点缀环境,兼作蓄水用的人工开凿的小涧、小池②。

3.严格火禁

秘书省内平时严格实行火禁,"依皇城法,遇有合用火烛去处,守门亲事官一员专掌押火洒熄。除官员直舍并厨司、翰林司、监门职级房存留火烛,遇官员上马,主管火烛亲事官监视洒熄,其余去处。并不得留存"③。

由于南宋朝廷重视对秘书省图书的保管和防盗防火措施,所以,就秘书省本身而言,自淳熙十三年建立后终南宋灭亡,没有发生过失火与重大失窃事故。而南宋时期,临安城每年都有重大火灾,由于秘书省外有空地巡道,所以,即使其附近民房发生火灾,也延烧不到秘书省内。如绍定四年(1231)正月初六夜起,临安城内大火,从望仙桥东牛羊司前民家失火烧起,分数路延烧,到次日中午才被扑灭。南到太庙,北到太平坊南街,东到新门秘书省前,东南到小堰门吴家府,西南到宗正司及吴山上,东北到通和坊,西北到十三湾,所烧民家达一万多户④。大火东烧到秘书省前,秘书省及省内图书奇迹般的幸免于难,应该于秘书省与民房有巡道分隔等防火措施有关。

秘书省在对藏书注意防火的同时,亦十分注意图书受潮霉变。"年例,入夏暴晒书籍,自五月一日为始,至七月一日止"⑤。这种每年例行的曝晒图

①　《南宋馆阁续录》卷二《省舍》,第170页。
②　详《南宋馆阁录》卷二《省舍》,第10页。
③　《南宋馆阁录》卷六《故实》,第70页。
④　按:绍定四年临安城的这场大火,周密《癸辛杂识》续集上《天雨尘土》有详细记述(中华书局点校本1988年版,第144页),可参阅。
⑤　《南宋馆阁录》卷三《储藏》,第22页。

书是总结了前代经验，防止图书受潮霉变的常规措施，自北宋初起每年都要进行，并由此自北宋中期起，发展成一种称作"曝书会"的图书展览会性质的文化活动。到南宋，这一"曝书会"活动作为一项制度，规模更大，十分热烈隆重。对此，下文有专门介绍。

三、图书的借阅与借阅制度

关于宋代馆阁图书的出借，《宋会要辑稿》职官一八之五一载有真宗在咸平二年（999）春与宰执的一段谈话：

> 帝谓宰臣曰："近闻图书之府，甚不整齐，假借之余，散失尤多；兼雠校不精，传闻差误。自今差官校勘及掌书史，卿等严行约束，杜绝因循。"昂等上言："四部书为朝臣所借者凡四百六十卷。"诏除诸王宫给本抄写外，余并督还之。

另同书《崇儒》四之七又载嘉祐间右正言吴及上言：

> 祖宗更五代之弊，设文馆以待四方之士，而卿相率由此进。故号令风采不减唐汉。近（古）[年]用内臣监馆阁书库，借出书籍亡失已多……其私借出与借之者并以法坐之。

后一条记载，又见于《长编》卷一八九嘉祐四年（1059）二月丁丑条纪事。这说明宋代馆阁图书是能够出借的，并且，北宋前期借阅对象较广泛，凡朝官与诸王宫都能借阅；另外，借阅管理较为混乱，制度不严，有的馆阁成员私自将馆阁内图书出借，以致"借出书籍亡失已多"。北宋中期以后，对馆阁图书管理逐渐严格，但仍允许出借，并专门设有借本书库供外借。随后，借阅制度也渐趋严格。元祐四年（1089），根据秘书省的建议，依《崇文总目》"先用黄纸书一本充秘阁收藏"，另将秘阁及诸馆原藏旧书，亦依《崇文总目》编次一本充史馆收藏，"其余接续编次集贤、昭文，内集贤一本充诸处借取外，其余更不得借出"①。从以上的简略回顾，可以看到，随着馆阁制度的健全完

---

① 《宋会要辑稿》职官一八之九。

善,自北宋中期起,进一步加强对馆阁图书的保管,为防止图书流失,其图书的借阅制度也逐渐趋于严格。

至南宋,秘书省图书更是严禁外出借。绍兴元年(1131)四月十四日,甚至"诏秘阁书除供禁中外,并不许本省官及诸处关借,虽奉特旨,亦不许关借"①。绍兴十三年二月一日,"诏秘书省依故事,四库书籍各轮本省官二员掌管,不许借出"②。以后,在绍兴二十七年十一月二十九日③,庆元六年(1200)三月又接连下诏,严借书之禁,并每月轮值秘书省官员"上阁点检"④。但是,朝廷虽屡下秘书省借书禁令,仍有违规借书事发生。嘉泰四年(1204)十月,著作佐郎曾从龙上札子奏曰:

> 绍兴初,尝因儒臣奏请,严借书之禁,绍兴间又尝申训之。今具存也。然循习既久,士大夫视为文具,宛转而求借者甚众,久假不归,恶知非有或遭遗漏,书不复存。此其事若缓而不切,然所关于国家文物者甚大,不可不为之虑也。盖今馆阁之所藏,较之《崇文总目》虽亦粗备,而昔之所有、今之所无者亦什二三。纵未暇下求遗书之诏,独可不严藏书之禁乎!臣愚欲望圣慈申严旧制,除本省官关就省中校勘外,并不许借出;如辄借出,以违制论。仍令本省长、贰每月轮委以次官,不时点视,如点阁之法⑤。

宁宗同意了曾从龙的奏请,"诏每月轮本省官点视书籍"。然而,此后不久,秘书省图书还是被借出省外,有的久借不归,占为己有;有的甚至将省中稀见图书借出,刻印出售以牟利。这说明朝廷制定的秘书省的借书规定有令末行,有禁不止,致使书籍流失现象较为严重。对此绍定元年(1228)三月,秘书监叶禾上言指出:

---

① 《南宋馆阁录》卷三《储藏》,第21页。又见《宋会要辑稿》职官一八之二五。后者系于四月十五日。

② 《宋会要辑稿》职官一八之二七。

③ 《南宋馆阁录》卷三《储藏》,第22页。

④ 《南宋馆阁续录》卷三《储藏》,第174页。

⑤ 《南宋馆阁续录》卷三《储藏》,第175页。

爰命天下搜访旧闻，暨于今日，藏书之目，粲然大备，真足昭圣代隆儒之懿矣。搢绅之流，凡登是选，得以优游博习，充广见闻之所未逮，长育成就之赐，顾不与天地同其功欤！况宸制奎章，鸿篇巨轴，倬乎光日月而纬云汉，下至经籍墨迹，图器储藏，惟谨居其职者，亦当随事加饬，以称崇严邃阁之意。曩者监臣有请严借书之禁，以防篇帙之散失；详印记之文，以为图书之辨证；模式样于册，以虞器物之换易。条束具存，足为永便。然人情积玩，欺伪易生，自非明示捡防，以时稽察，则前日之所申明，殆为文具。近之士夫，至有借出馆书携而去国者，是久假不归，恶知其非有也；有人所未见之书，私印其本，刊售于外者，是以秘府之文为市井货鬻之利也。臣奉职之初，肃恭点阅，及往诸库检视，类皆因循弛慢，荡无缄鐍，而启闭出入，一付吏手。展转不革，弊将滋甚，岂不重为文物之蠹乎？臣已将阁库所储，据籍排整，分入厨匣，仍恐防严未至，并与封钥收掌外，欲望陛下申严旧制，行下本省，非系省官，毋得借书。许从监、少置簿，有欲关文籍为检阅校正等用，即先批簿，以凭请取，俟还本库，随与点收。或借出已久，亦须检举，以察隐遗，庶可谨藏于中秘，戢弊于将来矣。

理宗根据叶禾所言，"诏秘书省书籍，非系省官，毋得借书。许从监、少置簿，有欲关文籍为检阅检正等用。即先批簿。以凭请取，俟还本库，随与点取。或借出已久，亦须检举，以察隐遗"①。从这条材料中可得知，当时允许秘书省官员借阅省内图书，但仍然须经严格的审查、批准，并建有归还检查制度。

总结南宋秘书省对图书出借，可以看到，它订有严格制度，多次下诏严禁出借，如上引绍兴元年诏书，规定"除供禁中外，并不许本省官及诸处关借，虽奉特旨，亦不许关借"。但实际上执行得并不严格，这可从秘书省官员多次上奏请严借书之禁中反映出来，事实也确是如此。如就在绍兴元年禁令之后次年，绍兴二年三月十九日，"太常寺及四月十六日讲筵所各请关借

---

① 叶禾上言及理宗诏书均见《南宋馆阁续录》卷三《储藏》，第191—192页。

书籍。诏特从之"①。这说明，虽有禁令，但有关部门确实需要，只要上报朝廷，得到批准后，还是可借用秘书省图书的。另外，如经过朝廷特批，也准许非秘书省人员借阅秘书省图书。如著名的历史学家郑樵，著述宏富，曾多次向朝廷献上自己的著作，得到高宗赞赏，就曾借阅过秘书省图书。陆游《跋石鼓文辨》云："予绍兴庚辰辛巳间，在朝路，识郑渔仲（樵），好古博识，诚佳士也。然朝论多排诋之，时许至三馆借书，故馆中尤不乐云。"②可为证。

再有，自熙宁七年（1074）起，每逢科场殿试，"即馆阁供书入殿"③。而据绍兴二年权秘书少监王昂所言："御试举人，其合用入殿供应书籍，自来本省都监司排办，本司行下国子监关借。若不系监书，依条不行取索。"④也证明每逢殿试，南宋秘书省沿袭北宋馆阁做法，供书入殿是一项例行的制度，至南宋初仍由秘书省主办此事，而入殿的书籍主要是国子监图书。

第五节　南宋秘书省对藏书的整理与利用

一、对藏书的整理编目

（一）北宋馆阁对藏书的整理编目

宋代统治者继承和发展了西汉成帝时命刘向、刘歆父子整理国家藏书的做法，十分重视对图书的整理编目，并根据不同的目的要求，编制不同性质的目录。其中有崇文院、秘书省为了解、统计所藏图书而编制的某一时期的登记性书目，如宋初乾德六年（968）所编的《史馆书目》，载录当时史馆所藏图书一万五千一百四十二卷。⑤再如咸平元年（998）十一月，宋真宗"以

---

① 《宋会要辑稿》职官一八之二五。

② 陆游：《渭南文集》卷三一，载《陆放翁全集》，中国书局据世界书局1936年版影印本，1986年版第199页。

③ 《南宋馆阁录》卷六《故实》，第66页。

④ 《南宋馆阁录》卷六《故实》，第66页。

⑤ 《郡斋读书志》卷九《大宋史馆书目》，第405页。

三馆秘阁书籍岁久不治，诏朱昂、杜镐与刘承珪整比，著为目录"①。类似的编目整理活动颇多。再有是为了有目的地征集、搜录图书而编制的现存书目与现阙书目，如太平兴国九年编的《搜访书目》、《艺文志见阙书目》②、《秘书省四库阙书目》等都是为此目的编制的。而最为重要的是全面反映一个时期国家收藏情况，带有总结性的馆阁图书目录即国家图书目录。北宋时主要有《崇文总目》、《元祐秘阁书目》、《政和秘阁书目》。

《崇文总目》，王尧臣、欧阳修等编撰，是自宋初经太祖、太宗、真宗三朝的大力搜集、刻印，三馆图书数量有了很大增加的基础上，对国家图书的一次全面整理，反映了北宋前期国家图书馆即三馆秘阁的图书收藏情况。《崇文总目》全书六十余卷③，是对当时四馆书（昭文、史馆、集贤、秘阁）图书的合并著录，共著录图书三万零六百六十九卷，分经、史、子、集四部。部下有类，类下为目，即书名。每条目之下，具有提要论说，即叙释。《崇文总目》这种著录体例，使它在我国古代目录学史上占有重要地位，同时作为北宋中期国家图书馆的藏书目录，不但全面地反映、总结了北宋前期官方藏书情况，也反映了一千多年来历代著作的存佚情况。诚如四库馆臣所说："今观其书，载籍浩繁，抵牾诚所难保。然数千年著作之目，总汇于斯，百世而下，籍以验存佚，辨真赝，核同异，固不失为册府之骊渊，艺林之玉圃也。"④

《崇文总目》编就以后，神宗元丰五年（1082），崇文院改为秘书省。以后，三馆的藏书在原有基础上又有了增加。哲宗元祐时，曾对秘阁图书进行过整理，编成《秘阁书目》⑤。在这以后，秘书省内所藏图书又有了较大数量的增加，政和七年（1117），校书郎孙觌言："顷因臣僚建言，访求遗书，今累年所得，（崇文）《总目》之外，已数百家，几万余卷。乞依景祐故事，诏秘书省官

① 《玉海》卷五二《咸平馆阁图籍目录》，第 994 页。
② 《郡斋读书志》卷九著录《艺文志见阙书目》一卷："右《唐书艺文志》，近因朝廷募遗书，刻牒布告境内"，下注"书府所阙，俾之访求。"《郡斋读书志校证》，上海古籍出版社 1990 年版，第 400 页。
③ 对《崇文总目》的卷数，宋代各书记载不一。《长编》作六十卷，《麟台故事》引"中兴书目"作六十六卷，江少虞《宋朝事实类苑》作六十七卷，其他如《文献通考》作八十四卷、《宋史·艺文志》作六十六卷。
④ 《四库全书总目》卷八五《史部·目录类一》，中华书局 1965 年版，第 729 页。
⑤ 《玉海》卷五二《元祐秘阁书目》，第 998 页。

以所访遗书,讨论撰次,增入《总目》,合为一书,乞别制美名,以更崇文之号。"①乃命孙觌及著作佐郎倪涛、校书郎汪藻、刘彦通撰次,名曰《秘书总目》。《秘书总目》是北宋末对《崇文总目》的增订,它比《崇文总目》著录的图书增加数百家,一万余卷,是北宋官方藏书又一次系统、全面的总结整理,南宋以后一般将此书亦称作《崇文总目》。

除了编撰《崇文总目》、《秘阁书目》等中央官府藏书目录外,自北宋始,在修撰国史时,还在国史中设立《艺文志》。国史《艺文志》根据各个时期的官修中央藏书目录与馆阁藏书目录修撰。

(二)《中兴馆阁书目》与《中兴馆阁续书目》

南宋秘书省承沿北宋馆阁的做法,也十分重视对省内图书的点视、整理与编目,通过点视与编目,及时了解省内图书的数量、内容及其缺佚等情况,以此或号召朝野臣民进献,或命令各级官吏搜访征集。而大规模的总结性的整理编目主要有两次。一次是在孝宗朝,另一次是在宁宗朝,并分别编撰了《中兴馆阁书目》与《中兴馆阁续书目》。

1.《中兴馆阁书目》

如上所述,宋高宗赵构定都临安后,重建国家藏书机构秘书省,通过几十年的广泛搜访,至孝宗朝图书数量大增。时秘书省所藏,已超过前世②。于是,淳熙四年(1177),在秘书少监陈骙的建议下,为馆阁所藏图书进行了一次全面的整理编目。次年六月,整理编目工作完成,名为《中兴馆阁书目》,共七十卷,另有《序例》一卷③。分经、史、子、集四部,部下有类,类下列书目。部类有叙录与小序,书下有提要论说,即叙释,一如《崇文总目》之例。全书总分五十二门,著录图书四万四千四百八十六卷,较《崇文总目》多一万三千八百一十七卷,大都为当代人的著作,这说明南宋文化学术事业有了进一步繁荣发展,当代人撰著增多。

① 《文献通考》卷一七四《经籍一》,第1509页。

② 《直斋书录解题》卷八《中兴馆阁书目》,第236页。

③ 按:陈振孙《直斋书录解题》卷八(第236页)、马端临《文献通考》卷二〇七《经籍三十四》(第1712页)均作三十卷。

《中兴馆阁书目》编撰者陈骙,字叔晋(一作叔进),台州临海(今属浙江)人。绍兴二十四年(1154)进士。光宗绍熙末(1189),以参知政事摄行三省事。宁宗即位,以知枢密院事兼参知政事。生平仕履见《宋史》卷三九三《陈骙传》。陈骙曾于乾道五年年底除秘书省正字,明年六月,除秘书郎①。后又于淳熙四年再入秘书省先任秘书少监,是后自秘书少监擢秘书监②。由于久在馆阁,熟悉朝廷制度掌故。其淳熙四年所著《南宋馆阁录》,接续程俱《麟台故事》,是专记南宋秘书省建置沿革、图书收藏、机构设置、官吏人员、馆职官除授的专门著作,是了解研究南宋馆阁制度、图书收藏、编撰、整理校订的十分重要文献。《中兴馆阁书目》也正是他在淳熙四年任职秘书省时,对省内图书整理后所编目录。

《中兴馆阁书目》的编撰体例与分类,虽然基本根据《崇文总目》,但在类目的设置方面,有所调整。其中经部十一类:易、书、诗、礼、乐、春秋、孝经、论语、经解、谶纬、小学。史部十六类:正史、编年、起居注、别史、史抄、故事、职官、杂传、仪注、谥法、刑法、目录、谱牒、时令、地理、霸史。子部二十一类:儒、道、释、神仙、法、名、墨、纵横、杂、小说、农、天文、历谱、五行、蓍龟、杂占、形法、兵、医、类书、杂艺术。集部四类:楚辞、别集、总集、文史。与《崇文总目》相比,经部增加"经解"、"谶纬"二类;史部增加史抄、故事、谥法三类,而把《崇文总目》的"实录"类改称为"起居注","杂史"改为"别史","传记"改为"杂传","氏族"改为"谱牒","岁时"改为"时令","伪史"改为"霸史";子部增加"神仙"、"形法"二类,删去了"算术"类,另把《崇文总目》的"天文占书"一分为二,分作"天文"和"杂占",而改"历算"为"历谱","卜筮"为"蓍龟";集部中,把《崇文总目》的"文史"一类拆分为"楚辞"和"文史"二类。图书分类的本质是根据其学科属性,《中兴馆阁书目》图书分类对《崇文总目》的调整,除了有些仅是名称的改变外,反映了南宋前期秘书省内国家藏书在种类上的变化,同时也说明,《中兴馆阁书目》比《崇文总目》所增加的当代人

---

① 《南宋馆阁录》卷八《官联下·(秘书省)正字》:"陈骙,(乾道)四年十二月除,六年六月为秘书郎。"第124页。又见是书卷七《官联上·秘书郎》,第94页。

② 《南宋馆阁录》卷七《官联上·秘书郎》,第86页。

著作有不少新的种类,以经部为例,增加了"经解"、"谶纬"二类;史部增加"史抄"、"故事"、"谥法"三类,这说明南宋前期,这五类经史著作有了显著增加。

《中兴馆阁书目》完成之当年,即命浙漕司雕版,可惜此书已失佚。民国二十一年(1932),贵阳赵士炜根据《玉海》、《山堂考索》、《直斋书录解题》及《困学纪闻》、《汉书艺文志考证》、《词学指南》、《小学绀珠》等书,辑得该书原著录的一千零十九家,一千九百四十二卷,编为《中兴馆阁书目辑考》五卷。其中,原释八百八十二条,赵氏所作考证六百七十八条,得以窥其原书大概。兹将赵氏《中兴馆阁书目辑考》分类、家数、卷数列表①述略如下,以窥当时秘书省所藏图书之大概。

部别	类别	家数	卷数
经部。凡 11 类,577 家,5555 卷。辑得原释 226 条,考 145 条。	易	112	760
	书	22	187
	诗	32	370
	礼	43	798
	乐	63	440
	春秋	123	1480
	孝经	15	20
	论语	23	181
	经解	21	484
	谶纬	5	13
	小学	118	118

---

① 按:此表据赵士炜《中兴馆阁书目辑考》,参照倪士毅师《中国目录学史》第六章《两宋时期的目录学》中《〈中兴馆阁书目辑考〉分类、家数、卷数表》(杭州大学出版社 1998 年版,第 128—131 页),特此声明。

部别	类别	家数	卷数
史部。凡 16 类,辑得 401 家,8412卷(内 3 部无卷数),原释355 条。	正史	32	2129
	编年	62	1320
	起居注		
	别史		
	史抄		
	故事	126	76
	职官	23	191
	杂传		
	仪注	60	1225
	谥法		
	刑法		
	目录		
	谱牒	55	111
	时令		
	地理		
	霸史		
子部。凡 21 类,共辑得 272 家,4673 卷,原释 239条,考 207 条。	儒家		
	道家		
	释家		
	神仙家		
	名家		
	墨家		
	纵横家		
	杂家		
	小说家		
	农家		

（续表）

部别	类别	家数	卷数
子部。凡 21 类，共辑得 272 家，4673 卷，原释 239 条，考 207 条。	天文家	16	99
	历算家		
	五行家	87	289
	蓍龟		
	杂占家		
	形法家		
	形法家		
	兵家		
	医家		
	类书家		
	杂艺术家		
集部。凡 4 类，共计辑得 85 家，3155 卷，原释 239 条，考 207 条。	楚辞	9	94
	别集		
	总集		
	文史		

2.《中兴馆阁续书目》

上述《中兴馆阁书目》编成之当年，朝廷即命浙漕司雕版，颁发各地，并根据秘书监莫叔光之请，命"诸路监司守臣，各以本路本郡书目解发至秘书省，听本省以《中兴馆阁书目》点对，如有未收之书，即移文本处取索，庶广大秘府之储。"①。至宁宗嘉定间，南宋秘书省内的图书又有了较大的增加，"自绍兴至嘉定，承平百载，遗书十出八九，著书立言之士又益众，往往多充秘府"②。于是，嘉定十二年（1219）闰三月，秘书省言：淳熙四年，秘书少监陈骙奏请以北宋《崇文总目》编就《中兴馆阁书目》，"今来本省自淳熙五年以

---

① 《宋会要辑稿》崇儒四之三一。
② 《文献通考》卷一七四《经籍一》，第 1510 页。

后,续次搜访书籍数目亦多,见今编类,渐成次第,欲望敷奏,许从本省检照前例施行"①。于是诏秘书丞张攀等继续整理编次秘书省图书,明年四月,书成,上之。名为《中兴馆阁续书目》,全书共三十卷,补充著录《中兴馆阁书目》后新增图书凡七百五十二家,八百四十五部,一万四千九百四十三卷。此书体例一如《中兴馆阁书目》,亦已散佚,赵士炜在辑《中兴馆阁书目》时,另辑得《中兴馆阁续书目》数条。

《中兴馆阁书目》与《中兴馆阁续书目》,是南宋中兴全盛时期,对馆阁藏书的两次最全面的整理编目,反映了南宋中兴时期馆阁即秘书省的图书收藏情况。次后,绍定四年(1231),馆阁大火,图书损失严重;接着,又由于蒙古贵族的入侵,政局动荡,南宋统治者也无暇对图书进行大规模的整理编目,故《中兴馆阁书目》与《中兴馆阁续书目》所反映的是南宋秘书省即中央官府藏书最兴盛时期图书的收藏数量、种类等情况,也成为马端临编撰《文献通考·经籍考》与元人修《宋史·艺文志》的主要依据。

二、对图书的校勘

宋代的馆阁在对图书进行定期编目整理的同时,其日常工作之一是对馆内图书进行校勘订正。对此,北宋时"崇文院于三馆直院、直馆、直阁、校理、校勘之外,三馆秘阁又各置检讨、编校书籍等官",元丰改官制,崇文院、秘阁并入秘书省,"秘书省职事官与馆职之外,又置校黄本书籍,盖校书之比也"②。当然,校对馆阁图书,不只是馆阁校理、校勘、编校书籍官之事,是整个馆阁官员所担承的日常工作之一。在《长编》、《麟台故事》、《玉海》中,就记载了北宋时,崇文院、秘阁、秘书省多次集中的校书活动。而《玉海》作为类书,则有专门关于校书的类目,如艺文类中就列有馆阁《卅宝校释义》、《端拱校五经正义》、《淳化校三史》、《嘉祐校七史》等多次校书活动,其中也有较大规模的集中的馆阁校书活动,如《咸平校三馆书籍》、《祥符校馆阁群书》等③。

---

① 《南宋馆阁续录》卷四《修纂》,第 204 页。
② 《麟台故事》卷二《职掌》,《麟台故事校证》,第 87 页。
③ 以上校书活动详《玉海》卷四三,第 812—817 页。

南宋秘书省的建制与官职一如北宋秘书省之制,专设校书郎、史馆校勘等。省内官吏所承担的校书任务主要有三个方面。而对图书的校勘,这主要包括三个方面:一是对省内已有图书的校勘,二是对朝野臣民进献的图书及所撰著作进行审查校勘,三是馆阁成员应诏参与朝廷组织的重大校书活动与对经史等重要著作的校勘订正。

(一)对秘书省内藏书的校勘及校勘格式

南宋秘书省官员的日常工作之一,是对省内所收藏的图书进行校勘。如南宋建立之初,绍兴二年(1132)四月,高宗避金兵自越州还,刚驻跸临安之际,即诏秘书省"分经、史、子、集四库,分官日校"①。绍兴十年七月,高宗又下令说:"艰难以来,秘书省旧书散亡,今所藏甚少,不称设官之意。朕近日多访得古书,当令馆职校正,别录本付省中藏之。"②

南宋秘书省的校书,依照北宋馆阁校书的故例,有一套十分完善严格的制度、规定,如上举绍兴二年四月诏秘书省校书,是根据权秘书少监王昂上言:

> 本省承节次降下御府书籍四百九十二种,今又有曾呿家藏书二千六百七十八卷,未经校正。欲依故例,将降到书籍分定经、史、子、集四库,拨充秘阁,专人各行主管,置进帐、副帐、门牌、库经一(分)[本],仍分官日校二十一板,于卷尾亲书"臣某校讫"字。置课程簿,每月结押,旬申本省照会。遇入伏传宣(主)[住]校,内有损坏脱落,大段错谬,不堪批凿者,许将别本参考,重行补写。所有造帐簿纸,并装背物料等,及校书朱红、雌黄、纸札、笔,欲从本省遇合用报户部,下左藏库支供③。

据此所载,可知秘书省在校正图书时,实行"分库拨充秘阁,专人各行主管",任务到人,规定每人每天校二十一板,而每校一卷书,校讨者都要"于卷尾亲

---

① 《南宋馆阁录》卷三《储藏》,第21页。

② 《系年要录》卷一三七,绍兴十年七月丙寅条,第2204页。

③ 《宋会要辑稿》崇儒四之一三,又见《南宋馆阁录》卷三《储藏》,第21页。按:两书所载,文字稍有不同,此据《宋会要辑稿》。文字校正又参考了苗树梅等点校《宋会要辑稿·崇儒》,河南大学出版社2001年版,第228页。

书'臣某校讫'字"。绍兴六年（1136），又由史馆修撰范冲、秘书少监吴表臣参定《校雠式》，对官方校书格式作了统一规定，共有六条：

> 诸字有误者，以雌黄涂讫，别书。或多字，以雌黄圈之；少者，于字侧添入。或字侧不容注者，即用朱圈，仍于本行上下空纸上标写。倒置，于两字间书乙字。
>
> 诸点语断处，以侧为正，其有人名、地名、物名等合细分者，即于中间细点。
>
> 诸点发字，本处注释有音者，即以朱抹出，仍点发。其无音而别经传子史音同有可参照者，亦行点发。或字有分明，如"传记"之"传"（柱恋切），为"邮传"之"传"（株恋切），又为"传习"之"传"（重缘切），"断绝"之"断"（徒玩切），为"断绝"之"断"（都管切），又为"决断"之"断"（都玩切）；"轻重"之"重"（直陇切），为"再重"之"重"（储用切），又为"重叠"之"重"（传容切）；"春夏"之"夏"（亥驾切），为"华夏"之"夏"（亥雅切）；"远近"之"近"（巨谨切），为"附近"之"近"（巨谨切）之类，虽本处无音，亦便行点发。
>
> 点有差误，却行改正，即以雌黄盖朱点，应黄点处，并不为点。
>
> 点校讫，每册末，各书"臣某校正"。
>
> 所校书每校一部了毕，即旋申尚书省。①

另据《南宋馆阁录》卷五记载："绍兴二十七年八月十五日，昭庆军承宣使致仕王继先上校定《大观证类本草》，有旨令秘书省官修润讫，付国子监刊行，至十一月进呈"。在进呈的是书中，附有校读删润文字的秘书省官员及各人所校读删润的内容：

> 一至三卷：秘书郎王佐
>
> 四至六卷：著作佐郎杨邦弼
>
> 七至九卷：著作佐郎陈俊卿

---

① 《南宋馆阁录》卷三《储藏》，第23页。

十至十二卷：校书郎季南寿

十三至十五卷：校书郎陈祖言

十六至十九卷：校书郎胡沂

二十至二十二卷：校书郎叶谦亨

二十三至二十五卷：校书郎张孝祥

二十六至二十九卷：正字汪澈

三十至三十二卷并释音：正字林之奇①

以上所引材料,说明南宋官方校书所订制度十分严格完善,而后一条记载,又说明在校书时,在每部书校好后,的确都要署上所校者名字。这主要是起到督促作者,保证质量,以奖惩有据。在宋代史籍中,有不少官员因校书认真而受到升官迁秩的奖励,也有因校书马虎不力、质量低下而受到处罚。如北宋天圣三年(1025),馆阁校勘官,直昭文馆陈从易、集贤校理聂冠卿、李昭遘就因校书时,仁宗抽查到他们所校《十代兴亡论》,"差谬尤甚",分别受到降职、落职的处分②。

(二)对进献、征集之图书与著作的校订

南宋秘书省官员除了对秘书省内藏书进行校订外,还对各地臣民进献的图书与著作以及朝廷与各地方官征集到的图书进行审读校订。如据《宋会要辑稿》崇儒记载:绍兴元年(1131)七月七日,"监行左都进奏院章效上欧阳修纂《太常因革礼》一百卷,诏降付太常寺,仍令秘书省逐旋借本,校勘抄录,藏于本省。"③诏令称:"仍令秘书省逐旋借本,校勘抄录",说明.对臣民进献著作由秘书省进行校勘抄录,是一贯的做法,通行的制度。而在上文笔者根据搜集到的材料所制进献图书表与著作表中,朝廷多有令秘书省"看详"、"校订"之处置。史载,绍兴三年七月六日,朝廷根据秘书少监曾统等言:"伏闻前任本省官洪楫,有神宗皇帝朱墨本《实录》、神宗、哲宗两朝国史、《哲宗实录》、国朝典章、故事文字,望取索名件,官给纸札,借本缮写各一部。

---

① 《南宋馆阁录》卷五《撰述》,第57—58 页。

② 《宋会要辑稿》崇儒四之六。

③ 《宋会要辑稿》崇儒五之三〇,又见《玉海》卷六九,第1307 页。

仍选差官校对,赴本省收藏。"①这是对进献的图书的校对。另外,还有对征集、进献的著作的审读校正。如北宋后期,"布衣崔子方治《春秋》,绍圣间三上疏乞置博士,不报。乃隐居真州六合县","杜门著书三十余年而死"。南宋初,"兵部员外郎江端友请下湖州取子方所著《春秋传》藏于秘书监"②,后子方之子岩"上祖先子方著述《春秋经解》"并由翰林学士朱震校正③。另如上举绍兴二十七年八月十五日,王继先上校定《大观证类本草》后,也"令秘书省官修润"。再有南宋著名史学家李焘所撰《续资治通鉴长编》,在分批投进时,都由秘书省抄录、校勘。对此,《宋会要辑稿》崇儒四之一四记载说:

> 孝宗乾道三年八月二十九日,秘书省状:"勘会左朝散郎李焘所著《续资治通鉴长编》,其太祖一朝,已蒙降付国史日历所外,所有太宗以后文字,伏乞朝廷给札,付本官抄录,送本省校勘,藏之秘阁。"有旨依④。

而李焘于乾道四年所上《进〈续资治通鉴长编〉表》中亦谓:"臣先于去年八月准尚书省札子,三省同奉圣旨,依敷文阁直学士汪应辰奏,取臣所著《续资治通鉴》,自建隆迄元符,令有司缮写校勘,藏之秘阁。"⑤

再如嘉定元年(1208)三月,张幼公上其父张从祖纂辑的上自国初至于孝宗《国朝会要》五百八十八卷、《目录》二卷,也是由秘书省缮写校勘后于嘉定三年六月上之,并藏于秘书省史库⑥。

以上仅是南宋秘书省对朝野臣民进献图书与所编撰的著作进行审订校勘所举的例子,事实上,凡是各地个人进献与各级官吏征集到的图书与著作,一般都由秘书省审读,然后决定是否留存,或由秘书省抄录投进,并提出如何给予授官升迁及物质奖励。下面试举二例:

> (绍兴十六年)九月六日,秘书省国子监言:"抚州布衣吴澥进《宇内

---

① 《宋会要辑稿》崇儒四之二三。
② 《系年要录》卷一六,建炎二年六月戊辰条,第331页。
③ 《宋会要辑稿》崇儒五之三二,《系年要录》卷一〇四,绍兴六年八月辛丑条,第1694页。
④ 《宋会要辑稿》崇儒四之一四。又见《宋会要辑稿》崇儒五之三七。
⑤ 载《长编》,第6页。
⑥ 《南宋馆阁续录》卷四《修纂》,第203页。

辨》、《历代疆域志》各十卷,《寡见论》、《责实论》各二卷。《谨始论》五卷。又抚州布衣吴沇进《易璇玑》、《三坟训义》各三卷,《群经正论》四卷。文(里)[理]皆有可采。"内《易璇玑》犯仁宗皇帝旧名,诏吴沇为犯庙讳,吴瀚与永免文解。①

　　(绍兴)十七年四月十七日,上(高宗)谓秦桧曰:"近览迪功郎吴适所进《大衍图》,辨证《易》中差误,可令秘书省看详。如委有可采,卿更询审其人,当处以庠序之职。"②

类似事例,不胜列举,在上文进献图书与著作表中已有较详细标列,不再赘述。

(三)参与朝廷组织的重大校书活动

南宋朝廷与北宋时一样,十分重视对图书尤其是传世经史著作与本朝实录、会要、国史等的校勘订正,而校书活动主要由秘书省官员担任。其中主要由秘书省负责的有以下几次:

1.绍兴三年校北宋时所编《神宗实录》、《哲宗实录》、神宗哲宗《两朝国史》

《宋会要辑稿》崇儒四之二三载云:

　　(绍兴三年)七月六日,秘书少监曾统等言:"伏闻前任本省官洪楫,有神宗皇帝朱墨本《实录》、神宗、哲宗两朝国史、哲宗《实录》、国朝典章、故事文字,望取索名件,官给纸札,借本缮写各一部。仍选差官校对,赴本省收藏。"从之。

需要说明的是:曾统等所言"神宗皇帝朱墨本《实录》",是绍圣中命官重修之《神宗实录》,在重修过程中,"既经删改,虑他日无所质证,今为考异,追记绍圣重修本末——朱字系新修,黄字系删去,墨字系旧文",故"世号'朱墨

---

① 《宋会要辑稿》崇儒五之三五。
② 《宋会要辑稿》崇儒五之三五。又,《玉海》卷三六《绍兴大衍图》:"(绍兴)十七年四月,左迪功郎吴适进《大衍图》。庚戌,令秘省详之。"第688页。

史'"。①

2.绍兴九年校北宋所修《国朝会要》

《宋会要辑稿》崇儒四之二五载：

> （绍兴九年）八月二十三日，起居舍人王铚言："窃见国朝会要备载祖宗以来良法美意，凡故事之损益，职官之因革，与夫礼乐之文，赏罚之章，宪物容典，纤细毕具，粲然一王之法，永贻万世之传。今朝廷讨论故事，未尝不遵用此书。比经兵火之余，公私所藏，类皆散逸。深虑岁月既久，寝成湮坠。望诏秘书省，令访求善本，精加雠校。"从之。

于是，当年九月四日，"诏秘书省官雠校《国朝会要》，逐官每月添给茶汤钱二十贯文"②。

3.乾道七年，校太祖至哲宗六朝实录

《宋会要辑稿》崇儒四之一四："（乾道）七年十一月二十八日，诏秘书省修写太祖、太宗、仁宗、英宗、神宗、哲宗皇帝《实录》，精加雠校，逐旋进呈。"按：当代学者汝企和先生认为：本次校勘值得注重之处在于：雠校前搜求到不少相关资料，如绍兴元年"九月十三日，将仕郎黄濛上《太祖皇帝（五）[实]录》五十卷，《太宗皇帝实录》八十卷，《真宗皇帝实录》一百五十卷，《仁宗皇帝实录》二百卷，《英宗皇帝实录》三十卷，《天圣南郊卤簿册记》一十册"；绍兴三年"五月一日，承奉郎林俨上家藏……祖宗实录、国朝会要、国史等，及古文文籍二千一百二十二卷"，等等。在上述这些官方、私家所藏丰富文献基础之上所进行的校勘，称之为"精加雠校"，自非虚言了③。

4.理宝朝校《太上日历》

孝宗淳熙三年（1176），秘书监李焘在自绍兴始，多次编撰成《高宗日历》

---

① 《玉海》卷四八《绍兴重修〈神宗实录〉》，第910页。

② 《宋会要辑稿》职官一八之二七。

③ 汝企和：《论两宋馆阁之校勘史书》，《史学史研究》2001年1期（文中引文分别见《宋会要辑稿》崇儒四之二一、四之二三。又可参见上文《南宋私人进献图书表》）。又：拙著本节撰写对该文多有参考，特此声明，并向汝先生致谢。

的基础上，编次成《太上日历》一千卷。太上是指高宗，《太上日历》即《高宗日历》①。"淳祐八年，秘书省校雠缮写上之"②。此次秘书省校雠缮写《太上日历》，由于其卷幅颇巨，费时亦多。

5. 淳祐校《孝宗日历》

淳熙十六年(1189)二月，光宗即帝位后，即诏在前所编《孝宗日历》的基础上，编类《寿皇(孝宗)日历》成书。"绍熙元年八月戊戌(十六日)进日历二千卷，己亥恭进。淳祐十一年，祕省校雠补写上之"③。

三、利用藏书编书、修史

利用馆阁内丰富的藏书与大量档案材料进行编书、修史，是宋代馆阁与馆阁成员另一重要的但属日常性质的工作。通观宋代，其编书和修史机构虽时有变化，但一般都设在馆阁之中，其编修成员主要是馆阁官员。如北宋大平兴国七年(982)，太宗亲自命令并组织编撰的《文苑英华》、咸平三年(1000)，真宗亲自命令编撰的《续通典》二百卷；景德二年(1005)命所修《历代君臣事迹》即《册府元龟》一千卷等。编修人员多为担任馆职的官员，故专记宋代馆阁之事的《麟台故事》，都将这些图书作为馆阁修纂载录其书中④。关于修史机构，北宋前期主修《实录》的史馆、修国史院及随后所设的编修实录院，北宋时期的国史院、编修国朝会要所，宋代中期后纂修《日历》及《时政纪》、《起居注》的著作局等等，均在馆阁内置局或隶属秘书省⑤。对此《宋会要辑稿》、《麟台故事》、《玉海》等都有专门记述。如以北宋修会要为例，据生活于北宋后期的罗畸《蓬山志》载：仁宗康定元年(1040)，"宋绶任礼部尚书、知枢密院同提举，编修会要，辟置官属，寓局于崇文院，迄今因之。"⑥"迄

① 按：关于《太上日历》(《高宗日历》)的修撰及过程，详参《玉海》卷四七《高宗日历·建炎中兴日历·绍兴修日历》，第899页。

② 《玉海》卷四七、第900页。《宋史》卷四三《理宗本纪三》，第843页。

③ 《玉海》卷四七《孝宗日历》，第900页。

④ 详程俱《麟台故事》卷二《修纂》，《麟台故事校证》，第47—80页。

⑤ 参见郭声波著：《宋朝官方文化机构》第四章第四节《图书编写机构》，天地出版社2000年。

⑥ 《宋朝事实类苑》卷三一《词翰书籍》引，第400页。

今因之"，是指直到北宋末，一直沿袭不变。对此，元丰改官制，改崇文院为秘书省，亦于秘书省置会要所。如元符三年（1100）"十二月十二日，诏就秘书省置局，编修国朝会要"①。徽宗"崇宁以后，置编修国朝会要所、详定九域图志二局于秘书省"②。

关于南宋的中央官方编书、修史机构，上文南宋秘书省内机构分布表与建筑图已据《南宋馆阁录》清楚地标明，编修会要所、国史日历所、国史院也都在秘书省内。而据文献记载，南宋秘书省官员是朝廷组织的重要编书与修史活动的主要承担者与参与者。

就编书而言，秘书省官员受诏所编图书就有制诰录、礼书、宰辅录等。如绍兴四年（1134）五月丙子（二十七日），"诏馆阁以累朝实录中制诰等，各以门类编为《七朝制诰录》"。绍兴二十七年九月二十五日丁亥，"诏礼官及秘书省依景德故事，取祭祀之式考订润色，为《绍兴正辞录》"③。嘉定六年（1213），"秘书少监李壐纂公侯、守宰、士庶为通礼三十卷，取开宝、政和凡通行者，分别五礼，类为一编"④。另绍兴九年增编治平四年九月实录院检讨陈绎所撰《宰辅拜罢录》，绍兴十三年诏编《忠义录》⑤等等。再就修史而言，修日历、正史、实录等一般由宰相提举、监修，以他官兼领，但其主要成员或担任实际工作的都为馆阁大臣。这两点都是基于馆阁内有丰富的藏书与档案材料可利用，而馆阁大臣都是饱学俊贤儒士，足以承担编书修史重任。关于南宋时在秘书省内及由秘书省官员参加的修史活动，《宋会要辑稿》、《玉海》等多有记载，而《南宋馆阁录》、《南宋馆阁续录》则专设《修纂》一门，更有集中记述。为节省篇幅，又能较全面的反映南宋秘书省及其官员编书修史情况，兹据《南宋馆阁录》、《南宋馆阁续录》，将南宋秘书省所编史书与其他著作列表简述如下。

---

① 《宋会要辑稿》职官一八之一四，第 2761 页。
② 《麟台故事》卷一上《官联》，《麟台故事校证》，第 233 页。
③ 分别见《玉海》卷五八，《绍兴〈七朝制诰录〉》、《绍兴正辞录》，第 1117 页。
④ 《玉海》卷六九《嘉定通礼》，第 1312 页。
⑤ 详《玉海》卷五八《绍兴编〈忠义录〉》、《绍兴修〈宰辅录〉》，第 1117 页。

《南宋馆阁录》(简称《馆阁录》)、《南宋馆阁续录》(简称《馆阁续录》)
所载秘书省编修史书等图书表

时间:年号年/月/日	名称及数量	编修机构	出处:书名卷/页	备注
绍兴 6/1	重修《神宗皇帝实录》200 卷	史馆	《馆阁录》4/27	
绍兴 6/4	《皇帝元帅府事实》10 卷	史馆	《馆阁录》4/27	
绍兴 8/9	重修《哲宗皇帝实录》150 卷	史馆	《馆阁录》4/27	
绍兴 24/10/30	《徽宗皇帝御集》100 卷	实录院	《馆阁录》4/27	
绍兴 26/10/18	《皇太后回銮事实》10 卷	实录院	《馆阁录》4/29	此皇太后指高宗生母韦太后
绍兴 28/3/7	《神宗皇帝宝训》100 卷	国史日历所	《馆阁录》4/29	绍兴 13 年置国史院于秘书省
绍兴 28/11	《徽宗皇帝实录》150 卷	实录院	《馆阁录》4/32	
绍兴 29/12	《永祐陵迎奉录》10 卷	实录院	《馆阁录》4/33	
乾道 2/闰 9/29	《三朝帝纪》30 卷	国史院	《馆阁录》4/35	
乾道 2/闰 9/29	《太上皇帝圣政》60 卷	国史日历所	《馆阁录》4/35	
乾道 3/5	《哲宗皇帝宝训》60 卷	国史院	《馆阁录》4/37	
乾道 4/4	《钦宗皇帝实录》40 卷	实录院	《馆阁录》4/37	
乾道 6/5	《续国朝会要》300 卷	秘书省	《馆阁录》4/38	
乾道 9/9/6	《国朝中兴会要》200 卷	秘书省	《馆阁录》4/38	
淳熙 3/3/3	《太上皇帝日历》1000 卷	国史日历所	《馆阁录》4/38	
淳熙 4/3/29	《重修徽宗皇帝实录》200卷、《考异》25 卷、《目录》25 卷	实录院	《馆阁录》4/38	
淳熙 5/6	《中兴馆阁书目》70 卷《序例》1 卷	秘书省	《馆阁续录》4/197	
淳熙 6/3	《孝宗皇帝日历》1155 卷	国史日历所	《馆阁续录》4/197	
淳熙 6/7	《孝宗皇帝会要》158 卷	秘书省	《馆阁续录》4/197	
淳熙 7/12	《四朝正史志》180 卷	国史院	《馆阁续录》4/198	
淳熙 13/11	《四朝国史列传》135 卷	国史院	《馆阁续录》4/198	

（续表）

时间：年号年/月/日	名称及数量	编修机构	出处：书名卷/页	备注
淳熙 13/11	《续孝宗皇帝会要》130 卷	秘书省	《馆阁续录》4/199	
绍熙 1/8/16	《孝宗皇帝日历》2000 卷	国史日历所	《馆阁续录》4/200	按：点校本误为绍兴元年
绍熙 3/12/4	《孝宗皇帝圣政》50 卷	国史日历所	《馆阁续录》4/200	
绍熙 3/12/4	《孝宗皇帝会要》80 卷	秘书省	《馆阁续录》4/200	
庆元 3/2/5	《高宗皇帝实录》280 卷	实录院	《馆阁续录》4/200	
庆元 6/2/22	《光宗皇帝日历》300 卷	国史日历所	《馆阁续录》4/201	
庆元 6/2/22	《光宗皇帝会要》100 卷	秘书省	《馆阁续录》4/201	
庆元 6/2/22	《光宗皇帝圣政》30 卷	国史日历所	《馆阁续录》4/201	
嘉泰 1/7/11	总修《孝宗皇帝会要》200	秘书省	《馆阁续录》4/201	
嘉泰 2/1/21	《高宗皇帝实录》220 卷	实录院	《馆阁续录》4/202	
嘉泰 2/11/16	《宁宗皇帝日历》510 卷	国史日历所	《馆阁续录》4/202	
嘉泰 3/4/17	《孝宗皇帝实录》500 卷	实录院	《馆阁续录》4/202	
嘉泰 3/8/21	《（光宗）皇帝会要》115 卷	秘书省	《馆阁续录》4/202	
开禧 1/7/24	《高宗皇帝御集》100 卷	实录院	《馆阁续录》4/203 录/	
嘉定 6/闰 9/27	《高宗皇帝宝训》70 卷	国史实录院	《馆阁续录》4/203 录/	
嘉定 6/闰 9/27	《宁宗皇帝会要》100 卷	秘书省	《馆阁续录》4/203	
嘉定 13/4/20	《中兴馆阁续书目》30 卷	秘书省	《馆阁续录》4/204	
嘉定 14/5/9	《孝宗皇帝宝训》70 卷	国史实录院	《馆阁续录》4/205	
嘉定 14/5/9	《宁宗皇帝会要》110 卷、改正宁宗皇帝绍熙甲寅登极以后七年会要 115 卷	秘书省	《馆阁续录》4/205	
嘉定 14/5/9	重修《宁宗皇帝日历》500 卷	国史日历所	《馆阁续录》4/205	

四、秘书省官员的其他职责与撰述

宋代馆阁成员,除了奉诏编书与修史外,还担任朝廷秘书机构的职责和有关天文历法的具体事务。馆阁成员尤其是高级馆职者每遇国家重大典礼政事,常可预集议,备顾问。对此程俱就指出:

> 祖宗时,有大典礼政事,讲究因革,则三馆之士必令预议,如范仲淹议职田状,苏轼议贡举者,即其事也。详议典礼,率令太常礼院与崇文院详定以闻,盖太常礼乐之司,崇文院简册之府,而又国史典章在焉。合群英之议,考古今之宜,则其施于政事典礼,必不诡于经理矣①。

馆职大臣参预重大典礼政事集议,既是因为他们是"群英",又由于其"身居简册之府","国史典章在焉",可"考古今之宜"。南宋承沿了北宋时的做法,秘书省官员经常奉诏预议重大典礼政事的改革实施,讲究因革,为朝廷决策提供依据。如"隆兴元年九月十八日,臣僚言:'乞法李唐之制,委宰相兼领三司使职事。'有旨令秘书省讨论典故"。(隆兴元年)十二月二十八日,"有旨,国朝厢、禁军制及神宗添置将兵分营诸路州、军人数,札付秘书省讨论"。乾道二年四月二日,臣僚言:"应贤良方正能直言极谏之科,乞令权于经、史、诸子正文出题,其僻书注疏不得以为问目。"有旨,令礼部集馆职、学官共议,讨论闻奏②。据笔者对《南宋馆阁录》卷六《故实》的统计,是书所记孝宗朝自隆兴元年(1163)起到淳熙三年(1176),朝廷命秘书省官员奉诏预议重大典礼政事"看详讨论文字"的记载,有二十条,涉及政治、经济、文化各个方面。

在馆阁大臣参预重大典礼政事集议的同时,他们又常奉诏撰写庆贺典礼的乐章、赞颂及祠祭天、地、社稷的祝文,还有亲王、妃嫔、宰执武臣的赕祭文。对此《南宋馆阁录》、《南宋馆阁续录》都设有《撰述》一门。如《南宋馆阁录》载云:"绍兴元年四月十四日,诏乐章赞颂、敕葬赕祭文,夏国人使到

---

① 《麟台故事》卷三《选任》,《麟台故事校证》,第 144 页。
② 以上均见《南宋馆阁录》卷六《故实》,第 63—64 页。

驿,宴设教坊白语,删润文字及答高丽书文,并依旧制,(秘书省)长、贰分诸官撰。"是年"六月十三日,诏应祠祭天地社稷祝文,令秘书省依旧分撰书写"①。《南宋馆阁录》、《南宋馆阁续录》都有关于秘书省官员撰写乐章、祝辞、较祭文的颇为详细的记载。其中乐章是祠祀天、地、神,只在奏乐时用。如绍兴十八年(1148)十一月一日,臣僚言:"欲乞遇上辛日祀感生帝,并依本朝旧制,大祀乐章报秘书省修撰。"有旨,从之。其祭祀乐章有:

降神:《大安之乐》四曲。(秘书省)正字葛立方撰。

盥洗、升殿:《保安》之曲。奠玉币:《光安》之曲。僖祖位奠币:《皇安》之曲。(秘书省)正字孙仲鳌撰。

奉俎:《咸安》之曲。感生帝酌献:《崇安》之曲。僖祖位酌献:《肃安》之曲。文舞退,武舞进:《正安》之曲。太常寺主簿兼权秘书省校勘书籍官林大鼐撰。

亚终献、彻豆、送神、望燎四曲。诸王宫大小学教授兼权秘书省校勘书籍官叶緷撰②。

绍兴二十二年二月十八日,有旨,依臣僚言:"祚德庙乞依中祀,乐章乞从秘书省修撰。"享受中祀之神与由秘书省官员所撰乐章有:"成信侯、忠智侯、义成侯迎神、升殿(降殿同),奠币三曲,校书郎董德元撰。酌献三曲,校书郎王佐撰。亚终献、送神二曲(秘书省)正字周麟之撰。"③

绍兴二十七年四月,有旨,依臣僚言:"十三祭欲望依旧作大祀,合用乐章依例报秘书省修撰"④。对此,《南宋馆阁录》卷五《撰述》亦详细地记载了各时节祭祀所用乐章与撰写该乐章的秘书省官员的名字。是年五月,又据太常寺言,增补了十三祭中原阙"白帝乐章十二曲",亦由秘书省官员分撰。乾道四年(1168),十一月,朝廷又根据礼部员外郎李焘上奏,"举行岳镇海渎、先农、先蚕、风师、雨师、雷神,并复旧典。乐章报秘书省修撰"。同样,

---

① 《南宋馆阁录》卷五《撰述》,第49页。
② 《南宋馆阁录》卷五《撰述》,第49页。
③ 《南宋馆阁录》卷五《撰述》,第50页。
④ 《南宋馆阁录》卷五《撰述》,第50页。

《南宋馆阁录》详列了所撰祭祀海渎、农、蚕、风、雨、雷诸神帅的各乐章及秘书省官员的名字①。

在宋代,祭祀本朝各先帝、皇后以及天地神灵时的祝辞,也是由秘书省官员撰写。《南宋馆阁录》载祭本朝各先帝、皇后云:

> 太庙朔祭:僖祖至哲宗(校书郎王洋撰),徽宗、钦宗、懿节皇后(词同上)。安穆皇后(秘书丞唐阅撰)。安恭皇后(词同上)。
>
> 四孟荐享:僖祖至哲宗(校书郎林叔豹撰),徽宗、钦宗(词同上)。懿节皇后(春,正字方焘撰;夏、秋,正字程千里撰;冬:校书郎蒋芾撰)。安穆皇后(春,正字张宋卿撰;夏,正字王东里撰;秋,正字梁克家撰;冬,秘书丞唐阅撰)。安恭皇后(词同上)。②

在这段文字之下,《南宋馆阁录》卷五《撰述》又详细地载录了南宋时立春、立夏、立秋、立冬四时祭祀天地神灵、祖宗与外路祭历代帝王的情况,其祝辞,包括外路祭历代帝王,均由秘书省官员撰写。文长,不再引录。

祓祭文的撰写也由秘书省官员担任。《南宋馆阁录》有自绍兴七年(1137)至乾道九年(1173)由秘书省官员为嗣濮王仲浞等三十二人撰写祓祭文的记载。

除此之外,每逢朝廷大典、节日喜庆以及皇帝赐御书御制,秘书省官员都要作诗奉进颂贺。如绍兴十三年二月,高宗御书《左氏春秋》、《史记. 列传》,秘书少监秦熺,著作郎王杨英、周执羔,秘书郎张汉彦,校书郎严抑、张阐、赵卫、钱周材、范旻,正字洪遵、吴芾各进诗一首。绍兴十四年七月,高宗临幸秘书省,提举秘书省秦熺、中书舍人兼实录院修撰叚拂,各献诗三首;秘书少监游操、吏部员外郎兼权国史院检讨官严抑,各献诗一首;秘书郎张阐,献诗二首;著作佐郎钱周材、赵卫各献诗一首;校书郎陈诚之,献诗二首;秘书省正字沈介献诗一首③。《南宋馆阁录》卷五《撰述》、《南宋馆阁续录》卷

---

① 以上详《南宋馆阁录》卷五《撰述》,第50—51页。

② 《南宋馆阁录》卷五《撰述》,第51页。

③ 详《南宋馆阁录》卷五《撰述》,第56—57页;《南宋馆阁续录》卷五《撰述》,第211—215页。

五《撰述》记录了高宗绍兴十三年（1143）二月至理宗嘉熙二年（1238）十一月、六朝（高宗、孝宗、光宗、宁宗、理宗）近一百年间，宰执、侍从大臣而主要是秘书省官员献诗人员的名单与献诗数量。此类献诗，都为歌功颂德，粉饰太平之作。

五、曝书会——图书展览会性质的文化集会

在上文中，我们已经指出，宋代馆阁为防止图书受潮霉变，年例，入夏暴晒书籍，由此发展成一种称作"曝书会"的活动。曝书以去蠹防虫蛀霉变的保护图书的方法，我国古代早已有之。据从西晋汲郡战国魏襄王墓中发现的《穆天子传》卷五记载："仲秋甲戌，天子东游，次于雀梁，□蠹书于羽陵。"郭璞注："暴书中蠹虫，因云蠹书也。"汉代以后，更有七月七日暴衣物图书的节令性习俗风尚。暴书，又称曝书。汉崔寔《四民月令》谓：七月七日，"曝经书及衣裳，不蠹。"[1]曝经书时，还要"设酒脯时果，散香粉于筵上，祈请于河鼓织女"[2]。并由此引出诸如郝隆"坦腹晒书"[3]的典故笑话。

曝书护书的方法与习俗，一直延续下来。到了宋代，随着雕板印刷的广泛运用，极大地加快了图书的生产和流通，得书更易，无论是官方藏书还是私家藏书，都有了超乎前代的大发展。为了防止霉变与虫蛀，宋代的士大夫们每年也都要将家藏书画、图书进行曝晒。苏轼的《文与可画筼筜谷偃竹记》[4]，就是元丰二年（1079）七月七日在湖州曝书画时，看到亡友文同（字与可，1018—1079）生前所赠《筼筜谷偃竹》画卷，睹画思人，引起他对昔日挚友间深厚情谊的回忆、写下的这篇情理交融、感人至深的千古名篇。另据载，著名史学家也是大藏书家的司马光亦有每年曝书以保护图书的习惯。宋费衮《梁溪漫志》记载说，

---

① 陶宗仪：《说郛》（宛委山堂本）号六九，上海古籍出版社《说郛三种》影印本，第3221页。

② 《艺文类聚》卷四引崔寔《四民月令》，上海古籍出版社1982年新一版，第75页。又见梁宗懔《荆楚岁时记》。

③ 《世说新语》卷下之下《排调》第二十五："郝隆，七月七日出日中仰卧，人问其故，答曰我晒书。"上海古籍出版社影印王先谦校订本，第418页。

④ 苏轼：《苏轼文集》卷一一，中华书局点校本1986年版，第365—367页。

　　司马温公独乐园之读书堂,文史万余卷,而公晨夕所常阅者,虽累数十年皆新若手未触者。尝谓其子公休曰:贾竖藏货具,儒家惟此耳,然当知宝惜。吾每岁以上伏及重阳间,视天气晴明日,即设几案于当日所,侧群书其上,以曝其脑。所以年月虽深,终不损动①。

南宋著名诗人陆游、刘克庄都写过记述自己曝书题材的诗。刘克庄《曝书》诗云:

> 秋斋近午气尤炎,命仆开箱更发奁。
>
> 虫蚀阙文劳注乙,岚侵脱叶费装黏。
>
> 云迷玉帝藏书府,日在山人炙背檐。
>
> 谁道闲居无一事,袒衣挥扇曝芸签②。

由此可见,宋代读书人都有曝书以保护家藏图书的习惯。而且对于士大夫与读书人来说,曝书,不仅是对家藏图书的一次集中整理保护,同时也是浏览阅读图书的极好机会。生活于北南宋之交的大藏书家叶梦得(1077—1148),居湖州乌程卞山,自称“余家旧藏书三万余卷”,丧乱以来(引者按:指北宋灭亡,南宋初金兵南掠),所亡几半”,“今岁(绍兴初)出曝书,阅两旬才毕。其间往往多余手自抄,览之如隔世事。因日取所喜观者数十卷,命门生等从旁读之,不觉至日昃”③。这种一边曝书,一边翻检、浏览阅读,成了当时文人士大夫们一件乐此不疲、津津乐道的美事。而著名爱国诗人陆游晚年曝书时,看到昔日所作抗金复国的旧诗稿,欷歔不已,吟诗云:

> 日满晴轩理蠹鱼,壮游回首一欷歔!
>
> 凄凉王粲从军作,零落相如谏猎书。
>
> 歌吹恍思登北固,弓刀谁记渡南沮?
>
> 虎头本久功名相,归老林间计未疏。④

---

① 费衮:《梁溪漫志》卷三,上海古籍出版社点校本 1985 年版,第 29 页。

② 刘克庄:《后村先生大全集》卷二,《四部丛刊初编》本。

③ 叶梦得:《避暑录话》卷一,涵芬楼夏敬观校刻本。

④ 陆游:《曝书偶见旧稿有感》,《剑南诗稿》卷三,《剑南诗稿校注》,上海古籍出版社 1985 年版,第 1293 页。

又《曝旧画》云：

> 故箧开缄一怆情，断缣残幅尚知名。
>
> 翩翩戏鹊如相语，汹汹惊涛觉有声。
>
> 柳暗正当烟未敛，花秾仍值雨初晴。
>
> 百年手泽存无几，虫蠹尘侵祇涕横①。

宋代馆阁，承袭了前代曝书的做法。据《长编》载："雍熙中（984—987），（邢）昺献《礼选》二十卷，上（真宗）尝因内阁暴书，览而称善，召昺同观，作《礼选赞》赐之。"②《神宗正史·职官志》则明确称馆阁"岁于仲夏暴书"。③而在宋人的诗文中亦有不少关于馆阁曝书的记述。梅尧臣《二十四日江邻几邀观三馆书画录其所见》云：

> 五月秘府始暴书，一日江君来约予。
>
> 世间难有古画笔，可往共观临石渠。
>
> 我时跨马冒热去，开厨发匣鸣钥鱼。
>
> 羲献墨迹十一卷，水玉作轴排疏疏。
>
> 最奇小楷乐毅论，永和题尾付官奴。
>
> 又有四山绝品画，戴嵩吴牛望青芜④。

苏轼《次韵米黻二王书跋尾二首》之一亦云"三馆曝书防蠹毁，得见《来禽》与《青李》"⑤。这都说明，北宋时馆阁每年都要曝书，而曝书期间，允许非馆阁成员入馆阁观看书画、图书，故王安石、苏轼都在诗中不约而同地用惊喜的口吻，描写了他们看到平时见不到的书画中珍品的情景。对此，在宋人的诗作中，还有不少类似的作品，其中神宗元丰戊午（元年，1078），时任史馆修撰的宋敏求（字次道 1019—1079）与同僚好友刘敞（1019—1068）、王珪

---

① 陆游：《剑南诗稿》卷八，《剑南诗稿校注》，第 4371 页。

② 《长编》卷七三，大中祥符三年六月辛未条，第 1675 页。又见《宋史》卷四三一《邢昺传》。

③ 见《宋会要辑稿》职官一八之二《秘书省》引。

④ 梅尧臣：《梅尧臣集》卷二三，《梅尧臣集编年校注》，上海古籍出版社 1980 年版，第 676—677 页。

⑤ 苏轼：《苏轼诗集》卷二九，中华书局点校本 1982 年版，第 1537 页。

（1019—1079）、苏颂（1020—1101）、刘攽（1023—1089）、刘挚（1030—1097）一组唱和诗,具体而又生动地揭示了那一年馆阁曝书及其士大夫们争相观书欣赏书画的盛况。苏颂《和宋次道戊午岁馆中曝书画》诗谓:

> 鸿都清集秘图开,遍阅真仙暨草莱。
>
> （下注:是日诸公观画,尤爱梁令瓒题吴生画《五星二十八宿真形》,又谓淳化《丰稔村田娶妇图》曲尽田舍佚乐之意态。）
>
> 气韵最奇知鹿马,丹青一定见楼台。（下注:韩幹马、东丹王千岁鹿、荆浩山水屋木,皆为精绝。）
>
> 宴筵更盛华林会,坐客咸推大厦才。
>
> 久事簿书抛翰墨,文林何幸许参陪。①

刘挚《秘阁曝书画次韵宋次道》:

> 帝所图书岁一开,及时冠盖满蓬莱。
>
> 发函钿轴辉唐府,散帙芸香馥汉台。
>
> 地富秘真疑海藏,坐倾人物尽仙才。
>
> 独怜典校来空久,始得今年盛事陪②。

在宋人众多的关于记述馆阁曝书活动的诗作中,都讲到馆阁曝书期间,有官僚士大夫们汇聚一起观书的集会。所谓"宴筵更盛华林会,坐客咸推大厦才";"及时冠盖满蓬莱","坐倾人物尽仙才"。这种集会,在宋代称作曝书会或曝书宴。《铁围山丛谈》谓"秘书省岁曝书,则有会号曰曝书会。侍从皆集,以爵为位秩③。而据《墨庄漫录》记载:"文潞公（彦博）为相日,赴秘书省曝书宴,令堂吏视阁下芸草,乃公往守蜀日,以此草寄植馆中也。"④查文彦博（1006—1097）庆历间知益州,八年（1048）闰正月,拜同中书门下平章事、集贤殿大学士。皇祐三年（1051）十月,罢相出知许州,后又于至和二年

---

① 苏颂:《苏魏公文集》卷一〇,中华书局点校本 1988 年版,第 121 页。
② 刘挚:《忠肃集》卷一八,中华书局点校本 2002 年版,第 421 页。
③ 蔡绦:《铁围山丛谈》卷一,中华书局点校本 1983 年版,第 20 页。
④ 张邦基:《墨庄漫录》卷六,中华书局点校本 2002 年版,第 173 页。

（1051）六月至嘉祐三年（1058）六月再次拜相①。故最迟至仁宗嘉祐三年六月前，馆阁曝书期间已有了设宴观书的曝书会。上引《神宗正史·职官志》："岁于仲夏曝书则给酒食费，谏官、御史及待制以上官毕赴。"则神宗朝，每年举办曝书会正式确立为一项制度。

追溯起来，宋代馆阁的曝书会，源于宋初的群臣观书会。据《宋会要辑稿》职官一八之四七载，淳化元年（990）七月，内廷出降太宗御草书诗十首，故实二纸、御制诗文四十卷，并藏于秘阁，"八月一日，（秘书监）李至请右仆射李昉、吏部尚书宋琪、左散骑常侍徐铉及翰林学士、诸曹侍郎、给事、谏议、舍人等诣（阙）〔阁〕观御书图籍。帝（太宗）知之，即诏内品裴愈就赐御筵，出书籍令纵观，尽醉而罢。二日，又召权御史中丞王化基及三馆学士纵观，赐宴如前"②。这则材料说明，宋初馆阁图书的管理比较宽松，大臣们可以前去观书集会，而这种集会，开始时带有自发性质，以观赏御书御制的名义，这自然博得重视文教、喜欢舞文弄墨，又自称"朕性喜读书"③的宋太宗的欢心。故对大臣们去馆阁观书的行动不但不批评，还鼓励有加，并且身体力行，亲自参加，又主动召唤侍从大臣一起观书。高兴之余，还赐宴欢庆。尔后，凡太宗巡幸馆阁或去馆阁观书，也都主动召唤宰执、侍从大臣、馆阁成员一起前往，并照例设宴款待。如淳化三年（992）九月，太宗幸新修秘阁，登阁观群书整齐，喜形于色，"即召侍臣赐坐命酒，仍召三馆学士预焉。日晚还宫，顾昭宣使王继恩曰：'亦可召傅潜、戴兴，令至阁下恣观书籍，给御酒，诸将饮宴。'"④宋初的这种不定期的临时性的君臣在馆阁观书、并赐酒筵的集会，为以后的君主所承继，并逐渐成为一项固定的制度，时间定在馆阁夏秋曝书期间。故称为曝书会或曝书宴。对此，宋人佚名所撰专门记述北宋馆阁制度的《蓬山志》有较详细的记述：

> 秘书省所藏书画，岁一暴之。自五月一日始，至八月罢。是月，召

---

① 详《宋史》卷一一《仁宗本纪三》，第 224 页，卷一二《仁宗本纪四》，第 238 页。
② 又见《长编》卷三一，第 703—704 页。
③ 《长编》卷二四，太平兴国八年十一月庚辰条，第 559 页。
④ 《宋朝事实类苑》卷三一引《蓬山志》，第 23 页。

尚书省、侍郎、学士、待制、御史中丞、开封尹、殿中监、大司成两省官暨馆职,宴于阁下,陈图书古器纵阅之,题名于榜而去。凡酒醴膳羞之事,有司共之,仍赐钱百缗,以佐其费①。

据此,出集曝书会的成员主要是在京的中高级官僚,"宴于阁下,陈图书古器纵览阅"后,还要"题名于榜",而所需"酒醴膳羞之事,有司共之",即由各有关部门共同分担,而朝廷按惯例"赐钱百缗,以佐其费"。

哲宗朝,馆阁曝书会曾一度中断废罢,元祐四年(1089),经秘书省上言,重又恢复了"于曝书月份有饮食聚会"的"馆阁久例"②。南宋初,由于北宋灭亡后馆阁图书损失殆尽,又加政局未稳,故曝书会也停办多年。随着宋金对峙局面的形成,南宋政局渐趋稳定,重建的秘书省内的图书典籍也得到了恢复和增加,绍兴十三年(1143),从知临安府王晔之请,于是年七月"诏秘书省依麟台故事,每岁曝书会,令临安府排办,侍从、台谏、正言以上及前馆职、贴职皆赴。"并"每岁降钱三百贯付临安府排办"③。关于南宋曝书会,《南宋馆阁录》卷六《故实》、《南宋馆阁续录》卷六《故实》分别列有《曝书会》专门类目,其中前者记载最为详细,如所载绍兴二十九年的曝书会云:

> 二十九年闰六月,诏岁赐钱一千贯,付本省自行排办,三省堂厨送钱二百贯并品味生料。前期,临安府差客将承受应办,长贰具札请预坐官。是日,秘阁下设方桌,列御书、图画。东壁第一行古器,第二、第三行图画,第四行名贤墨迹;西壁亦如之。东南壁设祖宗御书;西南壁亦如之。御屏后设古器、琴、砚,道山堂并后轩,著庭皆设图画。开经史子集库、续搜访库,分吏人守视。早食五品,午会茶果,晚食七品。分送书籍《太平广记》、《春秋左氏传》各一部,《秘阁》、《石渠碑》二本,不至者亦送。两淅转运司计置碑石,刊预会者名衔。④

---

① 《宋朝事实类苑》卷三一引,第399—400页。

② 《宋会要辑稿》职官一八之九。又见《南宋馆阁录》卷六《故实》,第68页。

③ 《南宋馆阁录》卷六《故实》,第68页。又赵升《朝野类要》卷一:"每藏七月七日,秘书省作曝书会,系临安府排办。应馆阁并带贴职官皆赴宴,惟大礼年分及有事则免。"《丛书集成初编》本。

④ 《南宋馆阁录》卷六《故实》,第68—69页。

从上面这则详细而又生动的记载中得以知道，南宋曝书会规模比北宋时更大，准备工作与组织安排更为周到，具体由临安府或秘书省操办。事先，秘书省长、贰长官具札列出出席曝书会的官员名单，并排出座位次序。曝书会当日，御书、图画、书籍、古器、琴、砚等分置各处，陈列有序，以便于官员们观赏，并且打开经史子集和续访各书库，允许参加曝书会的人观览。同时，还给出集曝书会和有资格出集曝书会因故未出集的官员分送书籍和碑帖。曝书会后，参加曝书会的官员要题名于榜；而南宋时，会后立碑石刻上预会者名字官爵，对此《南宋馆阁录》卷三《储藏》、《续录》卷三《储藏》分别载有绍兴十六年（1146）七月至开禧元年（1205）七月二十四次《暴书会题名碑》，惜未载碑文内容，也就未能详知出席这二十四次曝书会人员的名单和《题名碑》的具体书写法。

而从曝书会这天的食谱安排来看，曝书会从早上到晚上整整一天，其场面十分热烈隆重：几上美酒果品佳肴，堂前阁下书画、图书、古器琳琅满目，官僚士大夫们一边畅饮欢谈，一边观赏书画，翻阅浏览图书，曝书会成了名符其实的图书展览会，更是一次高规格的文化盛会。

在宋代曝书会上，不但展览馆阁所藏的书画图书、古器物，还发布有关文化信息。如绍兴三十年（1160），高宗以"玉堂"二字亲洒宸翰苑。知制诰周麟之上言："以御书依典故就都堂宣示宰执，许本院摹勒上石，俟石刻成日，于秘书省曝书会宣示，馆阁官并以石本分赐。"诏可。①

通过以上考察，我们得以较清楚地知道，由宋代馆阁防止图书霉变的曝书活动演变而成的曝书会，是宋代官方组织举办的一年一度的图书展览性质的文化集会，虽然其间有时因故停办，但基本上贯穿于整个宋代。可以说，这是中国古代藏书史的一大创举，也是中国文化发展史上一项有重大意义的活动，它给官僚士大夫们提供了每年一次难得的集中观赏国家图书馆中所藏书画、图书、古器物并一起互相交流的机会。当然，在很大程度上也是宋代最高统治者为了标榜文治、炫耀本人书画墨迹即所谓御书御制，以及

---

① 《宋会要辑稿》崇儒六之二〇。按：周麟之奏札详见《海陵集》卷五《乞以御书上石札子》，影印文渊阁《四库全书》本。

馆阁藏书之富,但它的确是宋代推行重文政策的具体体现,体现了宋代最高统治者对文化基础建设——图书业的重视和对人才的尊重。而通过曝书会这一有着浓厚文化色彩的活动,可以看到包括南宋秘书省在内的宋代馆阁及其藏书在宋代文化建设中所发挥的作用,从一个侧面使我们看到宋代文化形态的绚丽斑斓、丰富多彩,感受到宋代社会浓厚的文化氛围。同时,也有助于我们解读宋代文化高度发展的原因。

第二章　南宋的官方藏书(下)

第一节　南宋皇室藏书

我国古代的中央官府藏书,西汉以前,主要是指皇(王)室藏书。至西汉,最高统治者通过广开献书之路,建藏书之策,"外则有太常、太史、博士之藏,内则有延阁、广内、秘室之府"①,始有皇室藏书与中央官府藏书之分,但其藏书机构、处所、服务对象等方面,没有严格的界定。隋唐以降,其内外之别,渐趋明确,内库藏书即皇室藏书主要为皇帝及皇室成员使用,外府藏书即秘书省藏书是中央政府藏书处所,是国家图书馆。至宋代,作为最高统治者的皇帝,不但推行崇文政策,而且他们自身也喜观书,善笔札,为了便于读书学习,十分重视皇室的藏书建设,使皇室藏书的发展达到前所未有的水平。

宋代的皇室藏书大致分为两个方面:一是分布丁禁中的以太清楼、损斋为代表的专门的藏书处所与皇帝个人读书燕息的殿阁,二是继位的君主,为贮藏已故的前一朝皇帝的御制御书及所撰诗文、书画手迹而专门建造的,具有现代意义上的档案馆性质的殿阁,亦称御书阁,以龙图阁、天章阁为代表。

---

① 班固:《汉书》卷三〇《艺文志一》如淳注引刘歆《七略》,中华书局点校本1962年版,第1702页。

在这些档案馆性质的殿阁中,同时也藏有丰富的其他各类图书。南宋皇室藏书是北宋皇室藏书的沿袭,但无论是在藏所处所、藏书规模、数量,南宋比之北宋,都要逊色得多。

为了更好地考察南宋的皇室藏书,有必要先对北宋的皇室藏书作一简要的介绍。

一、北宋皇室藏书简述

北宋皇宫内有多处专门藏书机构与处所,笔者曾作过较全面的考察①,共有十几处之多,其中主要的有:太清楼、资政殿、崇和殿、玉宸殿、宣和殿等。

太清楼位于皇宫崇政殿西北,迎阳门内后苑中,建于太平兴国四年(979)八月②。《玉海》卷一六四"咸平太清楼"条谓:"建隆三年五月戊午,重修东京大内。崇政殿西北迎阳门内有后苑,苑有太清楼、走马楼,与延春、仪凤、翔鸾阁相接。"③

太清楼是北宋皇宫后苑最主要的藏书处所,"贮四库书,楼下设六阁,经、史、子、集、天文、图画"④。其图书来源,主要是抄录三馆所藏之书。《宋会要辑稿》崇儒四之一载:"真宗咸平二年闰三月,诏三馆写四部书一本来上,当置禁中太清楼,以便观览。崇文院言,先准诏写四部书一本,以备藏于太清楼。今未校者仅二万卷。"

另外,太清楼还收藏了大量太宗的御制、墨迹。据《玉海》卷五二《景德太清楼四部书目》载,景德四年(1007)三月乙巳,真宗召对辅臣于后苑,登太清楼观太宗圣制、御书及新写四部群书时,曾亲执目录作过一次统计,"总太宗圣制诗及故事墨迹三百七十五卷、文章九十二卷。经库二千九百一十五卷,(集)[史]库七千三百四十五卷,子库八千五百七十一卷,集库五千三百

---

① 见拙文《宋代宫廷藏书考》,载《浙江大学学报》2007 年第 3 期。
② 《长编》卷二〇,太平兴国四年八月条,第 461 页。
③ 《玉海》卷一六四《咸平太清楼》,第 3025 页。
④ 《玉海》卷一六四《咸平太清楼》,第 3025 页。

六十一卷。四部书共二万五千一百九十二卷"①。但据他书记载，时太清楼所藏图书数量当不止此数。太清楼作为专为皇帝设置的藏书、读书处所，北宋自真宗时起，也是各帝与宗室、辅臣宴饮欢娱，并一起观书，阅览太宗御制墨迹之地②。

　　资政殿是北宋禁中又一重要的皇室藏书处所。《长编》卷七八载：大中祥符五年八月辛酉，"龙图阁直学士陈彭年上编录太宗圣制合二百四十卷，诏中书门下详校，奉安于太清楼、资政殿、崇文院、秘阁、西京、三馆各一本"③。此条记载，将资政殿与太清楼、崇文院、秘阁、西京、三馆并列，由此可见其在北宋皇室藏书中地位之高。另据《玉海》卷一六○载，资政殿"在龙图阁之东序"④。景德二年（1005）四月，置资政殿学士，以参加政事王钦若为之，寻即命寓直秘阁，以备顾问。同年十二月，又以王钦若为资政殿大学士。资政殿亦为真宗以后北宋各帝与群臣观书宴饮之处，对此《玉海》卷一六○《景德资政殿》及《长编》等均有记载。如"景德二年五月，宴近臣于资政殿，钱种放。祥符三年八月八日甲寅，观书龙图阁，观瑞物于崇和殿，遂宴资政殿。帝（真宗）作七言诗，从臣皆赋。五年十二月十四日，阅书龙图阁，幸资政殿。帝作七言诗。天禧四年（1020）十一月十一日，（真宗）御龙图阁，诏近臣观书，宴于资政殿"⑤。继太清楼之后，最为重要的皇室藏书处所是景德年间建造的玉宸殿。玉宸殿在后苑太清楼东。史载："玉宸殿乃上（真宗）宴息之所，中施御榻，帷幄皆黄缯为之，无文彩之饰。殿东西聚书八千余卷"，"此唯正经正史屡校定者，小说它书不预焉"。"其后，群书增及一万一千二百九十三卷，太宗御集御书又七百五十三卷"⑥。

　　另据《宋史·艺文志序》载：真宗时，"玉宸殿，四门殿亦各有书万余

①　《玉海》卷五二，第 994 页。
②　关于太清楼藏书，笔者另撰有《宋代太清楼藏书考略》，载《张其凡教授荣开六秩纪念文集》（上海人民出版社，2009 年）可参阅。
③　《长编》卷七八，第 1781 页。
④　《玉海》卷一六○《景德资政殿·崇和殿》，第 2941 页。
⑤　《玉海》卷一六○《景德资政殿·崇和殿》，第 2942 页。
⑥　《长编》卷六五，景德四年三月乙巳条，第 1447 页。

卷。"①《宋史》卷二〇四《艺文志三》还著录有《玉宸殿书目》四卷。玉宸殿上有佛阁,藏有太宗御制、御书与其他图书,还藏有真宗本人亲撰的文章、御制图书刻石。由于玉宸殿藏书既多又精,故真宗听政之暇,常在此读书休息,同群臣、宗室在此宴饮娱乐,互相赋诗撰文唱和。这些诗文歌赋,编集为《玉宸集》五卷,其副本藏于秘阁。真宗还亲撰有《玉宸殿记》一文。故玉宸殿实际上是真宗本人的"御书房"。仁宗明道元年(1032),玉宸殿改名为成化殿②。

　　仁宗朝禁中的重要藏书处是仁宗"御览"图书之处"天和殿(观文殿)"。乾兴初,仁宗曾"命翰林侍读学士晏殊等于《册府元龟》中掇其善美事,得其要者四十卷,为二百一十五门,名曰《天和殿御览》"③。明道元年(1032)十月甲辰,天和殿改名为观文殿,后又改曰清居殿,治平三年(1066)六月,改为钦明殿。其西为睿思殿④。另据《玉海》卷五二载"太宗清心殿图籍":"熙宁三年冬,命李清臣、刘执等校观文殿御览书籍。"⑤据此亦可证明天和殿确藏有不少图书,是仁宗的个人图书馆。

　　北宋后期皇室最重要的藏书处所是宣和殿。宣和殿原建成于哲宗绍圣二年(1095),元符三年(1100),哲宗病死,端王赵佶被立为帝,是为徽宗,向太后"权同处分军国事",垂帘听政。在此期间,为臣僚论列,宣和殿被拆毁。徽宗亲政以后,复建宣和殿,并作为其燕息之处。大观二年(1108),对宣和殿又重加修缮,徽宗亲书为之记并刻诸石。重和元年(1118),改明年年号为宣和,于是改宣和殿为保和殿⑥。宣和殿藏书之富,史籍多有记述。如据《宋会要辑稿》记载,宣和四年(1022)诏建局对三馆图书"以补完校正文籍名,设

---

① 《宋史》卷二〇二《艺文志一》,第5032页。
② 见《玉海》卷一六〇《明道成化殿》,第2942页。
③ 《玉海》卷五四《乾兴天和殿御览》,第1033页。
④ 参见《玉海》卷一六〇《治平钦明殿天和殿》,第2949页。天和殿改为观文殿又见《长编》卷一一一,明道元年十月甲辰条,第2590页;改清居殿为钦明殿又见《长编》卷二〇八,治平三年六月壬子条,第5056页。
⑤ 《玉海》卷五二《太宗清心殿图籍》,第993页。
⑥ 参见《宋会要辑稿》方域一之一一九、《玉海》卷一六〇《熙宁睿思殿宣和殿》,第2950页。

官综理,募工缮写,一置宣和殿,一置太清楼,一置秘阁"①。这说明,北宋后期,宣和殿藏书与禁中太清楼,馆阁的秘阁地位相等。而洪迈在记述当代书籍散亡时谓:"宣和殿、太清楼、龙图阁御府所储,靖康荡析之余,尽归于燕。"②将宣和殿列作北宋皇室三大藏书处所之一。政和五年(1115)四月二十一日,置宣和殿学士,班在延康殿学士之下,以两制充,蔡攸首任宣和殿学士。政和七年,又以宣和殿学士蔡攸为宣和殿大学士。宣和元年(1119),因犯年号,在宣和殿改为保和殿的同时,改为保和殿大学士③。

除此之外,太宗朝所建御书院,也是与龙图阁、太清楼、秘阁等有同等地位的皇室藏书机构(详下)。另外"太宗于禁中建清心殿藏图籍,以资游览。视朝之暇,日读《太平御览》三卷"④,也是禁中一重要藏书之处。真宗朝崇和殿之后阁,"悉藏本朝名臣文集"⑤。翔鸾阁则藏有太宗御集圣制,有"歌诗、箴、铭、赞、论,或刻石,或题板,或以朱黄书于石壁"⑥。此外,宋真宗赵恒崇尚道教,费时多年所建玉清昭应宫,除了藏有"天书"、道教经藏外,还藏有真宗御制、御书与儒家经典⑦。另据《玉海》载:王清昭应宫中之先献殿、继文殿也都藏有太宗御御集⑧。

通过以上简略介绍,可以看到,在北宋皇宫内,遍布藏书,其中不但有太清楼、御书院、玉宸殿、宣和殿这样专门的藏书机构与处所,也有如玉宸殿、天和殿这样皇帝个人专用的书房,而且在皇帝退朝宴息的殿阁也藏有不少图书,便于皇帝阅读使用。

---

① 《宋会要辑稿》崇儒四之一二。
② 《容斋续笔》卷一五《书籍之厄》,上海古籍出版社点校本1996版,第398页。
③ 详《宋会要辑稿》职官七之一〇。
④ 《玉海》卷一六〇《太宗清心殿》,第2941页。
⑤ 《玉海》卷一六〇《崇和殿》,第2942页。《玉海》卷二七《御书目录》,第36页。
⑥ 《玉海》卷一六三《景德翔鸾仪凤阁》,第3008页。
⑦ 如《长编》卷八四载:大中祥符八年春正月"丁亥,赐玉清昭应宫国子监印本经书各一部"(第1911页)。《长编》卷九四天禧三年十一月甲戌条载:又应皇太子请,"于玉清昭应宫建殿置经藏,以资圣算"(第2172页)。
⑧ 《玉海》卷一六〇《祥符先献继文殿》:"(大中祥符)八年四月丁卯,诏玉清昭应宫太宗御书殿名'先献',御制御书殿名'继文'。天禧二年正月壬寅,奉安太宗文集于先献;翌日,奉安御集于继文。"第2944页。

北宋自真宗朝起，创立了一项制度，凡一朝君主去世后，继位的皇帝在皇宫内为其建造专门殿阁，以收藏前朝皇帝御书、御集及所撰诗文、书画手迹。北宋时期建造的这类性质的殿阁有龙图阁、天章阁、宝文阁、显谟阁、徽猷阁五阁。最早建造的是存放太宗御书、御集的龙图阁。《宋会要辑稿》方域一之五谓含和门门内有横廊，"廊北龙图阁，太中祥符初建，以奉太宗御集、御书"①。建成于咸平四年(1001)十一月前②。

龙图阁建成后，即收藏太宗御制御书，据《长编》卷五三载：咸平五年十月己卯，真宗召近臣于龙图阁观书，"手执目录以示近臣，谓曰：'先帝圣文神笔，朕集缀既久，至于题记时事，片幅半纸及书在屏扇或微损者，悉加装裱，已三千七百五十卷矣。'"说明咸平间龙图阁建成不久即已收藏太宗御书、御制三千七百五十卷，还编有藏书目录。尔后，龙图阁的藏书数量有了大幅度增加。景德二年(1005)四月戊戌，真宗再次临幸龙图阁时，谓"阁上藏太宗御书五千一百十五卷、轴，下设六阁：经典阁三千七百六十二卷，史传阁八百二十一卷，子书阁一万三百六十二卷，文集阁八千三十一卷，天文阁二千五百六十四卷，图画阁一千四百二十一轴、卷、册。上(真宗)曰：'朕退朝之暇，无所用心，聚此图书以自娱耳。'"③据此条记载，说明龙图阁除了收藏太宗御制御书外，还收藏了大量经史子集各类图书与书画。景德二年龙图阁建立不久，所藏图书、书画总数达到二万九千五百十一卷(轴)。到了大中祥符三年(1010)十一月时，据真宗称"三馆秘阁所藏(图书)外，又于后苑及龙图阁

---

① 《宋会要辑稿》方域一之五，又见《宋会要辑稿》职官七之一三、《玉海》卷一六三《咸平龙图阁》，第3007页。

② 按：关于龙图阁的建造时间，《宋会要辑稿》方域一之五及《文献通考》卷五四《职官考八》、《宋史》卷一六二《职官志二》均有记载，称大中祥符中建，但所记多有矛盾。而《长编》卷五〇明确记载说，真宗于咸平四年十一月"丁亥，幸龙图阁，召近臣观太宗御书及古今名画"(第1088页)。又《玉海》卷二七《御书目录》："咸平四年十一月丁亥，上御龙图阁，召辅臣观太宗草行飞白篆、籀八分书及古今名画。"《文献通考》卷五四《职官考八》："龙图阁学士·直学士·待制"条称："(龙图阁)直学士景德四年置"，"待制，景德元年置"。中华书局据万有文库《十通》影印本，1986年。据此，咸平四年十一月真宗已尝御龙图阁，龙图阁当建成于咸平四年(1001)十一月前。详参见拙文《宋代宫廷藏书续考》，载《浙江大学学报》2008年第3期。

③ 《长编》卷五九，第1329页，又见《宋会要辑稿》职官七之一三、《玉海》卷一六三《咸平龙图阁》(第3007页)，各书所载具体数字稍有出入。

并留正本各及三万余卷"①。

由于龙图馆藏书丰富，故编有藏书目录，已见上引《长编》等所载。《直斋书录解题》卷八著录有《龙图阁瑞物宝目·六阁书籍图画目》，共一卷。当时，有印本颁降各地。龙图阁的藏书，还有藏书印记，大中祥符二年（1009）三月铸，曰"龙图阁御书记"。龙图阁所藏图书不但数量多，校勘亦精。真宗曾不无夸耀地说："龙图阁书屡经雠校，最为精详。""朕求书备至，故奇书秘籍所隐焉。"②

从以上有关典籍所载龙图阁的规模、藏书内容、数量、质量来看，龙图阁与太清楼一样，在北宋皇室藏书中占有十分重要的地位，是北宋前、中期皇宫中二个规模最大的藏书处所。太清楼位于后苑，龙图阁位于禁中君主日常处理朝政处，是真宗退朝之暇读书休息"自娱"之处。而且，自真宗朝起，龙图阁也成为君臣观书、宴饮，举行文化集会之地。

龙图阁作为专藏太宗御书、御制的皇室藏书机构，景德元年（1004）十月，置龙图阁待制；四年，置龙图阁直学士；后又于大中祥符三年，置龙图阁学士。皆为侍从官等荣誉性带职名（元丰改制后为贴职名），不参与阁事，实际工作由内侍三人掌之③。

"天章阁在会庆殿西，龙图阁之北"④，以收藏真宗御书御制为主，真宗在世时就已建成。其建造过程《长编》卷九六有较详细的记载：

> （天禧四年十一月戊午）上（真宗）御图书阁，召近臣观圣制文论、歌诗。上曰："朕听览之暇，以翰墨自娱，虽不足垂范，亦平生游心于此。"丁谓等言："圣制广大，宜有宣布，请镂板以传不朽。"许之，遂宴于资政殿。庚申，内出圣制七百二十二卷示辅臣。壬戌，宰臣等言，圣制已约分部帙，望令雕板摹印，颁赐馆阁，及道释经藏名山胜境。乃命内臣规度禁中严净之所，别创殿阁缄藏。诏可。寻于龙图阁后修筑，命入内都

---

① 《宋会要辑稿》职官七之一三。
② 《玉海》卷五二《景德六阁图书》引《实录》，第 995 页。又见《宋会要辑稿》职官七之一四。
③ 参见《宋会要辑稿》职官七之一三、《宋史》卷一六二《职官志二》，第 3819 页。
④ 《宋会要辑稿》职官七之一〇。

知张景宗,副都知邓守恩管勾,是为天章阁。①

透过《长编》的这段委婉记述中君臣心照不宣的对话,可以清楚地看到,天章阁的建造,完全是宋真宗直接授意,而宰执大臣们心领神会,投其所好。所以,天章阁也是宋代唯一由皇帝生前建造、命名,专藏本朝君主御制、御书的皇室藏书处所。由于真宗的亲自过问与关心,天章阁只用了五个月的时间,于天禧五年(1021)三月戊戌即竣工建成②。

据《宋会要辑稿》职官七之一一记载:天禧五年四月时天章阁所藏图书有:

> 辅臣集御制三百卷,凡颂、铭、碑文十八卷,赞八卷、诗三十七卷,赐中宫歌诗手书七卷,赐皇太子歌诗箴述五卷,龙图阁歌诗四卷,西凉殿歌诗一卷,清景书事诗二卷,宜圣殿四园歌诗三卷,(续经)[读经]史诗四卷,《维城集》三卷,奉道诗十卷,《岁时新咏》五卷,歌十五卷,词四卷,乐章一卷,《乐府集》三卷,《乐府新词》二卷,论述十卷,序八卷,箴七条各一卷,记文三卷,祭文、挽歌词一卷,书十卷,正说十卷,《承华要略》二十卷,《静居集》三卷,《法音集》七卷,《玉宸集》五卷,《春秋要言》五卷,试进士题目一卷,密表密词六十九卷。又有《玉京集》三十卷,《授时要录》二十四卷。又取至道元年四月迄大中祥符岁中书枢密院时政记、史馆日历、起居注善美之事,录为《圣政记》,凡一百五十卷,并命工镂板。又以御书石本为九十编。

故天章阁是宋代各阁中仅次于龙图阁的另一重要的专藏皇帝御书御制与其他图书的宫廷藏书处所,天章阁中还藏有所谓的符瑞宝玩、太祖与太宗的御容画像。天章阁建成之次年二月,真宗就去世了,仁宗朝,仁宗与大臣们多次去天章阁观书、谒太祖、太宗御容,观瑞物,并成为最高规格的接见太臣,向他们问御边大略、军政要事的十分神圣庄严之处。如庆历三年(1143)九月,仁宗为支持范仲淹、富弼等推行新政,特"开天章阁,召对赐坐,给笔札使

---

① 《长编》卷九六,第2221—2222页。
② 《长编》卷九七,天禧五年三月戊戌条,第2244页。

疏于前。仲淹、弼皆皇恐避席，退而列奏"，条陈十事①。仁宗天圣八年（1030）十月初置待制，景祐四年（1037）增置侍讲，庆历七年（1047）又置学士、直学士②。

收藏仁宗御制御书的是宝文阁。宝文阁在天章阁的西序，群玉殿、芯珠殿之北，旧曰寿昌阁。仁宗庆历元年（1041），改为宝文阁。仁宗在位时，宝文阁已是禁中一重要的藏书处所。嘉祐间，曾因欧阳修奏，补写秘阁太宗御览书籍，"遂诏龙图、天章、宝文阁、太清楼管勾内臣，检所阙书录上，于门下省补写"③。其地位已并列于龙图阁、天章阁、太清楼之间。仁宗听政之余，常在宝文阁挥毫泼墨并与皇室成员、近侍大臣诗文酬唱。如嘉祐七年十二月丙申，召辅臣、近侍、皇子、驸马等在龙图阁、天章阁观祖宗御书后，"又幸宝文阁，为飞白书，分赐从臣，下逮馆阁。作《观书诗》，韩琦等属和，遂宴群玉殿，传诏学士王珪撰诗序，刊石于阁"④。所以，宝文阁在仁宗生前就已有，但它不是为藏仁宗御制御书而特地建造的，而是由旧寿昌阁改名而成。

嘉祐八年（1063）三月三十日，仁宗去世，四月一日英宗继位，是年底，即"以仁宗御书藏宝文阁，命翰林学士王珪撰记立石"⑤。于是，宝文阁就正式成为专藏仁宗的御制、御书的皇室藏书机构。所藏除仁宗的御制、御书与其所撰各种著作外，还藏有很多仁宗的书法墨迹。

英位在位前后不到五年，在此期间，宝文阁未设官职。治平四年（1067）一月，英宗去世，神宗即位，是年始置宝文阁学士、直学士、待制，并将英宗御制、御书附藏于宝文阁⑥。

―――――――――

① 《长编》卷一四三，庆历二年九月丁卯条，第3431页。
② 参见《宋会要辑稿》崇儒六之一，《宋会要辑稿》职官七之一〇、七之一一，《宋史》卷九《仁宗本纪一》（第189页）、卷一〇《仁宗本纪二》（第202页）。按：《宋会要辑稿》职官七之一一误书于景祐三年置天章阁侍讲。
③ 《长编》卷一九六，嘉祐七年六月丁亥条，第4763页。
④ 《长编》卷一九七，第4785页。
⑤ 《宋会要辑稿》职官七之一七。另见《长编》卷一九九，嘉祐八年十二月乙亥条，第4840页，《玉海》卷一六三"庆历宝文阁"，第3010页。按：此事《宋会要辑稿》书于嘉祐八年八月十二日，《长编》载于嘉祐八年十二月乙亥，《玉海》谓嘉祐八年十一月乙亥。
⑥ 《宋会要辑稿》职官七之一七至一七之一八。

元丰八年(1085),神宗去世,但此后多年一直未建阁收藏其御制、御书。元祐四年(1089)十月戊申,在神宗去世五年半以后,受命编次神宗御集的翰林学士苏辙上奏称,"神宗皇帝御制集凡著录九百三十五篇,为九十卷,目录五卷",请求建阁收藏。苏辙在奏疏中说:"臣窃见祖宗御集皆于西清建重屋,号龙图、天章阁、宝文阁以藏其书,为不朽之训。又别刻板模印,遍赐贵近,欲乞降付三省,依故事施行。"①时由旧党太皇太后高氏听政的朝廷,对苏辙的奏请未予采纳,仅下诏将神宗御制、御集收藏于宝文阁②,直到哲宗亲政之后,元符元年(1098)二月,哲宗根据权发遣提举河东路常平等事邓洵仁的再次奏请,于是年四月十八日,正式"诏建阁藏神宗皇帝御集,以显谟为名"③。《中兴馆阁书目》著录《神宗御集》一百六十卷,《宋史·艺文志》集部著录《神宗御笔手诏》二十一卷、《(神宗)御集》一百六十卷。

徽宗建中靖国元年(1101),"诏以显谟阁为"熙明阁,置学士、直学士、待制;续奉旨,仍以显谟为额。"崇宁元年(1102),诏显谟阁学士、直学士、待制,"序位在宝文阁学士,直学士、待制之下"④。

哲宗去世两年多后,徽宗崇宁元年(1102)十二月十六日,诏实录院编修哲宗御书。五年七月二十七日,书成,共一百册,凡二千五十七篇。大观元年(1107)二月、四月,又两次下诏重加编纂删定,成六百九十三篇,三十册⑤。《中兴馆阁书目》著录有《哲宗御书》,前后集二十七卷,前集《政事》十八卷,《文辞》一卷,后集《文辞》一卷,《政事》七卷。《宋史·艺文志》集部著录:《哲宗御制前后集》共二十七卷。

在哲宗御集编定之次年,大观二年二月十三日,下诏建阁以藏哲宗御制、御集,以"在《诗》有之'君子有徽猷',是为论德之美,而观道之成,于是

---

① 《长编》卷四三四,元祐四年十月戊申条,第10462页。
② 《长编》卷四三四,元祐四年十月戊申条李焘注,称徽宗朝初修的《哲宗实录》(按:时由高太后听政,旧党掌权)即《旧录》所载诏书,有"更不建阁"之语(第10463页)。
③ 《长编》卷四九七,元符元年四月丙申条,第11832页。
④ 《宋史》卷一六二《职官志二》,第3820页。
⑤ 参见《玉海》卷二八《崇宁哲宗御集》,第548页。

乎在。其哲宗皇帝御集,建阁以徽猷为名"①。一如前龙图阁等阁例,置学士、直学士、待制。政和六年(1116)九月,增置直徽猷阁。

二、南宋皇室藏书处所

在南宋皇朝建立之初的一段时期内,由于受金兵一路南侵追赶,对于驻跸与定都何处,高宗及其大臣们一直争论不休,未能决定。直至绍兴元年(1131),始决定驻跸临安府,命两浙转运副使兼权知临安府徐康国,与内侍杨公弼在临安城东南凤凰山原杭州州治建造皇宫。鉴于建国伊始,限于人力、财力,高宗旨曰:"止令草创,仅蔽风雨足矣。椽楹未暇丹腹,亦无害。或用土朱。"总的"务要精省,不得华饰"。② 绍兴八年三月,高宗正式决定以临安为行在所,即定都临安后,才开始大规模地建造皇宫,特别是绍兴十一年宋金订立和议后,南宋政局稳定,经济发展,有了一定的经济实力,更是加快了皇宫与各中央官署机构的建造。至绍兴二十八年(1158),南宋皇宫初具规模。之后,又经过孝宗及以后各朝诸帝扩建和改建。在凤凰山方圆九里之内,布满了金碧辉煌,巍峨壮丽的宫殿。"一时制画规模,悉与东京相埒"③。在此同时,恢复重建了包括秘书省在内的各中央机构,公私藏书也有了较快地恢复发展。如上所述,中央官方藏书通过广泛征集、号召臣民进献、组织编撰刻印等措施,南宋中央官方藏书数量得到较迅速的恢复增长,在此基础上,南宋的皇室藏书也有了一定程度的恢复。

但总的来说,南宋皇宫建筑规模、面积都要少于北宋东京开封的皇宫,另外,由于受史料记载的限制,对南宋禁中皇室藏书的机构与处所的记载都要比北宋时少。就以王应麟《玉海》为例,王应麟(1223—1296)虽是南宋末元初之人,但他在《玉海》中,详细地记载了北宋皇室藏书机构与处所有十几处之多,而所载南宋皇室藏书仅数处。故实事求是地说,就皇室藏书而言,南宋的皇室藏书比之北宋有所萎缩,但也有比较重要、影响较大的几处藏书

---

① 《宋朝事实》卷九《官职》,《丛书集成初编》本。
② 详《宋会要辑稿》方域二之六至二之一〇、《系年要录》卷四九,第871页。
③ 张奕光:《南宋杂事诗·题辞》,浙江古籍出版社1987年版,第5页。

处所。

（一）御书院

北宋时，御书院是宫廷中一重要的皇室藏书。《玉海》载云：

> 唐有集贤殿御书院。皇朝太宗留意笔札，即位之后，募求善书，许
> 自言于公车，置御书院，以王著为祗候，迁翰林侍书。太平兴国中，选善
> 书者七人为御书院祗候，自是书诏笔体一变，人用传宝，远追唐室矣。
> 院在崇政殿东北横门外，内侍掌之，有御书待诏、祗候。后迁临华门北，
> 又迁拱宸门间阁门内北城下。①

据此，御书院的建立主要为太宗御书草诏服务，尔后，御书院成为"掌御制御
书及供奉笔札图籍之事"的专门机构②，是收藏历代书法墨迹尤其是太宗御
书御制及其他图书的重要处所。如真宗大中祥符五年（1012），在为太宗御
制御书整理编目的基础上，将太宗御书《赞后法帖》十二卷，《小字法帖》一
卷，草书故事簇子七轴等共五十六卷轴，刻石御书院。另太宗的墨迹杂书，
太宗御制御书墨迹凡一万三千五百二十二卷轴及墨迹杂书扇三十六柄，"分
藏于龙图阁、太清楼、秘阁、御书院"。又据《玉海》记载：

> 太宗御集四十卷、目一卷，《朱邸集》十卷、目一卷，《至理动怀篇》一
> 卷，《文明政化》十卷，《逍遥咏》十卷，《缘识》五卷，《秘藏诠》三十卷，
> 《禅枢要》三卷，《莲花心轮回文偈颂》二十五卷，《心轮图》一卷，《注金
> 刚经疏宣演》六卷，《回文诗》四卷，《君臣赓载集》三十卷、目二卷，《棋
> 谱图》三卷，《琴谱》二卷，《九弦琴谱》二十五卷、《五弦阮谱》十七卷。
> 凡百一十九部，总二百一十八卷。龙（图）阁、太清楼、御书院、秘阁各藏
> 一部。副本二千一百四十八部，总万四千五百八十六卷。文集中录出
> 歌诗文赋别行，总千四十四卷，分藏于龙图阁、御书院。《至理动怀篇》
> 至《惠化行》并文集中录出别行，《十二愿》至《百官历子序》刻板于御书
> 院。《心轮图》、《大言赋》并录出别行。《笔法歌》至《日行诫》刻石于御

---

① 《玉海》卷一六八《太平兴国御书院》，第 3078—3079 页。
② 《宋会要辑稿》职官三六之九五。

书院。①

据上引《宋会要辑稿》与《玉海》的这两则详细记载，御书院是与龙图阁、太清楼有同等地位的重要皇室专门藏书机构，以收藏太宗的遗书墨迹石刻为主，同时也收藏太宗的文集及其他图书。仁宗朝，御书院又增加供奉真宗御制御书，并成为君主与皇室成员、大臣观览太宗御制御书、墨迹的又一处所②。元丰改官制后，御书院更名为书艺局，此后或废或复。大约在北宋宣和间，又恢复御书院之名。

南宋建炎三年（1129），"罢御书院"，绍兴十六年（1146）十一月，复置御书院，仍隶翰林院。恢复重建的御书院位于"皇城宫门里资善堂后"③。《宋会要辑稿》职官对南宋御书院的建置、机构人员的设置及职责有详细记载：

> 绍兴十六年十一月十七日，诏："御书院建炎三年罢，可依祖宗法复置，依旧隶翰林院。"本院今省记到：一、干办官一员，系差睿思殿祗候。一、印以"绍兴御书院印"六字为文。一、书写待诏掌行书写三元、八节奏献祖宗神御表词，并大礼毕奏谢诸官观寺院表词、道场醮仪玉简，及书写国书，御试举人主行升降进卷，题写诸王字头春贴子、端午贴子。待诏以下每季进呈所习书札并书写锡赐牌额等事务。一、置局旧在崇政殿门里，次迁临华门北，次迁拱宸门，次迁阊阖门里北城下。一、押宿官二员，于书待诏出职人内奏差。一、伎术官直长充书待诏三人，书艺学七人，书学祗候一十四人，书学生不限人数，并无请给。一、诸色祗应弹琴一名，著鸄四人，擘阮一名，镌字三人，点笔班一名，猫边花一名，装界三人，造墨一名，雕字二人，画细文一名，打碑二人，硾纸兼印书二人，系笔三人，系飞白笔一名，造琴阮一名，裁缝一名，漆作一名，小木一名，镀作一名，剪字一名，镀镂作一名，钑作一名。一、专知官一名，前行一

---

① 《玉海》卷二八《祥符太宗御制御书目录》，第 543 页。

② 参见《长编》卷一〇五，仁宗天圣五年十月甲午条，第 2454 页。

③ 《宋会要辑稿》职官三六之九六。《系年要录》卷一五五，绍兴十六年十一月庚辰条，第 2519 页。

名,兼副知后行二人,贴司二人,库子四人,背印、守门、投送(送)文字、亲事官共四人,翰林司二人,杂役兵士一十人,内节级二人。一、书学待诏等资级依年限出职,补授合得官资。书学祗候满一十五年补承信郎,书艺学满一十年补保义郎,直长充书待诏满五年补(保)成忠郎,诸色待诏祗应转祗候,次转艺学,次转著绿待诏,次转赐绯待诏,次转赐紫待诏,到院十年差充庙令差遣。待诏四等职名,遇有阙,取旨申翰林院选日拣试。书学生试五体书札,王书、虞书、钟繇书、真小字书、批答;书学祗候试六体书札,王书、虞书、钟繇书、真小字书、批答、勾勒;书艺学试七体书札,王书、虞书、钟繇书、真小字书、勾勒、批答、玉柱篆;直长充书待诏试七体书札,王书、虞书、钟繇书、真小字书、勾勒、批答、玉柱篆。三等待诏申吏部给告,艺学祗候由翰林院给帖。①

根据《宋会要辑稿》的此条记载,南宋恢复重建的御书院,在性质职能上,完全成为"掌御制御书及供奉笔札图籍之事"的专门机构②,所以,其所收藏的主要是历代各种书法名帖与宋代各帝的书法墨迹。

绍兴三十年(1160)正月十七日,"诏御书院可罢,本院案牍文字并诸色人请受文历等,并送翰林院收管"③。此后,至南宋灭亡,再也没有关于恢复御书院的记载。

(二)损斋

在南宋皇室藏书中,最早建立也是最为重要之一的藏书处所是损斋,为高宗读书燕息之处。

宋高宗赵构在金兵灭亡北宋,掳掠其父兄徽宗、钦宗北去当上皇帝后,害怕重蹈父兄沦为金朝阶下囚的下场,故对金一味屈辱投降,尤其在绍兴八年形势有所好转,宋金军事力量相对均衡,有了向金乞和的资本,即重用投降派首领秦桧,收诸大将兵权,杀岳飞,终于向金乞和成功。然后,偏安东南,根本不思恢复中原。但另一方面高宗继续实施太祖太宗的崇文政策,他

---

① 《宋会要辑稿》职官三六之九六至九七。
② 参见《宋会要辑稿》职官三六之九五。
③ 《宋会要辑稿》职官三六之九七。

本人直接受其父徽宗赵佶的影响,喜欢读书撰文,尤好书法。对此,他自称生活一直十分简单,每日读书写字,清心寡欲。李心传《建炎以来朝野杂记》载云:

> 绍兴末,上(高宗)尝作损斋,屏去玩好,置经史古书其中,以为燕坐之所。上早年谓辅臣曰:"朕居宫中,自有日课。早阅章疏,午后读《春秋》、《史记》,夜读《尚书》,率以二鼓罢。尤好《左氏春秋》,每二十四日而读一过。"胡康侯(安国)进《春秋解》,上置之坐侧,甚爱重之。又悉书《六经》,刻石置首善阁下。及作损斋,上亦老矣。因自为之记,刻石以赐近臣焉。①

周密《清波杂志》亦载云:

> 高宗践阼之初,躬行俭德,风动四方。一日语宰执曰:"朕性不喜与妇人久处,早晚食只面饭、炊饼、煎肉而已。食罢,多在殿旁小阁合垂帘独坐,设一白木桌,置笔砚,并无长物。"又尝诏有司毁弃螺填倚桌等物,谓螺填淫巧之物不可留。②

很明显,高宗晚年将自己读书宴息之殿,命名损斋,有自我标榜,损去一切浮华,清心寡欲的意思。损斋建成于绍兴二十八年十月,高宗不但自书"损斋"二字,在损斋建成的次月,即十一月,又出御札《损斋记》石本以赐群臣,曰:朕宫中尝辟一室,名为损斋,屏去声色玩好,置经史古书其中,朝夕燕坐。亦尝作记以自警。《记》曰:

> 尝谓当天下之正位,抚域中之万微,苟日徇异物而无以立其独,则多见弊精神、疲志意而不知止,广宴游,事不急而牵于爱,胶胶扰扰,莫收其放心。顾能回光抑损之道,岂不较然有感于斯。且汉唐之君,乐道为切而未烛元览者。武帝以雄心,内慕神仙,外攘夷狄,穷边黩武,天下骚然矣,非用损以持盈也。明皇以侈心,委信逆虏,弥缝斯文,耽惑内

---

① 李心传:《建炎以来朝野杂记》甲集卷一《高宗圣学》,中华书局点校本 2000 年版,第 31 页。
② 周煇:《清波杂志》卷一,《清波杂志校注》,中华书局 1994 年版,第 8 页。

婇,烟尘四溟矣,非知损以守位也。推原本指,俱失满戒,兹鉴往事,夕
惕以思。凡追逐时好,一切长物率屏去,不复经意,常恐昧于省己,积习
易溺,日丛脞于悔咎。几案间但有书史,以商略古今,尽撤无益,示不贵
之化。其于荡心侈目,惑志害性者,罔不扫除;清心寡欲,省缘薄费者,
奉以周旋焉。不则染毫弄翰,真草自如,浓淡斜行,茂密惟意,第于笔砚
间有未能忘情似贤乎已。夫乾坤之道易简也,易简则天地之理得矣。
传曰:器用不作,车服从给。信斯言哉! 宵旰余暇,乃辟殿庐之侧,明窗
户为游息之所,欣然摭前说,榜曰损斋。朝夕清燕,视以自警,庶几损德
之修,自奉养有节,式稽于训。①

另《宋史》卷八五《地理志一》记南宋行在所殿堂时,亦列有"损斋",下注云:
"绍兴末建,贮经史书,为(高宗)燕坐之所。"②

(三) 缉熙殿

南宋皇宫内最为重要的皇家藏书是缉熙殿。缉熙殿原为讲殿,是南宋
理宗前各朝皇帝经筵开讲经史之所。于理宗绍定五年(1232)十一月始改
建,明年六月峻工。《宋史全文》卷三二载云:

(绍定六年九月)辛酉,经筵奏:乞以御制敬天、法祖、事亲、齐家四
十八条及御书缉熙殿榜、御制《缉熙殿记》宣付史馆,从之。四十八箴列
为十二轴,左一曰:敬天命法祖宗事亲齐家;右一曰:亲硕学精六艺崇节
俭惜名器。左二曰:谨言语戒喜怒恶旨酒远声色;右二曰:伸刚断肃纪
纲核名实明赏罚。左三曰:广视听守信义惧满盈究远图;右三曰:开公
道塞幸门待耆老奖忠直。左四曰:储人才访屠钓尚儒术保勇将;右四
曰:恤勤劳抑贪竞进廉退斥谄佞。左五曰:鉴迎合绝朋比察谗间禁苞
苴;右五曰:杜请托议释老谨刑狱哀鳏寡。左六曰:伤暴露罪己为民损
躬抚军求善使过;右六曰:宽民力饬边备旌死事惩偷生。陈公益等撰述

---

① 潜说友:[宋]《咸淳临安志》卷一《行在所录·宫阙一》,中华书局《宋元方志丛刊》本1990
年版,第3360页。
② 《宋史》卷八五《地理志一》,第2106页。

箴辞,附于各条之下,揭于缉熙殿,朝夕观省。①

所以命名"缉熙",是据《诗经·周颂·敬之》:"日就学将,学有缉熙于光明"。理宗御制《缉熙殿记》云:

> 《大学》曰:自天子以至庶人,壹是皆以修身为本。朕服膺斯言,知修身必昉乎学,学之有益于人也,信矣! 在昔盛时,创为学制,由辟雍頖宫至于党庠术序,皆此物此志也。故八岁入小学,教之洒扫应对进退之节,礼乐射御书数之文,王公以下与庶人之子弟皆预焉。十五则元子众子、公卿大夫、士之适子,凡民之俊秀,皆入太学,而教之穷理尽性、修己治人之道。夫人不可一日不学也,如是,况以一身任社稷生灵之寄者,可不汲汲于此哉! 丕惟我家列圣创述,以稽古右文立治道,以正心修身为家法,讲学之懿,超汉轶唐。朕以凉薄,绍休令绪,通遵成摹,祗迪懿训,罔敢暇逸师式于前闻。视朝之隙,临经幄日再,款对儒臣,商略经史。乃即讲殿辟旧庐,采成王日就月将之意,匾以缉熙,屏去长物,衺置编简,燕间怡愉,藏修移日,习熟滋久,若常程然。至于翻阅古今,尚友贤哲,得片言以紬绎,有味其旨,则不知万几之劳;因一理以融会,充广于心,则足窥宇宙之大。意之所欣,时寄翰墨,无他嗜也。于是天趣深而物交浅,泰宇怡而外诱息,名教之乐,信有余地。视古帝王问学,虽未臻阃奥,亦将闻其门庭者,庶几增缉广大,进进于光明之境,于以修身,于以治国平天下,期有合于《大学》之旨,而无负家法之传,顾不韪欤! ②

关于南宋缉熙殿藏书情况,文献资料、后世公私书目多有记载。如据《四库总目提要》卷八六著录:"《宝刻丛编》二十卷(河南巡抚采进本),宋陈思撰。思,临安人。所著《小字录》,前有结衔称成忠郎,缉熙殿、国史实录

---

① 佚名:《宋史全文》卷三二《宋理宗二》,黑龙江人民出版社点校本 2005 年版,第 2184—2185 页。又朱彭:《南宋古迹考》卷上《宫殿考·内朝后殿》载云:"绍定五年十一月二十七日,御制敬天地、法祖宗、事亲、齐家而卜,凡四十八条,御札十二轴,诏讲读苑书官撰箴词。明年八月甲午,缉熙殿成,御书'缉熙'二字榜之,亲为《记》文。以所制箴词,亲洒宸翰列殿上,以备观览。理宗辟旧讲殿,为之御制《记》。"浙江人民出版社 1983 年标点本,第 19 页。

② ［宋］《咸淳临安志》卷一《宫阙一·大内》,第 3361—3362 页。

院、秘书省搜访。"由此可知,缉熙殿与国史实录院、秘书省一样,有专门搜访图书任务,陈思为作为南宋著名刻书家、藏书家,曾为"成忠郎,缉熙殿、国史实录院、秘书省搜访",这进而说明缉熙殿的藏书职能。清代官府藏书目录《天禄琳琅书目》卷二《宋版史部》著录:

> 《唐宋名贤历代确论》一百一卷(二函二十册)无撰人姓名。宋陈振孙《书录解题》云:《历代确论》一百一卷,不知何人。集自三皇五帝以及五代凡有论述者,随世次编次。又《宋史·艺文志》载:《名贤十七史确论》一百四卷,不知作者。卷帙虽少异,意即是此书,其标题唐宋名贤疑为后人所加……按书中事涉宋主,皆空格,于宋讳均有缺笔,且字画刊印俱极工妙信,宋刻佳本也。每册首末有缉熙殿、文渊阁御府、内殿诸玺,则南宋明初此书俱登中秘,后乃转入收藏家。①

南宋缉熙殿不但藏书数量多,且藏有许多珍本善本。如上引《唐宋名贤历代确论》一书外,宋初所编四部大书,《大平御览》、《太平广记》、《册府元龟》、《文苑英华》,前三书在北宋时都有刻本,而《文苑英华》直至嘉泰(1201—1204)间才经由周必大校补后雕印,是《文苑英华》宋代唯一刻本。此书刻印后,献于朝,入藏缉熙殿。今存世宋刻本现藏于中国国家图书馆,凡一百三十卷,十三册(卷二百三十一至二百四十、二百五十一至二百六十、二百九十一至三百、六百零一至七百)均钤有"缉熙殿藏书印"、"内殿文玺"、"御府图书"三枚南宋皇宫藏书的印章②。又据《天禄琳琅书目》载,清宫中藏有宋人杨甲撰《六经图》,一函六册,"书中有缉熙殿及内殿文玺、御府图书三则,宋时已为善本登之中秘矣"③。

另外,缉熙殿还藏有很多名画与名人书法手迹。如据《石渠宝笈》卷四载,清皇室乾清宫所藏《历朝名绘》一册,凡十六幅,其中"第二幅花卉翎毛,款署赵昌,上方有缉熙殿宝"。而养心殿藏有五代胡瓌《番马图》一卷,"卷末

---

① 《天禄琳琅书目》卷二《宋版史部》,影印文渊阁《四库全书》本。
② [宋]《咸淳临安志》卷一《行在所录·宫阙一》,第3360页。参见李坚《周叔弢先生捐赠给国图的善本》,载《文物天地》2006年第11期。
③ 于敏中等:《天禄琳琅书目》卷一《宋版经部》,影印文渊阁《四库全书》本。

有'缉熙殿上品赐王'八字,上钤御府宝藏一玺";还藏有"宋马远《松泉居士图》一卷,素绢本墨画,款署马远,卷前有缉熙殿宝一玺"①。《石渠宝笈》卷二一还载清室重华宫贮《宋四家书集》一册,凡十幅,"第四幅行草书尺牍,后署'庭坚顿首'。幅前后俱有缉熙殿宝一玺"。另重华宫还藏有唐韩幹《猿马图》一轴,"右方上有宋徽宗书'唐韩幹笔'四字,上钤缉熙殿宝一玺"②。清宫御书房所藏宋王希孟《千里江山图》一卷,"卷前缉熙殿宝一玺"③;所藏五代人《浣月图》一轴,"右方上有缉熙殿宝一玺";所藏宋人《富贵花狸》一轴,"左方下有缉熙殿宝一玺"④。有关书目所载类似著录,不胜枚举。而现存世一些国宝级书画作品中,也有人藏过南宋缉熙殿的明确记载。如五代巨然《雪图》现藏台北故宫博物院。画上钤有"缉熙殿宝"大印,另存世黄庭坚行书《惟清道人帖》,钤有"缉熙殿宝"。黄庭坚的小品《花气熏人》亦钤有"缉熙殿宝"。关于缉熙殿及收藏图书、书画情况,国家图书馆善本部汪桂海先生撰有《南宋缉熙殿考》专文⑤,考述颇详,足资参考。

（四）熙明殿

咸淳三年三月,度宗将原东宫新益堂,改建为讲读之所,内藏图书经籍。"揭熙明以袭缉熙",以示承袭其父理宗读书之殿"缉熙"之名,命此殿为熙明殿,并亲自作《记》,略云:

> 学之为王者,事其已久矣。天地民物之理,圣贤言行之则,与凡古今立政、立事、国家大经大法,其本末源委,精微曲折,具在典籍。博观而约取之,以措诸天下,莫不由学。学之用大矣,《中庸》自博学、审问、慎思、明辨、笃行以至于尽性赞化育,《大学》自致知、格物、忱意、正心、修身以至于齐家治国平天下,用此道也。我朝列圣相承,汲汲然于是,加之意辟书帷,礼经士,朝日二讲,寒暑靡倦,用能明于理道,追踪帝王,

① 清大臣奉敕撰:《石渠宝笈》卷一四《贮养心殿五》,影印文渊阁《四库全书》本。
② 《石渠宝笈》卷二六《贮重华宫七》。
③ 《石渠宝笈》卷三二《贮御书房五》。
④ 《石渠宝笈》卷四〇《贮御书房》。
⑤ 载《文献》2003 年第 2 期。

以成长治久安之业。遗我后人,式克至于今日,猗欤盛哉!朕奉先帝宫室,无所改作,惟兹广厦所,与学士大夫坐而论唐虞之际,今我曷敢后此殿之所以作也。殿实东宫讲堂,先皇帝名以新益,诏于冲子彝训,谆谆言犹在耳。乃咸淳三年春三月落成,揭熙明以袭缉熙,壹是皆以敬之之意。①

明徐一夔《宋行宫考》:"熙明殿则度宗改东宫之益堂为之,置经籍其中,以肄习焉"。故熙明殿作为度宗的讲经之殿,藏有经史图书。只是其藏书情况文献未详载。

(五)其他藏书处所

南宋皇宫内除了后苑寝殿外,还建有不少供皇帝休息与读书、宴游的殿阁,如绍兴初建造的复古殿,是高宗燕闲之所,高宗常在此挥毫泼墨作书画②。虽然没有具体的藏书记载,但当也藏有图书。再有德寿宫,在望仙桥东,原系秦桧旧第,为高宗退位前所修,高宗退位后,居是宫。孝宗禅位后,亦居此宫,改名重华宫。据《咸淳临安志》引《经鉏堂杂志》:"重华宫有一净室,寿皇(孝宗)终日宴坐其间,几上惟书籍一部及笔砚楮墨而已。近珰尝奏:'高宗皇帝留下宝器图画,陛下盍时取观。'寿皇圣谕云,'先帝中兴,功德盛大,故宜享此。朕岂敢自比。先帝皆锁闭不开'。"③绍熙三年(1192)十二月癸卯,光宗"率群臣上《寿皇(孝宗)圣帝玉牒》、《圣政》、《会要》于重华宫"④。又据《南宋馆阁续录》载,淳熙六年七月,秘书省上《孝宗皇帝会要》一百五十八卷,缮写三本,其中一本置于德寿宫⑤。可见,德寿宫、重华宫中藏有图书、宝器图画。而传世高宗论书著作《翰墨志》一卷,就是他退位后,于乾道间在德寿宫撰写的。

又《武林旧事》卷七记载:"(淳熙三年)八月二十一日,寿圣皇太后(引

---

① [宋]《咸淳临安志》卷一《行在所录·宫阙一》,第3361页。
② 参见[宋]《咸淳临安志》卷一《行在所录·宫阙一》,第3359页。
③ [宋]《咸淳临安志》卷二《行在所录·德寿宫》,第3369页。
④ 《宋史》卷三六《光宗纪》,第704页。
⑤ 《南宋馆阁续录》卷四《修纂》,第198页。

者按:高宗吴皇后)生辰。先十日,车驾过宫,先至太上(高宗)处起居,……上(孝宗)至太上内书院进泛索,遂奏安止还内。"①据此,高宗本人还有内书院,亦当藏有图书。另同书同卷又载:淳熙八年正月"初二日进早膳讫,遣皇太子到宫,恭请两殿……,官家(孝宗)亲至殿门恭迎,亲扶太上(高宗)降辇,至损斋进茶,次至清燕殿闲看书画玩器。"②可见清燕殿藏有书画玩器。另《宋史·宁宗纪》载:庆元六年(1200)二月己卯,宁宗"率群臣奉上《圣安寿仁太上皇玉牒》、《圣政》、《日历》、《会要》于寿康宫。"故寿康宫当藏有《玉牒》、《圣政》、《日历》、《会要》等档案、史书③。另据《武林旧事》载,南宋皇宫中有"博雅"书楼④。以上几处,都当藏有图书,书画,只是未详载其藏书具体情况。

三、南宋皇宫内专藏御书御制、书画墨迹的殿阁

北宋灭亡,原有皇宫内专藏前朝皇帝御书御札、诗文及书画墨迹的龙图阁等殿阁及其图书、书画皆被毁。南宋建立不久,政局稍加稳定后,即恢复了北宋真宗时创立的这项制度,继位的君主为已故皇帝专门建造收藏其生前的御书御札、诗文及书画墨迹。

（一）敷文阁

绍兴八年(1138),宋高宗赵构定都临安后,加快了原作为行宫的皇宫建设,恢复北宋在禁中建阁收藏前朝君主御制、御书的制度。在此之前,多次下诏号召朝野臣民踊跃进献图书,收集到不少前朝皇帝的《实录》、《会要》、《国史》及其他图书,其中包括徽宗御书笔札。如绍兴三年正月,访知"湖州管下故执政林摅家有道君皇帝(徽宗)御书","令本州守臣劝诱献纳"⑤;当年五月一日,承奉郎林俨又上徽宗御书、御画、御笔札共

---

① 《武林旧事》卷七《乾淳奉亲》,第118页。
② 《武林旧事》卷七《乾淳奉亲》,第122页。
③ 《宋史》卷三七《宁宗纪一》,第726页。
④ 《武林旧事》卷四《故都宫殿》,第50页。
⑤ 《宋会要辑稿》崇儒四之二二。

七轴①。

如所周知,宋徽宗赵佶(1082～1135),是宋代政治上最为昏庸的君主,在位期间,重用蔡京等六贼,倡"丰亨豫大"之说,大兴花石纲,政治黑暗,民不聊生,全国上下,怨声载道。又逢崛起的东北女真贵族的入侵,在内外交困之中,被迫禅位于其子赵桓即钦宗,最后与钦宗一起被俘掠北去,成为亡国之君,客死五国城。但是徽宗本人多才多艺,在诗词书画诸多方面都有很深的造诣,是两宋所有皇帝中在文学艺术上成就最大的君主,在中国古代文学艺术发展史上也有很高的地位、重大的影响。徽宗一生留下了数量十分可观的著作。据《宋史·艺文志》著录,徽宗著作甚多,包括经、史、子、集四部。其中经部·乐类有《黄钟征角调》二卷;史部·传记类著录有:《宣和殿记》一卷、《嵩山崇福记》一卷、《太清楼特宴记》一卷、《筠庄纵鹤宣和阁记》一卷、《宴延福宫承平殿记》一卷、《明堂记》一卷、《艮岳记》一卷;子部·道家类:《老子解》二卷、《天真示现记》三卷;集部:《徽宗御制崇观宸奎集》一卷、《宫词》一卷。绍兴五年(1135),徽宗客死五国城不久,消息传到临安,于是,朝廷一方面继续广泛征集徽宗生前的著作与书画墨迹,另一方面命大臣编集徽宗的御制御集,以建阁收藏。绍兴十年,徽宗的御制御集编集完成,是年五月十一日,"诏特建阁,以敷文为名,置学士以下官"②,诏曰:

> 恭惟徽宗皇帝躬天纵之睿资,辅以日就之圣学,因而制治。修礼乐,恢学校,发挥典坟,缉熙治具,宸章奎画,发为号令,著在简编者,焕乎若三辰之文,丽天垂光,贲饰群物。所以诒谋立教,作则万世,殆与诗书相表里,将加裒辑,崇建层阁,以严宝藏,用传示于永久。其阁恭以敷文为名,祗通旧章,宜置学士、直学士、待制、直阁以次列职,备西清之咨访,为儒学之华宠,其著于令③。

在这以后,对徽宗御书、御札又继续广加收集、编修。如绍兴十一年六月辛

---

① 《宋会要辑稿》崇儒四之二三。
② 《宋会要辑稿》职官七之一五。
③ [宋]《咸淳临安志》卷二《行在所录·宫阙二》,第3365页。

卯，"武经郎吉阳军使杨雍言，徽宗御制叙述宣和内禅事，因及罪己奏天密表，真本见在万安军蔡攸子孙家，诏藏敷文阁"①。同年七月戊戌，实录院进呈《徽宗皇帝实录》六十卷，自元符三年至大观四年②。绍兴二十四年十月，实录院重新编类徽宗御集，整整一百卷，高宗亲自为之序，先权奉安于天章阁，后藏于敷文阁和秘阁。集中"凡诗百五十有五，词二百、赋一、序十有二、记十、碑四、策问九、文七、乐章三、挽词二十有七、杂文十有五、《诗解》九、《论语解》二、《道德经解》八、《南华真经解》八、《冲虚至德真经解》十有二、《广济经》十、《经录科仪》二、政事手札千五百五十、边机手札二百四十有四"③。

（二）重建天章诸阁

如上文所述，天章阁是北宋真宗朝所建专藏真宗御制、御集之殿阁，同时藏有经、史、子、集等大量图书。天章阁又因藏有北宋各帝、后御容及瑞物的特殊地位，使其带有浓厚的政治色彩，某种意义上，它是赵宋王朝政权的象征，也是表示列祖列宗的神权的象征。对此，岳珂《愧郯录》卷一四《天章阁》有详细的考证和阐述：

> 及考典故，庆历三年九月三日，召辅臣天章阁朝拜太祖、太宗御容及观瑞物。熙宁五年九月辛亥，编排三司帐案所言：太宗尹开封日，移牒三司，有御笔见存，诏送天章阁。元丰四年十一月二十七日，中书言录事孟述古编排诸房文字，得英宗藩邸转官六件文字，诏送天章阁。元丰八年六月十三日，诏延安郡王合旌节择日移置天章阁。崇宁元年三月丁巳，自天章阁迁哲宗神御于景灵西宫宝庆殿，又更其殿曰重光。宣和四年四月二十二日，诏天章阁崇奉祖宗神御，诸色人并不许抽差。夫西清列阁均以奉祖宗，而天章正居其次，太宗御笔当藏龙图，英皇告敕当付宝文，凡皆置之。于是阁神御之在禁中，自有钦先孝思殿，纵复为原庙，亦当在首阁。瑞物已藏龙图，而今天章亦有之。哲宗初嗣位，藏

---

① 《系年要录》卷一四〇，2257 页。
② 《系年要录》卷一四一，第 2261 页。
③ 《系年要录》卷一六七，绍兴二十四年十月己巳条及注，第 2729 页。

奉藩邸旌节,当是时已有三阁,而摘取其中一阁而特藏焉,殆皆不容私测,岂创建有后先,制度有崇庳,特取其高明伉爽,层屋连楹之多者,而即安不复计其名耶?皆未可知也。前乎此对群臣率在龙图,自庆历而后多开天章。仁宗之问边事,神宗之议官制,皆在焉。

由于天章阁这一特殊地位,故南宋初高宗一路南逃之际,虽无暇建阁,但有专门人员奉天章阁神御随行。驾所幸处必择地安奉,恭称曰"天章阁神御"。绍兴元年(1131),金兵北撤,高宗从浙东驻跸临安,是年十一月,"诏天章阁祖宗神御二十四位,权于临安府院奉安,朔望节序,酌献供馔"①。绍兴六年三月丁酉,"诏于皇城内修盖天章阁以奉祖宗神御,后以亲征,未及行"②。在这之后,虽未专门建有天章阁,但将临时奉安祖宗神御的殿阁、处所称为天章阁。对此,在南宋建立至绍兴二十四年前,宋代史籍、笔记、文集中所说的天章阁,都是指当时临时安放宋代祖宗神御的殿阁处所。上引岳珂《愧郯录》卷一四《天章阁》又记载说:"今行宫大内之后万松岭,有地名旧天章阁。盖六龙南渡之初,便有此阁,寓于是间。《日历》又载绍兴十九年正月壬子,从义郎赵子嶔投进太祖御容一轴,赴天章阁收奉讫,诏令户部赐绢三十匹。"再如绍兴十年三月"壬寅,奉安徽宗皇帝、显恭皇后、显肃皇后神御于天章阁西之神御殿"③。绍兴十九年八月甲戌,诏恢复北宋时礼制,以景灵宫绘像功臣之副,藏于天章阁及秘阁④。上面几条记载中的天章阁,都是指临时安放宋代祖宗神御的殿阁。另如绍兴十年五月,专藏徽宗御制御书的敷文阁未建立之前,史籍所载凡收集到的徽宗的著作、书法墨迹都安放于天章阁,亦是指临时的殿阁而已,这是笔者提请论者在论述南宋天章阁时需要特别注意的。

南宋天章阁的正式建立,是在绍兴二十四年。重建的天章阁约在垂拱殿的北面,六部山后。吴自牧《梦粱录》载云:"更有天章诸阁,奉艺祖至理庙

---

① 《系年要录》卷四九,绍兴元年十一月壬子条,第878页。
② 《系年要录》卷九九,绍兴六年三月丁酉条,第1635页。
③ 《系年要录》卷一三四,绍兴十年三月壬午条,第2159页。
④ 《系年要录》卷一六〇,绍兴十九年八月甲戌条,第2593页。

神御、御书图制之籍。宝瑞之阁，建于六部山后，供进御膳。"①此次重建的天章阁，虽名为天章阁，但北宋时所建的太宗龙图阁、真宗天章阁、仁宗宝文阁、神宗显谟阁、哲宗徽猷阁，与南宋刚建立的专藏徽宗御制御书的敷文阁，及以后络续建造的专藏高宗御制御书的焕章阁、专藏孝宗御制御书的华文阁、专藏光宗御制御书的宝谟阁、专藏宁宗皇帝御制御书宝章阁、专藏理宗御制御书的显文阁皆在其中。"自龙图至显文之阁凡二十四字合为一匾"②，故"天章、龙图、宝文、显猷、徽猷、敷文、焕章、华文、宝谟九阁，实天章一阁"③。

（三）焕章阁

焕章阁，专藏宋高宗御制、御集。宋高宗赵构于绍兴三十二年（1162）六月让位于太祖七世孙赵眘，是为孝宗。赵构本人至淳熙十四年（1187）去世。次年六月二十九日，诏实录院编纂高宗御集。七月十一日，又诏臣僚各上高宗御札、手诏等④。是年十一月九日，给事中、兼直学士院、兼实录院同修撰、兼侍读李巘等言："已降指挥，编修高宗皇帝御集，依典故合建立阁名，令议定申尚书省取旨。巘等恭议，以焕章为名。"诏恭依，令学士院降诏⑤。诏曰：

> 朕仰惟高宗皇帝恢广运之德，懋中兴之功。耆定群方，鼎新百度。制礼作乐，治具毕张；寝兵措刑，仁风大播。盖自缉熙之学，见乎经纬之文。扩斯道于精微之传，观众妙于尊明之养。凡敷言之是训，暨肆笔之成书，熠有洪辉，卓为丕宪。方始裒辑，将谨宝藏。载稽帝世之隆，无越尧章之焕，因揭名于层宇，仍列职于清厢。庶克奉承，用贻永久。其阁恭以焕章为名，置学士、直学士、待制、直阁。式循故实，以待贤才，其俾攸司，具著于令。⑥

---

① 吴自牧：《梦梁录》卷八《大内》，浙江人民出版社标点本 1980 年版，第 62 页。

② ［宋］《咸淳临安志》卷二《行在所录·宫阙二》，第 3365 页。

③ 《宋史》卷八五《地理志一》，第 2106 页。

④ 《玉海》卷二八《开禧高宗御集》，第 549 页。

⑤ 《宋会要辑稿》方域三之七。按：关于焕章阁的建立时间，《玉海》卷一六三、《宋史》卷三五《孝宗纪二》均系于淳熙十五年十一月，［宋］《咸淳临安志》卷二《行在所录·宫阙二》全文载录了孝宗建焕章阁之诏，所署时间是淳熙十五年十月。而《宋史》卷一六三《职官志二》称淳熙初建，十五年置学士等官。按淳熙初，高宗尚在世，此时建阁，不合宋代建阁一般惯例。故淳熙初，当为淳熙末之误。

⑥ 《宋会要辑稿》方域三之七。

如上文所述,焕章阁位于天章阁内,有阁名实无阁。开禧元年(1205)七月二十四日,实录院上高宗御集一百卷,藏于焕章阁。① 存世高宗著作有《翰墨志》一卷,四库馆臣谓:

> 《翰墨志》一卷(浙江鲍士恭家藏本):宋高宗皇帝御撰。《宋史·艺文志》载:高宗《评书》一卷,亦名《翰墨志》。高似孙《砚笺》引作《高宗翰墨志》,岳珂《法书赞》引作《思陵翰墨志》,后人所追题也。高宗当卧薪尝胆之时,不能以修练戎韬为自强之计,尚耽心笔札,效太平治世之风,可谓舍本而营末;然以书法而论,则所得颇深。陆游《渭南集》称其"妙悟八法,留神古雅,访求法书、名画,不遗余力,清暇之燕,展玩摹拓不少怠"。王应麟《玉海》称其"初喜黄庭坚体格,后又采米芾;已而皆置不用,专意羲、献父子,手追心摹"。尝曰:"学书当以钟、王为法,然后出入变化,自成一家。"今观是编,自谓"五十年未尝舍笔墨",又谓宋代"无字法可称",于北宋但举蔡襄、李时雍及苏、黄、米、薛,于同时但举吴说、徐兢,而皆有不满之词,惟于米芾行草较为许可。其大旨所宗,惟在羲、献,与《玉海》所记皆合,盖晚年所作也。其论效米芾法者"不过得其外貌,高视阔步,气韵轩昂,不知其中本六朝妙处,酝酿风骨,自然超越",可谓入微之论。其论徽宗留意书法,"立学养士,惟得杜唐稽一人"②。

对宋高宗的书法成就及书法理论,广征博引,评价甚高。宋高宗爱好书法,检索《乾道临安志》、《淳祐临安志》、《咸淳临安志》,南宋禁中、临安府治、西湖中各殿阁楼台、风景名胜,到处都有高宗的题词手迹。故焕章阁内还藏有很多高宗的书法作品。

(四)华文阁

华文阁,专藏宋孝宗御制、御集。宋孝宗赵昚仿宋高宗生前退位例,于淳熙十六年(1189)二月,禅位于其子赵惇,是为光宗。绍熙五年(1194)六

---

① 《玉海》卷二八《开禧高宗御集》,第549页。
② 纪昀等:《四库总目提要》卷一一二,中华书局1965年版,第955页。

月,孝宗崩,光宗因病不能执丧,太皇太后诏嘉王扩(即宁宗)登帝位,明年改元庆元。庆元二年(1196)五月甲午,"建华文阁,以藏孝宗御集"①。诏曰:

> 朕惟孝宗皇帝睿阐圣图,粹昭王度,经纬天地,道存浑噩之书,鼓舞雷风,仁荡温纯之命。写之琬琰,炳若丹青。太微三光之庭,丕阐凤巢之势,上帝群玉之府,邃通龙纪之联,宝典谟训诰之垂,歠礼乐刑政之用,华协尧章之焕,文光舜哲之明,并辑鸿徽,孔严燕翼。其阁恭以华文为名,置学士、待制、直阁,茂遵邦宪,宠陟儒英。庸饬攸司,其刊诸令。②

按:华文阁实建于天章阁内,与北宋原建诸阁及高宗焕章阁、徽宗敷文阁实为一阁。对此《宋会要辑稿》方域三之八载云:庆元二年八月十三日,中书门下省言:"孝宗皇帝阁以'华文'为名,乞于见今阁牌'焕章'字下添入二字,以'龙图天章宝文显谟徽猷敷文焕章华文之阁'一十八字为文。本阁应行移文字,并合添入。"诏依。

(五)宝谟阁

宝谟阁,专藏光宗御书、御集之阁。宋光宗赵惇因体弱多病,在位仅五年多即于绍熙五年(1194)让位于其子宁宗赵扩。庆元六年(1200)七月,光宗去世。明年,嘉泰元年(1201)二月,修《光宗实录》,十月,编光宗御集。嘉泰二年八月癸未,建宝谟阁,以藏光宗御集③。《宋会要辑稿》方域三之八:嘉泰元年十一月十二日,以吏部尚书、兼实录院修撰、兼侍讲袁说友等言:"已降指挥,令学士院、后省同实录院官议定光宗皇帝御集阁名,今恭议定,以'宝谟'为名。"诏曰:

> 朕惟昔在光宗皇帝口口口口日新圣学。发于号令,雷风彰鼓舞之神;焕乎文章,云汉丽昭回之饰。钩画凛鸾龙之飞动,光芒灿珠璧以陆离。宜有袭藏,式严安奉。龟书阐瑞,交辉东壁之珍;虹彩凝祥,寅上西清之御。宝列羲图之秘,谟新禹命之承。冠以美名,揭于层宇。肃万灵

---

① 《宋史》卷三七《宁宗纪一》,第721页。
② [宋]《咸淳临安志》卷二《行在所录·宫阙二》,第3366页。
③ 《宋史》卷三八《宁宗纪二》,第732页;《宋史》卷一六二《职官志二》,第3821页。

之拥护,择群玉之菁华。其阁恭以'宝谟'为名,置学士、直学士、待制、直阁,以待鸿儒,以昭燕翼。著于甲令,副在有司。①

关于宝谟阁的建造时间,各书所载亦多有不同。《宋史》卷三八《宁宗纪二》,《宋史》卷一六二《职官志二》载嘉泰二年八月癸未,建宝谟阁,以藏光宗御集。《宋会要辑稿》方域三之八载嘉泰元年十一月十二日议定阁名,《玉海》卷一六三《嘉泰宝谟阁》称嘉泰元年建。盖《宋会要辑稿》方域三之八、《玉海》卷一六三"嘉泰宝谟阁"所载是始建宝谟阁时间,疑《宋史》卷三八《宁宗纪二》,《宋史》卷一六二《职官志二》所载嘉泰二年,是宝谟阁建成时间。

(六)宝章阁

宝章阁,专藏宁宗御制、御书之阁。宁宗在位前后三十二年。嘉定十七年(1224)八月去世。明年,宝庆元年十一月八日,继位的理宗下诏建藏宁宗御集之阁。宝庆二年十月,阁成,甲申,"诏宁宗御集阁以'宝章'为名"②

《咸淳临安志》卷二载:宁宗皇帝宝章阁,宝庆二年十月置。诏曰:

> 朕仰惟宁宗皇帝,挺仁圣之资,躬粹纯之行,就将熙缉,德共日新,渊懿聪明,动与天合。粤从更化,尤谨修攘。舆地寝归,赏功班庆,发为谟训,欢均迩遐,所谓诏令见德化之成,玺书明万里之外者,殆兼其盛,经不云乎:惟天之命,于穆不已。天之所以为天也,文王之德之纯;文王之所以为文也,纯亦不已。我宁考之文,盖本诸此,宜其经纬自然,轨范万世,河图琬琰,光耀宝镇也。朕方将钦哀睿制,昭奉严储,宜揭鸿名以隆燕翼。其阁恭以宝章为名,仍置学士、直学士、待制、直阁,以才德之宜称者为之。著诸令甲,式永昭回。③

(七)显文阁

显文阁,专藏理宗御制、御书之阁。景定五年(1264)十月,理宗崩,度宗赵禥即位,明年改元咸淳。咸淳元年"六月乙酉,名理宗御制之阁曰显文,置

---

① 又见[宋]《咸淳临安志》卷二《行在所录·宫阙二》,第3366页。
② 《玉海》卷一六三《宝庆宝章阁》,第3013页;《宋史》卷四一《理宗本纪一》,第788页。
③ [宋]《咸淳临安志》卷二《行在所录·宫阙二》,第3366—3367页。

学士、直学士、待制、直阁之官"①。《咸淳临安志》卷二载：理宗皇帝显文阁，咸淳元年六月置。诏曰：

> 朕惟理宗皇帝在宥四十一年，垂休亿万余载，日务缉熙之学，天开经纬之文，溯道统于洙泗之前，崇理学于伊濂之后，铿锵韶濩之作，昭回云汉之章。自惟冲人，获承先训，凡厥心传之要，得于面命之余。尧曰大哉，彰焕乎其有之美；文所为也，形于乎不显之诗。宝阁初成，奎文具列，用体中庸之垂教，以昭下武之继文。其阁恭以显文为名，置学士、直学士、待制、直阁等官，以待儒英，式彰鸿烈。著在令典，用饬攸司②。

度宗去世（1274）后，不到五年，元灭宋，故度宗及以后几个短命皇帝在其去世后都未为他们建造专门殿阁。

通过以上考述，可以看到，自宋太宗赵匡义去世，真宗建造龙图阁，收藏太宗的御制御书、诗文墨迹后，新即位的皇帝，为前朝君主建立专门殿阁，收藏其生前御书御制、书画墨迹与其他图书，成为宋代新建的一项制度。南宋继承了这项制度，一直延续到南宋后期度宗朝。通观我国古代封建社会其他各朝各代，虽然也十分重视对皇帝生前御书御制与撰著的整理、收藏，但均没有如宋代那样，为每一位皇帝都建造专门的殿阁来收藏其著作的，这可以说是中国古代藏书史和档案管理收藏史上，前所未有，后世亦无的独创。

第二节　南宋中央政府其他机构藏书

宋代中央政府官方藏书除了国家图书馆性质的馆阁外，其他不少中央机构也藏有数量可观的各种图书。兹择其要对南宋中央政府其他机构藏书述略如下。

---

① 《宋史》卷四六《度宗本纪》，第894页。
② ［宋］《咸淳临安志》卷二《行在所录·宫阙二》，第3367页。

一、国子监

宋代的国子监既是最高的教育行政机构,又是国家的最高学府。作为最高教育行政机构,"凡学皆隶国子监",负责管理国子学、太学、辟雍、四门学、广文馆、武学等日常行政事务;作为最高学府,就如现代的国立大学,"以京朝(官)七品以上子孙为之"①,聚生徒讲学,教授经术。另外,宋代的国子监又职掌刻印书籍公事,是国家出版社,除了自身刻印图书外,还管理全国的图书出版刻印。所以,为了教学和出版图书的需要,它收藏了大量图书,是中央官府中最主要的藏书机构之一,建有很大规模的书库,专设有职掌管理书库的书库官②。国子监所藏图书以供生徒学习用的经部、史部书籍为主,另外也收藏御制、御集。如大中祥符七年(1014)四月己巳,真宗"令群臣诣国子监,观太宗御书及新刻御制《辨》、《论》"③。而最主要的是,国子监藏有大量刻印图书的书版。北宋前期,景德二年(1005)五月,真宗幸国子监阅书库,问祭酒邢昺书板几何,昺曰:所藏书版达十余万片④。

南宋初年,国子监并归礼部⑤,先在临安城内纪家桥。绍兴十三年(1143),岳飞被害后,根据临安知府王晚奏请,"即钱塘县西岳飞宅造国子监",中门之内有书版库⑥。南宋国子监与北宋国子监一样,所藏图书主要是为了教学与刻印图书,收藏的图书有多种类型,其来源也有多种渠道,而最主要的是本监刻印的图书。关于南宋国子监所藏自身刻印的图书数量,虽然没有具体记载,但南宋灭亡后,在南宋太学上建立的原西湖书院,承续了南宋国子监原有的图书书版,其数量在元初进行过整理统计,书院在嘉泰元年(1324)所编《西湖书院重整书目》明确记载:"凡经、史、子、集无虑二十余

---

① 《宋史》卷一五七《选举志三》,第3657页。

② 按:《宋史》卷一六五《职官志五》:"淳化五年,判国子监李至言:'国子监旧有印书钱物所,名为近俗,乞改为国子监书库官。'始置书库监官,以京朝官充。掌印经史群书,以备朝廷宣索赐予之用,及出鬻而收其直以上于官。"(第3916页)。

③ 《长编》卷八二,大中祥符七年四月己巳条,第1872页。

④ 《长编》卷六〇,景德二年五月戊辰条,第1333页。

⑤ 《宋会要辑稿》职官二八之二三:"高宗建炎三年四月十三日,诏国子监并归礼部。"

⑥ [宋]《咸淳临安志》卷八《行在所录·国子监》,第3427页。

万(片)",约三千七百余卷。计有:

经部四十九种,约一千一百卷。其中包括《易》、《诗》、《书》、《周礼》、《礼记》、《仪礼》、《春秋》、《左传》、《公羊传》、《谷梁传》、《论语》、《孝经》、《尔雅》、《说文解字》等。

史部三十五种,约一千六百卷。主要有《史记》、《汉书》、《三国志》、《宋书》、《南齐书》、《北齐书》、《梁书》、《陈书》、《周书》、《宋刑统》、《资治通鉴》、《唐六典》等。

子部十一种,近百卷。有《颜子》、《曾子》、《荀子》、《列子》、《扬子》、《文中子》、《武经七书》等。

集部二十四种,约九百卷。主要有《韩昌黎文集》、《苏东坡集》、《林和靖诗》、《文选六臣注》等①。

以上所述,仅是根据元初西湖书记留存的南宋末期国子监的图版,由于元兵攻占杭州时受兵火破坏与自然损坏,当时南宋国子监实际所贮图版当不至此数,而南宋全盛时国子监所藏版片当更要高于以上数字。

南宋国子监除了藏有本监所刻印的图书外,还得到朝廷通过征集与朝野臣民进献而来的图书。如上引绍兴二年(1132)十月,根据右司监刘棐上言,诏宣抚处置使司上眉州进士杜谔萃八十余家《春秋》之说各十部,除了留之禁中,颁之经筵。还赐秘书省、国子监等处②。绍兴九年,根据臣僚奏请"下诸道郡学取旧监本书籍镂版颁行"。绍兴二十一年,高宗"旨谕辅臣曰:'监中阙书,令次第镂版,虽重有所费,不惜也。'由是经籍复全"③。

除了图书与书版外,南宋国子监还藏有御制、御书与高宗等各帝的墨迹。高宗喜欢书法,也擅长书法。早在绍兴十三年二月,在岳飞原宅上新建国子监时,国子司业高闶就上奏:"旧太学、辟雍皆有御书,今亦乞建阁,以藏

---

① 《两浙金石志》卷一五《西湖书院重整书目》。按:关于元初杭州西湖书院所藏南宋国子监留存版片情况,可参阅金达胜、方建新撰《元代杭州西湖书院藏书刻书述略》,《杭州大学学报》1995年第3期。

② 《宋会要辑稿》崇儒四之二二。

③ [宋]《咸淳临安志》卷八《行在所录·国子监》,第3427页。

御书。仍愿特洒宸翰,加惠多士。"于是在国子监建御书阁①。是年十一月,高宗御书"《六经》与《论语》、《孟子》之书皆毕",根据宰相秦桧奏请,"刊石于国子监"②。淳熙四年(1177),又"诏临安府守臣赵磻老建阁奉安石经以墨本置阁上"③。是年六月十五日,"国子监新建太上皇帝(高宗)御书石经阁成",孝宗亲书"光尧御书石经之阁"八字碑至国子监。同年十月三日,又因国子监新建石经阁,准国子监奏请,以临安府"现任不厘务使臣内踏逐一员,充本监监门,兼管石经阁并本学指使祗应"④。时,石经阁上收藏了高宗御书石经有:"《易》、《诗》、《书》、《左氏春秋》,《礼记》五篇:《中庸》、《大学》、《学记》、《儒行》、《经解》,《论语》、《孟子》,御制《宣圣七十二贤赞并序》"⑤。尔后,孝宗之后各帝的御书御制及临幸国子监与太学的手诏亦都刻石收藏于国子监,如理宗御札《景定元年更学令》、理宗御书《朱熹白鹿洞学规》等⑥。

二、中书后省

中书后省在北宋元丰改官制前名舍人院,是中书门下的附属机构,为中书舍人、知制诰与直舍人院办公之处。由于知制诰与直舍人院掌起草诏令,需要较多的参考图书,故也藏有较多数量的图书。如天禧三年(1019)十二月丙申,户部员外郎、知制诰晏殊等言,"舍人院书籍残缺","望赐国子监印本经书"⑦。元丰改制,废舍人院改为中书后省。至南宋,均称中书后省。魏了翁《夏至日祀阙伯于开元宫前三日省中斋宿三首》之一云:

> 书生只惯野人庐,谁识潭潭省府居。

① 《宋会要辑稿》崇儒一之三二。又见《系年要录》卷一四八,绍兴十三年二月庚申条,第2378页。

② 《宋会要辑稿》崇儒一之三五。又见《系年要录》卷一五〇,绍兴十三年十一月丁卯条,第2416页。

③ [宋]《咸淳临安志》卷一一《行在所录·学校》,第3457页。

④ 以上并见《宋会要辑稿》职官二八之二七。

⑤ [宋]《咸淳临安志》卷一一《行在所录·学校》,第3457页。

⑥ 详[宋]《咸淳临安志》卷一一《行在所录·学校》,第3458—3464页。

⑦ 《长编》卷九四,天禧三年十二月丙申条,第2174页。

独坐黄昏谁是伴，紫微阁上四厨书。①

说明南宋中书后省亦藏有图书。另外，凡征集或各地进献的图书中，有些由中书后省审阅后收藏于本省。如淳熙六年（1179）八月八日，新知池州王日休上所撰《九兵总要》三百四十卷。在这之前"日休投进《九兵总要》二十卷，降付中书后省，国史院看详可采，令宁国府给札录写，以书来上"②。淳熙十五年七月，前明州州学教授郑钧采摭祖宗钦天事实，（褒）［裒］类为书，名曰《钦天要略》，总十有二门，析为二十五卷上之。经中书后省审阅，言："看详郑钧所进《钦天要略》，编次有伦，其间评论切于事理，委有可采。"③这些图书当均为中书后省收藏。另据史载，绍兴三十二年（1162）十二月（时孝宗已即位，未改元），吏部侍郎兼编类圣政所详定官凌景夏、起居郎兼编类圣政所详定官周必大，"奉旨编类光尧寿圣太上皇帝一朝圣政，合要建炎元年五月（十）［一］日以后至绍兴三十二年六月十一日以前三省、枢密院时政记、起居注，参照编类"，二人上奏"乞下日历所并移文谏院、后省，依年分逐旋关借或钞录"④。据此，中书后省还藏有时政记、起居注等。

三、枢密院经武阁

枢密院是宋代最高军事机关，"凡天下兵籍、武官选授及军师卒戍之政令悉归于枢密院"⑤，掌军国机务、兵防、边备、军政之政令。与中书门下并称二府。枢密院虽为宋代最高军事机构，但其长官枢密使、知枢密院事以文官充任，南宋时以宰相兼知枢使。与中书省的中书后省藏有图书一样，枢密院内也有藏书处所。南宋枢密院的藏书处称经武阁。《梦粱录》卷九："枢密院后建经武阁，系藏《经武要略》之文"。理宗御书"经武之阁"四大字。宰相兼枢密使吴泳撰《御书经武阁跋记》，跋文谓：

---

① 魏了翁：《鹤山先生大全集》卷一〇，《四部丛刊初编》本。又见［宋］《咸淳临安志》卷一五《行在所录·赋咏》，第 3509 页。
② 《宋会要辑稿》崇儒五之三九。
③ 《宋会要辑稿》崇儒五之四一至四二。
④ 《宋会要辑稿》职官四一之七二。
⑤ 《宋会要辑稿》职官一四之一。

臣窃惟建隆以来，本兵大计，先后厘革。条章登载于简册者，其目
凡十，总命之曰《经武要略》，则有其书矣，而未有阁也。南渡中兴，迄嘉
定癸酉，创阁于本院之北，北枕胥山，南拱象阙，中以所裒书藏于金匮，
则有是阁矣，而未有斯榜也。今杰阁丽宏，宝书充牣，奎翰昭揭，云汉动
而日星垂也。观是阁者知武经在焉①。

吴泳跋文称"今杰阁丽宏，宝书充牣"，可知经武阁中不仅收藏《经武要略》，
还收藏其他图书。

四、太常寺

宋代的太常寺是专门负责制定、研究、执行礼仪制度的机构。宋代中期
以前，"太常寺掌社稷及武成王庙、诸坛斋宫习乐之事"②。崇宁四年（1105）
八月建大晟府，专掌乐，礼、乐始分。太常寺成为职掌朝廷礼事的专门机构。
中国素称"礼仪之邦"，而礼作为统治阶级与被统治阶级行动规范的准则，为
历朝历代的最高统治者所重视，宋代也不例外，其最高统治集团为了更好地
将礼作为维护巩固统治的工具与手段，沿袭前代的做法，根据本朝实际，命
令太常寺等有关机构或官员，不时制定、修订礼仪制度，编撰、修订礼书。在
此同时，一些士大夫通过悉心研究，也编撰了大量礼书与礼学研究著作，或
进献朝廷，或由朝廷征集。所有这些公私编修、撰写的礼书与礼学著作都收
藏于太常寺。据《长编》、《玉海》、《宋史》等著录，北宋时，官方编修的重要
礼书就有十余部。如宋初开宝四年（971）五月，命御史中丞刘温叟、中书舍
人李昉、知制诰卢多逊等编《开宝通礼》二百卷，目录二卷；六年四月，翰林学
士卢多逊又上新修《开宝通礼义纂》一百卷，诏付太常寺礼院③。天圣五年
（1027）十月，太常博士同知礼院王皥取国初至乾兴所下诏敕，删去重复，凡

---

① 吴泳：《鹤林集》卷三八，《四库全书》珍本初集本，商务印书馆 1935 年版。
② 《宋会要辑稿》职官二二之一七。
③ 《玉海》卷六九《开宝通礼》、《义纂》，第 1304 页。又见《长编》卷一二，开宝四年五月丙子条
及注，第 266 页。

千八百三十道,类以五礼之目成书,名《礼阁新编》六十卷上之①。庆历四年(1044)正月,提举礼院贾昌朝、编修官孙祖德、李宥、张方平等上所编《太常新礼》四十卷、《庆劝祀仪》六十三卷②。尔后,最重要的朝廷组织编纂的礼书有,治平二年(1065)九月由太常礼官姚辟、苏洵所编《太常因革礼》一百卷、目录一卷;政和间编成《政和五礼新仪》二百四十卷。在此之前大观二年(1108)十一月,徽宗"御制《冠礼沿革》十一卷,付议礼局。余五礼令视此编次。四年二月九日戊寅修成《大观新编礼书》,吉礼二百三十一卷,祭服制度十六卷,祭服图一册,诏行之。政和元年(1111)三月六日,续编成宾、军等四礼四百九十七卷,诏颁行"③。《政和五礼新仪》是继宋初《开宝通礼》、宋中期治平《太常因革礼》后,朝廷组织编修的最重要的一部礼书,还刊石于太常寺。

在朝廷组织编修礼书的同时,凡朝廷征集到的、朝野臣民进献的礼书与所撰著作,一般都由太常寺收藏。如建隆二年(961),太常博士聂崇义进《三礼图》④;哲宗元祐五年(1090),太常博士陈祥道进《礼书》一百五十卷,给事中范祖禹上奏,乞送学士院及两制或经筵看详,付太常寺。元祐八年正月,陈祥道又进《注解仪礼》三十二卷并礼图,亦付太常寺⑤。

南宋太常寺承袭北宋崇宁后制度,亦专掌礼事。南渡以后,由于北宋太常寺所藏礼书都已散佚,故在南宋建立之初,就注意收集礼书,入藏太常寺。如绍兴元年(1131)七月七日,"监行左都进奏院章效上欧阳修纂《太常因革礼》一百卷,诏降付太常寺"⑥。另史载,绍兴元年十一月八日:

> 太常少卿赵子(画)[昼]等言:"本寺见阙陈祥道《理书》、《开元礼》、《义镜》、《礼义》,罗礼《粹通典》、《开宝通礼》、《三礼图》、《郊庙奉祀礼文》、《国朝会要》王珪、章得象编。《六典礼阁新编》续编附。政和、宣和续编《太常因革礼》、《大观礼书》、并看详。《六家谥法》、《政和

① 《玉海》卷六九《天圣礼阁新编》,第1306页。
② 《玉海》卷六九《景祐太常新礼》、《庆历祀仪》,第1306页。
③ 《玉海》卷八九《政和五礼新仪》、《御制冠礼》,第1308页。
④ 《长编》卷二,建隆二年五月乙丑条,第44—45页。
⑤ 以上并见《宋会要辑稿》崇儒五之二七。
⑥ 《宋会要辑稿》崇儒五之三〇。

续编会要》、《开元礼百问》、《太常新礼》、《江都集礼》、《曲台礼》、《宗藩庆系录》、《开元礼义纂》、《五礼精义》。切虑臣僚之家有誊写本,许令投进。乞依昨进《会要》体例推恩。"从之①。

从这条纪载说明,太常寺对收藏历代礼书与礼学著作十分重视,同时进而说明宋代太常寺收藏礼书与礼学图书之多,这也是笔者上文特意简单回顾叙述北宋太常寺收藏礼书情况的原因。因为以上北宋太常寺公私所编撰的礼书与礼学著作,不但收藏于北宋太常寺,而南宋时通过朝廷征集与朝野臣民进献,也都收藏于南宋太常寺。

南宋太常寺在广泛收集北宋公私编撰的礼书与礼学著作的同时,亦继续编修了不少礼书。据《宋会要辑稿》、《系年要录》、《玉海》等载,南宋时,仅朝廷组织编纂的各种礼书就有多种,如绍兴元年(1131)十一月,"太常少卿赵子画请续编绍兴《太常因革礼》,明年乃成,凡八十六篇为二十七卷"②。绍兴九年"太常丞梁仲敏乞续编绍兴以来因革礼,明年乃成,凡八十六篇,为二十七卷"③。而最重要的是淳熙七年(1180)七月根据礼部侍郎范仲艺言,命太常寺编纂、次年编成的《中兴礼书》三百卷,总六百八十门。嘉泰二年(1202)八月,太常寺又以孝宗一朝典礼续纂《中兴礼书》八十卷缴进。嘉定十一年(1218)三月,又根据礼部员外郎李琪奏请,"令太常将庆元元年以后典礼编纂成书《淳熙书目仪注类》六十家,定著一千二百二十三卷,始于《政和五礼新仪》,终于《仪物志》三卷、续目八家九部四十三卷"④。

据上所载,南宋太常寺所藏包括北宋在内的历代礼书与南宋公私编撰的礼书与礼学著作,其数量当要超过北宋太常寺所藏。

---

① 《宋会要辑稿》崇儒四之二二。

② 《系年要录》卷四九,绍兴元年十一月辛丑条,第 873 页;《玉海》卷六九《元丰绍兴续编因革礼》,第 1307 页。

③ 《玉海》卷六九《元丰绍兴续编因革礼》,第 1307 页。《系年要录》卷一三三,绍兴九年十二月甲寅条,第 2139 页。

④ 《玉海》卷六九《淳熙中兴礼书》、《嘉定续中兴礼书》,第 1311 页。

五、谏院

谏院是谏官治事机关与处所,北宋初有谏官无具体办公处所,所谓"虽除谏官而未尝置院"①。后"真宗常于门下省置谏院"②。仁宗明道元年(1032)七月辛卯,"以门下省为谏院,徙旧省于右掖门之西","置谏院自此始"③。北宋置谏院后不久,朝廷即赐与《九经》、《三史》、《册府元龟》图书,皇祐元年(1049)七月,又准知谏院钱彦远等奏请,"更赐与《九经正义》、历代史书、诸子书、今文"。英宗治平元年(1064)五月,知谏院司马光等言:"本院旧有国子监所印书籍粗备,惟阙《唐书》",请求"特赐新修《唐书》"。英宗同意了司马光等的请求,特赐予谏院《唐书》④。由此可见,北宋时谏院藏有较多图书,其来源是朝廷赐与及国子监所印书籍。

南宋初,谏院"因旧制,设左、右谏议大夫、司谏、正言,属门下中书后省。建炎三年诏不隶两省,别置局于后省之侧"⑤。据上引《宋会要辑稿》职官四一之七二所载,绍兴三十二年十二月,为编类高宗一朝圣政,编类圣政所官员上奏,"乞下日历所并移文谏院、后省,依年分逐旋关借或钞录","建炎元年五月(十)〔一〕日以后至绍兴三十二年六月十一日以前三省、枢密院时政记、起居注"⑥,说明谏院还藏有三省、枢密院时政记、起居注等档案性图书。

六、宗正寺

宋代宗正寺是负责管理皇室事务的专门机构。南宋建炎三年(1129)四月,曾并入太常寺,绍兴三年(1133)六月复置太常少卿,绍兴五年闰二月复置寺⑦。宗正寺"掌奉宗庙诸陵荐享,司宗室之籍","序宗派,纪族属,岁撰

① 《长编》卷一一一,明道元年七月辛卯条,第2585页。
② 《长编》卷一〇〇,天圣元年四月丁巳条,第2321页。
③ 《长编》卷一一一明道元年七月辛卯条,第2585页。
④ 以上均见《宋会要辑稿》职官三之五三。
⑤ 《宋会要辑稿》职官三之五〇。
⑥ 《宋会要辑稿》职官四一之七二。
⑦ 见《系年要录》卷二二,建炎三年四月庚申条及注,第475页。

宗室子名以进"①,还"掌修纂《牒》、《谱》、《图》、《籍》之事。凡编年以纪帝系,而载其历数,及朝廷政令之因革者,为《玉牒》;序同姓之亲,而第其五属之戚疏者,为《属籍》;具其官爵、功罪、生死及宗妇族姓与男若女者,为《谱》;推其所自出,至于子孙而列其名位者,为《宗藩庆系录》;考定世次,枝分派别,而归于本统者,为《仙源积庆图》。《录》一岁,《图》三岁,《牒》、《谱》、《籍》十岁,皆修纂以进"②。据此可知,宗正寺每年要编纂《宗藩庆系录》、每三年编一次《仙源积庆图》,每十年编一次《玉牒》、《属籍》、《谱》,故藏有大量本寺编纂的《录》、《图》、《牒》、《籍》、《谱》等档案性图书。同时为了修纂《录》、《图》、《牒》、《籍》、《谱》,需要很多其他图书作参考,故还藏有其他图书。如天禧元年(1017)二月,宗正卿赵安仁言:

> 宗正寺所掌宗庙祠祭及编修玉牒属籍,并未有经书文籍检阅故寔,除《通典》、会要及前代亲属图牒文字,欲将本寺公用钱写置外,其国子监印本书籍乞各赐一本。③

这虽然是北宋间事,但由此可知,宋代宗正寺藏有国子监刻印的图书。

七、其他中央机构藏书

南宋的中央机构除了以上藏书处所外,其他不少中央机构也都有数量不等的藏书。御史台作为纠察百官的检察机关,沿隋制设御史台主簿一员,掌收受文书、本台簿书、钱谷及收藏、刻印图书。《长编》卷八一载:大中祥符六年十一月"癸丑,赐御史台《九经》诸史,从所请也"。另据《宋会要辑稿》职官五五之九载,熙宁二年(1089)八月二日,"诏三馆秘阁借《会要》付御史台誊录,从所乞也"。又,元祐三年(1088)十二月十四日,"诏刊神宗皇帝举御史诏于御史台"④。从这后一条材料可得知,宋代的御史台既收藏图书,也刻印图书。以上虽然是关于北宋御史台藏书、刻书的所载,但南宋的御史台

---

① 《宋会要辑稿》职官二〇之一。
② 《宋会要辑稿》职官二〇之五。
③ 《宋会要辑稿》职官二〇之五五。
④ 《宋会要辑稿》职官五五之一〇。

亦当承北宋之制，藏有图书。再如"掌占天文及风云气候，凡〔祭〕祀、冠婚、丧葬则择所用日"①的太史局(元丰改官制前名司天监)②，藏有收集的历代关于天文历法的图书。景祐元年(1034)十月十三日，"知制诰丁度上《春牛经序》，诏编修院令司天监再看详，写录以闻"③。神宗熙宁末元丰初，朝廷曾下旨，"馆阁所藏及私家所有阴阳之书，并录本校定"，置司天监书库收掌④。南宋时仍规定，私家不得收藏天文历法等禁书，一律由太史局收藏。南宋初，由于北宋灭亡后，太史局原所藏历书亡佚殆尽，需要大量天文历书。太史局开出所缺天下历书书目有：

> 《纪元历经》本立成二册，〔《宣明历经》本立成二册〕，《崇天历经》本立成二册，《大衍历经》本立成二册，《大宋天文书》并《目录》一十六册，《景祐乾象占》三十册，《乙巳占》一十册，《乙巳略例》一十二册，《古今通占》三十册，《图本六壬遁甲太乙》一十三册，《天文总论》一十二册，《握掌占》一十册，《风角集》二册，《地里新书》一十册，《四季万年历》四册，编造下来年庚戌岁颁赐兵民庶《历本草降》六册，《运气纂》一册，《洪范政鉴》一十三册，《祥累》三册。

为此，建炎三年(1129)三月二日诏："《纪元历经》等文字，如人户收到并习学之家特与放罪，赴行在太史局送纳，当议优与推恩"⑤。破例对收藏以上图书者不予追究，并且，如果"赴行在太史局送纳，当议优与推恩"。

宋代类似于御史台、太史局(司天监)这样藏有一定数量图书的其他中央机构，还有很多，这如同现当代的机关、部门、单位的图书馆、资料室，是宋代中央官方藏书的一个重要方面，并与馆阁(秘书省)、皇室藏书逐渐形成为中央官方藏书的三个子系统。

---

① 《宋会要辑稿》职官一八之八二。
② 《宋会要辑稿》职官一八之八二："太史局旧名司天监。元丰官制行，改今名。""掌察天文祥异、锺鼓刻漏，写造历书，供诸坛祠祀(告)祭告神名位版画日画日。"
③ 《宋会要辑稿》崇儒五之二一、二二。
④ 《宋会要辑稿》职官一八之八四。
⑤ 以上太史局所缺天下历书书目及建炎三年三月诏书，并见《宋会要辑稿》职官一八之八七。

第三节　南宋地方政府藏书

一、宋代地方行政机构

宋代实行路、州(府军监)、县三级地方行政管理制度。路是由唐代的道(宋初沿袭)改制而来,宋代前期,只设转运使,"于一路之事,无所不总"①。以后,又分设提点刑狱公事司、提举常平公事司分掌刑狱司法与贸易、水利、监察吏事,形成转运司(漕司)、提刑司(宪司)、提举常平司(仓司)并列的路一级管理机构,总名监司。

路下为州或府、军、监。其中府之地位略尊于州,多由州升;军地位略次于州,凡地势冲要,户口少不能设州者设军;监的地位又次于军,多设于理财之区。州府军监受路监司督察,但治权直属朝廷,以知某州(府)军州事与知某军事,知某监事为长官,简称知州、知府、知军、知监事。

州府军监下的行政建置为县。县长吏或称县令(由选人即低级文臣幕官充)、或称知县事(由京朝官或武臣幕官充),简称知县。凡一县内之户口、赋役、钱谷、赈济、给纳、劝课农桑、平决狱讼等,统掌之。另有县丞,佐理县事,督察群吏;县主簿,掌管官物出纳与簿书。县尉,掌一县治安,训练弓手等事。

宋代地方官府藏书包括两个方面:一是州(府军监)、县行政管理机构;二是州府、县官办学校,而以后者为主。

二、州县地方行政机构藏书

宋代的三级行政管理机构负责辖治地区的政治、经济、军事、法律事务,当然也负责本地区包括图书业在内的文化事业。在宋代典籍中,关于路、州

---

① 《文献通考》卷六一《职官一五》,第557页。

府一级有关刻书的记载材料不少，但据笔者搜集到的材料，很少有具体负责地方官府图书收藏的部门以及固定的藏书处所的记载，一般都是在长官办公处辟设屋宇作为贮藏图书所处。其中南宋时最有名的是生活在北南宋之交的著名文献学家、藏书家叶梦得（1077—148）于绍兴八年（1138），再次出任江南东路安抚大使兼知建康府时，在府治建康（今江苏南京市）建绅书阁，用于收藏公家图书。其所撰《绅书阁记》所记建造始末云：

> 孔子曰："仕而优则学，学而优则仕。"古之君子未尝一日不学也。故传记告高宗亦曰：念终始典于学，而譬学于殖，不殖将落者，原伯鲁之所忧也。建康承平时，号文物都会。余绍兴初为守官，大兵之后，屯戍连营，城郭蘙为榛莽，无复儒衣冠盖。尝求《周易》无从得，于是凛然惧俎豆之将坠，勉营理学校，延集诸生，得军赋余缗六百万，以授学官，使刊《六经》。后七年，余复领留钥，市廛五方杂居，生聚之盛，虽非前日比，然询汉唐诸史，尚未也。顾余老且荒废，亦安所事简策，念汉初去孔子时尚未远，一更秦乱而《书》亡五十一篇，《诗》亡六篇，《周礼·冬官》尽亡。经且如是，而况其他。屋壁之藏，幸得保有余，其至于今尚存者，学士大夫相与扶持传习之效也。今四方取向所亡散书，稍稍镂板渐多，好事者宜当分广其藏，以备万一。公厨适有羡钱二百万，不敢他费，乃用遍售经史诸书，凡得若干卷。厅事西北隅，有隙地三丈有奇，作别室，上为重屋，以远卑湿，为之藏，而著其籍于有司。退食之暇，素习未忘，或时以展诵，因取太史公金匮石室之意，名之曰"绅书阁"，而列其藏之目于左右。后有同志，日增月益之，愈久当愈多，亦足风示吾僚，使知仕不可不勉于学。干戈将息而文治兴，有民人社稷者，亦皆思读书，无重得靡于吾先君子之言云①。

叶梦得所建绅书阁，被后世誉为开地方公共图书馆之先河。实际上，除这之外，在宋代史籍中，还有不少地方官府建阁贮书的记载。如咸淳五年（1269）著名学者黄震（1213 1280）所撰《广德军重建藏书阁记》中称："广德军旧有

---

① 叶梦得：《石林建康集》卷四《绅书阁记》，清光绪二十一年（1895）叶德辉观古堂刻本。

藏书阁,重建于庆元戊午(四年,1198)。"重建的藏书阁"上崇圣经,次下乃列子史,其旁乃置朱文公(熹)及古今名儒注解,著述能行吾圣经者,以增比而附益之"①。另如四明鄞县建有经纶阁,在厅事之西边,元祐中宰邑者以前宰王安石登相位而建,立祠于阁之下。建炎四年(1130)毁于兵,绍兴二十五年(1155)县令王烨重建。之后又多次被毁而多次重建,期间淳熙四年(1177)县令姚柏徙建于宅堂之北。另,经纶阁下有读书堂。经纶阁与读书堂都藏有一定数量的经史图书②。

在考察宋代地方官府藏书时,有一值得指出的新情况,这就是在宋代极大多数州府、县都建有收藏朝廷颁发的诏书制敕的敕书楼。

敕书楼原为州府、县城门之城楼。据明人顾起龙考证:

> 今谯楼旧言楼之别名,《庄子》:"无盛鹤列于丽谯之间。"丽,力知、力支二音,谯亦作嶕,谓华丽而嶕峣也,或曰魏城门名也。又谯门见《汉书》,师古曰:门上为高楼以望,故谓美丽之楼,为丽谯亦呼为巢,如巢车是也,亦作樵,赵充国为木樵。宋时曰敕书楼,见淳化二年诏,命以藏所受诏勅,咸著于籍,违者论罪。此尊重王言,真良法也③。

据《长编》卷三载:太祖建隆三年(962)"十一月丁巳,令诸州属县各置敕书库。用宗正卿河间赵矩之议也。"而《燕翼诒谋录》则载云:

> 令县邑门楼,皆曰"敕书楼"。淳化二年六月癸未,诏曰:"近降制敕,决遣颇多,或有厘革刑名,申明制度,多所散失,无以讲求,论报逾期,有伤和气。自今州府监县应所受诏敕,并藏敕书楼,咸著于籍,受代批书、印纸、历子,违者论罪。"则是敕书楼州县皆有之也,今州郡不闻有敕书楼矣。④

以上两条记载,说明北宋太祖初已令诸州属县各置敕书库。太宗淳化二年

---

① 《黄氏日抄》卷三六,影印文渊阁《四库全书》本。

② 详参胡榘等:[宋]《宝庆四明志》卷一二《鄞县志一·公宇》,《宋元方志丛刊》中华书局1990年版,第5145页。

③ 顾起元:《说略》卷二〇,影印文渊阁《四库全书》本。

④ 王栐:《燕翼诒谋录》卷四,中华书局点校本1981年版,第40—41页。

(991)六月,又下诏"州府监县应所受诏敕,并藏敕书楼",据此,各州府、县的敕书楼相当于现代地方政府机构收藏文件的档案馆、档案室。而据四库馆臣考证,《燕翼诒谋录》成书于绍兴元年(1131)之后①,故王栐所说之"今",当指南宋初,时金兵南侵,时局混乱,与整个南宋公私藏书业遭到严重破坏,尚未恢复重建一样,各州府、县的敕书楼或毁于战火,或年久失修。但是王栐说"今州郡不闻有敕书楼矣",不免偏颇。事实上,在南宋及元初的文献中,还常见到关于州县整修、重建敕书楼的记载。如据《宝庆四明志》载,四明鄞县(今属浙江宁波市)之勅书楼,"建炎四年毁于兵,绍兴二十六年(县)令王辉重建"。"绍熙五年(县)令吴泰初重修","绍定元年火,(县)令薛师武重建两廊"②。再如李处全(1134—1189)于乾道元年(1165)所撰《吴江县敕书楼记》③,记述了南宋前期吴江(今属江苏)县敕书楼修建过程。而《夷坚丙志》卷一《余干县楼牌》记载了一则有关敕书楼的趣事:

> 余干县治之南有二楼,前曰鼓楼,后曰敕书楼。后楼牌县宰杜师旦所书。乾道初,"敕"字左畔有黄蜂结窠颇高,邑人言:"此吉兆也,吾邑当出贵人,或士子巍掇科第者。"是时,赵子直家居县市,方赴省试,已而大廷唱名为第一。后三十年,绍熙甲寅(引者按:五年,1194),复见一窠缀于"力"字之上,人又益喜,赵公遂拜相。次年春,窠忽为人触堕,不逾月,赵罢归。是三者,岂皆偶然邪?其异如此④。

类似的有关南宋敕书楼的材料还有不少,据此可证明,南宋时很多州县还都建有敕书楼,非如上引王栐所说"今州郡不闻有敕书楼矣"。

---

① 《四库全书总目》卷五一《史部·杂史类》:"《燕翼诒谋录》五卷(浙江鲍士恭家藏本),宋王栐撰……今考书中有纪绍兴庚戌仲父轩山公以知枢密院兼参知政事一条。庚戌为绍兴元年,核之《宋史》,是年正月甲午,王蔺知枢密院。"第465页。

② [宋]《宝庆四明志》卷一二《鄞县 ·敕书楼》、《鄞县志一·公宇》,第5144页。

③ 载明钱谷编:《吴都文粹续集》卷九,《四库全书》珍本初集,商务印书馆1935年版。按:是书编者在收录李处全此文后,又云:"敕书楼在县门,绍定五年李椿新之。"

④ 洪迈:《夷坚丙志》卷一,中华书局点校本2006年第2版,第883页。

三、地方学校藏书概述

宋代地方官府藏书的另一个重要处所是各级地方政府所办的学校。但是，宋代三级行政机构中地方官学只有州府学与县设立的县学，路一级不直接设学，仅置学官管辖所属州府、县各学校。宋初重科举，忽视教育，州府一级官学极少。仁宗庆历四年（1040）三月，"诏天下州县立学"①。州府、县学才得以大规模地迅速发展。为了教学需要，州学、县学需要以儒家经典为主的各种类型的图书，而州府学、县学作为地方官办学校，从校舍的建造，图书的购置、收藏都由当地行政机关负责，所以地方官办学校的图书属于当地官府所有，而州学、县学也就成为当地州府、县官府的藏书处所。事实上，各地官学成立之初，都建有专藏图书的阁、堂、楼等。如在庆历四年，朝廷下诏州县立学后，范仲淹在平江府（治今江苏苏州市）所建学校，设有六经阁②。吉州（治今江西吉安）所建州学，"有堂筵斋讲，有藏书之阁"③。邠州建立的州学，亦"谈经于堂，藏书于库"④，并成为宋代地方官学的一种模式。对此，宋人别集和方志中所收录的文人学者撰写的关于某地州府、县学的《记》文中多有记述。如李防《丹邱州学记》载丹邱建州学时"因而又建小楼以贮群籍"⑤；章得一《改建信州州学记》称"后则为讲堂、为书楼、为学舍。藏书千卷"⑥。北宋时，地方政府学校藏书中最著名的是熙宁四年（1071）成都知府吴中度所建府学经史阁。吕陶（1031—1107）为之所撰《府学经史阁落成记》云：

> 五代之乱，疆宇割裂。孟氏苟有剑南，百变草创，犹能取《易》、

---

① 《宋史》卷一一《仁宗本纪三》，第 217 页。关于庆历四年三月"诏天下州县立学"事，李焘《长编》卷一四七、《宋史·选举志》有详细记载。

② 朱长文：[宋]《吴郡图经续记》卷上《学校》，中华书局《宋元方志丛刊》本 1990 年版，第 645 页。

③ 欧阳修：《吉州学记》，《欧阳修全集》卷三九，中华书局点校本 2001 年版，第 572 页。

④ 范仲淹：《邠州建学记》，《范文正公集》卷二，《四部丛刊初编》本。

⑤ 林表明辑：《赤城集》卷五，影印文渊阁《四库全书》本。

⑥ [康熙]《广信府志》卷一一，清乾隆四十八年（1783）刻本。

《诗》、《书》、《春秋》、《周礼》、《礼记》刻于石,以资学者。吾朝皇祐中,枢密直学士京兆田公加意文治,附以《仪礼》、《公羊》、《谷梁传》,所谓《九经》者备焉。……惟经史阁之成,基势崇大,栋宇雄奥,下视众屋,匪隘即陋,聚书万卷,宝藏其间①。

从这篇《记》中,可以看到成都府这一藏书楼经史阁建筑规模宏大,"栋宇雄奥,下视众屋",藏书多达万卷。

北宋中期之前,州府、县学的藏书阁、楼、堂,原无统一名称,大观二年(1108)九月十八日,诏:"比闻诸路州学有阁藏书,皆以经史为名。方今崇八行以迪多士,尊《六经》以黜百家,史何足言? 应已置阁处,可赐名曰《稽古》。"②于是全国州府、县学藏书楼阁统一名为稽古阁。

南宋时,沿袭这一规定,各州府、县学都有稽古阁,就以都城所在地临安府而言,《咸淳临安志》载云:

旧有先圣庙,在通越门外,宣和中本路廉访使降御书殿榜曰大成之殿。有阁曰稽古,以奉御书。其后迁徙不常。绍兴元年,始以凌家桥西慧安寺故基建。士犹病其湫隘,嘉定九年教授袁肃、黄灏以告于府,上之朝,拓而大之。略仿成均规制,杨文元公简为记。淳祐六年,理宗皇帝赐御书二匾,十一年赵安抚与㥣又一新之。且增学廪养弟子员二百人。咸淳七年安抚潜说友买民地议增辟,八年安抚吴益踵成之。③

不但临安府府学有藏书阁即稽古阁聚藏图书、各县学也大多有稽古阁。对此《咸淳临安志》卷五六《文事·县学》,就有该府於潜、富阳、盐官等县藏书建造稽古阁的记述。谓於潜县学藏书阁"嘉泰甲子(县)令胡卫建","宝庆初方熙重建,咸淳五年(县)令李仲熊重修"。富阳县学"绍熙十七年(县)令徐端辅重建作稽古阁,淳熙乙巳,簿叶延年重修,嘉定壬申(县)令程珌、癸未

---

① 吕陶:《净德集》卷一四,《丛书集成初编》本。
② 《宋会要辑稿》崇儒二之一二。
③ [宋]《咸淳临安志》卷五六《文事·府学》,第3853页。

（县）令李弥高前后治新之"。盐官县学"宝祐二年（县）令施溃创屋五间藏书"①。

　　根据文献记载，由于南宋初期受战乱的影响，州府县学也受到极大破坏，其收藏图书的稽古阁也都或被毁坏，或年久失修。尔后随着抗金形势的好转，政局的稳定，地方教育的恢复与包括图书刻印、流通在内的图书业的进一步发展，各地州府、县学的藏书也逐渐得到恢复发展，与此同时州府、县学也修复或重建其藏书楼稽古阁。史载北宋时属两浙路、南宋时属两浙西路的湖州（治今浙江湖州市），北宋时州学就藏有敕赐《九经》等官书。到南宋初，州学图书受到很大损失。淳熙十五年（1188）朝奉大夫张澈知湖州后，"置书四百二十四卷，又补写不全书，合新旧书凡二百六十五部一千四百四十八卷，司书掌之，有籍以严出纳"②。而魏了翁所撰《潭州州学重建稽古阁明伦堂记》较详细地记述了南宋时历届地方长官修复潭州（治今湖南长沙市）州学稽古堂的情况，其文略云：

　　　　国初未有学，天下惟书院而潭之岳麓居其一。自庆历四年始建学于定王台之北，治平二年以地卑且居西北偏，吴侯中复更实于东南隅，祠宇斋庐既备，又为阁曰稽古，堂曰议道，而毁于建炎之冠。至绍兴六年以后，吕忠穆公发少府余财复之。会君命召，至十四年，摄守勾侯光祖徙建于甘泉之上，嗣守刘侯昉始以忠穆所储卒成之，视旧加壮，而礼殿之后仍以稽古名阁，更堂曰明伦，堂之东西斋庐凡八，阅三年而成。由乾道元年刘忠肃公以后，历数贤牧随宜缮修，迄于比岁，参知政事曾公为礼殿，为大门，若无复余憾矣。而转运副使李公摄守，以阁若堂，岁久弗治，复更新之。其费取于节缩浮蠹之余，为钱七百万、米四百石。属郡教授梁子强、长沙县尉陈纯仁，学录舒高庀其事③。

---

① 以上三县学藏书材料见［宋］《咸淳临安志》卷五六《文事·县学》，第3857—3858页。
② 谈钥：［宋］《嘉泰吴兴志》卷一一《学校·州治》，中华书局《宋元方志丛刊》本1990年版，第4732页。按同书卷一四《郡守题名》："张澈，朝奉大夫，淳熙十五年到，以磨勘及覃恩转两官，以修军器率先诸郡特转一官，绍熙元年四月，除都大提点坑冶铸钱局。"（第4786页）
③ 《鹤山先生大全集》卷四九《潭州州学重建稽古阁明伦堂记》。

另如朱熹撰《鄂州州学稽古阁记》则称:

> 鄂州州学教授许君中应,既新其学之大门,而因建阁于其上,楼藏绍兴石经、两朝宸翰以为宝镇。又取板本《九经》、诸史百氏之书列置其旁,不足则使人以币请于京师之学官,使其学者讨论诵说,得以餍饫而开发焉。其役始于绍熙辛亥之冬,而讫于明年之夏,其费无虑三百万,而取诸庑士之赢者盖三之一,其余则太守焕章阁待制陈公居仁、转运判官薛侯叔似实资之,而总卿詹侯体仁、戎帅张侯诏亦挥金以相焉。①

再如朱熹所撰《福州州学经史阁记》谓绍熙四年(1193),福州州学教授临邛常浚孙,为劝勉学生多读书,"为之益置书史","度故御书阁之后,更为重屋以藏之"。建造这一经史阁,"为钱四百万有奇"②。又据南宋开庆时胡太初所修《临汀志》记载,临汀州学绍兴三年(1133)在州学明堂后建藏书阁曰"稽古",其后州学各主持者"绝高处建阁,高闳宸奎,规模加壮"③。

从以上魏了翁、朱熹等所记潭州、鄂州、福州州学恢复重建稽古堂、经史阁及其藏书的情形,说明由于各地方长官对文化教学的重视,又随着南宋的地方教学事业的恢复发展,作为州府县学的配套设施并为之服务的图书业也得到较快的恢复与很好的发展。

通观宋代,几乎所有的君主都好舞文用墨,作诗撰文,留下了数以千计的御书、御札、书法墨迹,除了赐给近侍大臣外,还赐给寺庙宫观、地方官府、学校。为了显示得到君主的宠爱和褒扬,各州府、县地方官府也都将赐与的御书、御札视为珍宝,专门筑书阁宝藏之,称为御书阁、御书楼。这些御书阁大多建在州府、县学校中,少数建在州府、县衙内,也有专门另择地建造的。如临安府府学早在北宋杭州时,其州学大成殿"有阁曰稽古以奉御书",南宋初杭州升为临安府后,绍兴元年(1131)始以凌家桥西慧安寺故基建府学,此后不断修建。至咸淳八年(1272)买民地增辟,府学得到进一步扩大,其御书

---

① 朱熹:《晦庵先生朱文公文集》卷八〇,上海古籍出版社、安徽教育出版社《朱子全书》2002年版,第3800—3801页。
② 《晦庵先生朱文公文集》卷八〇,《朱子全书》,第3813页。
③ 胡太初:[宋]《临汀志·学校》,《福建地方志丛刊》本,福建人民出版社1990年版。

阁在先贤祠堂东。由于得天独厚,身处都城,故临安府学的稽古阁收藏有大量的御制御书及墨迹。另外,北宋时苏州的州学原有藏书楼六经阁,藏《六经》、诸子百家等图书。南宋初,六经阁毁于兵。淳熙十四年(1187),"郡守秘阁修撰赵彦操即六经阁旧址为之(御书阁),以奉高宗皇帝所赐御书石刻《六经》"①。洪迈所撰《御书阁记》称是御书阁"三楹,两翼三其檐,为高六十尺,为广七十有五尺",藏高宗御书石经百卷②。张孝祥所撰《宣州新建御书阁记》,则称绍兴时宣州(今安徽宣城)州学新建御书阁,高于学宫众屋之上,"江而南环数十州,莫若吾州之阁丽且壮"③。南宋徽州(治今安徽歙县)的御书阁则设在州庙学内,"绍兴中藏御书《周易》、《尚书》、《毛诗》、周官》、《中庸》、《春秋左氏传》、《论语》、《孝经》、《孟子》、《乐毅论》、《羊祜传》、并法帖御制《文宣王赞》、《七十二子赞》、《损斋记》,凡四十八卷"④。

由于宋代各地方州府衙、县衙与学校所建御书楼,主要收藏本朝历帝的御书御制及手诏墨迹、石刻,所以,御书楼是各地方学校中最为壮丽的建筑,带有明显歌颂最高统治者文治的政治色彩。

四、宋代地方政府藏书举要

关于宋代地方官府藏书,与中央官方藏书、皇室藏书相比,文献资料相当较少,官僚士大夫与文人学者撰写的州府县学兴学记、重建记之类,对其藏书的记载大多十分简单笼统,故在学界对中国古代藏书研究论著中,很少涉及地方官府藏书,偶有论述,亦语焉不详。笔者在对宋元藏书探考中,发现在宋元人编修的方志中,对有些州府的地方藏书则有较详细具体的记载,有的还编有藏书目录,兹择要列举数地,介绍如下。

---

① 范成大:[宋]《吴郡志》卷四《学校·御书阁》,中华书局《宋元方志丛刊》1990年版,第715—716页。

② 郑虎臣:《吴都文粹》卷一,影印文渊阁《四库全书》本。

③ 张孝祥:《于湖居士文集》卷一三,《四部丛刊初编》本。

④ 赵不悔等:[宋]《新安志》卷一《州郡·庙学》,中华书局《宋元方志丛刊》1990年版,第7611—7612页。

（一）建康府藏书

建康府,北宋时称江宁府,治所在今江苏省南京市。南宋建立不久,建炎三年(1129)四月,为避金兵一路南逃至杭州的宋高宗赵构,为了表示抗金之意,从杭州移跸建康,五月乙酉,至江宁府,改府名为建康①。后来高宗决定驻跸临安(今浙江杭州市),还一度表示建都建康,并在建康修造行宫。由此可见,建康府在南宋时的地位十分重要,这不仅是因为它的龙盘虎踞的政治、军事地位,而且自隋唐以来,尤其是南唐于此建都以后,其经济文化得到高度发展。图书业作为文化基础设施,更为突出。上文笔者已引录叶梦得《绅书阁记》,介绍了叶梦得绍兴初期在建康恢复官方地方政府藏书的情况,而《景定建康志·文籍志》则总结了本府自宋初至南宋景定间图书收藏的发展演变过程:

> 皇朝开宝八年平江南,命太子洗马吕龟祥就金陵籍其图书,得六万余卷,分送三馆及学士院。其书雠校精审,编秩全具,与诸国书不类……天圣七年,丞相张士逊出守江宁,建府学,奏请于朝,全赐国子监书。绍兴初,叶梦得为守,尝求《周易》无从得,盖当大兵之后,旧书无复存者。梦得乃捐军赋余缗六百万以授学官,使刊《六经》。后七年,梦得复至,询汉唐史尚未有,又捐公厨羡钱二百万,遍售经史诸书,为重屋以藏,名之曰"绅书阁",而著其籍于有司。后阁毁于火,籍与书皆不可见。至绍兴十六年,高宗皇帝亲书九经及《先圣文宣王赞》,刻石于国子监,首以石本赐建康,今藏于府学之御书阁,而经子史集之仅存者皆附焉。景定二年,留守马光祖念文籍之阙,复求国子监书之全,以惠多士②。

这一概括性的叙述,说明建康府历任长官都十分重视本府图书收藏,并自叶梦得起,都对本府所藏图书进行整理编目。《景定建康志》收录有景定二年(1261)府学所藏的全部图书目录。这是笔者所见自汉唐以来至元代为数不

---

① 《宋史》卷二五《高宗纪二》,第465页。

② 马光祖:[宋]《景定建康志》卷三三《文籍志一》,中华书局《宋元方志丛刊》1990年版,第1884—1885页。

多的几份地方政府藏书目录中最详细的一份,具有重要的文献价值,惜未引起学界注意,至今没有见到为中国古代藏书史研究、中国古代目录学、版本学等论著所引述。为全面而具体地了解南宋后期建康府地方政府藏书,兹根据《景定建康志》所载,作一较为具体的介绍。

《景定建康志》所载建康府所藏图书资料目录分石刻、图书、书版三大类。石刻分《御书石经》与《历代石刻》,所藏《御书石经之目》有:

> 《周易》三卷、《尚书》三卷、《毛诗》四卷、《周官》一卷、《礼记》一册、《春秋经传》十五卷、《孝经》一卷、《论语》二卷、《孟子》五卷、《文宣王赞》一卷、《乐毅传》一卷、《羊祜传》一卷

共十二种三十七卷一册。另有自真宗、仁宗、徽宗、高宗、孝宗等诸帝御书、御制、御札、手诏碑刻四十六件①;还有自《秦始皇东游颂德碑》、《西汉东平趟王庙记》,秦汉以来至本朝各种碑刻三百零六种,每一碑刻均详列其名②。所藏图书分经、史、子、理学、集等十类。现据《景定建康志》所载,列表表述如下:

建康府官府(府学)所藏图书目录表③

类别	数量(种)	书目
经书之目	176	周易26本:监本正文、监本注疏、建本正文、建本注疏、监本注、正义、大传、系义、约说、易索、或问、太玄集、注、监本程氏传、婺本程氏传、伊川系辞、横渠解、朱氏解、麻衣解、十先生解、胡先生解、沈丞相子传、监本义海、龚氏解、了斋解、刘教授解婺本义海 尚书24本:监本正文、监本正义、建本正文、监本注、建本正义、建本注疏、婺本正文、胡安定解、东坡解、晋公解、张博士解、史教授断、罗氏解、陈氏解、吕伯修解、孙曾解、刘博士解、萧先生解、疑难集解、群儒解、石林解、吴才老解、新注、治要 毛诗13本:监本正文、监本正义、监本注、建本正文、建本正义、建本注疏、婺本注,吕氏读诗记、欧阳义、颍滨解、总义、意义、新经 周礼7本:监本正文、监本注、监本正义、建本正文、建本注、婺本正文、婺本注

---

① 详见[宋]《景定建康志》卷四《御制御书》,第1366—374页。
② 详见[宋]《景定建康志》卷三三《文籍志一》,第1889—1893页。
③ 按:此表据[宋]《景定建康志》卷三三《文籍志一》第1885—1888页。为节省篇幅,本表中图书未用书括号。

（续表）

类别	数量(种)	书目
经书之目	176	礼记22本:监本正文、监本注、监本正义、建本正文、婺本正文、音义、监本仪礼、建本仪礼、仪礼正义、仪礼疏、中庸大学、中庸大学解、中庸约义、中庸大学广义、无垢先生中庸大学说、大学衍义、中庸讲义、礼象、三礼图、中庸大学集义、集略、少仪列传 春秋27本:监本正经、监本注、上下经、春秋年义、监本左传、建本左传、左传正义、注疏、监本公羊正文、监本谷梁正文、监本公谷二传、公羊正义、谷梁正义、春秋释文、伊川传、胡氏传、春秋辨疑、左传法语、春秋释例、春秋纂例、经典释文、左传事类、名臣传、左氏摘奇、西畴解、师先生解、监本国语 孝经12本:监本正文、古文、监本正义、郑康成注、唐明皇解、古文指解、二程师说、范侍讲解、二老指解、释文、刊误、法语 论语31本:监本正文、监本注、监本正义、川本正文、建本疏、程子解、伊川说、龟山解、朱子集、注、朱子详说、朱子语类、东坡解、颍滨拾遗、谢上蔡解、张无垢乡党说、游氏解、范学士解、南轩说、葵轩解、汪省元直解、范景明解、洪氏解、曾文清义、文莹解、释言、义原、集、义、十说、大意、诸儒集、义、集略 孟子14本:监本注、建本注、川本注、朱子集注、朱子要略、张无垢拾遗、三山解、文莹解、王博士解、五臣注、直讲、晋之解、诸儒集、义、集、略
史书之目	57	史记、古史、国语、战国策 前汉书8本:纪志表传、法语、字类、博闻、发挥、史评、荀悦汉纪、史编 后汉书6本:纪志表传、法语、精语、博闻、袁宏汉纪、白虎通 三国志、晋书、宋书、南齐书、梁书、陈书、隋书、魏书、北齐书、周书 唐书13本:旧唐书、新唐书、六典、会要、发挥、纠谬、摘实、论断、唐鉴、音训、郑节、吕节、政要 五代史、历代制度、编年通载、七制三宗、史传论、十七史赞、十七史蒙求、通典 资治通鉴相关书11种:监本、蜀本、建本、外纪、举要、朱子纲目、纲目发明、释文、通历、撮要、袁氏本末 皇朝圣政、三朝宝训、垂拱龟鉴 续资治通鉴长编2种:全本、节本 稽古编年、隆平集
子书之目	32	孔子家语2种:监本、建本 曾子 周子2种:通书、太极图解 程子、老子、庄子、荀子、杨子、文中子、列子、抱朴子、孔丛子、管子、鹖冠子、淮南子、刘子、尹文子、商子、公孙龙子、韩子、邓析子、杜牧之注孙子、扬子法言 道德经注2种:王弼、司马公 十一家注孙子、太玄经、施子美七书解、墨子、南华经释文
理学书之目	26	濂溪集、程氏遗书、伊川集、横渠集、正蒙书、司马温公家范、温公居家杂仪、温公书仪、武夷先生集、胡子知言、晦庵大全集、朱文公语类、朱文公语录、朱文公感兴诗、朱文公小学之书、朱文公年谱、晦庵东莱学规、南轩先生集、张宣公语类、东莱集、吕氏乡仪、诸儒鸣道集、十三朝言行录、近思录、修学门庭、书堂讲义

（续表）

类别	数量（种）	书目
文集之目	123	先秦五书、楚辞集注、文苑英华、扬子云二十四箴、渊明集、梁昭明集、文选、唐文粹、张曲江文、韩昌黎文、柳柳州文、陆宣公集、陆宣公奏议、颜鲁公集、李卫公集、李太白集、杜工部集、樊川集、独孤集、李翱文、蔡邕独断、夷白堂集、长庆集、李文公集、皇朝文鉴、富郑公奏议、乖崖集、六一公文、秦少游文、陈了翁文、范太师文、胡澹庵集、范文正公集、临川文集、南丰集、陈无巳集、范蜀公集、范蜀公奏议、嘉祐集、徂徕集、宛陵集、老苏文、三苏文、东坡大全、曲阜文、华阳文、苏魏公文、李泰伯文、忠惠集、节孝先生文、龙溪文、岩谷文、马子才文、五溪集、豫章集、栾城集、胡文恭集、骨鲠集、忧五集、唐先生集、大名集、金氏文集、吴使君集、南阳集、鄱阳集、斜川集、好还集、欧阳四六集、潏水集、徐公集、青山集、潜山集、横塘集、毛泽民集、毗陵公集、强祠部集、道院集、巴东集、广陵集、忠定公集、番江集、杨诚斋集、鹤山集、京口集、南州集、庐山前后集、张文昌集、见一堂集、东湖居士集、东牟集、东窗集、盘洲集、庆历集、陈止斋集、文海、姑溪居士集、青山集、陈侍郎奏议、邹忠公奏议、范忠宣公弹事、谏垣集、经纬集、韩魏公谏稿、范忠宣公国论、张公奏议、定庵类稿、竹轩杂著、范蜀公正书、谕俗编、百家诗、东坡诗、李嘉祐诗、李商隐诗、喜雪诗、曾使君诗、神秀楼诗、瑞麦诗、梅山诗、极目亭诗词、集韵、杜诗押韵、张孟押韵、救荒活民书、璜宫杂著
图志之目	19	三礼图、释奠图、指掌图、九域志、江行图、水经、麟凤图、元和郡县图、建康实录、乾道建康志、庆元建康志、景定建康志 诸郡志6种：镇江、姑孰、四明、嘉禾、东阳、庐山拾遗 四明乡饮图
类书之目	19	艺文类聚、白氏六帖、皇朝类苑、翰苑群书、记室新书、四时纂要、事物纪原、世说新语、世说叙录、太平广记、初学记、职林、说苑、职官分纪、四库窥书、书林、千姓编、文章缘起、绀珠集
字书之目	14	礼部韵略2种：监本、建本 广韵、玉篇、经典法帖、文公法帖、《九经》字样、班马字类、许氏说文、说文解篆类语、字宝、韵谱、埤雅、佩觿集
法书之目	8	刑统、三省总括、绍兴令、绍兴敕令格、绍兴敕令贡举、御试省试敕令、绍兴刑统、太学敕令
医书之目	13	神农本草、黄帝素问、大观本草、图经本草、本草单方、太平圣惠方、膏育灸经、铜人灸经、卫生方、治风药方、备急药方、养老奉亲书、小儿药方
总数	466	

建康府所藏书板及数量如下：

《横渠易说》一百六十八版、《易象图说》八十五版、《易索》一百四十五版、《周易终说》一百二十版、《李公易解》二百八十版、《学易蹊径》一千五百版、《礼记集说》四千六百版、《春秋讲义》三百一十版、《春秋纪咏》四百九十三版、《语孟拾遗》一十九版、《东坡论语》一百二十版、《论语约说》三百二十版、《孝经集遗》一十九版、《程子》一百七十九版、《近思录》二百六十版、《小学之书》二百一十版、《朱文公年谱》一百二十版、《师说》一百五十四版、《四家礼范》一百五十版、《释奠通祀图》三十五版、《诸史精语》七百三十版、《通鉴笔义》一百五十五版、《建康实录》七百四十版、《六朝事迹》二百三十版、《乾道建康志》二百八十版、《庆元建康志》一百二十版、《景定建康志》一千七百二十八版、《皇朝特命录》四十五版、《翰苑群书》二百五版、《集贤注记》六十一版、《文昌杂录》九十二版、《东观余论》二百一十版、《富文公赈济录》二百一十版、《救荒录》一百八十六版、《活民书》一百七十六版、《唐花间集》一百七十版、《重编楚辞》五百七十版、《杜工部诗》五百一十版、《少陵先生年谱》六十八版、《金陵览古诗》三十五版、《金陵怀古诗》八十五版、《庄敏遗事》三十二版、《棠阴比事》五十六版、《松漠记闻》五十六版、《江行图录》六十五版、《张公奏议》二百六十版、《李公家传》一百四十五版、《保庆集》一十九版、《清晖阁诗》四十六版、《揩轩唱和》三十一版、《和晏叔原小山乐府》二百四十六版、《寒子山诗》六十八版、《苏氏道德经》八十八版、《大一醮式》三十二版、《产宝类要》一百七十五版、《小儿保生方》五十一版、《钱氏小儿方》一百四十五版、《张氏小儿方》二百一十版、《海上名方》六十五版、《余山南升果》二十二版、《西山先生心政经》九十六版、《半山老人绝句》三十八版、《西山先生文章正宗》一千九百九十六版、《选诗演义》七十三版、《余山南南轩讲义》三十五版、《余山南读易记》六十五版、《伤寒须知》二十六版、《小儿疮疹论方》二百二十版。①

共有图书 68 种，版片 20102 片。

为清楚明白起见，下面将《景定建康志》所载建康府官府（府学）所藏图书、书版、石刻数量总结如下表：

类别	数量		
	种	版片	
图书	466		
书版	68	20102	
石刻	御书石经	12	
	御书御制手诏	46	
	历代石刻	306	
合计	896	20102	

（二）镇江府藏书

文献资料中，记载地方政府藏书比较详实的，还有两浙西路的镇江府。镇江府治所在今江苏镇江市，北宋时称润州，政和三年（1113）升润州为镇江府。镇江地处长江下游，是军事重镇，与扬州隔长江而望，也是自隋唐以后经济文化十分发达的地区。据《至顺镇江志》载：北宋时镇江即润州州学始于太平兴国八年（983），至北宋后期，有了较好发展，但其藏书史载不详。至南宋初，亦受战火影响，州学破坏严重。但在历届守臣的重视关心下，得到较快恢复发展。绍兴十二年（1142），刘子羽（1097—1146）出知镇江府后，即在府学大成殿后建御书阁，收藏"自绍兴癸亥以后累赐宸翰，有《易》、《书》、《诗》、《孝经》、《论语》、《春秋左氏传》，又《书》之《周官》篇、《礼》之《中庸》及《孟子》、《乐毅论》、《羊祜传》、《先贤赞》、《七十二贤赞》法帖、手诏《损斋记》，总五十四轴，皆墨本"②。

除了御书阁收藏御书、御制、书法墨迹外，镇江府府学还藏有其他许多

---

① ［宋］《景定建康志》卷三三《文籍志一·书版》，第 1888—1889 页。
② 史弥坚：［宋］《嘉定镇江志》卷一〇《学校·镇江府学》，中华书局《宋元方志丛刊》本 1990 年版，第 2385 页。

图书,淳熙初,"教官费埙置经、史、子、集分为六厨,取礼、乐、射、御、书、数揭于上,贮于成德堂之西。景定初,教授赵孟迥增其未备,列为十厨而揭之三鳣堂之阁上"。南宋镇江府学的这些藏书,由于受宋末元初战乱等人为与自然损毁,"散佚甚多",至元至顺间(1330—1332),距南宋灭亡半个多世纪后重修《镇江志》时,"所存者不及什二三耳"①。《至顺镇江志》对这所存"不及什二三"的图书作了著录。兹据《至顺镇江志》所载,列表转录如下:

《至顺镇江志》所载镇江府学所藏图书表②

类别	数量		书目册	备注
	部	册		
经	50	220	易古注 2、易注疏 4、易正义 3、易程氏传 6、易朱氏传 2、易程杨传(2 部)6、易杨氏传 7、易郑氏说 1、易要义 3、易述言 3、易辑闻 6、大易粹言(2 部)13、易句解 4、毅斋读易记 1、书注纂 5、书正义 6、书杨张解 1、书约义 3、书讲解 4、诗注疏 12、诗朱氏传 7、吕氏读诗记 4、周礼注(2 部)7、周礼注疏 8、周礼正义 8、周礼音义 1、礼记释义 2、礼记音义 1、春秋经传 7、左氏传(2 部)13、左传分门 4、左传节 3、公羊传(3 部)8、公羊正义 4、谷梁传 2、谷梁正义 2、春秋集传 10、春秋正义(2 部)17、春秋经传集解 6、春秋年表 1、孝经百旨 1、孝经明皇疏 1、孝经范氏解 1。附:古三坟书 1	易程杨传二部,其一,四册;其一,二册
四书	12	58	中庸章句 1、中庸或问 1、中庸辑略 2、中庸喻氏解 1、大学章句 1、中庸大学或问 4、论语古注 2、论语集注(2 部)4、论语通类 1、孟子集注 3、孟子五臣解 6、四书 16、四书辨疑(2 部)16	
正史	10	171	古史 6、前汉书 42、后汉书 20、魏书 4、吴书 2、晋书 27、北齐书 11、北史书 23、唐书 30、唐书节 6	
类史	18	242	资治通鉴 120、通鉴纲目 20、通鉴详节 13、西汉策(3 部)8、汉书家范 3、汉唐策 5、汉唐事要(2 部)4、汉制唐宗议论 4、百将传(2 部)5、史提要 6、名臣言行录(4 部)51	

---

① 以上引文见俞希鲁:[元]《至顺镇江志》卷一一《学校·书籍》,中华书局《宋元方志丛刊》本 1990 年版,第 2765 页。

② 本表据[元]《至顺镇江志》卷一一《学校》(第 2765—2766 页)制作,为节省篇幅,在不会引起误解的情况下,表中图书未用书括号,每一图书后数字是指该图书册数。

（续表）

类别	数量		书目 册	备注
	部	册		
史评	6	22	汉论3、汉鉴3、唐鉴2、唐书列传辨证5、通鉴考异7、大事记通释2	
子	11	25	老子注2、老子解1、孔子家语3、荀子2、韩子1、庄子（2部）6、杨子法言1、文中子3、邵子皇极经世书5、周子太极图1、定性书1	
集	61	373	陶靖节诗集2、李太白诗6、杜工部诗10、陆宣公集(3部)14、韩昌黎(3部)20、柳柳州集(2部)30、樊川集3、乖崖集3、范文正公集6、李泰伯文3、司马温公文3、六一先生文2、临川集9、三苏文18、东坡奏议15、颍滨集6、淮海集5、龙溪集5、浮休集10、龟山集5、山谷集5、澹庵集12、水心集4、屏山集5、象山文集10、朱文公感兴诗1、曾文肃公集10、武夷集11、简斋诗2、剑南集311、忠惠集7、斜川集2、平斋集6、妙峰集7、陶山集4、橘山集3、静春集10、大名集6、毘陵集5、无为集5、高隐集2、泸溪集3、浩高集3、炎溪集3、章贡集5、复斋集1、东湖诗3、瀑泉诗2、信庵诗3、石屏诗3、日涉园诗3、涉斋诗集10、松坡诗1、顺适堂和陆绝句2、可斋杂稿八册、梅花集句3	
类集	16	84	唐文粹22、唐绝句3、百家诗12、宋文海9、润州类集2、京口诗3、古文标准4、观澜文3、回澜文3、传道诗1、江湖诗5、南北新吟5、庐陵文粹5、名公献寿诗2、豫章集4、盛山集2、滁阳集4	
论	6	19	奥论(3部)9、论统6、万户论料2、近体论料2	
志	5	11	镇江续志3、通志2、六峰志3、南垂总胜集2、邵陵类稿1	
经说	5	7	审视录1、盐石新论1、论语士说1、经学发明2、二经雅言2	
语录	3	30	上蔡语录1、晦庵语录27、南轩语录2	
传记	8	12	说苑3、世说叙录2、范蜀公正书1、温公学官制1、孔庭广记1、梦溪笔谈1、为政九要1、荒政编1、考古议论1	
类书	17	118	山堂考索20、毛友韵略5、经学会元8、经学足用6、性理文锦4、待问会元12、文史联珠3、翰林丛珠4、职林3、策海会同10、锦语8、群书类句6、名贤表启5、诗家矩范7、诗人膏馥2、诗学押韵大成5、泛应录10	
合计	228	701		

另《至顺镇江志》又载当时镇江府学所藏书板云:

> 书板旧刊甚富,闭置暗室,岁久朽蠹,无复修补。今所存止二十八种五千四百四十七板,惟《棠阴比事》则教授朱天珍之所增也。《易源》二百十九板、《毛诗旨说》十八板、《三礼图》百三十七板、《论语士说》十九板、《四注孝经》八十四板、《孔子家语》二百二十五板、《二注老子》五十九板、《文中子》百三十七板、《新序》百五十九板、《古经注》三十板、《范蜀公正书》二十五板、《少仪外传》九十四板、《侯国通祀》六十一板、《温公官学制》二十四板、《审是集》四十五板、陈秘撰《奏议》六十六板、《盐石新论》三十板、《迂斋古文》五百九十七板、《刻漏图》三十六板、《京口耆旧传》百六十二板、《京口诗集》百三十九板、《润州类集》百六十三板《镇江志》八百九十板、《荒政编》十九板、《乐善录》百八十板、《备急方》三十七板、《万花谷》千八百四板、《棠阴比事》八十板、《重修镇江志》一千一百一十七板。①

上已引《至顺镇江志》编修者言:宋景定时镇江府学图书,至顺时所存者"不及什二三","书板旧刊甚富,闭置暗室,岁久朽蠹"。如果以至顺时镇江府学所藏图书与书版是南宋景定时十之三估算的话,则南宋景定时,镇江府府学所藏图书当在七百六十种以上,二千三百多册。所藏书板有九十多种,达到一万八千多片。

(三)明州(庆元府)藏书

宋代的明州(治今浙江省宁波市),庆元元年(1195)升为府,称庆元府,是浙东重镇,也是重要的对外贸易港口,经济繁荣,文化发达,人才荟萃,出现了以史氏、楼氏为代表的世宦、世儒大族。故明州地方政府藏书事业也十分发达。但南宋初,金兵南侵,一直至浙东、浙南,明州也深受金兵战火之害,经济文化遭到很大破坏。原来"制度甚伟"的州学,"建炎胡虏之祸,鞠为茂草,而先圣之殿仅存,扶持倾欹,不庇风雨,荒榛断址,使人怆然"。但由于有重文教的优良传统,地方官员与当地士大夫、乡绅都十分重视文化教学与

---

① [元]《至顺镇江志》卷——《学校·书籍》,第2766页。

图书典籍,战乱以后,绍兴五年(1135),教授石延庆主掌明州教学,重建州学①,接着又在州学中建造御书阁,收藏自绍兴十二年后高宗所赐御书石经与其他御书御制②,重修被毁的原州学藏书楼九经堂③。对此,《宝庆四明志》回顾综述南宋明州的文教图书业恢复发展时指出:

圣朝天禧二年,守李夷庚移学于子城之东北一里半,建炎兵毁……绍兴七年,守仇念成之。直殿之后为明伦堂(下注:林桷书),翊以两庑东庑之东斋曰上达、曰广誉、曰造道;西庑之西斋曰登贤、曰成己、曰时升。三门之外会于一门以出。于是讲肄有所矣。十九年,守徐琛即明伦堂之后建稽古堂(下注:徐琛篆书),亦旧址也。堂之上旧有五经阁(下注:郡人楼郁有"五经高阁倚云开"之句),阁毁经亡。高宗皇帝累颁御书经史,乃崇奉于新堂之上,则曰御书阁。二十七年,守姜师仲重修七年所建。守张津乾道三年重修,六年,守赵伯圭又修之,久益圮。淳熙十三年,岳甫守郡,周粹中领校官,协谋改贯,郡捐钱二百万,乡之达尊尚书汪大猷、侍郎史弥大劝激士类,鸠材效功,自阁之外,堂庑重门,皆为一新,增置成德斋于上达之后(下注:林士衡命名)。越二年,林士衡继周董职,又撤新其六斋,创冷斋于稽古堂之西(下注:后改曰养正斋,以处小学诸生,则分隶诸斋矣)。嘉定十六年,守赵师岩复修御书阁,且捐缗钱七百修诸斋。宝庆元年,校官方万里犹以泮桥湢室公厨未新为恨,谒之守倅,摄守齐硕,给缗钱千、米百石,倅蔡范亦以舶务之赢,助缗钱如州之数,今守胡矩又给缗钱一千。黉宇轮奂,遂甲东诸州郡之上……嘉熙间,奉旨升濂溪、横渠、明道、伊川、晦庵诸先生从祀于先圣。淳祐五年冬,制帅集撰龙溪颜公颐仲,祠南轩张宣公、东莱吕成公、象山陆文安公于明伦堂之左,复以郡人有得三先生之传者,曰广平舒公璘、

---

① 李璜:《重建州学记》,《乾道四明图经》卷九,中华书局《宋元方志丛刊》本1990年版,第4931页。又参见郑耕老《重修州学记》,见同书同卷(第4932页)。引者按:所谓"建炎之祸",是指建炎四年金兵南侵,经明州一直将宋高宗赵构追赶至温州海上。

② 详高阅《州学御书阁记》、戴觉《重修御书阁记》,见[宋]《乾道四明图经》卷九,第4929—4930页。

③ 见高阅《重建九经堂记》,[宋]《乾道四明图经》卷九,第4935页。

定川端宪沈公焕、慈湖文元杨公简，絜斋正献袁公燮，又列祠于堂之右。①

正是在明州历任地方官与当地乡绅、士大夫的重视、资助下，在建炎遭受金兵战火破坏之后，在不长的时间内，明州的州学得以重建与扩大，文化教学事业与地方官方藏书也得到较快地恢复发展。据《宝庆四明志》载，自绍兴至宝庆（1225—1227），已升为庆元府的府学收藏的各类图书有：

御书［引者按：括号内为收藏匣编号与原注文］：

《中庸》篇一轴、《周官》书一轴（天字匣），《文宣王赞》一轴、《乐毅论》一轴（地字匣），《孝经》一轴、《羊祜传》一轴（元字匣），《周易》三轴（黄字匣），《尚书》三轴（宇字匣），《毛诗》四轴（宙字匣），《论语》二轴（洪字匣），《孟子》五轴（荒字匣），《春秋》五轴（日字匣），《春秋》五轴（月字匣），《春秋》五轴（盈字匣），《法帖》十轴（昃字匣）。

《宣圣七十二贤像赞》三轴、《乐章》一轴、《学记》一轴（以上五轴共辰字匣）。《损斋记》一轴（宿字匣）。

右绍兴以来累次颁降。

《损斋记》一轴（汉字长匣）、奖谕沈该御笔一轴（云字长匣）。

右（上）守臣沈该恭藏。

……［引者按：以下为个人所藏御书御制及手诏，略］

赐书：

经一百一十五部计五百八十一册（传解释文等在内）、史七十九部计一千三百四十三册（说史者在内）、子一十五部计四十五册、文集一百七十一部计一千二百五十册、杂书九十五部计七百二十八册、御书临帖五册（已入御书类）、宸翰诏书一轴，（已入御书类）。

右皇子魏王判州，藏书四千九十二册、一十五轴，淳熙七年有旨就赐明州。于是守臣范成大奉藏于九经堂之西偏，继又恐典司弗虔，乃奉藏于御书阁，列为十厨。嘉定十七午，校官臣徐介点检略有散失，其所

---

① ［宋］《宝庆四明志》卷二《学校》，中华书局《宋元方志丛刊》本1990年版，第5012页。

存者如此：

官书：

经四十二部计一百六十七册、史四十部计五百七十九册、子一十四部计二十册、文集三十七部计一百五十九册、杂书一十一部计一百一十九册，右原管旧散。

川本石经书籍一十四部计一百一册，右嘉定六年摄守程覃置。

《六经正义》正本、《通鉴》、《史记》、两汉唐书、诸史提要、八朝言行录、大事记各七部。右嘉定六年摄守程覃置分七斋各一部

书板（按曰：所开书板皆后守续增）：

《四明尊尧集》一百板、《了斋先生亲笔》二十板（绍定四年教授陈松龙置）、《通鉴要览》五百五十板、《洪范讲义》四十五板、《崔官教文集》四百三十八板、《分毫韵略》二百四十板（绍定五年制帅尚书郑损置）、文公《大学章句》一十八板（绍定五年教授陈松龙置）、文公《中庸章句》一十六板、《太极图解》一十七板、《西铭解》一十一板、《近思录》一百八十板、《续近思录》一百五十板、《己丑廷对》二十板、《传习录》一百六十五板、《明学编类文公释奠礼》三十三板（以上八种陈松龙置）、文公《小学书》二百板、《陈忠肃公言行录》三十板、《北溪先生字义》一百十五板、《礼诗》二十八板、《谕俗编》五十二板（以上五种淳祐六年制帅集撰，龙溪颜公颐仲置）、《四明续志》三百三十板（大使吴丞相置）、《班马字类》二百五十板（制使李相公置）、《读书法》二百三十板、《性理字训》三十板、《濂洛论语》六十八板、《问梅小稿》八十板、《四明续志》四十五板、《济民庄始末》四十五板（以上四种制帅集撰，刘公黻置）。①

据据以上所载得以知道，淳熙七年（1180），明州州学得到皇子魏王赵凯所藏图书四千零九十二册，御书十五轴，其后这些书虽有所损坏散失，但同时，明州（庆元府）地方官府又刻印了不少书，至宝庆三年（1227），府学收藏书版三千五百零六片，计书三十种。

---

① ［宋］《宝庆四明志》卷二《学校》，第5013—5015页。

以上是南宋庆元府府学的藏书情况。在庆元府,不但府学有稽古阁,御书阁,藏有丰富的图书与书版、石刻;而且在其所属的县级地方政府也藏有一定数量的图书。如深处东海海岛的定海县(今属浙江舟山市),藏有淳熙十六年(1189)颁降的《绍兴御书》与《宝庆训敕士风御笔》十二轴,另有官书《史记》二十四册、两《汉书》四十八册、《唐书》四十册、《通鉴要览》等①。同处东海海岛的昌国县,除了亦藏有《宝庆训敕士风御笔》十二轴外,还藏有"官书经、史、子、集一十八部计一百六十九册"②。

(四)严州(建德府)藏书

严州(治今浙江杭州建德),宋初仍唐旧为睦州,属两浙西路。宣和元年(1119),升睦州为建德军节度。宣和三年改睦州为严州,仍治建德,属两浙路,辖建德、寿昌、桐庐、分水、青溪、遂安六县。南宋咸淳元年(1265),升严州为建德府,属两浙西路,辖建德、寿昌、桐庐、分水、淳安(淳化县改名)、遂安六县。南宋时严州因紧邻临安府,"为畿辅,地望日雄"③,包括藏书在内的文化教学事业得到很大发展,据《景定严州续志》载,州有敕书楼,所辖六县几乎每县都建有书楼、御书楼。时"郡有经史、诗文、方书凡八十种",所著录的书目有:

> 《六经》正文、《语》、《孟》正文、《栎斋礼记集》、《玉藻讲义》、《通鉴纪事本末》、《南史》、《唐鉴》、《周子太极通书》、《胡氏春秋传》、《胡氏春秋通旨》、《春秋后传》、《春秋后传补遗》、《尚书说命讲义》、《尚书无逸讲义》、《谢先生论语》、《尔雅义》、《近思录》(知郡华文钱寺丞任内刊)、《近思续录》(知郡华文钱寺丞任内刊)、《横渠集》、《朱文公家礼》、《朱文公小学书》、《南轩先生文集》、《融堂四书管见》、《师友问答》、《鹖冠子》、《隽子》、《程氏遗书》、《己易》、《世说》、《新定志》、《新定续志》(知郡华文钱寺丞任内刊)、《严陵集》、《严陵别集》、《钓台诗》、《钓台续集》、《钓台别集》、《皇甫集》、《大字刘宾客集》、《咸平集》、《陶山集》、

---

① ［宋］《宝庆四明志》卷一八《定海县志》,第 5229 页。
② ［宋］《宝庆四明志》卷二〇《昌国县志》,第 5229 页。
③ 郑瑶:［宋］《景定严州续志》卷一,中华书局《宋元方志丛刊》1990 年版,第 4351 页。

《徂徕集》、《定肃颜公文集》、《剑南诗》、《剑南续稿》、《江谏议奏议》、《闻范》、《关化书》、《洛阳名园集》、《开元天宝遗事》、《圣政草》、《老学庵笔记》、《乡饮酒记事》、《窦氏联珠》、《省事老人集》、《陈宋集》、《西昆酬唱集》、《唐御览诗》、《钜鹿东观集》、《潘逍遥诗》、《东里诗》、《千岩集》、《七里先生自然庵诗》、《清真集》、《顺庵集》、《史氏指南方》、《史载之方》、《卫济方》、《本事方》、《二典义》、《产宝方》、《痈疽方》、《清真诗余》①。

五、宋代地方政府藏书的来源

南宋地方政府藏书的来源主要有以下几个方面:朝廷赏赐、政府购买、官员、乡绅捐助、地方刻印。

（一）朝廷颁赐

南宋朝廷赐与地方政府的图书主要包括两方面:一是最高统治者皇帝的御制、御书、手诏、书法墨迹及朝廷颁发的制敕诏书;二是国子监雕印的经史典籍。前者上文已有阐述,各地方政府或在州府、县衙,或在州府学、县学专建御书阁、御书楼,宝藏御制御书、手诏、墨迹等。

宋高宗赵构是宋代最喜撰文作诗、舞文弄墨的皇帝之一,他自称"朕每罢朝,未尝不观经史子传,日书数纸"②。为了表示重文教,兴儒业,绍兴十三年(1143)正月,高宗准集英殿修撰、新知湖州秦棣乞前后御书经史并以墨本颁赐诸州学宫③。绍兴二十六年十二月,又准臣僚上言:"诏有司奉安石刻于国子监,为不朽之传。仍造碑本遍赐州府军监学校,用彰右文之化"④。自此以后,高宗及以后各帝屡向宰执、近侍大臣、武臣与地方官府、学校赐予御制御书。在此同时,朝廷还将高宗及其他各帝的御制御书、诗文墨迹刻石立于国子监、秘书省,并命各州府立于州府衙门或州府学校。对此,就上文所举,

---

① ［宋］《景定严州续志》卷四,第4382—4383 页。
② 高阅:《州学御书阁记》,［宋］《乾道四明图经》卷九,第4929 页。
③ 《系年要录》卷一四八,绍兴十三年正月乙巳条,第2376 页。
④ ［宋］《咸淳临安志》卷一一《太学·光尧石经之阁》,第3457—3458 页。

《景定建康志》所载建康府所藏高宗御书石经有十二种三十七卷一册，另有自真宗、仁宗、徽宗、高宗、孝宗等诸帝御书、御制、御札、手诏碑刻四十六件。镇江府自绍兴癸亥（十三年，1143）以后，累赐高宗宸翰有《易》、《书》、《诗》、《孝经》、《论语》、《春秋左氏传》，又《书》之《周官》篇、《礼》之《中庸》及《孟子》、《乐毅论》、《羊祜传》、《先贤赞》、《七十二贤赞》法帖、手诏《损斋记》，总五十四轴。明州自绍兴以来累次颁降御书五十四轴。

　　除了颁赐御制御书外，为了支持地方文教事业，宋代朝廷还经常赐给各地官学经史等教学必需图书。对此，早在太宗淳化时，"诏以《九经》赐荆楚、湖湘、江、吴、杭、越、闽中、岭外诸郡"[1]。接着真宗咸平四年（1001）六月丁卯，又"诏诸路州县有学校聚徒讲诵之所，并赐《九经》"[2]。以后，朝廷多次对州县官学颁赐国子监雕印的经史典籍。尤其是仁宗庆历四年（1043）三月，诏天下州县立学，号召大力兴办官学后。以建康府为例，自仁宗朝建府学后到理宗景定（1260—1264）间，曾先后三次得到朝廷颁赐图书：第一次是天圣七年（1029），丞相张士逊（964—1049）出守江宁府，奏请于朝，全赐国子监书；第二次是绍兴十六年（1146），宋高宗亲书《九经》及《先圣文宣文赞》，刻石于国子监，首以石本赐之；第三次是景定二年（1261），守臣马光祖"复求国子监书"[3]。南宋时，朝廷赐予地方官府图书最多的是淳熙七年（1180），有旨将皇子魏王藏书四千零九十二册、一十五轴赐给明州，已见上引，不再赘述。

　　宋代朝廷在赐予各地方官府、学校图书典籍时，还赐予已刻梓的书板。如北宋元祐四年（1089），苏轼在知杭州任上，曾上《乞赐州学书板状》，称："前知州熊本，曾奏乞用废罢市易务书版赐于州学，印赁收钱，以助学粮。""见今转运司差官重行估价，约计一丁四百六贯九百八十三文"，"市易务原造书版用钱一千九百五十一贯四百六十九文"。苏轼请求将这些书版无偿

　　① 李闶：《修九经堂记》，载［宋］《乾道四明图经》卷九，第4934页。
　　② 《长编》卷四九，咸平四年六月丁卯条，第1065页。
　　③ 马光祖等：［宋］《景定建康志》卷三三《文籍志一》，中华书局《宋元方志丛刊》本1990年版，第1884—1885页。

赐给州学①。上文在叙述有关州府衙署及学校藏书时,已指出有的州府及学校藏有数量不等的书板,如景定时建康府官署、府学所藏书板图书六十八种,二万零一百多片;镇江府学所藏图书书板有九十多种,一万八千多片;宝庆时庆元府府学收藏书版三千五百零六片,计书三十种。这些图书版片,除了一部分是当地方政府自行刻梓外,还有一部分当是自北宋元祐以后,朝廷历年赐予的。

(二)购置征集

为了扩大地方官府藏书,宋代各级地方行政长官一般都比较注意收集图书,除了向朝廷请求赐予外,还通过购买、向民间广泛收集的办法积聚图书。如据《宋史》卷三三三《沈立传》载:"立在蜀,悉以公粟售书,积卷数万。"又如上举绍兴初年,叶梦得两知建康府时,用公羡钱,遍售经史诸书,建缃书阁以藏之。而人称方舟先生的李石(1108—?)于绍兴末为成都教授,曾较详细地记述了他为府学购置图书的情况:

> 每三岁取士,考官所要书率科之书肆文具而已,至学校两季补试,或旬日发题,多随意摸索,不复检阅,无幽远靖深之意,间有粗浅凡俗传笑士者。或曰此非学官之过,学无书之过也。石罪放为成都教授,始因试诸生日,援上庠例,求观书至无可得,则以学力所及,自市书既得数千卷,而所阙甚多。会金州帅节使王公送五百贯赡学,则以二百贯补书数之缺,而经史子集大藏稍富于巾箧矣。先是,学有韩退之文板本,独缺《柳子厚集》板,因以三百贯刻板,并韩文并行,丰其本息,以给膳养不足之用。窃闻公典方面所至多为学官市书,今成都学自此有书,庶乎公之心所沾丐甚远,岂特五百贯而已哉!惟公倥偬战阵,以恢复中原为已任,而能玩意儒术,文武并用,勋名竹帛,宜与国垂于无穷②。

通过李石所述,可以看到,南宋成都府府学在李石主持期间,购置图书数千卷,又得到当地长官的财政支持,刻印府学需要的图书。

---

① 《苏轼文集》卷二九,第839—840页。
② 李石:《方舟集》卷一三《跋王金州送赡学钱书》,《四库全书》珍本初集,商务印书馆1935年版。

对于各地方政府、学校购置图书以扩大图书收藏,一般还能得到朝廷的支特。如对国子监刻印的图书,准许向地方官府及私人出售,尤其是国子监所印经书,真宗时曾专门下诏"降付诸路出卖","所有价钱于军资库送纳"①。有大臣提出,国子监书价格太低,请求提价,朝廷则下诏曰:"曩以群书,镂于方板。冀传函复,用广师儒,期于向方,固靡言利。"明确表示,"国子监经书更不增价"②。这虽然是北宋时的规定,但一直沿用至南宋。朝廷对地方政府的这些优待政策,在经济上减轻了各地购置图书的压力,加上朝廷的颁赐,从而保证了地方官府、官学基本的图书收藏。

除了通过购买图书外,各地方政府及其长官还注意收集散落在民间的一些私家藏书。如江西筠州藏书世家刘氏,北宋末羲仲死后,无后,至南宋初"书录于南康军官库"③。成都平民藏书家杨汇,藏书万余卷,古今石刻超过欧阳修《集古录》所录,其子死后,将图书与石刻奉献给地方长官④。当然也有出于振兴当地文化教育事业主动向地方官府献图书的。南宋孝宗时,宇文绍奕知资州,不但将州的官方聚书楼整治一新,采购缀录,比旧藏增加一千余卷,而且还将自祖父起历年累积的图书一万多卷搬入州聚书楼,称"吾家故所贮,吾幸得之,不欲擅而有也;盍传之是邦,以为学士大夫共之。于是摹刻汉石经及他碑凡五十四卷,复以石柱大厦,名其堂曰'博雅'"⑤。绍兴十八年(1148)朱熹考中进士后不久,为泉州府同安县主簿,主持县学。检视县学官书,散失损坏颇甚,于是为之整理编目,又"下书募民间"⑥,加以扩充。

(三)刻印

宋代地方政府藏书的另一来源是自身刻印的图书。宋代地方官方刻书事业十分兴盛,刻书部门也很多。既有路一级机构的监司、转运司、茶盐司、

---

① 《宋会要辑稿》职官二八之二。
② 《宋大沼令集》卷一五〇《国子监经书更不增价诏》,中华书局1962年版,第556页。
③ 陆游:《老学庵笔记》卷九,《陆放翁全集》,中国书店据世界书局1936年版影印本,第57页。
④ 张澍纂:《蜀典》卷一一,清光绪二年(1876)刻本。
⑤ 张震:《博雅堂记》,[清]嘉庆《资州直隶州志》卷二九,嘉庆二十年(1815)刻本。
⑥ 《晦庵先生朱文公文集》卷七五《泉州同安县学故书目序》,《朱子全书》第3606页。

提刑司;又有州府、县刻图书;还有州学、府学,甚至县学刻印的图书。

两宋三百余年,地方官府、学校刻印了多少书,无人统计过,也无法统计。但有不少学者根据文献记载与有关书目著录,对两宋地方官刻图书情况进行了探考。以浙江地区而言,据对古代浙江藏书刻书有很深研究的当代浙江籍学者顾志兴先生考证著录,北宋时,杭州地方官刻图书可考有十余种,南宋临安府官方刻书二十四种,约七百余卷;南宋时,两浙路公使库刻书三十余种,约一千五百卷①。当然,宋代杭州(临安府)与两浙路官方刻印的图书远不止此。不但临安府如此,以现在的浙江省区域内,南宋各州府地方官府、州府学乃至县学也都刻印了不少图书,这些刻印的图书自然作为当地政府与学校的基本藏书。对此,顾先生在其所著《浙江藏书史》②中,对宋代浙江十一个州府刻印后收藏的图书进行了考证著录。笔者兹据其大作所考述,制成南宋时除上揭临安府外其余十州府衙署、学校刻印、收藏的图书表,以了解宋代地方官府以刻印图书作为自身藏书的情况。

州府名		刻藏图书	数量(种)		备注
秀州(嘉兴府)	衙署	愧郯录、礼部韵略释疑。	2	2	
	州(府)学				
湖州(安吉州)*	衙署	北山小集、安陆集。	2	4	*原文作吴兴(安吉州)
	州学	论语集说、大宋登科记。	2		
明州(庆元府)	衙署	徐公文集、龙龛手稿、文选六臣注、本草单方、都官文集、清真先生集、铜壶滴漏制度。	7	17	
	州(府)学	了斋先生亲笔、文公中庸章句、文公大学章句、太极图解、西铭解、近思录、续近思录、己丑廷对、传习录、明学编类文公释奠礼。	10		

---

① 详顾志兴:《浙江出版史研究》第三章第五节《临安府(杭州)刊书》,浙江人民出版社 1991 年版,第 86—105 页。

② 顾志兴:《浙江藏书史》,杭州出版社 2006 年版。按:下表据是书上册第 96—100 页所载简缩而成。

(续表)

州府名		刻藏图书	数量(种)		备注
越州(绍兴府)	衙署	周易注疏、尚书正义、周礼疏、论语注疏解经、孟子注疏解经、大易、唐书、资治通鉴、通鉴释例、稽古录、大玄经、事类赋、外台秘要方(以上两浙东路茶盐司衙署)。通鉴外纪、前汉纪(以上两浙东路转运司衙署)。兰亭考(两浙东路提举常平司衙署)。苕溪渔隐丛话(两浙东路提点刑狱司衙署)。毛诗正义、松漠纪闻、隶释、隶续、元氏长庆集、万首唐人绝句、战国策、嘉泰会稽志、习学纪言、吴越春秋、越绝书、参同契分章通真义(以上绍兴府衙署)。子华子(会稽县衙署刻藏)。	30	31	
	州(府)学	诸史提要。	1		
台州	衙署	荀子、扬子法言、中说、昌黎先生集、后典丽赋、颜氏家训、春秋左氏传事类始末、赤城集、石林奏议(天台县衙署)。	9	14	
	州学	天台前集、天台别集、天台续集、天台补遗、无垢先生横浦心传录(黄岩县学)。	5		
婺州	衙署	周易义海撮要、欧阳先生文粹、吕氏家塾读书记、左传类编、观史类编、欧公本末。	6	11	
	州学	嘉祐新集、古三坟书、龙川文集、春秋左传正义、周易陈氏传(东阳县学)。	5		
衢州	衙署	五代史、五代会要、群斋读书志、四书章句集注。	4	5	
	州学	三国志。	1		
严州	衙署	通鉴纪事本末、江谏议奏议、剑南诗稿、南史、大字刘宾客集、世说新语、尔雅等十五种。	22	23	
	州学	唐柳先生集。	1		
温州(瑞安府)	衙署	仪礼、周礼井田谱、止斋先生文集、永宁编、白石诗传。	5	8	
	州(府)学	大唐六典、温州进士题名、永嘉守御录。	3		
处州	衙署	元城先生尽言集、山谷编年诗集、吴兴三沈集。	3	4	
	州学	晦庵语类。	1		

从上表所列,南宋时除临安府外,今浙江省境内十州府、县刻印图书达到一百十九种。实际数字当远不至此。当然,以上十州府位于南宋经济、文化最发达的两浙西路与两浙东路,地方政府有财力刻印图书,故刻印图书比之经济文化不很发展的边远州府自然要多。但宋代各地方官府大多热心刻印图书,其原因除了发展当地文化教学外,还有利可图。据《吴郡志》载,仁宗嘉祐间,知苏州王琪"假省库钱数千缗",大修州衙之设厅,"厅既成,漕司不肯除破。时方贵杜集,人间苦无全书,琪家藏本雠校素精,即俾公使库镂版,印万本,每部为直千钱,士人争买之。富室或买十许部,既偿省库,羡余以给公厨"①。这虽然是发生在北宋苏州之事,但很能反映宋代地方政府通过刻印出售图书解决财政困难,增加地方财政收入。

宋代地方政府和地方长官正是出于发展本地文化教育事业和增加地方财政收入,对刻印图书表现出了极大热情,"凡搢绅家世所藏善本,监司郡守搜访得之,往往镂板以为官书"②。而地方官方刻书不但丰富了当地官府、官学的藏书,方便了个人购买,也增加了中央官府的藏书。对于地方官府刻印的图书或印版,朝廷可诏馆阁径自收取。对此,南宋秘书省内专设有三间印版书库,"藏诸州印板书"③,绍兴十四年(1144)三月庚辰,就曾"召诸军应有刻板书籍,并用黄纸印一帙送秘书省"④。

由于有朝廷与中央政府的支持,有良好的私家藏书作基础,再加上多种渠道的藏书来源,宋代的地方官府藏书发展较快,藏书数量较多。而地方官府藏书的发展,与私家藏书一起成为中央官府藏书事业发展的坚实基础。

---

① [宋]《吴郡志》卷六《官宇》,第723—724页。
② 《宋会要辑稿》崇儒四之三一。
③ 《南宋馆阁录》卷二《省舍》,第13页。
④ 《系年要录》卷一五一,绍兴十四年三月庚辰条,第2432页。

第三章 南宋的私家藏书(上)

　　私家藏书是中国古代四大藏书系统中,继官方藏书之后形成的第二大系统,具有十分重要的地位。历代藏书家是对传承、弘扬中国传统文化作出巨大贡献的一群体。但汉代及汉代之前,图书载体都为笨重的竹木简,贮藏、携带都不方便,也不利于流通,还有部分载体为成本昂贵的缣帛,需要浓厚的财力,成之不易,聚之更难,故私家藏书人数不多。东汉时期,蔡伦对造纸技术的改进,加速了典籍的复制流通,极大地促进了私家藏书的发展。从魏晋南北朝到隋唐时期,图书数量成倍增长,收藏图书较前大为便易,藏书家人数和藏书数量都有了明显的增加,形成了私家藏书的第一快速发展期。至宋代,在最高统治者实施的重文政策的鼓励下,科举、教育事业的发展,社会各阶层尤其是士大夫阶层十分重视读书,形成了非常浓厚的积贮、收藏图书的社会风气;又由于唐中期发明的雕版印刷技术的成熟与广泛运用,图书出版业的高度发展,给私人收藏图书提供了极大便利,也进一步促进了宋代私家藏书风气的普及,使宋代的私家藏书在前代的基础上,迎来了中国私家藏书史上空前繁荣的第二个快速发展期。南宋私家藏书作为整个宋代私家藏书的组成部分,是北宋私家藏书发展的继续,所以有必要首先对北宋的私家藏书作一回顾概述。

第一节　北宋私家藏书概述

总结北宋代私家藏书的发展,最明显的特点是北宋的藏书家人数与前代相比,有了成倍增加。有关对各朝代或某一地区藏书家人数的记录,前人、今人已有不少著作,除了清末民国时期出版的叶昌炽的《藏书纪事诗》、吴晗的《江浙藏书家考略》、杨立诚、金步瀛合编、余运之校补的《中国藏书家考略》①外,自上世纪八十年代以来,其代表性的著作有顾志兴的《浙江藏书家藏书楼》②,李玉安、陈传艺所编《中国藏书家辞典》③,王河主编的《中国历代藏书家辞典》④,梁战等编《历代藏书家辞典》⑤等等。本世纪以来,最有代表性的著作有范凤书的《中国私家藏书史》⑥。范先生的大作记述中国古代私家藏书主要从两汉开始,共提及两汉及两汉之前私家藏书有姓名者约二十余人,其中不少人限于无生平事迹材料,只有片言只语的藏书记载。由于这一时期图书数量不多,收藏很难,适当降低标准,姑且定先秦至两汉时期藏书家人数为二十。另该书收集载录两汉以后魏晋南北朝时期藏书家为一百零二人,收集载录隋唐五代时期藏书家共有一百十二人,其中隋代九人,唐代六十人,五代十国时期四十三人。这样,先秦至隋唐五代藏书家总共是二百三十四人。

关于宋代藏书家人数,清人叶昌炽的《藏书纪事诗》收录两宋藏书数千卷以上,事迹可考的藏书家一百十余人。二十世纪八十年代初,台湾学者潘美月所著《宋代藏书家考》⑦,在《藏书纪事诗》基础上有所增补,达一百二十

---

① 杭州青白印刷社排印,1929 年。
② 浙江人民出版社,1987 年。
③ 湖北教育出版社,1989 年。
④ 同济大学出版社,1991 年。
⑤ 陕西人民出版社,1991 年
⑥ 大象出版社,2001 年。
⑦ 台湾学海出版社 1980 年。

八人。尔后,方建新在叶、潘两人的基础上,又历经数年,从史籍、文集、笔记、方志、碑刻中收集到上述两书未载录的宋代藏书家三百余人,撰写了《宋代私家藏书补录》、《北宋私家藏书再补录》、《南宋私家藏书再补录》等文①。近年来,又有所发现,新得数十家。这样,累积的两宋称得上藏书家,即藏书数千卷以上、事迹可考或约略可考者约五百余人。其中北宋就达到二百余人。也就是说,两宋(960—1279)在不到三百二十年时期内的藏书家人数,是从春秋(前770—前476)简帛图书产生后,至隋唐五代一千多年藏书家总数的两倍多。而仅北宋(960—1127)一百六十余年时期内的藏书家人数,就是隋唐五代(581—959)三百八十年的两倍多。

　　宋代不但藏书家人数是前代所有朝代的数倍,而且藏书家所藏图书的数量也大大超过前代。仍以《中国私家藏书史》一书所载录统计相比较,魏晋南北朝时期有明确记载藏书万卷以上的藏书家约二十人②,占总数约百分之十九。隋唐五代藏书万卷以上的藏书家有三十三人,占这一时期整个藏书家人数近百分之三十。北宋藏书万卷以上的藏书家有一百零三人,占总数的近百分之四十七。为清楚明白起见,下面将以上数据列表总结如下:

时期	藏书家人数	藏书万卷以上人数	藏书万卷以上所占比例‰	
两汉以前	20	不详		
魏晋南北朝	102	20	19‰	
隋唐五代	234	33	29‰	
北宋	220	103	47‰	

　　从以上这几组数字的对比,可以清楚地反映出北宋私家藏书比之前代人数有成倍增加,规模有了很大的扩大,藏书数量达到万卷以上的藏书家占总的藏书家人数将近半数左右。而且还出现了不少藏书多达四、五万卷、与秘府等的藏书家。如据徐度《却扫编》卷下载,生活于神宗至徽宗朝的应天

----

①　分别载《文献》1988年1、2期;《古文献研究》,杭州大学古籍研究所编,哈尔滨师范大学《北方论丛》丛书,1989年;《宋史研究集刊》,杭州大学历史系宋史研究室编,浙江省社联《探索》杂志增刊,1988年。

②　按:由于两汉及两汉以前对藏书家藏书数量无明确记载,无法统计,故以魏晋南北朝以后为统计范围。

宋城(今河南商丘)人王钦臣(字仲至),家藏图书,"其目至四万三千卷,而类书之卷帙浩博,如《太平广记》之类,皆不在其间,虽秘府之盛无以逾之"。而洪迈《容斋四笔》卷一三载:

> 濮安懿王之子宗绰,蓄书七万卷。始与英宗偕学于邸,每得异书,必转以相付。宗绰家本有《岳阳记》者,皆所赐也,此国史本传所载。宣和中,其子淮安郡王仲麜进目录三卷,忠宣公(洪皓)在燕,得其中帙云:"除监本外,写本、印本书籍计二万二千八百三十六卷。"观一帙之目如是,所谓七万卷者为不诬矣,三馆秘府所未有也,盛哉。

高似孙《史略》卷五亦云:"濮安懿王之子荣王宗绰聚书七万卷。"再如宋太祖贺皇后五代族孙、著名词人贺铸(1052—1125),晚居吴兴(今浙江湖州市),"藏书之多,至十万卷"①。另据叶梦得《过庭录》记载:"公卿名藏书家,如宋宣献、李邯郸,四方士民如亳州祁氏、饶州吴氏、荆州田氏等,吾皆见其目,多止四万许卷。"②宋宣献即宋绶(991—1040),李邯郸即李淑(1002—1059),字献臣,徐州丰人,编有家藏图书目录《邯郸图书志》。亳州祁氏为祁元振,饶州吴氏为吴良嗣。上引《过庭录》中所述五人中,宋绶藏书二三万卷,李淑藏书二万三千一百八十余卷③,田伟藏书三万七千卷④,所谓"多止四万许卷",当指祁氏元振⑤、吴氏良嗣的藏书。

---

① 《齐东野语》卷一二《书籍之厄》,第217页。

② 《文献通考》卷一七四《经籍考一》引《过庭录》,第1510页。

③ 《文献通考·经籍考一》引《过庭录》:"唯宋宣献家择之甚精,止二万许卷,而校雠详密,皆胜诸家。"(第1510页)陆游:《跋京本家语》(《渭南文集》卷二八):"本朝藏书之家,独称李邯郸公、宋常山公(绶),所蓄皆不减三万卷。"(《陆放翁全集》第169—170页)周密《齐东野语》卷一二:"邯郸李淑五十七类,二万三千一百八十余卷。"(第217页)

④ 《舆地纪胜》卷六五:"田伟,以燕人归朝,得江陵尉,即占籍焉,建博古堂,藏书三万七千卷,无重复者。"(中华书局1992年版)

⑤ 按:潘美月《宋代藏书家考》引叶氏《过庭录》、张邦基《墨庄漫录》卷五载录,称"亳州祁氏",云:"据此,知亳州(即谯郡)祁氏乃宋代藏书家,有藏书目录流传于当世,唯名字、生平仕履、收藏情况未详。"其实不然。《长编》卷二〇七治平三年正月丙子条:"试将作监主簿祁元振卒。元振,谯人,太常少卿革之子,以父任授试衔,不肯仕。聚书至万余卷,博览多记,至于医方阴阳之书,亦往往能知。廉静寡欲,为乡人所爱信。前州将多荐者,特除守校书郎致仕。元振辞而乞追封其母,诏以母丁氏为昭德县太君。卒年七十四。"(第5022页)故祁元振(993—1066)生平仕履及藏书情况还是约略可考的。

在这同时,北宋还出现了诸多延续三世、四世乃至五世以上经久不衰的藏书世家。其中有些藏书世家一直延续到南宋,对此下文将有集中叙述。

但是,北宋末年发生的靖康之难,以及南宋初的金兵南侵,在官方藏书遭到毁灭性破坏的同时,私家藏书也受到巨大损失。除了被金人直接掠夺与战火毁灭外,更多的私家藏书在士大夫弃家外逃过程中也亡失殆尽。对此,周密就指出:

> 宋承平时,如南都戚氏,历阳沈氏,庐山李氏,九江陈氏,番易吴氏,王文康,李文正,宋宣献,晁以道,刘壮舆,皆号藏书之富。邯郸李淑五十七类二万三千一百八十余卷,田镐三万卷,昭德晁氏二万四千五百卷,南都王仲至四万三千余卷,而类书浩博,若《太平御览》之类,复不与焉。次如曾南丰及李氏山房,亦皆一二万卷,然后靡不厄于兵火者①。

以上周密所举"靡不厄于兵火者"的藏书家,仅是北宋全盛时期最有名的藏书家。其实,家藏图书毁于北宋末南宋初兵火的,远不至周密所举以上几家,另如赵明诚、李清照夫妇费尽心力收藏和经过精校的大批图书、书画与金石拓片,原藏青州(今山东益都)赵家的归来堂,靖康之变后,南下时只带了其中很少一部分(十五车)图书,渡江到建康时尚有书二万卷,金石拓片二千卷。不久,赵明诚去世,李清照逃难各地,颠沛流离,最后只剩了"不成部帙"的很少几种。李清照夫妇藏书的遭遇正是当时南渡的北方藏书家普遍经历。正如王明清《挥麈后录》卷七所言:"靖康仿扰,中秘所藏与士大夫家者悉为乌有。"而南方私家藏书在南宋初也受到金兵南侵的极大破坏,其中素富藏书的江浙地区,"藏书之家,百不存一,纵有存者,又皆零落不全"②。

---

① 《齐东野语》卷一二《书籍之厄》,第217页。
② 《渭南文集》卷二八《跋京本家语》,《陆放翁全集》第169—170页。

第二节　南宋私家藏书的恢复发展

南宋朝廷在几经流离颠沛,历尽磨难后,于建炎三年(1310)驻跸杭州,随即又升杭州为临安府,作为行在所,即建都临安。以后,虽然在一段时期内,继续受到金兵入侵、骚扰,政局不稳,"国步艰难,军旅之事,日不暇给"①。但是,在宋朝军民的英勇抗击下,将金兵拒之长江之北,而随着绍兴十一年(1141)绍兴和议的订立,宋金以淮河为界,使淮河以南,尤其是长江以南在十三世纪中期蒙古军队大举南掠前,有一百二十年左右较为稳定的时期,经济文化得到较快的恢复发展。在此同时,如前所述,南宋的最高统治者继续推行北宋太祖、太宗制定的重文政策,重视科举、教育,在全社会营造了崇尚知识的社会氛围,加上雕版印刷技术的进一步成熟与广泛运用,图书出版业的高度发展,极大地方便了书籍的流通与收藏,从而使南宋的私家藏书事业在北宋末、南宋初遭到很大破坏的基础上,得到较快的恢复,并有了超越前代的发展。

南宋私家藏书的恢复发展,首先表现在南宋藏书家人数总体超过北宋。

上文笔者在回顾总结北宋藏书家的人数时指出,两宋称得上藏书家,即藏书数千卷以上、事迹可考或约略可考者约五百余人。其中北宋就达到二百二十余人,而南宋的藏书家达到二百九十余人,超过北宋。

南宋的私家藏书不但在藏书家人数上超过北宋,而且藏书规模也要超过北宋。还是以《中国私家藏书史》所载作一统计,藏书万卷以上的藏书家北宋有一百零三人,南宋有一百十一人,南宋也要超过北宋。再以藏书数万卷即超过二万卷的大藏书家为例,经过笔者考证确定,两宋共有近七十人,其中北宋有二十五人,名单如下:

宋白(936—1012)、钱惟演(962—1033)、赵宗晟(1030—1095)、王洙(997—1057)之子王钦臣、濮安懿王之子、袭封濮国公的荣王赵宗绰(1035—

---

① 《宋史》卷二〇二《艺文志一》,第5033页。

1096）、贺铸（1052—1125）、赵令教（1046—1090）、宋敏求（1019—1079）、李淑（1002—?）、沈立（1007—1078）、苏颂（1020—1101）、陈景元（1024—1094）、晏几道（1030—1106）、李诫（1035—1110）、郭逢原（1039—1099）、应舜臣、刘季孙、莫君陈、饶州吴氏、荆州田氏、雍子仪、慕容彦逢、田伟、段冲、赵明诚（1081—1129）。

南宋有四十二人，名单如下：

赵令畤（1061—1134）、叶梦得（1077—1148）、赵不宇、杨纮、罗良弼（1108—1164）、朱倬（1086—1163）、董逌、王莘、钱安道、钱绅、井度、诸葛行仁、晁公武、李庚、张大训、史正志、张处厚、沈瀛、杜莘老（1107—1164）、李泰（1115—1184）、方于宝、方崧卿（1135—1194）、程大昌（1127—1194）、尤袤（1127—1194）、周辉（1126—1198）、王淮（1127—1190）、王正功（1133—1203）、潘景宪（1137—1181）、倪思（1191—1257）、孔元忠（1159—1226）、李作乂、王介卿、郑寅、杨泰之（1169—1230）、魏了翁（1178—1237）、陈振孙（?—1261?）、赵汝愚（1140—1196）、袁似道（1147—1220）、牟巘、周密（1232—1298）、丁中、徐钦。

据此，南宋藏书数万卷的大藏书家人数是北宋的近一倍，进而说明，南宋私家藏书的规模也超过了北宋。

需要指出的是，两宋王朝统治时间为三百二十年，北宋一百六十八年，南宋一百五十三年，比北宋少十五年。另外南宋的疆域比北宋少三分之一左右，淮河以北原先经济、文化非常发达的中原地区在伪齐与金朝统治之下，而淮河以南、长江以北长期是宋金战争的主要战场。藏书家作为私家藏书活动的代表，在统治时间、区域范围都要少的情况下，南宋藏书家人数与规模总体却超过北宋，这充分说明南宋的私家藏书在北宋已达到很高水平的基础上，有了持续稳固的发展，更上了一层楼。

第三节　南宋私家藏书的特点

南宋私家藏书在北宋已发展到很高水平的基础上，有了进一步的发展，藏书家人数与藏书规模数量都超越前代。除此之外，南宋的私家藏书还具有以下特点。

一、阶段性和区域性

宋代私家藏书发展的第一大特点,是呈现出明显的阶段性与区域性,表现在从北宋到南宋,从北方到南方,以士大夫为主的社会私家藏书活动虽经战乱与自然的、人为的破坏,却始终延续不断、久盛不衰。以时间而言,南宋的私家藏书,在北宋的基础上有着持久、稳固的发展;以区域而论,南方的私家藏书的发展,无论是人数与藏书数量都要超过北方。

为了考察宋代私家藏书的发展特点,笔者以台湾潘美月《宋代藏书家考》一书为例,对北宋、南宋及各个时期最重要的藏书家的地区分布情况进行了统计分析。

首先以时间分布分析,《宋代藏书家考》收录了宋代最重要也最具代表性的一百二十八位藏书家,分为五个时期,每一时期人数如下:

五代入宋时期十四人。

北宋承平时期四十九人。

南北宋之际二十四人。

南宋中兴时期二十四人。

南宋末期十七人。

潘著中所谓南北宋之际的藏书家中大部分主要活动在南宋。所以,如果对这一百二十八位藏书家的主要生平活动以时间来分,那么,北宋、南宋人数基本相等①。

其次以地区分布分析:

仍以《宋代藏书家考》所列一百二十八位大藏书家为考察分析对象,以长江为界,分北方、南方②。北方:河南十六人,河北六人,山东五人,安徽(长

---

① 笔者按:这是据潘著所载宋代一百二十八位藏书家所作出的统计、分析,但上已指出,据笔者对收集到的宋代五百多名藏书家的统计分析,南宋藏书家人数要多于北宋。

② 所作分析以《宋代藏书家考》为基础,对其疏误进行了订正,如《宋代藏书家考》将应天宋城(今河南商丘)王洙、王钦臣父子误为江苏南京,卫州(今河南汲县)贺铸误为江苏人。故其河南只列十三人,而江苏有十八人。

江以北）七人，江苏（长江以北）七人，山西二人，陕西一人，共四十四人。

南方：浙江三十一人，江西十五人，福建十二人，江苏（长江以南）八人，四川七人，湖北三人，湖南二人，共七十四人。

北方与南方之比是四十四与七十四，南方多北方近一倍。各省区中以浙江最多，有三十一人；河南第二，有十六人。

再次，以时间结合地区的考察分析：

在一百二十八名著名藏书家中，由五代入宋即北宋初期十四人中，北方：河南三人，江苏（长江以北）二人，河北二人，山西一人，共七人；南方：江西二人，四川二人，浙江、福建、湖南各一人，共七人。

北宋中兴时期四十八人中，北方则河南最多，有十人：河北五人、安徽四人、江苏（长江以北）四人，共二十六人；南方则江西居首，有九人，浙江七人、福建四人，共二十二人。北方比南方多四人。

北宋南宋之交时期二十四人中，北方八人，南方十六人，南方比北方正好多出一倍。其中以浙江最多，有五人。

南宋中兴时期与南宋末期共有四十一名藏书家，南方籍人士占了绝对优势，有三十六人；

但其中包括如晁公武、周密这样南渡后，祖先迁徙到南方占籍的北方士大夫的后裔。

通过以上对宋代著名的一百二十八位藏书家的分析统计，除了再次验证了笔者上节所得出的结论：在南宋统治时间比北宋少十多年，而统治区域只有北宋三分之二，又先后遭受金、蒙元军战火破坏的情况下，藏书家人数并没有减少，与北宋基本相等。此外，还可以较清楚地看到宋代私家藏书的发展轨迹：第一，宋代私家藏书在北宋时，以京城开封为中心的中原地区为盛，从北宋建国后一直延续到北宋灭亡，有长达一百多年的持续发展。在这期间，南方的江西、浙江、四川、福建等地的私家藏书也得到稳定发展。第二，随着北宋灭亡，大批中原士大夫随宋室南渡，极大地促进了原本就有很好基础的南方私家藏书。由于淮河以北在很长一段时期内是在伪齐与金的统治下，长江北岸与淮河间又是宋金交战的主要战场，使宋代私家藏书几乎完全南移到长江以南；而以临安为中心的浙江地区藏书家人数超过了其他地区，比北宋时的京城所在地河南多出近一倍。第三，两宋时期，南方籍（包括南渡来的北方士大夫占籍南方者）人数明显多于北方，除了浙江外，江西、四川、福建、江苏等地，私家藏书也比较集中。这一切，均说明宋代私家藏书自北宋至南宋，由北向南稳步持续地发展，也证明了我们提出的南宋的私家藏书的发展，要超过北宋，是经过考察分析得出的有事实根据的结论。

二、藏书群体扩大，藏书家身份多样化

南宋私家藏书发展的另一表现与特点是，随着全社会藏书风气的普及，藏书群体扩大，藏书家身份多样化。上至王公宗室、官僚士大夫，下至一般士子庶民，都十分重视读书，重视图书收藏。由于书市上主要是印本，书多而价低，给私人收藏提供了很大方便，私家藏书活动也由原先主要是王公贵戚、官僚士大夫扩大到一般士庶。如果加以分析归类，南宋时期的藏书家主要由以下几类人员构成。

（一）官僚士大夫

与前代一样，南宋时期私家藏书活动的主体还是士大夫，其中又以官僚士大夫为主。据统计，南宋藏书家近三百人中，十之七八都为官僚士大夫，这在藏书世家中表现得更为突出。如南宋沿续二世以上藏书世家中，极大部分是官僚士大夫家庭（对此，下节有具体述析）。这种现象的出现既有历史的原因，是南宋士大夫继承前代知识分子的优良传统，将读书、藏书、著书作为人生乐此不疲的追求。尤其是在重视文化教学，全社会文化相对普及的宋代，士大夫们在藏书、著书、编书的过程能够获得精神上的满足和个人价值的体现。很多官僚士大夫更把藏书教子作为提高家族成员文化素养，进而提高整个家族社会地位的手段，因此都把藏书活动作为一种家学门风世代传承，以保持家族长盛不衰。

另外，相对而言，官僚士大夫们有一定的经济基础，有能力购置图书，又有其他图书来源，也有较充裕的时间抄录图书，还能得到朝廷赏赐，友朋赠送等。在众多的官僚士大夫藏书家中，有一些是读者耳熟能详的十分著名的

藏书家,如叶梦得、李清照、尤袤、晁公武、陈振孙等,也有的是世代藏书之家成员如王莘、王铚、王明清祖孙、四明史氏、楼氏家族、莆田方氏家族等,对此,本书在下面章节中,均有论述。现将官僚士大夫藏书家中除以上人员外的一些重要的藏书家,列表介绍如下,以对南宋官僚士大夫藏书家的基本情况,有一大致的了解。

南宋官僚士大夫藏书家基本情况表①

序号	姓名(生卒年)〔字〕【号】	籍贯	生平仕履简历	藏书著述情况	资料出处
1	胡安国（1074—1138）〔康侯〕	建宁崇安（今属福建）	绍圣四年(1077)进士,历大学博士。高宗时以张浚荐,除中书舍人兼侍讲。累官给事中,谥文定,学者称武夷先生。	藏书甚多。子寅,少桀黠难制,被闭之空阁。安国移其心,置书数千卷间,使其读。有文集十五卷,《资治通鉴举要补遗》一百卷。	《宋史》卷四二五《胡安国传》
2	涂大向（?—1141）〔子野〕	抚州宜黄（今属江西）	曾祖、祖、父三世为县富姓,至大向始出而求仕。宣和末,以迪功郎为筠州高安县尉。	其家堂户清深,占林壑之胜,聚书千余卷,迎师教其子。	《鸿庆居士集》三五《宋故从事郎涂府君墓志铭》
3	宇文虚中（1079—1146）〔叔通〕	成都华阳（今属四川）	大观三年(1109)进士,历仕徽宗、钦宗、高宗三朝。建炎二年(1128)应诏出使金国被扣,金人加以官爵,累官翰林学士,知制诰兼太常卿。	家藏图书甚多,金人罗织虚中家图书为反具,虚中曰:"死自吾分。至于图籍,南来士大夫家家有之,高士谈图书尤多于我家,岂亦反耶?"	《金史》卷七九《宇文虚中传》
4	董逌〔彦远〕	东平(今属山东)	徽宗朝,历官校书郎。靖康中为国子监祭酒。建炎元年(1127)四月率诸生至南京向康王赵构劝进,除宗正少卿,二年除江东提刑,旋召为中书舍人,充徽猷阁待制。	所藏图书、书画甚富,所撰《藏书志》以其家藏书,考其木末而为之论说。另有《广川书跋》、《画跋》、《广川易学》等。	《直斋书录解题》卷八、《宋史翼》卷二七《董逌传》

① 本表所列官僚士大夫藏书家生平事迹、藏书著述情况,系该官僚士大夫有关传记资料及有关记载综合,故资料来源仅出注主要文献的书名卷数与篇名,未注明页数。

（续表）

序号	姓名（生卒年）［字］【号】	籍贯	生平仕履简历	藏书著述情况	资料出处
5	林伃	（不详）	绍兴三年（1133）为左承奉郎，寻监西京中岳庙。	绍兴三年五月，上家藏徽宗御书、御画、御笔札共七轴，并祖宗实录、国朝会要、国史等及古文文籍二千一百二十二卷。	《宋会要辑稿》崇儒四之二三
6	常同（？—1149）［子正］	邛州鹤山（今属四川）	政和八年（1118）赐上舍及第，绍兴二年知柳州，积官至左朝议大夫，河内郡开国侯。	颖悟不群，自六经而下子史百氏天文地理阴阳律吕兵法字书无不通，虽事之多秋，笔不停辍，藏书数千卷。有《虚闲集》二十卷、奏议十卷、《乌台日记》三卷、《多闲录》一卷。	《文定集》卷二〇《御史中丞常公（同）墓志铭》
7	张邦基（？—1148？）［子贤］	扬州（今属江苏）	生于仕宦之家，伯父张康国（1056—1109）徽宗朝官拜尚书左丞、知枢密院事。邦基曾官四明市舶局。	性喜藏书，随所寓榜曰"墨庄"。著有《墨庄漫录》十卷。	《墨庄漫录·自序》
8	郗渐（1091—1152）［子进］	临清（今属山东）	南渡寓无锡。政和间州县学行三舍法，文学为诸生冠，试礼部赐上舍出身。授迪功郎，博州聊城县主簿，历知无锡县，通判常州，知宣州，终官左中大夫直秘阁，知蕲州。	市书数千卷，延师教子，以文行世。	《鸿庆居士集》卷三四《直秘阁知蕲州郗公（渐）墓志铭》
9	陈长方（1108—1148）［齐之］	闽县（今属福建）	少孤，奉母客于吴。杜门安贫，刻意学问，榜所居曰"唯室"，学者称唯室先生。绍兴八年擢进士第，调太平州芜湖尉，授江阴军学教授。	家贫不能置书，假借手抄几数千卷。有文集十四卷、《春秋私记》三十二篇、《尚书讲义》五卷、《两汉论》十卷、《步里谈录》二卷、《辨道论》一卷。	《唯室集》卷五《附录·陈唯室先生行状》

（续表）

序号	姓名(生卒年)[字]【号】	籍贯	生平仕履简历	藏书著述情况	资料出处
10	姜 浩（1109—l185）[浩然]	开封(今属河南)	建炎、绍兴间来寓四明。历承信郎,调监平江府都税务,官至马步军副总管。姜氏当承平时,富盛京师,婚姻多后妃侯王之家,声势翕赫。重儒学,藏书筑馆,延太学名士以训子弟。	晚而退休,结庐百间,藏书万卷。	《攻媿集》卷一〇八《姜公(浩)墓志铭》、卷八三《祭姜总管》
11	彭尧辅（1137—1195）[道夫]	吉州庐陵(今属江西)	以祖恩补将仕郎,历知石城、枝江县,通判兴国军。	藏书数千卷,集前言往行,以为轨范。	《平园续稿》卷三一《彭使君墓志铭》
12	毕良史（?—1150）[少董、伯瑞]【死斋、毕骨董】	蔡州(今河南汝南)	太宗朝宰相毕士安孙。绍兴间进士。少游京师,以买卖古器、字画,出入贵族之门。时人谓之毕偿卖。侨寓兴国军,后赴行在,为高宗辨别古玩,得补文学,权知东明县。到县搜求古器书画,送行在。高宗大喜,改京秩,栖迟辇下。	多藏书帖、字画。	《三朝北盟会编》卷二〇八、《图绘宝鉴》
13	郑刚中（1088—1154）[享仲,汉章]【北山、观如】	金华(今属浙江)	绍兴二年(1132)进士甲科,累官四川宣抚使。忤秦桧,责濠州团练副使,封州安置,卒。	藏书颇多,所作《自笑》诗云:他人将钱买田园,尚患生财不神速。我今贷钱买僻书,方且贪多怀不足。有《北山文集》、《周易窥余》、《经史专音》、《左氏九六编》等。	《北山文集》卷二
14	刘允恭（1094－1175）《邦礼》【横塘翁】	福清(今属福建)	先世累以治生自立雄于乡族。绍兴中以赀为官,为河源县令。	少知学问。为河源县令归,植桂百株,以为桂堂,储书数千卷,招致名士,俾其于弟学。精《毛诗》,凡注疏与本义诵之如流。	《南涧甲乙稿》卷二七《刘令君墓志铭》

（续表）

序号	姓名(生卒年)〔字〕【号】	籍贯	生平仕履简历	藏书著述情况	资料出处
15	朱倬（1086—1163）〔汉章〕	闽县(今属福建)	宣和六年(1124)进士，调常州宜兴县主簿。绍兴初，荐除广东路茶盐司干官。忤秦桧，教授越州，食祠官之禄十余年。桧死，除通判南剑州，历官侍御史，进御史中丞，迁参知政事，绍兴三十年(1160)，拜尚书右仆射。终观文殿学士，赠太师永国公。	最嗜书，搜访古今图史不遗，家藏书数万卷，皆手自校雠。	《鹤山先生大全文集》卷七四《朱公(倬)神道碑》
16	丁安议（1097—1151）〔居中〕	湖州德清(今属浙江)	以父任为从事郎，监吉州酒税，历淮西帅司属官，知秀州海盐县，通判韶州。爱平山川岩壑之胜，筑室曰蜕庐，间与宾客啸咏其上，倘徉忘归。	于教子尤力，建家塾，聚书万卷，馆名士与子孙游。	《苕溪集》卷四九《丁居中墓志铭》
17	李衡（1100—1178）〔彦平〕	江都(今属江苏)	绍兴二年进士，授吴江主簿，知溧阳县。孝宗朝，召入为监察御史。历司封郎中、枢密院检详，出知温、婺、台三州，加直秘阁，除秘阁修撰致仕。	晚年定居昆山，结茅别墅，杖屦徜徉，聚书逾万卷，号曰"乐庵"。	《宋史》卷三九〇《李衡传》
18	陈曦〔符和〕	鄞县(今属浙江)	绍兴八年(1138)进士，除国子正。擢给事中，弹劾不避权要。后自知制诰知濠州，召拜翰林学士。	祖谧，字康公，嘉祐八年(1063)进士，博学，喜藏书。卒后，舒亶为其作挽章曰："尘埃满匣空鸣剑，风雨归舟只载书。"曦守祖业，复为藏书记，以告其后，俾勿坠素业。	[宋]《宝庆四明志》卷八
19	穆深之（1106—1174）	彭州(今属四川)	累举不售，以边劳补迪功郎，以恩转承奉郎致仕。	有园亭甲乙胜处，持是以交四方名辈。藏书万卷，博学喜读书，好议论性理。多藏法书名画奇玩，动至数千。	《方舟集》卷一六《穆承奉墓志铭》

(续表)

序号	姓名(生卒年)[字]【号】	籍贯	生平仕履简历	藏书著述情况	资料出处
20	汪杞(1106—1198)[南美]	婺源(今属江西)	建炎二年(1128)进士,授迪功郎、南康军司法参军。历知安仁、南丰、玉山县,通判肇庆府。	闲居二十年,筑室治竹石,聚书万卷,以教子弟。有诗文数十卷	《南涧甲乙稿》卷二二《汪公(杞)墓志铭》
21	余良弼[岩起]【龙山】	顺昌(今属福建)	建炎二年(1128)进士,为枢密院计议官,通判漳、泉二州。历知静江府,经略广西,为边州安抚使。	一生勤学,藏书万卷。读书常写有注言,以教导子孙。著有《龙山文集》,朱熹为之作序。有《教子诗》,劝诫子珍惜年华,勤奋读书。	《澹庵集》卷二七《广东经略余公(良弼)墓志铭》
22	石邦哲[熙明]	越州新昌(今属浙江)	北宋著名藏书家石公弼从子。绍兴三年(1133)为大理评事,出为福建路参仪。	从父石公弼藏书甚丰,后散佚。邦哲搜集购置而复聚,筑藏书堂名"博古",藏书二万余卷。	《渭南文集》卷三五《朝奉大夫石公(邦哲)墓志铭》
23	杜莘老(1107—1164)[起莘]	眉州青神(今属四川)	绍兴十年进士及第,以亲忧,免赴朝廷对,赐同进士出身,授梁山学官。以魏良臣荐,为礼兵部主管架阁文字,迁勅令所删定官,修书以十数,历监察御史,迁殿中侍御史。	好学,虽老不厌,俸禄悉以买书,所蓄几万卷。有文集二十卷《集论语解》十卷,《显仁礼仪》三卷。	《琬琰集删存》卷二《杜御史莘老行状》
24	郑耕老(1108—1172)[谷叔]	莆田(今属福建)	绍兴十五年(1445)进士,福州怀安县簿,调温州法曹,教授明州,官至国子监主簿。秩满归,荣利薄,读《诗》、《周易》、《洪范》、《中庸》、《论语》、《孟子》皆有训释。	经术湛深,筑书堂于木兰坡上,讲学其中,一时名士多从之游。其《木兰书堂》诗云:"郑子藏书处,柴门碧树湾。开怀溪一曲,养拙屋三间。月色斜侵竹,鸟声迥隔山。辋川多胜趣,何以此潺湲。"	《叶适集》卷一五《奉议郎郑公墓志铭》

序号	姓名(生卒年)〔字〕【号】	籍贯	生平仕履简历	藏书著述情况	资料出处
25	李石(1108—?)〔知几〕【方舟】	资州(今四川资阳)	绍兴二十一年进士,调成都户掾,召为太学博士。被罢,负琴书径登舟还蜀,太学之士数百诀送。除成都学官,历知黎州、合州、眉州。	有诗自称:"我集四库书,琬琰藏洛河。此外有石经,参酌正舛讹。熟读懋汝学,师友相切磋"。又有诗云:"送客涪水上,我家珠水湄。……堂堂万卷书,乐此簿领卑。"著有《方舟集》、《方舟易学》、《续博物志》等。	《方舟集》卷一《送浩倅成都学官、送吴道明推官并问赵庄叔何公礼兄弟》
26	张廷杰(1111—1176)〔汉卿〕	苏州(今属江苏)	未冠而孤。起家迪功郎,官至靖州军事推官。	卜居城中之花桥,藏书数千卷,士大夫喜从之游。	《省斋文稿》卷三三《靖州推官张君廷杰墓志铭》
27	胡昌龄(1113—1192)〔长彦〕	庐陵(今属江西)	乾道五年(1169),以特奏名对策万余言,唱名入高第。初补将仕郎,类试中选,授迪功郎、静江府司户参军。淳熙四年(1177)致仕,家居优游者十有六年。	喜藏异书,手自雠校。每著书,援证古今,下笔不休,有文集五十卷。	《平园续稿》卷三一《胡公墓志铭》
28	李焘(1115—1184)〔仁甫,一字子真〕【巽岩】	眉州丹棱(今属四川)	绍兴八年进士。历官雅州军事推官,知双流县、荣州,乾道中迁秘书少监兼权起居舍人。淳熙中,拜礼部侍郎,进敷文阁学士,同修国史。	性无嗜好,惟潜心经史,所至求奥篇隐帙、传录雠校,虽阴阳、小说亦无遗者,家藏积数万卷。仿司马光《资治通鉴》之例,采北宋九朝事迹,成《续资治通鉴长编》,网罗收拾垂四十年,缀茸穿联逾一千卷。另著有《易学》、《春秋学》、《四朝史薹》、《通论》、《南北攻守录》、《历代宰相年表》等数十种。	中华书局点校本《长编》附录《李焘神道碑》

（续表）

序号	姓名（生卒年）［字］【号】	籍贯	生平仕履简历	藏书著述情况	资料出处
29	赵逵（1117—1157）［庄叔］	资州（今四川资阳）	绍兴二十一年，对策擢进士第一。秦桧不悦，授以金书剑南东川。秩满，召为秘书省校书郎。	召为秘书省校书郎时，单车赴阙，行橐皆书籍。平生无他好，独喜收聚古书，考历代治乱兴衰之迹，而榷其至要为文。高宗谓其文章似苏轼，故称为"小东坡"。有《栖云集》三十卷。	《海陵集》卷二三《中书赵舍人墓志铭》
30	王正己（1118—1196）［正之，改字伯仁］【酌古居士】	鄞县（今属浙江）	历官将仕郎、丰城县主簿，婺州司法参军，知江阴军、饶州，起知湖州，广南西路转运判官兼提举盐事，除直宝文阁秘阁修撰、太府卿，两浙西路提点刑狱。	幼警悟，长益嗜书史。藏书至二万卷①，手抄为多。以酌古名其堂。诗文似其为人，少嗜山谷诗，造诣已深，为紫微王公洋所击赏。晚又以杜甫、苏轼为标准。范成大见其诗，啧曰：不惟把降幡，殆将焚笔砚矣。	《攻媿集》卷九九《朝议大夫秘阁修撰致仕王公（正己）墓志铭》
31	钱侯（1119—1178）［廷硕、惟大］	常熟（今属江苏）	绍兴二十一年进士，授泰州教授，除太学正，历知袁州，除著作郎，迁将作少监，除福建路提举，终朝请郎。	寡嗜欲，惟藏书数千卷，朱墨精谨，皆所亲校，尤邃于《易》。有文集五卷，《诸经讲解》十卷，《易说》三卷。	［乾隆］《苏州府志》卷六一
32	赵粹中（1123—1187）［叔达］	密州（今山东诸城）	绍兴二十四年进士。主张锐意恢复北方失地，深得孝宗器重，由秘书郎权起居郎，迁给事中，除吏部侍郎。后以待制知池州。曾上书罢王安石父子从祀，雪岳飞冤。	晚年藏书万卷，手不停披览。有文集十卷，奏议二卷，《梅堂杂志》五卷，史评五卷。又集司马光、范镇等奏议。	《攻媿集》卷九八《赵公（粹中）神道碑》

---

① 楼钥为王正己文集《酌古堂文集》所作序又谓王正己："自少至老，聚书六万余卷，多自雠校，为之目甚详。名堂以酌古，鼎彝古刻，分列其下。"（《攻媿集》卷五二）故《酌古堂文集序》所记王正己藏书数量与此不同。

序号	姓名（生卒年）［字］【号】	籍贯	生平仕履简历	藏书著述情况	资料出处
33	程大昌（1123—1195）［泰之］	徽州休宁（今属安徽）	绍兴二十一年（1151）进士，除太平州教授。孝宗朝，为著作佐郎，迁国子司业兼权礼部侍郎、直学士院。累迁至权吏部尚书，出知泉州、建宁府。光宗嗣位，徙知明州。绍熙五年（1194），以龙图阁学士致仕。谥文简。	好蓄书，藏书数万卷，有园在湖州府城城东，名程氏园，于园中建楼藏之。笃学博洽，于古今事靡不考究，尤长于考订名物典故。著述宏富，有《演繁露》、《禹贡论》、《易原》、《诗论》、《雍录》、《易老通言》、《考古编》、《北边备对》等。	《宋史》卷四三三《程大昌传》、《癸辛杂识》前集
34	刘仪凤（1126—1192）［韶美］	普州（今四川安岳）	绍兴二年进士，擢第十年，始赴调。尉遂宁府之蓬溪，监资州资阳县酒税，为果州、荣州掾。历迁秘书丞，礼部员外郎，寻兼国史院编修官兼权秘书少监。乾道元年，迁兵部侍郎兼侍讲。后知汉州、果州，罢归。	苦学不倦，尤工于诗。所入俸，以半储书，凡万余卷。御史张之纲曾论其录四库书以传私室。奇堂集三十卷又乐府一卷	《宋史》卷三八九《刘仪凤传》
35	徐梦莘（1126—1207）［商老］	临江军清江（今属江西）	绍兴二十四年（1154）进士，历官郁林州司户参军，南安军教授，知湘阴县，广南西路转运司主管文字，知宾州。官至直秘阁。	俊敏笃学，通贯经史百家。家有万书阁，签帙甚整。搜集野史及他文书二百余家，为编年之体，名《三朝北盟会编》。上下四十五载间，具列事实，制敕诏诰，国书奏疏记序碑志之文，有正史所不及载者，搜掇无遗。又有《纲目》一册。另撰有《读书记忘》、《集医录》、《集仙后录》、《会录》等书。	《攻媿集》卷一〇八《直秘阁徐公（梦莘）墓志铭》
36	闻人滋［茂德］	嘉禾（今浙江嘉兴）	官德兴丞，至进贤令。曾与陆游同为敕令所删定官。	精于小学，人称"老儒"。家多蓄书，贮于"南湖草堂"中，并乐于借人。自言作门客牙，充书籍行，开豆腐羹店。	《老学庵笔记》卷一

（续表）

序号	姓名(生卒年)［字］【号】	籍贯	生平仕履简历	藏书著述情况	资料出处
37	钱云骡	不详	历右迪功郎、严州建德县主簿。	绍兴十七年(1147)，秘书省曾于钱云骡借到所缺书二千九百九十余卷。	《宋会要辑稿》崇儒四之二九
38	王　淮（1127—1190)［]	婺州金华（今属浙江)	绍兴十五年(1135)进士，为台州临海尉，孝宗初为右正言。历太常少卿、中书舍人兼直学士院，迁翰林学士知制诰。淳熙二年除端明殿学士，签书枢密院，进同知枢密院兼参政，八年，拜右丞相，旋迁左相。	冲澹寡欲，自奉至薄，外物无所好，一意笃学。聚书数万卷，无所不观，虽机务丛委，退坐静室，饮食亦不释卷，夜则使子弟读而听之。制诰尤有体要，一时文学之士皆出衡鉴。	《攻媿集》卷八七《少师观文殿太学士鲁国公致仕赠太师王公（淮）行状》
39	莫汲［子及]【月河】	归安（今浙江湖州)	绍兴十八年进士，曾为国子监正，左从政郎，因言论秦桧党获罪，被贬化州知府。乾道元年五月，擢枢密院编修官。	藏书之富，不下数万余卷，后皆散失无遗。	《万姓统谱》卷一二〇、《齐东野语》卷一二
40	李丙		乾道七年(1171)为右修职郎，监临安府都盐仓，因献所著《丁未录》一百册，特转右承事郎。	乐于收书，勤于考古，所纂《丁未录》，卷帙浩瀚，起治平之末，迄靖康之元，其间议论更革，往往编年该载殆备，实录院奏请给其笔札传写。	《宋会要辑稿》崇儒四之三、五之三
41	杨樗年（1132—1205)［茂良]	丹徒（今属江苏)	历官知武进、华亭县，通判扬州，知真州、台州，提举福建市舶司，官终朝议大夫。	喜为诗，好古书名画及他雅玩，愿售者争归之，酬之必过其值。家居建宝经堂，储书万卷，择良师友与二子居。	《漫塘文集》卷三三《杨提举（樗年）行述》
42	史正志［守道]【乐闲居士、柳溪钓翁】	丹阳（今属江苏)（赋籍扬州江都)	绍兴二十一年进士，历徽州歙县尉，差监行在省仓上界，除枢密院编修官，历知建康府、成都府，改除江浙京湖广福建等路都发运使。后归姑苏以终老。	奉祠家居，治圃所居之南，藏书至数万卷，建有万卷堂。著有《建康志》、《菊谱》等书。	《嘉定镇江志》卷一九

（续表）

序号	姓名(生卒年)〔字〕【号】	籍贯	生平仕履简历	藏书著述情况	资料出处
43	张钢(1134—1201)〔德坚、绍祖〕	吉州永新(今属江西)	初以迪功郎主荆门军长林簿,历静江府司户,广州右司理参军,常德府教授,知静州永平县,通判福州兼西外宗正丞。历官常德府教授,知静江永平县,守柳州。	迟次于乡,日与亲宾享山水园林之乐。藏书逾万卷。尝编类《皇朝列圣孝治》自帝后逮臣民僚及藩侯蛮夷总一百卷表上之,另有《横江丛集》七十卷藏于家。	《周文忠公集》74《郴州张使君(钢)墓志铭》
44	曾震(1135—1193)〔东老〕(原名恬,原字禹任、伯贡)【群玉隐居】	吉水(今属江西)	官德庆府端溪县主簿。	藏书数万卷,又得欧阳询故书数千卷,阁以庋之,终日徜徉其间。虽阴阳卜筮、天官地理、浮屠老子之说无不综贯。喜为诗,平淡简古,深得陈黄句法。于书字画遒劲,人比虞褚云。	《诚斋集》卷一三〇《端溪主簿曾东老墓志铭》
45	潘景宪(1137—1181)〔叔度〕	金华(今属浙江)	隆兴元年(1163)进士,调荆门军学教授,不行,请为南岳祠官,秩满,力请太平州学教授。父丧,服除遂不复仕。官至承事郎。	与吕祖谦同年而齿长,游吕氏之门,躬执弟子之礼,诵《诗》读《书》,旁贯史氏,靡不该览,考订搜辑,铅黄朱墨,未尝去手。尤尽心于程氏之《易》。好收异书,聚书近万卷,筑室"可庵"以藏,且为朋友讲习之所。	《晦庵集》卷九三《承事郎致仕潘公墓志铭》、《攻媿集》卷七七《跋春秋繁露》
46	李长庚〔子西〕	江华(今属湖南)	绍兴二十四年(1154)进士,历仕五十年,官至朝议大夫。	不事生产,唯积书数千卷,号其读书之室曰冰壶,卒年八十六,有《冰壶集》。	《嘉靖一统志》卷三七一、《宋元学案补遗·别附》卷二
47	沈瀛〔子寿〕【竹斋】	吴兴归安(今浙江湖州市)	绍兴三十年进士。历官江州守、江东安抚司参议。	藏书之富,不下数万余卷,后皆散失。有《竹斋词》、《沈子寿文集》。	《齐东野语》卷一二

（续表）

序号	姓名（生卒年）［字］【号】	籍贯	生平仕履简历	藏书著述情况	资料出处
48	何恪［茂恭］	婺州义乌（今属浙江）	绍兴三十年进士，官徽州录事参军。	性好古，藏书至万卷，博览而工于文，著有《南湖集》二十卷。	《金华先民传》卷七
49	陈傅良（1137—1203）［君举］【止斋】	瑞安（今属浙江）	乾道八年（1172）进士，为泰州教授，历福州通判，累迁浙西提刑。光宗朝，除秘少监兼实录院编修官，起居舍人兼中书舍人。宁宗朝，除中书舍人，待讲。	拥书如林，博极群书。著有《毛氏诗解诂》二十卷、《周礼说》三卷、《春秋后传》十五卷、《左氏章指》三十卷、《读书谱》一卷、《建隆编》一卷、《制诰集》五卷、文集三十卷。	《叶适集》卷六《宝谟阁待制中书舍人陈公（傅良）墓志铭》
50	陆世良［君晋］【居尘居士】	历城（今属山东）	历知德安府，因宰相周必大荐，除广东提刑，未几请祠归。	藏书万卷，父子徜徉其中，人时荣之。	《万姓统谱》卷一一一
51	朱钦则［敬父、敬之］	邵武（今属福建）	乾道八年（1172）进士，历除秘书丞，监察御史。	虽为儒者，然每悒然自以为歉，故益务藏书。以栖于架，藏于椟为未足，又筑楼于第中，以示尊阁传后之意。网罗图书不倦，至万卷，名万卷楼。是楼三面环山，"烟岚云岫，洲渚林薄，更相映发"。	《渭南文集》卷二一《万卷楼记》
52	楼钥（1137—1213）［大防、君伯］【攻媿主人】	明州鄞县（今属浙江宁波市）	隆兴元年（1163）进士，试教官，调温州教授。光宗继位，升为起居郎兼中书舍人，迁给事中。宁宗朝，以不肯依附韩侂胄，出知婺州，移知宁国府。后家居十三年，读书授徒。侂胄诛，起为翰林学士，除吏部尚书兼翰林侍讲，官至同知枢密院事、参知政事，卒赠少师，谥宣献。	性喜藏书，筑东楼于月湖畔。凡精椠著本、刻本、抄本，必一一收藏，亲手校雠。历几十年之聚集，藏书逾万卷，与史守之并号"南楼北史"。营度累岁，筑东楼以贮之，丛古今群书于其上，而类奇石于前。著有《北行日录》二卷、《攻媿集》一百二十卷。	《絜斋集》卷一一《楼公（钥）行状》、《鲒埼亭集》卷四

序号	姓名(生卒年)〔字〕【号】	籍贯	生平仕履简历	藏书著述情况	资料出处
53	倪　思（1147—1220）〔正甫〕【齐斋】	归安（今浙江湖州）	乾道二年（1166）进士，又中博学宏词科。累迁秘书郎，除著作郎兼翰林权直曾任礼部侍郎、兵部尚书、礼部尚书等职。历仕，孝宗、光宗、宁宗三朝。力主抗金，反对乞和，以直谏著称。	博学多才，著作宏富，有《齐山甲乙稿》、《兼山集》、《经锄堂杂志》等数十卷。藏书之富，最为著名，多达数万卷。	《鹤山先生大全集》卷八五《倪公（思）墓志铭》、《齐东野语》卷一二
54	林梦英〔叔虎、子应〕	临川（今江西抚州）	淳熙二年（1175）进士，授祁阳簿，历衡州法曹，知武陵县，通判靖州，知武冈军。除国子监丞，迁宗正丞，权工部郎，又迁秘书丞，权司封郎。奉祠归，年逾八十，学者称山房先生。	退居城西金石台，建楼藏书，徜徉其间。	《宋元学案》卷七七
55	姜　柄（1150—1199）〔子谦〕	开封（今属河南）徙鄞县	绍熙四年（1193）进士，改授承务郎，知潜县。	生长膏粱而简澹清苦，无声色之奉，藏书数千卷，凝尘满室，萧然如物外人。即所居超莲堂池西，累石创亭名曰磻坞。时从雅士徜徉其中。工小楷，作诗清婉有思致。	《攻媿集》卷一〇七《知钟离县姜君（柄）墓志铭》
56	滕　璘（1150—1229）〔德粹〕【溪斋】	婺源（今属江西）	与弟琪从朱熹游，淳熙八年进士，历四川制置司干官，知嵊县，通判隆兴府，浙东福建帅司参议官。	自少嗜学，老而弗衰。在蜀得官书数千卷，载与俱归，益求平生所未见，即溪东为堂贮之，命曰"博雅"。早暮翻阅，间及浮屠老子稗官小说。有《溪斋类稿》	《真文忠公文集》卷四六《滕公（璘）墓志铭》
57	黄　莘（1151—1211）〔子迈〕	分宁（今江西修水）	以父郊恩补将仕郎，授龙泉簿，摄县事。以接伴使使金，除直显谟阁，两浙转运判官、副使，淮南转运副使兼提刑，加秘阁修撰。	生平不治产业，惟法书名画古器物是好。家藏书万余卷，纵观博采。诗律字体，祖述山谷，而时出新意，自成一家。有杂著二十卷，《介轩诗词》三十卷。	《絜斋集》卷一四《黄公（莘）行状》

（续表）

序号	姓名(生卒年)[字]【号】	籍贯	生平仕履简历	藏书著述情况	资料出处
58	郭叔谊（1155—1233）[幼才]【肖舟老人】	广都(今四川双流)	庆元元年(1195)赐同进士出身,授迪功郎,监成都钱引务,辟东川签书判官,历知青城县,通判简州、泸州。	筑室藏书万卷,皆手所校雠。有杂著八十卷《肖舟诗稿》二十卷,《理学语类》三十卷,《续通鉴编增添纲目》二十卷,《温公通鉴评》)三卷。	《鹤山先生大全文集》卷八三《知巴州郭君叔谊墓志铭》
59	孔元忠（1159—1226）[复君]【静乐】	商河(今属山东)(自父起定居苏州长洲)	初为监东阳县酒税,调含山尉。登进士第,知金坛县。历官浙东安抚司干办公事,通判常州、临安府,知徽州、抚州、处州。	少嗜书,于书无不读,尤粹于《论语》。所至辟一室,环以图书,退食即罩思其间。凡唐艺文目所存于世者与本朝之书,搜罗殆尽,即所居建书楼储之。晚废书却客,名燕居之室曰静乐以自号。有《豫斋集》,《论语抄》,《祭编》,《编年通考》,《书纂》,《考古类编》,《纬书类聚》。	《漫塘文集》卷三五《孔公(元忠)行述》
60	蒋叔舆（1161—1223）[德瞻]【存斋】	温州永嘉(今属浙江)	以父行简任扬州司户,历华阳军节度推官,吉州永新丞,知信州弋阳县,卒于任上。	学问本末毕具,天文地理律历音乐仓扁之书,靡不该究,手抄箱积栋充,尽天下异书。	《浣川集》卷一〇《存斋蒋弋阳墓志铭》
61	程珌（1164—1242)[怀古]【洺水遗民】	休宁(今属安徽)	绍熙四年(1193)进士,授昌化主簿,改知富阳县。累官礼部尚书、翰林学士、知制诰。以端明殿学士致仕,赠特进、少师。	多蓄书,自称四十年游宦,有图书"三万轴峥嵘",建万卷堂贮之。有《洺水集》传世。	《洺水集》卷一九《万卷堂上梁文》
62	章森[德茂]	广汉绵竹(今属四川)	淳熙十五年(1188)知建康,绍熙元年(1190)再任。迁知江陵、兴化,官终吏部尚书。与陆游、周必大、陈亮友善交仕。	其祖父曾筑室绵竹县之西边冈阜,章森复创大堂于两间,藏书数千卷,榜曰"近思"。学无不通,而尤深于《诗》。	《省斋文稿》卷二八《章氏近思堂记》

（续表）

序号	姓名(生卒年)〔字〕【号】	籍贯	生平仕履简历	藏书著述情况	资料出处
63	杨泰之（1169—1230）〔叔正〕【坦斋】	眉州青神（今属四川）	初以郊恩补官，庆元元年(1195)类试，明年调泸川县尉。历知严道县、普州、果州。理宗朝迁军器少监、大理少卿，出知重庆府。	家故藏书数万卷，多手自校雠。所著书有《克斋集》、《论语解》、《老子解》、《杂著》，类书有《春秋列国事目》、《公羊谷梁类》、《易类》、《诗类》、《诗名物编》、《论孟类》、《东汉三国志南北史唐五代史类》、《历代通鉴及本朝长编类》、《东汉名物篇》、《诗事类》凡一百五十五卷；集诸儒易解为《大易要言》二十卷。皆手自编缀。	《鹤山先生大全文集》卷八一《杨公(泰之)墓志铭》
64	洪咨夔（1176—1236）〔舜俞〕	於潜(今浙江杭州临安)	嘉定二年(1209)进士，授如皋主簿，寻试为饶州教授，又通判成都府。历官监察御史、刑部尚书、翰林学士、知制诰。	宝庆元年(1225)，自考功郎言事罢归於潜，读书天目山下宝福僧寺。合新故书得一万三千卷，藏之闻复阁下，如李氏庐山故事。著有《春秋说》、《平斋文集》、《两汉诏令览抄》等。	《宋史》卷四○六《洪咨夔传》、《鹤山先生大全集》卷四九《洪氏天目山房记》
65	岳珂（1183—1243）〔肃之〕【亦斋、倦翁】	相州汤阴(今属河南)	岳飞之孙，岳霖之子。嘉定十年，出知嘉兴，定居府西北金佗坊。历江南东路转运判官，除军器监、淮东总领。官至户部侍郎、淮东总领兼制置使。	富藏书，家有图书三万余卷，兼刻书。著作宏富，撰有《金佗粹编》、《续编》、《刊正九经三传沿革例》、《桯史》、《愧郯录》、《宝真斋法书赞》、《玉楮集》等。	《宋史》卷三六五《岳珂传》、《桐江续集》卷二五
66	陈宗礼（1203—1270）〔立之〕〔千峰〕	南丰(今属江西)	早年以教书为业，淳祐六年(1246)进士，调邵武军判官，知赣州。入为国子正，转秘书省著作佐郎，迁秘书监。历官侍御史，淮西转运判官，迁刑部尚书。度宗朝拜参知政事，卒于官，谥文定。	寓居盱城，治一堂，置书数千卷，匾曰"训畲"。所著有《寄怀斐藁》、《曲辕散木集》等。	《隐居通议》卷四

（续表）

序号	姓名(生卒年)[字]【号】	籍贯	生平仕履简历	藏书著述情况	资料出处
67	卫湜[正叔]	吴郡(今江苏苏州)	庆元进士,除太常寺丞,将作少监,皆不赴。开禧、嘉定间(1205—1224)集《礼记》诸家传注,名曰《礼记集说》。宝庆三年(1226)上之,得擢直秘阁。后终于朝散大夫,直宝谟阁,知袁州。学者称栎斋先生。	酷嗜书,山聚林列,筑书楼"栎斋"以藏之。与弟众子习业于中,其地有江湖旷逸之思,圃有花石奇诡之观。著有《礼记集说》一百六十卷。	《叶适集》卷一一《栎斋藏书记》
68	陈思(?—1264?)[续芸]	钱塘(今属浙江杭州市)	曾历咸忠郎、缉熙殿、国史实录院、秘书省搜访。后在临安棚北大街开设书肆,编书、刻书、售书。魏了翁称其为"临安鬻书人""卖书人"。	集藏书、编书、刻书于一身,所藏珍本秘籍颇多。曾编刊《宝刻丛编》、《海棠谱》、《书苑英华》、《小字录》及《两宋名贤小集》等。自著《书小史》十卷。	《书林清话》卷二
69	苏竦[廷仪]	龙溪(今属福建)	庆元五年(1199)进士,后任肇庆府推官,有廉介声。生性好学,博览群籍,通经史、心理诸学。集先儒《诗》、《易》、《二礼》,以己见折衷之。	好贮书,平时凡所未见之书,必借回阅读,读毕知是好书便手抄不辍,因此其藏书日富。	《万姓统谱》卷一二
70	王应麟(1223—1296)[伯厚]【深宁居士】	鄞县(今属浙江宁波市)	淳祐元年(1241)进士,宝祐四年(1256)复中博学宏词科,历官太常寺主簿、通判台州,召为秘书监、权中书舍人,知徽州、礼部尚书兼给事中等。	其父王撝以不中词科为耻,广借典籍供应麟兄弟抄读,故家有图书甚富。后两兄弟具中词科。理宗曾御书"汲古传忠"赐其父,应麟遂以汲古堂名其藏书楼。熟悉掌故制度,长于考证。著有《困学纪闻》、《玉海》、《诗考》、《诗地理考》、《汉书艺文志考证》、《玉堂类稿》、《深宁集》等。	《宋史》卷四三八《王应麟传》

（续表）

序号	姓名(生卒年)〔字〕【号】	籍贯	生平仕履简历	藏书著述情况	资料出处
71	林千之〔能一〕	平阳(今属浙江)	历南康江阴教授，累迁枢密院编修，知信州。	明敏博洽，工文词，为江万里所知。家藏图书法帖甚富，览裁精密。有《云根痴庵集》。	[康熙]《温州府志》卷二○
72	余日华〔君实〕	仙游(今属福建)	嘉泰二年(1202)进士。知湖洋县。	嗜诗史，工文翰，所居撷英阁，藏书万卷，法书名画，参错其间，有《兑斋文集》、《凌江唱和集》。	《福建通志》卷五一《文苑》
73	邹斌〔俊甫、隽父〕	临川(今江西抚州)	嘉定四年(1211)进士。历官德安府司户参军、耒阳县丞，以奉议郎致仕。	博记敏识，匾所居曰南堂，聚书万卷，好学不倦，学者称"南堂先生"，著有《南堂稿》，不传。	《宋元学案》卷七七
74	张大训〔学古〕	鄱阳(今江西波阳)	以父补初品官，嘉定元年(1208)知松滋县，通判夔州，改知辰州。	藏书数万卷，自经子百氏以及天文星历、山经地乘、伎巧医卜之事，靡不究悉。	《鹤山先生大全文集》卷八六《张君基志铭》
75	郑可复〔彦修〕	仙游(今属福建)	嘉定七年(1214)进士，授东阳县尉，改婺州教授，再调福州，除知潮阳县，通判循州，官至朝奉郎。	性俭朴，他无所嗜，唯喜古书。禄俸余赀悉市书，手自编校录，晚年积书至数千卷，尝修《尔雅》、刊戴氏《礼记》。	《万姓统谱》卷一○七
76	胡芳〔秀实〕	平阳(今属浙江)	九岁默诵《九经》，与弟联中神童科，真德秀奇之。魁乡荐，会试下第，不复出。晚荐入史馆，致仕，年八十余。	一生读书不辍，其学尤长于《春秋》，积书数万卷自娱。	[康熙]《温州府志》卷二○
77	赵絺〔君善〕【顿庵、如舟】	解州闻喜(今属山西)	鼎曾孙。父监入赘范之柔(端明)女兄，遂家昆山(今属江苏)。嘉泰二年(1202)进士，嘉定十年(1217)为常州教授，历官宗正丞、都官郎中，以朝散大夫终，年七十八。	清修绝欲，室无妾媵，家乏于财，惟藏书万卷，手自校雠。	[宋]《咸淳玉峰续志》

（续表）

序号	姓名(生卒年)[字]【号】	籍贯	生平仕履简历	藏书著述情况	资料出处
78	陈嘉言[帝俞]【书隐】	侯官(今属福建)	咸淳进士,任建州教授,弟子恒以百数。	筑"书隐堂"于福州斗门山,聚书数万卷诵习之。著有《书隐子》三卷,《钦天考》二十卷。	[民国]《闽侯县志》卷六四
79	庄肃[恭叔]【蓼塘】	华亭(今属上海)	仕宋为秘书院小史,宋亡,弃官归。	性嗜书,聚至八万卷,手抄经史子集,下至稗官小说,靡所不具。其书目以甲乙分十门。	《辍耕录》卷二七《文苑》

(二)宗室成员

赵宋王朝建立以后,推行重文重教国策,历朝皇帝大都好学重文,亲自督促对皇子及近亲宗子的教学,并设立宗学,专门对宗子进行文化教学。但北宋初,"宗学废置无常,凡诸王属尊者,立小学于其宫。其子孙自八岁至十四岁皆入学,日诵二十字"。南宋建立后,延续了北宋的传统,绍兴十四年(1144年)建宗学于临安,"生员额百人:大学生五十人,小学生四十人,职事各五人。置诸王宫大、小学教授一员。在学者皆南宫、北宅子孙,若亲贤宅近属,则别选馆职教授"①。另采取"学术勖宗子"②。由于从小就受到良好的正规教学,宋代皇族宗子普遍具有较高的文化水平,所谓"袭儒冠之盛,固不乏人"③,他们中的不少人,在经学、文学、史学及绘画、书法等领域都有很高的造诣,作出了较大的贡献,并养成了刻若读书学习,"雅爱图书之习"④。加上作为皇室宗子,物质条件相对优裕,又都能得到朝廷赐书,所以积聚书籍,远较常人为易。在中国古代藏书家中,其身份是皇室诸王宗族,其人数与收藏图书数量,当首推宋代。据笔者收集所得,宋代宗室藏书家总计多达

---

① 《宋史》卷一五七《选举三》,第3676—3677页。
② 《宋史》卷一四五《宗室二》,第8702页。
③ 綦崇礼:《北海集》卷九,《四库全书珍本》初集,商务印书馆1935年版。
④ 曾肇:《除皇弟似守太保依前开府仪同三司蔡王充保平镇安等军节度使制》,载《宋文鉴》卷三六,中华书局点校本1992年版,第560页。

三、四十人,主要活动在南宋的有赵不独,赵不迁,赵善应、赵汝愚父子,赵师龙,赵希弁,赵希瀞、赵与懃等十四人,其中尤以赵子昼、赵善应、赵汝愚父子、赵希弁所藏为多。下面,对南宋宗室成员的藏书情况介绍如下。

赵子昼(1089—1142),字叔问,信安(今属河北)人。宋太祖第二子燕王德昭(951—979)五世孙。年未冠遂中大观元年(1107)进士第,为宗子第一。起家授奉承郎,签书大名府判官厅公事。调湖州司录事,宪州通判。宣和元年(1119)差充详定九域图志,后知密州。召为刑部员外郎。宋室南渡,建炎四年(1130),诏以吏部员外郎召,俄迁左司员外郎。迁太常少卿。集《太常因革礼》八十篇,为二十七卷。后除权礼部侍郎,迁徽猷待制、枢密都承旨。以宗族为侍从,及元丰改官制后都承旨用文臣,皆自子昼始。终徽猷阁直学士,知秀州,奉祠归。居衢州(今属浙江)。

赵子昼与《麟台故事》作者程俱(1078—1144)交厚。据程俱所撰赵子昼墓志铭,赵子昼少警敏强记,工书翰。其父令金,中亮大夫,荣州防御史"藏书三万卷,号书窟,叔问日肄习其间。沈涵薰浃,不舍昼夜。"①其文敏而粹,其家集而藏之,得二十卷名曰《崇兰集》。又程俱《送赵子昼奉议归睢阳用熊倅韵》诗谓赵子昼:"纷华眩人剧朱碧,子独好书如好色。王孙被服甚寒生,射策君门先破的。荣州书窟三万卷,锦囊付此麗眉客。"②又元末陶宗仪《书史会要》卷六载:"赵子昼,字叔问,宗室也。酝藉该洽,蓄书近万卷,多所亲校,过江篆字为第一。"

据此,赵子昼父时就藏有图书三万卷,而他本人更是"好书如好色"。其父所藏图书,当在南渡时大多散佚,而他坚持收书藏书,藏书达到近万卷。

赵不迁,字晋臣,铅山(今属江西)人,宋太宗六世孙。淳熙初,知融州,历任潭州提刑,官至直敷文阁。史载绍熙庆元间,赵不迁所居乡,"邑人旧无藏书者,士病于所求",于是不迁乃建楼,"所储(图书)凡数万卷,经、史、子、集分四部,立一人为司钥掌之,有来者,导之登楼。楼设几席,使得纵观"③。

---

① 程俱:《北山小集》卷三三《赵公墓志铭》,《四部丛刊初编》本。
② 《北山小集》卷四。
③ [康熙]《江西通志》卷四〇。

赵彦逾（1130—1207），字德先，魏悼王廷美七世孙，崇简国公叔寓曾孙。鄞县（今属浙江）人。绍兴三十年（1160）进士，授象山主簿。淳熙五年（1178），知秀州。累迁太府少卿、四川总领。除户部侍郎、工部尚书。孝宗崩，光宗疾，不能持丧，彦逾极力劝说殿帅郭杲支持时任枢密使的赵汝愚谋立嘉王即宁宗即帝位。宁宗即位，以端明殿学士出知建康，兼江东安抚使。未行，改安抚制置使，兼知成都府。以定策勋，累迁资政殿大学士。嘉泰间，知明州兼沿海制置使。嘉定间，乞祠以归，寻卒①。彦逾藏书甚富，建三层楼，中层藏书，人谓赵大资重楼。楼钥描述是楼云：

> 危楼杰立潭府雄，仰望惊瞿何穹窿。
>
> 擎以八柱真良工，恍如木天移海东。
>
> 扶栏三级横复纵，八窗交映光玲珑。
>
> 更上一层迥不同，历览万象俱空濛。
>
> 东南太白金裁峰，西山千迭青芙蓉。
>
> 环绕不断如屏风，平畴弥望禾芃芃。

又云："插架三万牙签重，此身愿为书蠹虫。"②而孙应时《和楼尚书赋赵大资重楼栢梁体》诗亦谓此楼中"有书满架酒不空"。又赞云"寒生感公恩义重，草根窃亦吟秋虫。扁舟登门频宿春，敢逐炎凉如燕鸿"③。可见赵彦逾的书楼不但有书满架，藏书丰富，且备有酒菜，招待来访的友朋与贫穷的"寒生"读书人，以至"扁舟登门频宿春"。

赵希瀞（1193—1251）字无垢，号静斋。太祖子德昭八世孙，子昼玄孙，淳安（今属浙江杭州）人，一作衢州西安（今浙江衢州）人。嘉定十年（1217）进士，历永丰尉、淮西提举、直秘阁，除工部郎官兼枢密院编修，进直龙图阁学士。官至福建安抚，除右文殿修撰。有《赵静斋诗卷》，刘克庄为其所撰墓志铭称其少苦学强记，"持身清洁，服用朴素，及解麾钺，惟书万卷自随"④。

———————

① 参见《宋史》卷二四七《宗室传四》，第8767—8768页。

② 楼钥：《攻媿集》卷四《赵资政建三层楼中层藏书》，《丛书集成初编》本。

③ 孙应时：《烛湖集》卷一五《和楼尚书赋赵大资重楼》，影印文渊阁《四库全书》本。

④ 《后村先生大全集》卷一五五《安抚殿撰赵公墓志铭》。

赵师龙(1142—1193),字舜臣,太祖皇帝九世孙,建炎南渡,生于长兴(今属浙江湖州),后随父迁徙定居余姚(今属浙江宁波)。绍兴三十年(1160)授承节郎,监潭州南岳庙,孝宗即位,转保义郎。隆兴二年(1104)登进士第,改授左承务郎监建康府粮料院,调知武进县。历知邵武军、真州、温州,婺州。其同年楼钥所撰《知婺州赵公(师龙)墓志铭》称赵师龙幼颖悟,七岁听讲《春秋》。晚"笃于教子,虽吏道倥偬,公退必使之环侍,讲贯经史,商榷人物,或通夕不倦。故皆有场屋之效。家素婺,忍贫如铁石,食不重味,衣无华采,藏书外无他嗜好"。"作文若不经意,而援笔辄就。尝采史传治乱成败之迹,为《博古摘华》三十卷。临江筑小室,号翠霞,有诗几千篇,以名其稿"。可见赵师龙虽为宗子,但一生读书应举、藏书教子、写诗著书,走的是宋代一般传统士大夫之路。楼钥说他"食不重味,衣无华采,藏书外无他嗜好"①,说明他藏有不少图书。

赵善应、赵汝愚父子。

赵善应(1118—1177),字彦远,号幸庵,居余干(今属江西)。太宗七世孙,自建炎初,补承信郎,八迁至修武郎。历监秀州崇德、饶州余干、安仁县景德镇之酒税,潭州南岳庙,江南西路兵马都监,主管台州崇道观。卒后五年,赠为通直郎。朱熹所撰《笃行赵君彦远墓碣铭》载其藏书著述情况云:"好读书,所藏至三万卷。所著有《唐书录遗》三十卷、《幸庵见闻录》三卷,《台州劝谕婚葬文》一卷。"②。

赵汝愚(1140—1196)字子直,饶州余干人,汉恭宪王元佐七世孙,应善子。乾道八年(1166)擢进士第一,签书宁国事节度判官。召试职馆,除秘书省正字,迁著作郎。历知信州、台州。孝宗朝官至四川制置使兼知成都府。光宗受禅,历知太平州、福州。绍熙二年,召为吏部尚书。四年,除同知枢密院事,迁知枢密院事。孝宗崩,光宗病不能执丧,汝愚与韩侂胄、赵彦逾等拥立皇子嘉王即宁宗即帝位。宁宗立,迁枢密使,拜为右丞相。后遭韩侂胄排挤打击,罢相。寻责宁远军节度副使,永州安置。暴毙于衡州。事迹详《宋

---

① 楼钥:《攻媿集》卷一〇二。
② 朱熹:《晦庵先生朱文公文集》卷九二,《朱子全书》,第4256页。

史》本传

　　汝愚学务有用，常以司马光、富弼、韩琦、范仲淹自期。家故藏书三万卷，至汝遇"藏书五万卷，终身不失"①。所著诗文十五卷、《太祖实录举要》若干卷、《类宋朝诸臣奏议》三百卷。

　　赵与懃，号兰坡，一作菊坡，太祖十世孙，希晖子。居处州青田（今属浙江），后徙居湖州（今属浙江）。嘉熙二年（1238）进士，为江东漕幕臣。端平初知信州，历知临安府，进右文殿修撰，精鉴赏，富收藏。善临摹古画，颇能乱真。亦工墨竹。所藏书画不下千本，各卷多至三百。周密《云烟过眼录》卷三著录其所藏历代书画情况：

　　　　韩滉作嵇康像。

　　　　徽宗画水墨草虫，后题紫宸殿游戏并御押大印，上作百合萱草群蚁图引，甚佳。

　　　　黄筌雪鹊，高宗题。

　　　　易元吉乳猫图。

　　　　艾宣野凫二。

　　　　孙知微九曜图。

　　　　崔白野凫。

　　　　黄筌梅竹白鹇。

　　　　石恪钟馗。

　　　　赵希远纸画百劳画二，一作五丁开山，一作帝仙对奕。上有飞鬼，下有神马，疑是石恪画。

　　　　黄太史大字发愿文。

　　　　唐画人物二。

　　　　又梅枝上鹰一。

　　　　崔白野凫双幅纸上草虫二作，图香薄苛，甚奇，宋秘书省所藏。

　　除了以上所述的生活于南宋，有较具体的藏书数量的的宗室藏书家外，

----

① 刘光祖：《宋丞相忠定赵公墓志铭》，《宋蜀文辑存》卷七一，傅增湘辑排印本。

在南宋宗室成员中,还有多名宗子有藏书记载。如著名书画家、宋太祖十一世孙赵孟坚,就是其中很有个性特色的书画收藏家。

赵孟坚(1199—?),字子固,号彝斋居士,居住湖州(今属浙江),宋亡后,隐居嘉禾广陈(今属浙江平湖)。初以父荫入仕,理宗宝庆二年(1226)中进士,授集贤殿修撰,曾任湖州掾、转运司幕、诸暨知县、提辖左帑,官至朝散大夫、知严州。与其同时代的周密在《齐东野语》中,曾记述其收藏书画等轶事:

> 诸王孙赵孟坚字子固,号彝斋,居嘉禾之广陈。修雅博识,善笔札,工诗文,酷嗜法书。多藏三代以来金石名迹,遇其会意时,虽倾囊易之不靳也。又善作梅竹,往往得逃禅、石室之妙,于山水为尤奇,时人珍之。襟度潇爽,有六朝诸贤风气,时比之米南宫,而子固亦自以为不歉也。东西薄游,必挟所有以自随。一舟横陈,仅留一席为偃息之地,随意左右取之,抚摩吟讽,至忘寝食。所至,识不识望之,而知为米家书画船也。庚申岁,客辇下,会菖蒲节,余偕一时好事者邀子固,各携所藏,买舟湖上,相与评赏。饮酣,子固脱帽,以酒晞发,箕踞歌《离骚》,旁若无人。薄暮,入西泠,掠孤山,舣棹茂树间。指林麓最幽处瞪目绝叫曰:"此真洪谷子、董北苑得意笔也。"邻舟数十,皆惊骇绝叹,以为真谪仙人。异时,萧千岩之侄滚,得白石旧藏五字不损本《禊叙》,后归之俞寿翁家。子固复从寿翁善价得之,喜甚,乘舟夜泛而归。至霅之昇山,风作舟覆,幸值支港,行李衣衾,皆淹溺无余。子固方被湿衣立浅水中,手持《禊帖》示人曰:"《兰亭》在此,余不足介意也。"因题八言于卷首云:"性命可轻,至宝是保。"盖其酷嗜雅尚,出于天性如此。后终于提辖左帑,身后有严陵之命。其帖后归之悦生堂,今复出人间矣。噫!近世求好事博雅如子固者,岂可得哉!①

通过周密这一耳闻目睹,有的还是亲身经历的生动记述,可见赵孟坚酷嗜书画达到了如痴如醉甚至忘我的地步,而其收藏、观赏书画,至忘寝食。

---

① 《齐东野语》卷一九《子固类元章》,第357—358页。

再如宋太祖七世孙赵伯骕(1124—1182),字希远,绍兴初,补承节郎监绍兴府余姚县酒税,历官浙江安抚司干官,和州防御使等职。善画,工山水,人物、花鸟,界画亦精,所作傅染轻盈,颇有生意。曾奉高宗命作集英殿壁画,赏赐甚丰。孝宗时曾绘苏州天庆观图样进呈,孝宗令以原样建造,即玄妙观。家"食客常满坐,罗列书画弓刀自娱"①。另如宋太祖八世孙赵汝谈(?—1237),字履常,居余杭(今属浙江杭州)。淳熙十一年(1184)登进士第。曾从朱熹校订经书疑义十余条。历知嘉禾、温州,为湖北、江西提举常平。理宗朝,历任礼部郎官、秘书少监兼权直学士院、宗正少卿、礼部侍郎,官至给事中权刑部尚书。生平酷爱藏书读书,自少至老"无一日去书册","所著有《易》、《书》、《诗》、《论语》、《孟子》、《周礼》、《礼记》、《荀子》、《庄子》、《通鉴》、《杜诗注》"②及《介轩诗集》等十余种。

在南宋宗室藏书家中,还有沿袭数世的藏书世家,如宋太祖九世孙赵希弁,以家所藏图书校正晁公武《郡斋读书志》,补充晁公武未著录之图书及版本,撰成的《读书附志》,就是根据其曾祖、祖、父三世累积藏书及他本人所藏。对此,详下藏书世家一节。

(三)一般庶民士子

南宋藏书家中,还有为数不少家道殷实、有较强经济实力的未入仕的一般士子,以图书教子与读书著述自娱。也有虽贫苦但嗜书如命,一生以读书、著书为业的隐居士子。据笔者粗略统计,南宋有明确史料记载的这一类藏书家有五十余人,其中也有延续二世以上的藏书世家。兹将其中藏书世家放入下文专门叙述外,对其他重要的一般士子藏书家列表简单介绍如下。

① 周必大:《平园续稿》卷三○,《周文忠集》卷七○。
② 《宋史》卷四一三《赵汝谈传》,第12396页。

南宋一般士子藏书家基本情况表：

序号	姓名(生卒年)[字]【号】	籍贯	生平简历	藏书情况	资料出处
1	刘冕（1072—1145）[端甫]【竹林逸翁】	吉州安福（今属江西）	家世以力田自晦，至父时资产益厚，遂为里中右族。试于有司被遗，因选胜地，种竹开轩，自号竹林逸翁。	蓄书数千卷，曰："以此遗子孙足矣！"	《樋溪居士集》卷一二《刘端甫墓志铭》
2	刘茂实（1079—1156）[元弼]	吉州安福（今属江西）	家富饶，幼时与王庭珪同从师受业，试不中即弃去，不复进取。好吟咏。	结茅屋秀峰之下，曰远庵笃亭，藏书万卷，日哦其间。	《卢溪文集》卷四三《故刘元弼墓志铭》
3	罗安强（1077—1131）[守道]	庐陵（今江西吉安）	自曾祖、祖、父皆晦迹丘园。	性喜方技之学，阴阳图纬多所通晓，作堂与亭阁，聚书教子，且延致宾友，徜徉其间，以"义方"等名揭之。	《樋溪居士集》卷一二《罗守道墓志铭》
4	诸葛行仁①	会稽（今浙江绍兴）	布衣。	家富藏书，绍兴五年（1135）六月建秘书省，诏求天下遗书。献家藏书籍一万一千五百卷。	《系年要录》卷九三
5	王翊（1092—1173）[南鹏]	庐陵（今江西吉安）	早游庠校有声，射科未就而逢靖康之乱，遂归隐故山，凡四十年。	归隐后，倾其家资市万卷书，辟馆百楹，爱诲子弟。	《诚斋集》卷一二七《王南鹏墓志铭》
6	邹陵（1092—1153）[志南]	宜黄（今属江西）	幼从师受经，感厉自奋于学。既冠，屡试不中，抚卷而叹曰："吾屈首受书，为五斗米耳？"于是筑室反耕，不数年资橐沛然，遂至千金。	辟屋数楹，聚书其中，招聘名儒为师。	《鸿庆居士集》卷三七《邹府君志南墓志铭》

---

① 《系年要录》卷九三，绍兴五年九月甲戌条："大理评事诸葛行仁献家藏书籍万有一千五百卷，诏补其家将仕郎。"第1543页。又同书卷一一七，绍兴七年十一月丁未条："初宣和间，进士王问进书万卷，补承务郎。上（高宗）即位，有越州布衣诸葛行仁，亦因进书得迪功郎。"（第1883页）据此，诸葛行仁原为布衣，因献书而为迪功郎、大理评事。

（续表）

序号	姓名（生卒年）[字]【号】	籍贯	生平简历	藏书情况	资料出处
7	杨芾 [1096—1164][文卿]〈南溪居士〉	庐陵（今江西吉安）	杨万里父，三世业白，尤邃易学。自舍法行，三抵有司不逢，则隐吉水之南溪。家无田，授业以教，暇则教子。	岁入束脩之资，以钱计者才二万，橐廪太瘠，忍饥寒以市书，积十年得数千卷。	《胡澹庵先生文集》卷二五《杨君文卿墓志铭》
8	夏侯绎	分宜（今属江西）	祖、父皆不仕，子世珍弱不好弄，从群儿邀习弦诵之声，长而以文辞荐名春官，绎卒。	弄子聪俊，市书万卷，博延师儒以教。	《诚斋集》卷一二九《夏侯世珍墓志铭》
9	周伉 （1101—1162）[正父]	会稽嵊县（今属浙江）	沉毅有智略，自曾祖至父世以力田殖其家，至伉而滋大。参知政事沈与求奏授承信郎监婺州永康县酒税，不赴，而独喜命儒以教子。	为教子孙，捐重币迎宾师，市书数千卷，朝吟夜诵，文采灿然。	《鸿庆居士文集》卷三六《周府君墓志铭》
10	8 周辉 （1126—1198以后）[昭礼]	泰州（今属江苏）	邦彦子，绍熙间居钱塘清波门，嗜学工文，隐居不仕。著有《清波杂志》十二卷、《北辕录》。	好收藏图书，达近万卷。	《清波杂志·张贵谟序》
11	徐处士 （1132—1217）	金陵句容（今属江苏）	端平元年（1233）从事郎太平州芜湖县尉藻之父。少志于学，亲殁之后，念禄养不及，始一意生理而富。	笃意教子，辟书馆于所居之前，聚书其中，招名士与之游处。	《漫塘文集》卷三一《徐处士墓志铭》
12	高元之 （1142—1197）[端叔]	蒙城（今属安徽）	南渡后寓鄞县（今浙江宁波市），五上礼部，卒不第。从傅伯成、程迥学，尤邃于春秋。前后集《春秋》说凡三百余家，订其指归，删其不合者，会粹为一书，号《义宗》，一百五十卷。尝结庐在大小万竹之间，著《万竹先生传》。	性嗜书，家藏数千卷，手自点勘，宝之如珠玉。遇所未见，解衣辍餐，不计其值。	《攻媿集》卷一〇三《高端叔墓志铭》

（续表）

序号	姓名（生卒年）［字］【号】	籍贯	生平简历	藏书情况	资料出处
13	陈晛（1145—1197）［叔明］	临海（今属浙江）	生于世儒之家，勤学深思，易惑难统，众所急忽而必尽力。经义词赋，兼其二而工。	载籍累万数。	《叶适集》卷二五《陈处士姚夫人墓志铭》
14	陈晋斋（失名，晋斋为其号1145—1197）	平阳丰山（今属浙江）	文献世家。淳祐九年（1249），荐于乡。景定二年（1261），再荐，黜礼部。始谢举子业。其学通经济而不局于章句，其文根义理而不衒于葩藻。	藏书数千卷，与季弟节庵，丹铅手勘，永夜诵悟。自类旧稿若干卷。	《霁山集》卷五《陈公墓志铭》
15	葛自得（1149—1215）［资深］	山阴（今浙江绍兴）	徙居黄岩（今属浙江）世儒家，兼通数术，喜为方。	蓄书千卷，皆父祖手笔。	《叶适集》卷二五《宋葛君（自得）墓志铭》
16	刘侁（1152—1215）［允叔］〈雪堂〉	宁海（今属浙江）	曾为黄陂县主簿，世乱隐归，著作丰富，后人将其遗著收集编成《黄坡集》若干卷。	于香岩山北构"阆风吟堂"藏书万卷，皆手自编辑。	《嘉定赤城志》卷三四
17	陈邦衡［伯明］	缙云（今属浙江）	隐居教授，作式乡邦。建读书堂于缙云最胜特处仙都岩，市书名田，役大费巨。	叶适《仙都行》诗云："书惟见多参互解，食要良田宜广买。"	《叶适集》卷七
18	姜夔（约1155—约1221）［尧章］〈白石道人〉	鄱阳（今江西波阳）	布衣终身，与范成大、杨万里、辛弃疾等交往过密。工诗词、善书法、又精通音律，能自度曲。有《白石道人诗集》、《诗说》等。	图史翰墨之藏，充栋汗牛，襟期洒落，如晋宋间人。	《藏一话腴甲集》卷下
19	胡谊（1159—1232）［正之］	奉化（今属浙江）	曾祖崧、祖仁、父宗彝俱不仕。少从袁甫父学。自以不与时偶，亦不仕。	晚岁建聚书楼，匾曰"观省"，自号观省佚翁，且作记曰："青嶂当前，翠竹在侧，展卷与圣贤对语，优哉游哉。"	《蒙斋集》卷一七《胡君墓志铭》
20	方审权（1180—1264）［立之］〈听蛙〉	莆田（今属福建）	数百年文献故家，少抱奇志，从伯父镐仕湖，及归，慨然罢举。博通古今，能诗。有《真窖》、《听蛙》二集。	家积书甚富，环居有田数亩，曰："吾读此耕此，足了一生矣。"	《后村先生大全集》卷一六一《方隐君墓志铭》

（续表）

序号	姓名(生卒年)[字]【号】	籍贯	生平简历	藏书情况	资料出处
21	陈起[宗之，宗子、彦才]〈陈道人、芸居〉	钱塘(今浙江杭州市)	宁宗赵扩在位时，曾应乡试第一，人称陈解元。善诗，与当时著名诗人刘克庄、叶绍翁、赵师秀等交好。又在临城内安睦亲坊棚北大街开设陈宅书籍铺。叶绍翁赠陈起诗云："随车尚有书千卷，拟向君家卖却归。"	藏书颇富，有藏书楼称芸居楼。时人多有诗记其藏书楼及藏书。赵师秀称其"四围皆古今，永日坐中心"。黄顺之有诗咏之："羡君家阙下，不踏九衢尘。万卷书中坐，一旦闲里身。"曾著有《芸居乙稿》。编刊有《江湖集》，还刊刻唐人诗文集十多种和其他笔记、画史等。	《书林清话》卷二
22	郭钦止[德谊]	东阳(今属浙江)	轻财好施，尝辟石洞书院以教宗族子弟，乡之秀民愿请业者亦听学焉。拨田数百亩以隶之。一时名儒如吕祖谦、魏了翁、叶适辈皆主讲其中。	绍兴中作书院后，礼名士主其学，徙家之藏书以实之。	《叶适集》卷九《石洞书院记》
23	解谷〈生春〉	绍兴(今属浙江)	明著名学者解缙六世祖。淳祐九年(1249)举江西漕司神童第一，明年南省试及第，当廷对以病免归。以杜门讲学为业。传刘静春之学，笃行而恶近名。	累世自唐至德以来畜图籍甚富，家亦饶财。家藏书有万卷，芸香玉润。	《文毅集》卷九《生春翰墨之隙记》
24	罗晋(1196—1266)[晋伯]	进贤(今属江西)	以亲老，罢科举，专以训子娱亲为乐。	即所居东偏万竹中作楼，蓄书万卷，取昌黎诗语匾曰："经训古心"，江万里为之记。	《后村先生大全集》卷一六四《罗晋伯墓志铭》
25	林表民[逢吉]〈玉溪〉	临海(今属浙江)	师点子。自幼即问学，受父母督程，与陈耆卿、吴子良游。和陈耆卿同修《赤城志》，又自修《赤城续志》、《赤城三志》，编《赤城集》，撰《玉溪吟草》。	其爱古博雅，而所藏书益富，独资用窘，书又以水多散失。	《赤城集》卷一六《竹村居士林君墓碑》

（续表）

序号	姓名（生卒年）［字］【号】	籍贯	生平简历	藏书情况	资料出处
26	林硕［兴祖］	四明（今浙江宁波）	高祖为司户曹，财雄一乡。父节度推官，晚仕不显。硕本人力学不见于用，躬行于家。	讲学至勤，网罗百家，博览强记，倾资买书，万卷有余，手不停披。	《攻媿集》卷一〇七《林府君墓志铭》
27	刘克永（1207—1262）［子修］	莆田（今属福建）	刘克庄弟，郡试辄不利，因慨然废举，退而求志。有诗集名《刻楮集》。	即所居西边辟小斋，空无他物，拥书如山。卧起枕籍之间。	《后村先生大全集》卷一六〇《六二弟墓志铭》
28	罗敬夫	庐陵（今属江西）	自祖长吉始，聘师友辟斋房训子弟，垂五十年未有闻。敬夫幼丧父，失所怙。	避俗入山，筑楼丛书，榜曰万卷。	《诚斋集》卷七五《罗氏万卷楼记》
29	谯椿（1143—1213）［子长］	临邛蒲江（今属四川）	名儒之后，孤苦自力，自幼期立门户。	嗜书，多所储蓄。自《六经》子史至星经地乘、虞初裨官、道释巫卜之书，靡不究阅。或假借人，广所未见，有意者随即传抄。	《鹤山先生大全文集》卷七〇《谯府君墓志铭》
30	苏振文（？—1233）（伯起）	遂宁（今属四川）	易简九世孙。落落不偶。刘德修举贤良方正，吴德夫以遗逸荐于朝，皆不应。	聚书数万卷，圣经贤传、山经地志、私乘野史以至虞初稗官、旁行敷落之书，靡不搜罗。	《鹤山先生大全文集》卷八四《苏伯起振文墓志铭》
31	孙九叙（振道）［功甫］	天台（今属浙江）	昆弟六人，其为四。亲既殁，凡室庐田产器物，听伯仲所自取，不以介意。	好买书，延良师以教子，授孟子天爵人爵之语，亹亹训诱不倦。	《蒙斋集》卷一七《孙君墓志铭》
32	王柏（1197—1274）［会之］【长啸、鲁斋】	金华（今属浙江）	从何基学，以教授为业，曾受聘主丽泽、上蔡等书院。著有《诗疑》、《书疑》、诗文集《甲寅稿》等，大多已佚。	藏书万卷，且将之分类编目，《成鲁斋清风录》十五卷。	《鲁斋集》卷九
33	文仪（1215—1256）［士表］	庐陵（今江西吉安）	天祥父。撰有《宝藏》三十卷、《随意录》二十卷。	嗜书如饴，蓄书如山。有未见书，辄质衣以市。	《文山先生全集》卷一一《先君子革斋先生事实》

（续表）

序号	姓名(生卒年)[字]【号】	籍贯	生平简历	藏书情况	资料出处
34	吴伸[子直]吴伦兄弟	南城(今属江西)	兄弟俩具受学于包显道。淳熙间,孝宗颁朱熹所建社仓法于天下,伸兄弟俩应诏建社仓,朱熹为之记。	以钱百万创为大楼,储书数千卷,会友朋,教子弟。朱熹为书"书楼"二字。陆游为之撰吴氏书楼记。	《渭南文集》卷二一
35	吴豫(1209—1281)[正甫]	宁国(今属江西)	不仕,取豳七月之诗于禾稼间筑场圃,以自老于家。	建三层楼以娱宾客,丞相程元凤为书其圃曰与漫汗期,为堂曰延芳。储书万余卷。	《桐江集》卷八《场圃处士吴公墓志铭》
36	萧民望	庐陵(今江西吉安)	当地名儒,收徒授学,与杨万里父子交往。	尤嗜蓄书,每鬻书者持一书至,必倍其估以取之,不可则三之,又不可则五之,必取乃已。蓄之多而不餍,老而不衰也。旧嗜蓄儒书,后颇嗜蓄佛书。	《诚斋集》卷七二《石泉寺经藏记》
37	许棐(?-1249)[忱夫]〈梅屋〉	海盐(今属浙江)	嘉熙中,隐居秦溪。不乐仕宦,安于清贫,潜心于学,所著有《献丑集》、《梅屋诗稿》、《融春小缀》、《梅屋第三稿》、《梅屋第四稿》、《梅屋诗余》、《樵谈》等。	购买、抄录书籍数千卷,藏书甚富。	《两宋名贤小集》卷二九〇
38	许瑾[子瑜]	嵊县(今属浙江)	博极经史,尝从朱熹游,明于理学。著有《春秋经传解》十卷,文稿若干卷。	家藏书千卷,至死不释手。	[雍正]《浙江通志》卷一七六
39	薛高[宁仲]	永嘉(今属浙江)	任连城簿,弃官而隐,读书作文,至老不休。	家有读书楼,郡守楼钥为之记。陈益之赠诗有:"万卷编抄高似屋,一门师友重如山"之句。	[康熙]《温州府志》卷二〇《隐逸传》
40	丁中[人称韦轩先生]	新建(今属江西)	两中宝祐乡举,补太学上舍,与徐鹿卿、吴澄为友。宋末隐居不仕。	聚书数万卷。	《宋季忠义录》卷六

序号	姓名(生卒年)[字]【号】	籍贯	生平简历	藏书情况	资料出处
41	杨汇[源澈]	成都(今属四川)	隐逸不仕。于朝廷故实、学士大夫谱牒皆能通贯,杜门委巷,著书赋诗。	藏书万签,古金石刻本过六一堂中《集古录》所有者。	《邵氏闻见后录》卷二二
42	应伯震(1217—1291)[长卿]【花匡】	鄞县(今属浙江宁波市)	曾与试未中,不沮丧,用功益勤。后筑花匡书院,延请名师以教子侄。	筑"花匡书院",藏书五千卷。建有"来青馆"、"濂爱轩"、"卷勺亭"、"抱瓮园",游息藏读,各适其所,喜手抄书,抄有诗十四帙。	《本堂集》卷九一《应长卿墓志铭》
43	詹廷坚[朝弼]	婺源(今属江西)	幼颖异,从诸老游,根源伊洛,不为科举之习,每曰:"正心诚意,吾性所当尽也;修身齐家,吾身所当践也。科举可为吾累乎?"晚年徙居姑苏惠山梁溪。	据先人之庐,建楼聚书至万卷,日与其上,手不停披。王炎为其匾曰"静胜",程珌为之记。	《洺水集》卷一〇《詹君墓志铭》、《洺水集》卷七《静胜楼记》
44	张瑞[文英]	鄞县(今属浙江宁波市)	两经荐辟,以母老力辞。	筑甬州书庄,聚书万卷,与子孙耕习其中。	《鄞县志》卷三一《张文英传》
45	郑起(1199—1262)[叔起]【菊山】	连江(今属福建)	郑思肖父。少试礼部不第,弃举子业,潜心穷理尽性之学,曾连主诸暨、萧山学,充和靖、安定两书院山长。移居西湖长桥,匾其庐曰水南半隐,客京师三十余年。有文集曰《清隽集》。	家不蓄银器及图画玩好,唯藏古今书数千卷,披读不倦。	《宋史翼》卷一七《郑起传》
46	郑若冲[季真]〈梦溪〉	鄞县(今属浙江宁波市)	宰相清之父,少失怙持,育于伯父章。稍长,力学,耻与举子语,与同里汪大猷、陈居仁、楼钥相善。后三人既贵显,若冲未曾一造其门。	自置书塾,聚书数千卷,延师训子,虽卧病不废书。尝书壁自警云:"一日不以古今浇胸次,览镜则面目可憎。"	《万姓统谱》卷一〇七

(续表)

序号	姓名(生卒年)［字］【号】	籍贯	生平简历	藏书情况	资料出处
47	江西刘氏	庐陵(今属江西)	教授乡里,为士子师。	有藏书室"勤有堂"。楼钥《寄题江西刘氏勤有斋》诗称其:"万书插架非关我,一卷入心方属君。"	《养吾斋集》卷一八《刘氏勤有堂记》、《攻媿集》卷一一
48	贺良叔	庐陵(今属江西)	宋末元初人,生于衣冠之家,善治生,有田入稻岁万石,岁恶则出以振饥者。晚归旧隐,治花竹,号小桃源,年七十终。	资质方严,好读书,尤邃史学,蓄书万卷,延名师教子。	《安雅堂集》卷七《东斋记》

(四)僧道藏书

南宋藏书家中还有僧人道士。如所周知,一般寺观都藏有以佛教、道教典籍为主的不少图书,僧人、道士身居寺院道观,可以阅读利用这些图书,故一般说来,僧人、道士个人很少有藏书,但据史料记载,也有少数僧人、道士藏书家的。如据《系年要录》绍兴五年秋七月己亥条纪事载,"僧宝月献家藏兵书三十九种,特补下州文学。宝月,国初功臣史圭之后,能为小词,枢密院言其通晓兵书,故有是命。"①另郑樵《校雠略》云:

> 臣尝见乡人方氏望壶楼书籍颇多,问其家,乃云:"先人守无为军日就一道士传之,尚不能尽其书也,如唐人文集无不备。"又尝见浮屠慧邃收古人简牍,宋朝自开国至崇观间凡是名臣及高僧笔迹无不备。②

据此,无为军失名道士及僧慧邃藏书颇多,前者"能备一唐朝之文集",后者则"能备一宋朝之笔迹"。可以肯定,南宋僧道藏书家必然不止以上数人,只是失于记载而已。

---

① 《系年要录》卷九一,绍兴五年七月己亥条,第1527页。
② 郑樵:《通志》卷七一《校雠略》,《通志二十略》,中华书局点校本1995年版,第1810页。

三、收藏范围扩大,内容丰富,各具特色

宋代的藏书家,对于图书收藏,虽然不乏求全求多而务多得者,但大部分是既多又精。如张邦基《墨庄漫录》卷五在考析北宋一些著名藏书家时说:

> 藏书之富,如宋宣献(绶)、毕文简(士安)、王原叔(洙)、钱穆父(勰)、王仲至(钦臣)家及荆南田氏(伟)、历阳沈氏(立),各有书目。谯郡祁氏(元振)多书,号外府太清老氏之藏室……吴中曾旼彦和、贺铸方回二家书,其子献之朝廷,各命以官,皆经彦和、方回手自雠校。①

还有的喜欢收藏孤本、善本与不常见之书,如毕士安(938—1005)精于雠校,家多善本。赵安仁(958—1018)"所得禄赐、多以购书","三馆旧缺虞世南《北堂书钞》,惟安仁家有本,真宗命内侍取之,嘉其好古,手诏褒美"②。南宋私家藏书对图书典籍的收藏范围则在北宋私家藏书的基础上,有了进一步扩大,不但内容丰富,而且各具特色。其中一些藏书数量达数万卷的大藏书家所藏图书就十分广泛,涉及经、史、子、集各部,而很多藏书家所藏图书都各有特点。如历仕高宗、孝宗、光宗、宁宗四朝,官至广南西路提点刑狱的王正功(1133—1203),"性嗜学,多录未见之书。唐诸帝实录略备,今写本及版行者各万余卷"③。魏了翁为宁宗朝知辰州的张大训所撰墓志铭,称张大训,"藏书数万卷","自经子百氏以及天文星历、山经地乘、伎巧医卜之事靡不究悉,又多蓄前言往行,隐书秘牒,凡世所罕见"④。太宗朝官拜参知政事的苏易简九世孙苏振文,"落落不偶,聚书数万卷,圣经贤传、山经地志、私乘野史以至虞初稗官旁行敷落之书,靡不搜罗"⑤。叶梦得(1077—1148)藏书注重实用而求精,其藏书中"自《六经》诸史与诸子之善者,通有三千余卷",

---

① 张邦基:《墨庄漫录》卷五,第 142 页。
② 《宋史》卷二八七《赵安仁传》,第 9659 页。
③ 《攻媿集》卷一〇〇《朝请大夫致仕王君墓志铭》。
④ 魏了翁:《张君墓志铭》,《鹤山先生大全文集》卷八六,《四部丛刊初编》本。
⑤ 《鹤山先生大全文集》卷八四《苏伯起振文墓志铭》。

每年通读一遍①。他还注意搜取有价值的不常见之书,如南唐徐锴(901—947)所著《说文系传》一书,南宋初就已不多见,而三馆所藏已"一半断烂不可读"。大藏书家、目录学家尤袤"爱其博洽而不可得",最后才辗转借阅到叶梦得收藏的从苏颂处得到的本子②。而尤袤本人"藏书至多,法书尤富"③。另据《宋会要辑稿》记载,"绍兴十五年十一月三日,秘书省言,忠训郎张抡授献书籍五十一种,并系本省见阙数目"④。可知张抡家藏图书都是稀罕图书,连国家图书馆的秘书省都没有。另外,有的藏书家还根据个人的兴趣爱好,专门收藏某一方面的图书,如周密称:"至如秀岩(李心传)、东窗(李道传)、凤山(李性传)三李,高氏,牟氏皆蜀人,号为史家,所藏僻书尤多。"⑤再如丹徒人孙大成(1140—1211),少多病,遇术士授以丹药,一服而愈,故好聚方书⑥。

南宋藏书家们各具特色、各有爱好和侧重的图书收藏,很好地起到了私家藏书互相补充、拾遗补缺的作用,也丰富了图书收藏的品种,不但促进了私家藏书的普及发展,也极大地补充、丰富了宋代中央、地方的官府藏书。上文所述私家藏书者的献书活动与朝廷、地方政府向民间广泛征集图书的事例已充分说明了这一点。

宋代藏书家除了收藏图书外,还注意收藏书画。如宋初太祖朝宰相王溥(923—982)"好聚书,至万余卷","又多藏法书名画"⑦。"陈亚少卿,蓄书数千卷,名画数十轴,平生之所宝者。晚年退居,有《华亭双鹤唳》,怪石一株尤奇峭,与异花数十本,列植于所居。为诗以戒子孙:'满室图书杂典坟,华亭仙客岱云根。他年若不和花卖,便是吾家好子孙。'"⑧钱惟演(977—

---

① 《文献通考》卷一七四《经籍考一》引《过庭录》,第1510页。
② 徐锴:《说文解字系传·附录》,《丛书集成初编》本。
③ 陈振孙:《直斋书录解题》卷八,第236页。
④ 《宋会要辑稿》崇儒四之二七。
⑤ 《齐东野语》卷一二《书籍之厄》,第217页。
⑥ 刘宰:《漫塘文集》卷三三《孙府君行述》,《嘉业堂丛书》本。
⑦ 《宋史》卷二四九《王溥传》,第8802页。
⑧ 王辟之:《渑水燕谈录》卷九,中华书局点校本1981年版,第117页。

1034），其家聚书侔于秘府，又多藏古书画①。洛阳李渎（957—1019），家世多聚书画②。到了南宋，藏书家们书画收藏的热情更为高涨，久盛不衰。如洪皓（1088—1155），藏书甚富，"书无所不读，虽食不释卷，稗官小说亦暗诵数千言"，善识别古彝器，"见书画不计直必得之乃已。有书万余卷，名画数百卷"③杨樗年（1132—1205）"喜为诗，好古书名画及他雅玩，愿售者争归之，酬之必过其值。家居建宝经堂，储书万卷"④。福建仙游籍嘉泰进士余日华，嗜诗史，工文翰，所居撷英阁，藏书万卷，法书名画，参错其间⑤。而嘉熙间曾知临安府的宗室赵与懃，精鉴赏，富收藏。善临摹古画，颇能乱真。亦工墨竹，所藏书画不下千本，名卷多至三百⑥。另如福建莆田著名方氏藏书家族代表方楷（字敬则，号一轩），他无所好，"惟酷嗜古文奇字，闻有一善碑，一真迹，必高价访求，不得不止，所收为吾里诸故家之冠。而北碑尤多，自石鼓、峄山、诅楚、至隋唐残碣断刻，一一妆饰而笈藏之。积至六百余卷，日增而未已"⑦。在南宋藏书家中类似的收藏书画者还大有人在，今天，我们仍能看到不少宋代乃至宋代以前的书画作品，南宋藏书家功不可没。

如果说宋代藏书家在收藏图书的同时，十分注意收藏书画，并蔚然成风，但还不是宋代藏书家们发明的话，那么，对金石碑刻资料的收藏并由此形成了一新的专门学向——金石学，则是宋代藏书家们首先开始的。对此宋人张淏曾总结金石学在宋代的兴起时说：

> 秦汉以前，字画多见于钟鼎彝器间，至东汉时，石刻方盛。本朝欧
> 阳公（修）始酷嗜之，所藏至千卷，既自为跋尾，又命其子辈撮其大要而
> 为之说，曰《集古录目》。晚年自号六一居士，《集录》盖其一也。其门人

---

① 曾巩：《隆平集》卷一二《钱惟演传》，影印文渊阁《四库全书》本；《宋史》卷三一七《钱惟演传》，第10342页。
② 《宋史》卷四五七《李渎传》，第13429页。
③ 洪适：《盘洲文集》卷七四《先君述》，《四部丛刊初编》本。
④ 《漫塘文集》卷三三《杨提举行述》。
⑤ ［乾隆］《福建通志》卷五一《文苑传》。
⑥ 详周密：《云烟过眼录》卷三，影印文渊阁《四库全书》本。
⑦ 刘克庄：《跋方一轩诸贴》，《后村先生大全集》卷一〇五。

南丰曾公(巩)亦集古篆刻为《金石录》五百卷。后来赵公明诚所蓄尤富,凡二千卷,其数正倍于欧阳公,著《金石录》三十卷。石林叶公梦得又取碑所载事与史违误者,为《金石类考》五十卷。近时洪文惠公适集汉魏间碑为《隶释续》,凡四十八卷。昭武李公丙类其所有,起夏后氏竟五季,著于录者亦千卷,号《博古图》,正讹谬,广异闻,皆有功于后学。《隶释》复刻其文,前代遗篇坠款,因得概见于方策间,尤可喜也。①

张淏的这段记述,列举了宋代几个有代表性的金石收藏家收藏、研究金石的情况及其研究著作,这些人都是宋代有名的大藏书家,如欧阳修(1007—1072)晚年自号六一居士,这六一居士的由来用欧阳修自己的话说:"吾家藏书一万卷,集录三代以来金石遗文一千卷,有琴一张,有棋一局,而常置酒一壶","以吾一翁,老于此五物之间。"②曾巩(1019—1083)的藏书,据周密《齐东野语》卷一二载,有一二万卷。关于赵明诚、李清照夫妇藏书事,上据《金石录后序》已有详细介绍,"建炎己酉(三年,1129)时,犹有书二万卷、又金石刻二千卷"。至于叶梦得,上文已述,其藏书在四五万卷。他自称:"余好藏三代秦汉间遗器。"③至南渡前所藏各种碑就有千余帙④。而所谓昭武李公丙者,亦是"乐于收书,勤于考古"的藏书家⑤。而以上张淏所举的金石收藏家中,叶梦得、洪适、李丙都是南宋人。并且南宋藏书家中收藏金石拓片,对其研究,撰有专门著作的,远不止上面这几个人。对此,南宋越中大藏书家楼钥(1137—1213)就曾云:"王顺伯厚之尝言本朝始自欧阳公《集古录》千卷,赵德父(明诚)《金石录》至二千卷,考订甚工,然犹未免差误,唯云林之书为尽善。"⑥楼钥这里说的云林,是指邵武黄伯思。黄伯思(1079—1118),字长睿。《宋史》卷四四三《黄伯思传》称其"好古文奇字,洛下公卿家商、周、秦、汉彝器款识,研究字画体制,悉能辨正是非,道其本末,遂以古文名家。

① 张淏:《云谷杂记》卷三,影印文渊阁《四库全书》本。
② 欧阳修:《六一居士传》,《欧阳修全集》卷四四,第634—635页。
③ 叶梦得:《岩下放言》卷中,宣统叶氏观古堂重刻本。
④ 叶梦得:《避暑录话》卷一,涵芬楼夏敬观校刻本。
⑤ 《宋会要辑稿》崇儒四之三。
⑥ 《攻媿集》卷七六《跋黄长睿〈东观余论〉》。

凡字书讨论备尽。"从《宋史》此条记载不但得知黄伯思对古金石器物研究之深，亦可知道当时"公卿家"收藏三代秦汉器物风气之盛。事实也确是这样，如据邵博《邵氏闻见后录》卷二二载，成都布衣杨汇"藏书万签，古今石刻本过六一堂（欧阳修）中《集古录》所有者"。史载王安石之弟、哲宗朝尚书左丞王安礼四世孙王厚之（1131—1204），字顺伯，"好古博雅，富藏先代彝器及金石刻，与尤袤俱以博古知名于时。尝取古今碑刻参订而详著之，号《复斋金石录》"①。其所著"《金石录》三十卷、《考异》四卷、《考古印章》四卷，题跋周宣王石鼓文后，考订秦惠王诅楚文，精鉴绝识，刻画深浅，笺辨无遗，识者赏其博雅"②。其他如绍兴九年（1139）任川陕宣抚使，对抗金事业作出很大贡献的名臣胡世将（1085—1142）"好古博雅，有《资古绍志录》，仿《集古录》"③。朱熹（1130—1200）从小就"好古金石文字，家贫不能有其书"，但刻意搜寻，绍兴二十六年（1156），年二十七时，已积至数十种④。周密（1232—1299）家藏图书四万二千余卷，三代以来金石之刻一千五百余种。

以上诸多材料、事例反映出的南宋士大夫们承继北宋对金石收藏、研究的热情，说明了宋代私家藏书的普及发展不仅表现在藏书家人数、收藏图书数量的大幅度增加上，而且其收藏的范围也有了扩大。从一般的图书到书画、古器物、金石碑刻资料，并用此考证名物掌故、人物事件，开辟了一条了解、研究社会历史的新途径。这是宋代藏书家们对保留、弘扬中华民族优秀文化遗产作出的又一重大贡献。

---

① 张淏：[宋]《宝庆会稽续志》卷五《人物》，中华书局《宋元方志丛刊》1990 年版，第 7150 页。

② [雍正]《浙江通志》卷一八〇《人物六》。

③ 《直斋书录解题》卷一八，第 529 页。

④ 《晦庵先生朱文公文集》卷七五《家藏石刻序》，《朱子全书》第 3608 页。按：朱熹此《序》文末明确称："绍兴二十六年岁次丙子八月二十二日壬辰，吴郡朱熹序。"以此推算，时朱熹二十七岁。

第四节　南宋私家藏书的来源

考察南宋私家藏书的来源，主要有购置、抄录、刻印及得到朝廷赏赐、友朋赠与等途径。

一、购买所得

由于雕板印刷发展到南宋，已十分成熟，使图书生产更趋商品化，形成了官刻、私刻、坊刻三大系统。对于刻书用途，书肆所刻不言而喻，主要是为了出售牟利，就是官府与私人刻书，上至朝廷国子监，下至地方官府以及私人所刻图书，除了自用与自藏外①，其所刻图书很大部分都是对外出售的，并能获得丰厚的利润。对此叶德辉《宋监本书许人自印并定价出售》谓：

> 宋时国子监板，例许士人纳纸墨钱自印。凡官刻书，亦有定价出售。今北宋本《说文解字》后，有"雍熙三年中书门下牒徐铉等新校定《说文解字》"，牒文有"其书宜付史馆，仍令国子监雕为印板，依《九经》书例，许人纳纸墨钱收赎"等语。南宋刻林钺《汉隽》，有淳熙十年杨王休记后云："象山县学《汉隽》，每部二册，见卖钱六百文足，印造用纸一百六十幅，碧纸二幅，赁板钱一百文足，工墨装背钱一百六十文足。"又题云："善本锓木，储之县庠，且藉工墨盈余为养士之助。"见《天禄琳琅后编》四。淳熙三年，舒州公使库刻本州军州兼管内劝农营田屯田事曾稙《大易粹言》，牒文云："今具《大易粹言》壹部，计贰拾册，合用纸数印造工墨钱下项，纸副耗共壹仟叁百张，装背饶青纸叁拾张，背青白纸叁拾张，棕墨糊药印背匠工食等钱共壹贯伍百文足，赁板钱壹贯贰百文足。库本印造见成出卖，每部价钱捌贯文足。右具如前。淳熙三年正

---

① 笔者按：国子监及中央政府机构图书所刻图书，有一部分由朝廷赐与地方政府、学校、书院、寺观及个人。

月日雕造所贴司胡至和具。"此牒在本书前。吾曾见宋刻原本……①

据此,淳熙年间象山县学刊印《汉隽》,每部二册,"印造用纸一百六十幅,碧纸二幅,赁板钱一百文足,工墨装背钱一百六十文足",成本二百六十文足,"见卖钱六百文足",每部利润有三百四十文。另叶德辉还罗列了多部南宋官方、书肆雕刻图书,出售获取利润的情况。如绍兴十七年黄州雕造王禹偁《小畜集》,一部八册,成本一贯一百三十六文足,"见成出卖,每部价钱伍贯文省",每部利润有三贯八百六十四文。由此可见,当时图书出版行业利润还是很可观的。高额利润的刺激也使官府和商人都乐意从事这一新兴行业。南宋的临安、建阳、成都等地,书肆林立,印本充斥,书多价廉,故直接花钱购买,成为私家聚书最主要,也最为便捷的方式。

在南宋藏书家中,其藏书就有以购置图书为主要来源的。如杜莘老(1107—1164),字起莘,眉州青神人。绍兴十年(1140)进士及第,以亲忧,免赴朝廷对,赐同进士出身,授梁山学官。历官殿中侍御史。好学,虽老不厌,俸禄悉以买书,所蓄几万卷②。上文所述宗室赵孟坚(1199—1295),"多藏三代以来金石名迹,遇其会意时,虽倾囊易之而不靳也"③。著名爱国诗人、越中藏书三大家之一的陆游,"尝宦两川,出峡不载一物,尽买蜀书以归"④。仙游人朱元飞,字彦实,任官三十年,不营一金产,所得俸禄即购书籍,每部各购三本,分遗三子⑤。南宋另一位著名藏书家刘仪凤的藏书也主要以俸禄购置而来。《宋史·刘仪凤传》载云:"仪凤在朝十年,每归即匿其车骑,扃其门户,客至,无亲疏皆不得见,政府累月始一上谒,人尤其傲。奉入,半以储书,凡万余卷,国史录无遗者。"⑥另一仙游人郑可复,嘉定七年(1214)登进士第,官仅至朝奉郎,"性俭朴,嗜书","禄俸余资悉以市书"、"捐金购书如

① 《书林清话》卷六,《书林清话·外二种》,北京燕山出版社点校本1999年版,第152页。
② 杜大珪:《琬琰集删存》卷二《杜御史莘老行状》,上海古籍出版社1990年影印本。
③ 《齐东野语》卷一九《子固类元章》,第357页。
④ [宋]《嘉泰会稽志》卷一六,第7023页。
⑤ 赵与泌等:[宋]《仙溪志》卷四《宋人物》,中华书局《宋元方志丛刊》1990年版,第8320页。
⑥ 《宋史》卷三八九,第11941页。

恐失之。晚年家藏几数千卷"①。而杨万里《石泉寺经藏记》云："下泳萧民望，甚贤而喜士，尤嗜蓄书，发粟散廪而饔飧《六经》，捐金抵壁而珠玉百氏。每鬻书者持一书至，必倍其估以取之，不可则三之，又不可则五之，必取乃已。蓄之多而不餍，老而不衰也。"②据此，萧民望家境当十分富有，故能不计代价购置图书。而更多的藏书家，即使薪俸微薄，生活清贫，也节衣缩食，购书藏书不辍。如林硕（1132—1206）字兴祖，四明人。楼钥所撰墓志谓其"俭不苟费，倾赀买书，手不停披，万卷有余"③。南宋著名诗人杨万里之父杨芾（1096—1164），家无田，授业以教，暇则教子。岁入束脩之资，以钱计者才二万，橐鬻太戳，忍饥寒以市书，积十年得数千卷④。林师点（1140—1214），字咏道，号竹村居士。吴子良所撰《四朝布衣竹村林君墓表》称林师点"酷嗜书，质衣贷家具，购书至几千卷，名帖亦数千卷。"⑤福建莆田著名藏书家方阜鸣（1157—1228），字子默，嘉定元年（1208）进士。官金书平海军节度判官厅公事，兼南外宗簿，复金书镇南军节度判官厅公事。为官清廉，生活俭朴，却拿出钱十万市坊书。⑥ 周密称其父尤酷嗜图书，"至鬻负郭之田以供笔札之用。冥搜极讨，不惮劳费"⑦。

此类例子在南宋藏书家中不胜枚举，郑刚中（1088—1154）所作《自笑》诗云：

> 他人将钱买田园，尚患生财不神速。
>
> 我今贷钱买僻书，方且贪多怀不足。
>
> 较量缓急堪倒置，安得瓶中有储粟。
>
> 自笑自笑笑我愚，笑罢顽然取书读。⑧

① ［宋］《仙溪志》卷四《宋人物》，第8330页。
② 杨万里：《诚斋集》卷七二。
③ 《攻媿集》卷一〇七《林府君墓志铭》。
④ 胡铨：《胡澹庵先生文集》卷二五《杨君文卿墓志铭》，《宋庐陵四忠集》丛书本。
⑤ 《赤城集》卷一六。
⑥ 刘克庄：《后村先生大全集》卷一四八《方子默墓志铭》。
⑦ 《齐东野语》卷一二《书籍之厄》，第218页。
⑧ 郑刚中：《北山文集》卷二，《丛书集成初编》本。

南宋末江湖派诗人许棐在《梅屋书目·序》中云:

> 予贫喜书,书积千余卷,今倍之未足也。肆有新刊,知无不市。人
> 有奇编,见无不录。故环室皆书也。或曰:"嗜书好货,钧为一贪。贪书
> 而饥,不若贪货而饱。贪书而劳,不若贪货而逸。人生不百年,何自苦
> 如此?"答曰:"今人予不知之。自古不义而富贵者,书中略可考也,竟何
> 如哉? 予少安于贫,壮乐于贫,老忘于贫。人不鄙夷予之贫,鬼不揶揄
> 予之贫,书之赐也。如彼百年,何乐之有哉?"①

郑刚中、许棐的自嘲、自我调侃,正是一些贫苦的士大夫节衣缩食,不惜典质
衣物、变卖田地甚至借贷以购书、藏书、读书生活的真实写照。

二、抄录所得

南宋时,虽然印本已经成为图书流通的主体,但就历代留存下来的图书
而言,总的还是以抄本为主,刻本所占比例不高。由于有些图书没有刻本,
只能转辗抄录。而且相比购买图书,抄录成本较低,特别对于贫苦知识分
子,只需要纸笔与时间,加之抄录图书的过程,也是更仔细的读书过程。所
以,抄录依旧是私家积聚图书的重要途径与方法。如陈长方(1108—1148),
字齐之,闽县人。少孤,杜门安贫,刻意学问,榜所居曰"唯室",学者称唯室
先生。绍兴八年(1138)擢进士第,调太平州芜湖尉,授江阴军学教授。一生
著述宏富,有文集十四卷,《春秋私记》三十二篇,《尚书讲义》五卷,《两汉
论》十卷,《步里谈录》二卷,《辨道论》一卷。胡百能为其所撰行状称其:"于
经史无所不读,家贫不能置书,假借手抄几数千卷。"②

北南宋之交的大藏书家叶梦得就喜欢抄书,重视抄书,一生抄书不辍,
并成为他早期累积图书与读书做学问的重要途径。他自称旧藏的三万余卷
图书中,"往往多余手自抄之"③。其中一重要来源是从苏颂处假借传抄所

---

① 许棐:《献丑集》卷首,《丛书集成初编》本。
② 陈长方:《唯室集》卷五,《附录·陈唯室先生行状》,影印文渊阁《四库全书》本。
③ 叶梦得:《避暑录话》卷一,涵芬楼夏敬观校刻本。

得。苏颂(1020—1101),字子容,泉州同安(今属福建)人,官至尚书右仆射兼中书侍郎,是北宋著名藏书家。绍圣四年(1097),苏颂自维扬拜中太一宫使归丹阳乡里,时叶梦得刚考中进士后为丹徒尉。与苏颂相识,并得以向苏颂"假借传写"所藏图书,"其所传写之书遂为叶氏藏书之祖",对此,叶梦得"每对士大夫言亲炙之幸"。关于叶梦得与苏颂相交,向苏颂假借传写图书事,见于《嘉定镇江志》(卷二〇)等书,而在叶梦得著作中也有提及。如《石林燕语》卷一〇记载说:

> 宋元宪公(庠)尝问苏魏公(颂):"徐锴与铉,学问该洽略相同,而世独铉,何也?"魏公言,"锴仕江南,早死。铉得归本朝,士大夫从其学者众……"余顷从苏借《系传》,苏语及此。亦自志于《系传》之末。①

南宋另一大藏书家陈振孙的很大一部分藏书也来自抄录。周密《齐东野语》卷一二谓:"近年唯直斋陈氏书最多,盖尝仕于莆,传录夹漈郑氏、方氏、林氏、吴氏旧书至五万一千一百八十余卷。"《直斋书录解题》中不少解题下载有作者如何抄录得到此书的经过。可与周密之语相佐证,足见陈振孙藏书之富,抄书之勤。

陆游的藏书除了一部分购自他在四川任职期间外,也是通过抄录而来。当时临川藏书家有王、韩、晁、曾诸家,陆游曾向他们借书,传抄颇多,《剑南诗稿》卷一二《抄书》一诗就写了当时传抄图书的情况:

> 书生习气重,见书喜欲狂。
> 捣蘗潢剡藤,辛苦补散亡。
> 且作短檠伴,未暇名山藏。
> 故家借签帙,旧友饷朱黄。
> (自注:借书于王、韩、晁、曾诸家。而吕周辅字文子友,近寄朱黄墨)
> 《皇坟》探《八索》,奇字穷《三苍》。
> 储积山崇崇,探求海茫茫。

---

① 《石林燕语》卷一〇,第155页。

一笑语儿子,此是却老方。

晚年,陆游精力衰退,无法亲自抄书,还命幼子陆聿代抄,其《跋陆子强家书》云:"吾友伯政持其先君子《家问》来","乃命子聿抄一通,置箧中,时览观焉。嘉泰壬戌十月二十三日,宗人某书。"①另如周辉自云:"辉手钞书,前后隐居遗失亦多。"②王明清《挥麈录后录》卷七云:"先人(王铚)南渡后,所至穷力抄录,亦有书几万卷。"另有鄞县人王正己(1118—1196),字正之,号酌古居士,历知江阴军、饶州,湖州两浙西路提点刑狱等,藏书至二万卷,手抄为多,以酌古名其堂③。

南宋以抄书聚书最为著名的藏书家,是中兴四大诗人之一的尤袤(1127—1194)与宋末官至签书枢密院事兼参知政事的高斯得。尤袤字延之,杨万里《益斋藏书目序》载云:"延之于书靡不观,观书靡不记","每退,则闭户谢客,日计手抄若干古书。其子弟亦抄书,不惟延之手抄而已也;其诸女亦抄书,不惟子弟抄书而已也。"杨万里序中还载尤袤之言:"吾所抄书,今若干卷,将汇而目之,饥读之以当肉,寒读之以当裘,孤寂而读之以当友朋,幽忧而读之以当金石琴瑟也。"④尤袤这种身体力行,带领子弟甚至诸女"日计手抄若干古书"的抄书、读书活动,成为他一生乐此不疲的最大爱好,也是他聚积、收藏图书的主要方式,从而使他成为宋代最著名的藏书家与文献目录学家。

高斯得,被誉为"所藏僻书尤多"⑤,这些"僻书"完全是靠抄录累积而成。他一生抄书不辍,不但抄僻书,还通过抄书的方式更认真地读书,同时累积图书,扩大自己的藏书。其所作《闲中读书次第》诗记录了当时抄书的情形:

紫阳礼编甫尽卷,亟赏《通典》平生愿。

---

① 《渭南文集》卷二九,《陆放翁全集》,第179页。
② 《清波杂志》卷四《藏书》,《清波杂志校注》,第136页。
③ 《攻媿集》卷九九《朝议大夫王公墓志铭》。
④ 杨万里:《诚斋集》卷七八。
⑤ 《齐东野语》卷一二《书籍之厄》,第217页。

> 增损温公鉴目成，要把二岩书贯穿。
>
> 夜灯览彻六一文，眉山巨集思重见。
>
> 七书卷帙二千余，加我三年当阅遍。
>
> 尔来两目渐眵昏，一一手抄宁敢倦。
>
> 固知衰颓力不胜，其奈嗜好顽难变。
>
> 又恐贪多或溺心，闭合时烧香一篆。①

此诗作于高斯得晚年，诗中，高斯得决定将篇幅多达二千余卷的《通典》等七部书，用三年时间边阅读边抄录一遍。虽然"尔来两目渐眵昏"，但是"一一手抄宁敢倦"；而"固知衰颓力不胜，其奈嗜好顽难变"。诗人自知精力衰退，怎奈对图书抄录、收藏是自己最大的嗜好乃至"顽疾"，无法改变。为了避免"贪多"、"溺心"，只好烧香一篆，以控制时间。

在南宋藏书家中，有不少曾在国家图书馆性质的中央藏书机构——秘书省任职，这为他们抄录秘书省内的藏书提供了便利。如上文所引杨万里《省中直舍因敲新竹怀周元吉》诗云："老眼逢书怯细看，抄书一事更应难。昨携如意敲新箨，右臂朝来作许酸。"②生动地记述了他担任馆职时，在秘书省轮值抄书的情景。

魏了翁（1178—1237）的藏书中，也有一部分是他在担任秘书省正字与校书郎时，抄录的秘书省中所藏图书。他自述云："家故有书，某又得秘书之富而传录焉。"③开禧元年（1205），魏了翁以武学博士对策，谏开边事，被劾狂妄，改秘书省正字。明年，迁校书郎，所谓"得秘书之富而传录"即在此期间。

再如绍定初（1228）拜参知政事的袁韶（字彦淳）的藏书，也有抄自秘书省内图书。袁韶之孙、元代著名藏书家袁桷（1266—1327）《袁氏旧书目序》记其家藏图书云："袁氏旧书之存于今者也，始曾大父越公（袁韶）举进士时，贫不能得书，书多手抄强记"，"后官中都，凡二十有五年，乃务置书，以偿宿

---

① 高斯得：《耻堂文稿》卷七，影印文渊阁《四库全书》本。

② 《诚斋集》卷二二。

③ 《鹤山先生大全文集》卷四一《书鹤山书院始末》。

昔所志,其世所未有,则从中秘书及故家传录以归,于是书始备矣。"①据此可知,袁韶在淳熙十四年(1187)进士及第之前,家贫,无余钱购书,只能默记后抄下。其后官吴江丞、知桐庐县,累迁至户部尚书,临安府尹。绍定初除同知枢密院事。后官至资政殿学士、浙西安抚制置使。在担任临安府尹时,"乃务置书",搜罗图籍,以偿夙愿。而市场上搜罗不到的图书,除了从其他藏书家处抄录外,也从秘书省传录收藏。

南宋藏书家们除了自己亲自抄书外,还出资雇人抄录,如莆田藏书家方崧卿,居官三十年,"所得俸禄,半为抄书之费"②。另大藏书家井度"常以俸之半传录"③。

据上所述可知,南宋时,几乎所有的藏书家都抄录过书,其中不少人借抄的书数以千计,甚至万计。有源自公藏,有抄自私家;有财者雇抄,无钱者伏案躬录。抄录图书费时费力,长期斯役,艰辛乏味,但藏书家们依旧千方百计,孜孜以求。他们通过抄书复制出更多的副本,丰富了藏书品种,扩大了藏书数量,还使许多秘籍得以保存下来,避免了亡佚。

三、刻印所得

自北宋中期开始,随着雕板印刷技术的成熟与逐渐得到广泛运用,藏书家们比前代藏书家多了一条图书来源的途径与渠道,即通过自己刻印图书。

宋代的私人刻书,在神宗熙宁年间(1068—1077)放松了刻书禁令后,发展很快。初时宋代的私人刻书以刻印正经、正史为主,次及诸子与百家文集,以后逐渐发展到刻印医书、农书等其他图书。南宋时期,私家刻书风气更加兴盛。其原因与目的也不尽相同,经济实力较强的官僚士大夫,主要为传播学术文化;有的世宦大族和世儒之家子孙,为了光耀门庭,刻印祖、父家集;也有的主要是出于牟利,而经营刻书业。自北宋中期之后,涌现出的数以千百计的私人刻书家,其中不乏一些藏书家,上文所述又是书商、刻书家,

---

① 袁桷:《清容居士集》卷二二《袁氏旧书目序》,《四部丛刊初编》本。
② 章定:《名贤氏族言行类稿》卷二六,影印文渊阁《四库全书》本。
③ 晁公武:《衢本昭德先生郡斋读书志序》,《郡斋读书志校证》,第15页。

又是藏书家的陈起等自不必说,另如著名的藏书世家晁氏家族就兼刻书。据《邵亭知见传本书目》卷一一著录:早在政和末(1116),晁说之就刻了王弼注老子《道德经》。南宋时,晁谦之(1090—1154)、晁子健(1107—1177?)等也继承家业,收集、刊印家族亲人文集与其他重要著作,如晁谦之衷刻其族兄晁补之的《鸡肋集》①,还曾于绍兴十八年(1148)刻了《花间集》;晁子健编类刊布祖父晁说之的《嵩山文集》②等。

在南宋藏书家中,刻印图书甚为著名的还有陆游父子、岳珂、洪适、朱熹、廖莹中、贾似道等人。陆游所刻图书,在其文集所收录的书跋中多有记述。如《跋岑嘉州诗集》云:

> 予自少时,绝好岑嘉州诗。往在山中,每醉归,倚胡床睡,辄令儿曹诵之,至酒醒,或睡熟,乃已。尝以为太白、子美之后,一人而已。今年自唐安别驾来摄犍为,既画公像斋壁,又杂取世所传公遗诗八十余篇刻之,以传知诗律者。不独备此邦故事,亦平生素意也。乾道癸巳八月三日,山阴陆某务观题。③

据此,陆游因喜欢唐代边塞诗人岑参诗,于乾道癸巳(九年,1173)在四川犍为刻印岑参诗集《岑嘉州诗集》。淳熙七年(1180),陆游以朝请郎提举江南西路常平茶盐公事(治所在今江西抚州),期间刻印了家藏收集的医药验方《陆氏续集验方》。其《跋续集验方》云:

> 予家自唐丞相宣公在忠州时,著陆氏集验方,故家世喜方书。予宦遊四方,所获亦以百计,择其尤可传者,号陆氏续集验方,刻之江西仓司民为心斋。淳熙庚子十一月望日,吴郡陆某谨书。④

淳熙十三年初,陆游出知严州(今浙江建德),在此期间,陆游所刻图书有:《江谏议奏议》、《剑南诗稿》二十卷、《南史》八十卷、《大字刘宾客》三十

---

① 《鸡肋集·后序》,《四部丛刊初编》本。
② 《嵩山文集·附录》,《四部丛刊续编》本。
③ 《渭南文集》卷二六,《陆放翁全集》,第158页。
④ 《渭南文集》卷二七,《陆放翁全集》,第161页。

卷、《世说新语》十卷及其祖陆佃所撰《春秋后传》二十卷、其父陆宰撰《春秋后传补遗》一卷。①

陆游之子陆子遹继承父业,所刻书更多,计有:

陆佃撰《尔雅新义》二十卷、陆佃撰《鹖冠子》三卷、陆佃撰《鹖子》十五篇、陆佃撰《陶山集》二十卷、陆佃撰《二典义》一卷、石介撰《徂徕集》二十卷、陆游撰《剑南续稿》六十七卷、陆游撰《高宗圣政草》一卷、陆游撰《老学庵笔记》十卷、王定保撰《开元天宝遗事》二卷、杨亿编《西昆酬唱集》二卷、令狐楚编《唐御览诗》一卷、魏野编《巨鹿东观集》十卷、潘阆撰《潘逍遥集》一卷、杨朴撰《东里杨聘君集》一卷。②

再如岳飞之孙岳珂(1183—12427),也是一位大藏书家,家藏书颇多,而多异本、珍本。他为校刻《九经》,收集贮藏的各种《九经》刻本就有二十三种之多③。另外他还刻有为替祖父岳飞辨冤而编的《鄂公金陀粹编》(正编二十八卷、续编三十卷)与自己的著作《愧郯录》、《桯史》等。另如藏书家井度亦喜刻书,其中以刻印七史最为著名。《郡斋读书志》卷五"《宋书》"条云:

> 嘉祐中,以《宋》、《齐》、《梁》、《陈》、《魏》、《北齐》、《周书》舛缪亡阙,始诏馆职雠校。曾巩等以秘阁所藏多误,不足凭以是正,请诏天下藏书之家,悉上异本。久之,始集。治平中,巩校定《南齐》、《梁》、《陈》三书上之,刘恕等上《后魏书》,王安国上《周书》。政和中,始皆毕,颁之学官,民间传者尚少。未几,遭靖康丙午之乱,中原沦陷,此书几亡。绍兴十四年,井宪孟为四川漕,始檄诸州学官,求当日所颁本。时四川五十余州,皆不被兵,书颇有在者。然往往亡阙不全,收合补缀,独少《后魏书》十许卷。最后得宇文季蒙家本,偶有所少者,于是七史遂全,因命眉山刊行焉。④

井度在眉山所刻《宋书》、《周书》、《齐书》、《梁书》、《陈书》、《魏书》、《北齐

① 见顾志兴:《浙江出版史研究》,浙江人民出版社 1991 年版,第 164—184 页。
② 以上据顾志兴:《浙江出版史研究》,浙江人民出版社 1991 年版,第 164 页。
③ 岳珂:《刊正九经三传沿革例》,影印文渊阁《四库全书》本。
④ 《郡斋读书志》卷五,《郡斋读书志校证》,第 184 页。

书》七史,史称《南北朝七史》,《宋蜀刻七史》,又称《眉山七史》。在经过唐末五代和北宋末靖康之难,典籍散亡的情况下,井度以个人之力,致力于史书的收集与刊刻,将《宋书》等七部史书收全补齐,然后加以刻印,实属不易,他对保存、传播图书典籍所作的努力值得我们尊敬与继承。

关于南宋藏书家刻书的事例不胜枚举,对此,在宋人文集中有关图书的题跋与历代公私书目及近人、今人的关于刻书、出版史的论著作中都有专门论述,由于篇幅所限,不再展开讨论。但是,需要强调指出的是,南宋藏书家的刻书活动及所刻图书,不只是补充与丰富了本人的藏书,同时对图书典籍的保存、流通、传播,繁荣图书出版市场作出了很大贡献。

四、朝廷赏赐

中国古代的藏书主要是官府藏书即公藏与私家藏书两类,二者之间有着密切联系。在藏书来源方面,公家藏书与私人藏书之间一直起着互补作用。每逢战乱或火灾等天灾人祸,国家与地方政府的图书遭到严重损失后,公家藏书的重建与图书来源,很大部分是朝廷与地方政府向私人藏书家征集或由私人藏书家主动进献;而私家藏书也曾通过朝廷赐书或借抄皇家、秘阁藏书等途径从公藏中获得图书,不断地丰富藏书内容,扩大规模。

宋代不少宗室、官僚士大夫藏书家都得到过朝廷的赐书,并成为其藏书重要来源之一,这在北宋时较为多见。据范凤书统计,北宋时期得到朝廷赐书的宗室成员主要有赵宗晟、赵宗绰、赵颢;官僚士大夫有赵世丰、丁谓、刘筠、洪文抚、王继恩、王崇勋、宋绶、张君房、汪文谅、司马光等。①

由于宗室、大臣能得到朝廷颁赐图书,特别是皇帝亲撰的诗文、墨迹及御书御制,是非常荣耀的事,故如同地方政府、学校、书院、寺观都建有专藏最高统治者所赐诗文、墨迹及御书御制的御书楼、御书阁一样,不少得到君主赐书的宗室与大臣,也在家中专设堂、阁,供奉皇帝所赐诗文、御书御制,一般亦称御书堂、御书阁。

---

① 参见范凤书《中国私家藏书史》,大象出版社 2001 年版,第 127—128 页。

南宋建立之初,国家藏书几乎一无所有,国家图书馆秘书省的图书主要靠号召藏书家进献与向藏书家征集。对此,上文已有较详细论述。由于南宋私家藏书的基础好于官方藏书,且随着全社会公私刻书尤其是书商们商业性刻书的兴盛,藏书家们得书更为容易,故除了每逢节日庆典或君臣聚会宴饮,南宋最高统治者对一些近侍大臣象征性地赐予自己的诗文作品、书法墨迹外,很少如北宋那样赏赐给大臣们一定数量的图书。但也有少数官僚士大夫得到朝廷赐与较多数量的图书。如孝宗朝官拜尚书右仆射的宰相史浩(1106—1194),仍相继得到高宗、孝宗二朝赐书。《宋史》卷三九六《史浩传》载云:"(史浩)晚治第鄞之西湖上,建阁奉两朝赐书,又作堂,上(孝宗)为书'明良庆会'名其阁、'旧学'名其堂。"①

南宋得到朝廷赐书最多的是权相贾似道。贾似道(1213—1275),字师宪,号秋壑,台州临海人(今属浙江)。以其姐为理宗宠妃,累拜右丞相。度宗立,除太师,平章军国重事,赐第西湖葛岭,使迎养其中。贾似道好收藏,在宅第葛岭旁,依湖山之胜,建造豪华堂室,收藏的图史、金石、书画富逾秘阁,有"悦生"、"贤者而后乐此"、"秋壑"诸藏书印。元陆友仁《研北杂志》卷下云:"翰林国史院有世祖时所赐贾似道没官书数千卷,金石刻多宋渡江以前拓本。"可知在贾似道的收藏中,有"官书"数千卷与南渡前金石刻拓片。理宗、度宗两朝,贾似道执掌大权,地位显赫,其所藏数千卷官书金石刻拓片当是朝廷投其所好,赐给他的,以示优宠。而贾似道常向朝廷乞请赐给他图书、书画。明张丑《清河书画舫》卷五就载云:"似道留心书画,家藏名迹多至千卷,其宣和、绍兴秘府故物,往往乞请得之。"不仅如此,他还以其特殊地位,巧取豪夺,将秘府所藏归为私有。明文徵明《跋杨凝式草书》云:

> 右杨少师神仙起居法,八行。《南宫书史》、《东观余论》、《宣和书谱》皆不载。余验有绍兴小玺及内殿秘书诸印,盖思陵故物,后有米友仁审定跋尾及译文四行。按:绍兴内府书画并令曹勋、龙大渊等鉴定,其上等真迹降付米友仁跋。而曹龙诸人目力苦短,往往剪去前人题识,此帖缝印十

---

① 《宋史》卷三九六《史浩传》,第34册第12069页。

余，皆不全是曾经剪拆者，其源委受授莫可得而考也。标绫上有曲脚"封"并"阅生"胡芦印，是尝入贾氏，盖似道柄国，御府珍秘，多归私家。①

五、受赠所得

宋代不少藏书家之间，除了能慷概地将家藏图书互相借阅传抄外，朋友之间常相互赠送书籍，互通有无，这也是扩大藏书范围，增加藏书数量的渠道之一。对此，在陆游的文集中，常能看到他接受友朋赠送书籍的记载，如《跋陵阳先生诗草》："右陵阳先生韩子苍《诗草》一卷，得知其孙籍。"②《跋松陵集三》云："淳熙十六年四月二十六日，车驾幸景灵宫，予以礼部郎兼膳部检察，赐公卿食，讫事作假。会陵阳韩籍寄此集来，云东都旧本也。"③以上陆游两篇跋文中所说陵阳先生韩子苍是北南宋之交著名诗人韩驹。韩驹（？—1135），字子苍，号牟阳，学者称陵阳先生。据此韩驹之孙籍曾赠送陆游其祖所撰《诗草》与《松陵集》。又陆游《跋资暇集》云："吾家旧有此本，先左丞所藏。书字简朴，疑其来久矣。首曰陇西李斤文济翁编。斤字犹成文也，久已沦坠，忽尤延之寄刻本来，为之怆然。绍熙二年十一月二十九日陆某识。"④《跋陶靖节文集》称："张缜季长学士自遂宁寄此集来。"⑤则尤袤与张缜都曾赠寄给陆游图书。

南宋时，最为人们称道的是藏书家井度为了使图书能保存下来，传之后世，将自己多年积聚的图书无偿地赠送给同好也是其属下的晁公武，并由此成为我国古代私家藏书史上的千古佳话。衢本《郡斋读书志》原序云：

> 公武家自文元公来，以翰墨为业者七世，故家多书，至于是正之功，世无与让焉。然自中原无事时，已有火厄，乃兵戈之后，尺素不存也。公武仕宦连蹇，久益穷空，虽心志未衰，而无书可读，每恨之。南阳公

① 文徵明：《甫田集》卷二一，影印文渊阁《四库全书》本。
② 《渭南文集》卷二七，《陆放翁全集》，第 160 页。
③ 《渭南文集》卷二七，《陆放翁全集》，第 165—166 页。
④ 《渭南文集》卷二八，《陆放翁全集》，第 168 页。
⑤ 《渭南文集》卷三〇，《陆放翁全集》，第 185 页。

(引者按:指井度)天资好书,自知兴元府至领四川转运使,常以俸之半传录。时巴蜀独不被兵,人间多有异本,闻之未尝不力求,必得而后已。历二十余年,所有甚富。既罢,载以舟即庐山之下居焉。宿与公武厚,一日贻书曰:"某老且死,有平生所藏书,甚秘惜之。顾子孙稚弱,不自树立。若其心爱名,则为贵者所夺;若其心好利,则为富者所售,恐不能保也。今举以付子,他日其间有好学者归焉。不然,则子自取之。"公武惕然从其命,书凡五十箧。①

从晁公武的这段自述得以知道,晁氏家族作为宋代著名的藏书世家,经北宋末火厄及兵戈之后,到南宋初已尺素不存。晁公武能承继祖业,重建藏书,除了晁公武本人努力,多方搜求外,井度所赠图书是主要来源。而晁公武也不负井度的嘱托期望,对包括井度所赠图书在内的所有家藏图书进行了认真的整理研究,编撰了《郡斋读书志》,成为近千年来,为广大士子学者案头不可或阙之传世之作,其中井度之功不可灭。

第五节 南宋的藏书世家与藏书家族

一、南宋藏书世家概述

在宋代人数众多的藏书家队伍中,有不少是沿袭二代、三代,甚至四代、五代或更长时期,一直从北宋延续到南宋的藏书世家,这也是中国私家藏书发展史上产生的超越前代的新情况。

据撰者收集到的材料。南宋沿袭二代以上的藏书世家有数十家,其中沿袭三世以上事迹可考的有十家。这中间,有自唐末一直到南宋初沿袭十余世的眉山(今属四川)孙氏,有连续藏书六世的新喻(今江西新余)刘氏与巨野(今山东巨野)晁氏,沿袭四世的安阳(今属河南)韩氏,另有沿袭三世的

---

① 晁公武:《衢本昭德先生郡斋读书志序》,《郡斋读书志校证》第15页。

吉州（今江西吉安）刘氏、汝阴（今安徽阜阳）王氏、山阴（今浙江绍兴）陆氏、浏阳（今属湖南）李氏、莆田（今属福建）郑氏、明州（今浙江宁波）史氏、湖州（今属浙江）周氏。这些藏书世家的家世及其成员的科第、仕履简历、藏书情况如下表所示：

地区（今属）姓氏		眉山（今属四川）孙氏十余世藏书			
名、生卒、字号	名（生卒）	降衷	抃（降衷从子）(996—1064)	辟（抃孙）	某（辟六世孙）
	字（号）		梦得		
	[封号、谥号]		[文懿]		
家世		唐时著姓，降衷五世祖长孺建书楼藏书，唐僖宗于光启元年（885）书"书楼"二字赐之。			
科举	参加	√	√	√	√
	考中何科		天圣八年（1030）进士	进士	进士
仕履简历		识太祖于未遇时，宋初召见，授眉州别驾。	以大理评事直集贤院，通判绛州。召试学士院，除太常丞、直集贤院。皇祐中为御史中丞累迁知制诰、翰林学士承旨，拜参知政事。	不详	不详
著作					
藏书情况	数量	万卷	万余卷	万余卷	万余卷
	书楼（书目）名	孙氏书楼	孙氏书楼	孙氏书楼	孙氏书楼
	来源与特点	宋初降衷于都城市监书万卷归。降衷孙辟又入都传东壁西雍之副与官本，市书捆载而归，即所居重建楼藏之。又尝除塾为师徒讲习之所，号山学。且天圣初再建书楼。南宋时，辟六世孙因楼毁于火，又重建增拓，走行阙下，传抄贸易，以补缺遗，竭其余力。《方舆胜览》卷五三称抃"喜藏书"。			
备注		※按孙氏藏书如依唐时算起，至南宋延续十余世，三百多年。 ※魏了翁称孙氏自孙抃以来，进士鼎甲者凡三人，而与宾荐取科举登显官者又不知其几。			

注：此表主要材料来源于魏了翁《鹤山先生大全文集》卷四一《眉山孙氏书楼记》，祝穆《方舆胜览》卷五三《眉州·人物·孙抃》，晁公武《郡斋读书志》卷一九《孙文懿集》条，第980页。

地区(今属)姓氏		新喻(今属江西)刘氏六世藏书					
名、生卒、字号	名(生卒)	式 (948—997)	立礼	牧	武贤	滁 (1099—1159)	清之 (1134—1190)
	字（号）[封号、谥号]	叔度		思文		全因 [丰国]	子澄 [静春先生]
家 世		世宦大族,式子五人全登进士第。四子立礼生致守维扬,迁居扬州文楼巷,牧子武贤殁,当建炎时,滁又避地至江西,子孙居焉。					
科 举	参 加	√	√				√
	考中何科	南唐进士	进士				绍兴二十七年(1157)进士
仕履简历		历鸿胪大理丞,出监通州和丰仓,入判三司都磨勘司,转太常博士终刑部郎官。	历官秘书监,殿中丞。	历桐庐令,官至太中大夫。	承议郎知盱眙县。	以通直郎致仕,由扬州迁居江西。	初官袁州宜春县主簿,调万安县丞。历知宜黄县。周必大荐于孝宗,得召对,改太常主簿。除通判鄂州,改衡州。光宗即位,起知袁州。历太常主簿,通判鄂州、衡州。
著 作							《曾子内外杂篇》、《训蒙新书·外书》、《戒子通录》、《墨庄总录》、《祭仪》、《时令书》、《续说苑》、《农书》、文集。

地区(今属)姓氏	新喻(今属江西)刘氏六世藏书					
藏书情况	数量	数千卷	数千卷	数千卷	数千卷	数千卷	复父数千卷藏书,又有增益。
	书楼名	墨庄	墨庄	墨庄(扬州)	墨庄(扬州)	墨庄(自扬州迁江西)	墨庄
	来源与特点	式仕太宗朝,既殁,家无余资,独有图书数千卷,夫人陈氏指以语诸子,此乃父之墨庄也。式孙牧、曾孙武贤、玄孙滁三代居扬州文楼巷,继以墨庄名之,藏书教子孙。滁妻赵氏,贤而文,夫妇手写经以课子。子靖之、清之皆登进士第。滁建炎避乱至江西,将所散失先世藏书,悉力营聚,原藏书数千卷复以旧,再以墨庄名藏书之室,靖之、清之兄弟又保藏增益之。					
备 注						

注:此表主要材料来源于《宋史》卷二六七《刘式传》,《晦庵先生朱文公文集》卷七七《刘氏墨庄记》、卷九八《刘子和传》,阮元《扬州文楼巷墨庄考》。参《宋代藏书家考》第50页"刘式"条。

地区(今属)姓氏	巨野(今属山东)晁氏六世藏书					
名、生卒、字号	名(生卒)	迥 951—1034	宗悫(985—1069)	仲衍(1012—1053)	端彦	说之(1059—1129)	公武
	字(号)[封号谥号]	明远[文元]	世良[文庄]	于长	美叔	以道[景迁]	子止
家 世	世宦大族,世儒之家。					
科举	参加	√	√	√	√	√	√
	考中何科	太平兴国五年(980)进士	赐进士及第	赐进士	嘉祐四年(1059)进士	元丰五年(1082)进士	绍兴二年(1132)进士
仕履简历		为大理评事。累擢右正言,直史馆。除右司谏,知制诰。累官工部尚书、集贤院学士。	以荫为秘书省校书郎,累迁尚书祠部员外郎,知制诰、刑部郎中。官终资政殿学士,给事中。	初以祖任将作监主簿,累官尚书祠部,同判太常礼院兼判尚书刑部,皇祐间以祠部员外郎秘阁校理知懷州,除京东提点刑狱。	入馆阁,历秘书少监。	以苏轼、范祖禹、曾巩荐,知无极县,元符中以党籍放斥,靖康时召为著作郎,迁中书舍人。高宗即位,为獣阁待制兼侍读。	历四川总领财赋司干办公事,临安府少尹。

（续表）

地区(今属)姓氏		巨野(今属山东)晁氏六世藏书			
著　作		《翰林集》三十卷、《道院集》十五卷、《法藏碎金录》十卷、《耆智余书》三卷、《随因纪述》三卷、《昭德新编》三卷。	文集二十卷、《汴阳杂说》一卷、《事类后集》三十卷、《两晋文类》五十卷、《侍雍杂编》、《河内唱和集》、《史论》三卷、《史记文通》二十卷。	《儒言》、《晁氏客语》一卷、《景迂生集》二十卷、《古周易》八卷、《太极传》六卷、《外传》一卷、《因说》一卷、《京氏易式》一卷。	《昭德文集》、《郡斋读书志》
藏书情况	数　量			二万卷	二万四千五百卷
	书楼(书目)名				《郡斋读书志》
	来源与特点	晁说之在谈及私家藏书时称："予家则五世于兹也，虽不敢与宋氏(绶)争多，而校雠是正，则未肯自让。乃去年(政和四年)冬，火亦告谴。"晁公武《郡斋读书志·序》："公武家自文元公(晁迥)来，以翰墨为业者(七)[六]世，故家多书，至于是正之功，世无与让焉。然中原无事时，已有火厄；乃兵戈之后，尺素不存也。"又称自得井度书凡五十箧，合家旧藏，得二万四千五百卷。			
备　注		※公武为冲之子，说之从子。			

注：此表主要材料来源于晁说之《嵩山文集》卷一六《刘氏藏书记》、《衢本昭德先生郡斋读书志序》、《宋史》卷三〇五《晁迥传》、《晁宗悫传》。

地区(今属)姓氏		安阳(今属河南)韩氏四世藏书				
名、生卒、字号	名(生卒)	琦 1008—1075	忠彦 1038—1109	治	肖冑	侂冑
	字(号)[封号、谥号]	稚圭(赣叟)[魏国公忠献]	师朴[仪国公文定]	循之	似夫[元穆]	节夫
家 世		四代中三居宰相,显赫于世				
科举	参加	√	√	√		
	考中何科	天圣进士	进士	赐进士出身	赐同上舍出身	
仕履简历		历将作监丞,知制诰、枢密使,知扬州、郓州、定州、相州,拜同中书门下平章事、右仆射、司空兼侍中	历官秘书丞,知瀛州、定州,拜礼部尚书、户部尚书、尚书左丞、门下侍郎、尚书右仆射兼中书侍郎、左仆射,以宣奉大夫致仕。	历官秘阁校理、太常丞、太仆少卿,知相州。	以荫补承务郎,除直秘阁知相州。绍兴三年(1133)拜端明殿学士、同金书枢院事充通问使使金。历知温州、绍兴府,后奉祠寓居于越几十年。	父娶宋高宗皇后之妹,以恩荫入仕。历阁门祗候、宣赞舍人。以拥立宋宁宗有功,自宜州观察使兼枢密都承旨累迁为相,封平原郡王,掌握军政大权达十三年。后因伐金失败,金人胁迫,被诛,函首送金。
著 作		《安阳集》五十卷、《谏垣存稿》三卷、《韩氏古今家祭式》一卷。	《韩魏公家传》二卷、《辨欺录》一卷。			

（续表）

地区(今属)姓氏		安阳(今属河南)韩氏四世藏书			
藏书情况	数量	万余卷	万余卷	益置七千卷	
	书楼(书目)	万籍堂	万籍堂	丛书堂六库	阅古堂
	来源与特点	贡师泰概述韩氏藏书在北宋间的递传情况云："韩氏自韩忠献王收书万卷,作万籍堂于安阳里第,其子文定公(韩忠彦)既增广之,文定公之子申国公(韩治)益置七千之卷,作丛书堂六库,相传之盛,当时河朔士大夫家号称积书多者罕及之。传四世,至尚书左司公膺胄,始从宋南迁会稽时散失无余矣。"《中兴小记》卷三四:"资政殿学士韩肖胄,尝帅浙东,既奉祠,则家于越,与弟直秘阁膺胄尤相友爱。先是家藏书甚富,散于南渡,仅存家集。肖胄刻意搜求,迄复其旧。"			
备注		另一支系韩琦第四代孙韩侂胄,在临安复建有"阅古堂"藏书。			

注:此表主要材料来源于《宋史》卷三一二、三七九、四七四,熊克《中兴小记》卷三四,陆友仁《研北杂志》,贡师泰《玩斋集》卷七《经训堂记》,《南宋杂事诗注》卷五。

地区(今属)姓氏		吉州(今江西吉安)刘氏三世藏书		
名、生卒、字号	名(生卒)	泳	昱	彦弼(1091—1142)
	字(号)[封号、谥号]			英臣
家世		自泳之祖起已富殖,为富家大族。		
科举	参加			
	考中何科			
仕履简历		祖、父均未仕,皆隐居至泳始创书院,买书。		调鄂州司户,转从事郎为鼎州武陵县丞。改宣教郎知临江军新喻县。
著作				
藏书情况	数量	万卷	万卷	万余卷
	书楼(书目)			
	来源与特点	家富殖,泳之祖起买书延师使子孙择术授业。至昱,尤能捐金帛买书至万卷。建炎初,社会动乱,彦弼负其书,仓惶转徙。		
备注		按:据《卢溪集》卷四六彦弼从子(刘)冀墓志,冀时,先世藏书仍在,继开馆延师教子弟。		

注:此表主要材料来源于王庭珪《卢溪集》卷四四《故县尉刘君(彦弼)墓志铭》、卷四六《保义郎刘君(冀)墓志铭》。

地区(今属)姓氏		汝阴(今安徽阜阳)王氏三世藏书			
名、生卒、字号	名(生卒)	莘	铚	廉清	明清(1127—?)
	字(号)[封号、谥号]	乐道	性之(汝阴老民、雪溪)	仲信	仲言
家　世		仕宦之家、世业儒。			
科举	参加	√			
	考中何科	进士			
仕履简历		尝从欧阳修学。历仕兵部员外郎。	绍兴初官迪功郎,枢密院编修。晚年,遭秦桧排斥,居剡中。		历泰州通判、浙西参议官。
著作			《默记》一卷、《杂纂续》一卷、《侍儿小名录》一卷、《国老谈苑》二卷、《王公四六话》二卷、《雪溪集》八卷。	《京都岁时记》、《广古今同姓名录》。	《挥麈三录》、《玉照新志》、《投辖录》、《清林诗话》。
藏书情况	数量	数万卷	数万卷	数万卷	
	书楼(书目)书				
	来源与特点	莘早岁登科,游宦四方,留心典籍,经营收拾,所藏书逮数万卷,皆手自校雠,贮之于乡里。汝阴士大夫多从而借传。后归陈规(元则)。子铚南渡后,穷力抄录亦有数万卷。既卒,秦桧子熺将欲取其所藏,并许以子廉清官,廉清号泣拒之曰:"愿守此书以死,不愿官也。"铚次子明清时,因秦桧禁野史,其书损失大半,所存不多。			
备　注		※《宋会要辑稿》职官六八之二五:(政和二年)九月五日,兵部员外郎王莘降一官……			

注:此表主要材料来源于《却扫编》卷下,《墨庄漫录》卷五。

地区(今属)姓氏		山阴(今浙江绍兴)陆氏三世藏书		
名、生卒、字号	名(生卒)	宰 (1088—1148)	游 (1125—1210)	子遹 (一作子聿)
	字(号) [封号、谥号]	元钧	务观(放翁)	怀祖
家　世		世宦大族,宰曾祖轸即考取进士为吏部郎中,祖为国子博士,父佃官拜尚书左丞。		
科举	参加		√	
	考中何科		数次参试皆列前,但为秦桧所沮,后赐进士出身。	
仕履简历		靖康时为京西路漕臣,南宋初,官朝请大夫、直秘阁,知临安府。后隐居家乡山阴。	以荫补登仕郎,举试荐送屡前列,为秦桧所嫉。桧死,始为宁德主簿。历枢密院编修,知夔、严二州。为四川制置使司参议官,召修孝宗、光宗两朝实录,升宝谟阁待制致仕。	历溧阳令,宝庆二年(1226)知严州,创钓台书院。
著作		《春秋后传补遗》一卷	《剑南诗稿》八十五卷、《入蜀记》六卷、《南唐书》十八卷、《天彭牡丹谱》一卷、《老学庵笔记》十卷、《家世旧闻》二卷、《渭南文集》四十一卷、《放翁词》二卷。	
藏书情况	数量	近二万卷	数万卷	数万卷
	书楼(书目)	双清堂	书巢 (有家藏书目)	
	来源与特点	绍兴十三年(1143),始建秘书省,诏求天下遗书,录陆宰家书来上,凡万三千卷有奇。陆游自称:"吾室之内,或栖于椟,或陈于前,或枕籍于床,俯仰四顾,无非书者。"(参《渭南文集》卷一八《书巢记》)《次韵范参政书怀》:"残年唯有读书癖,尽发家藏三万签。"游幼子遹亦喜蓄书,至辍衣食,不少吝也。(同上书卷二九)。		
备　注				

注:此表主要材料来源于陆游《渭南文集》卷一八《书巢记》,及是书中所载多种跋文,《嘉泰会稽志》卷一六《藏书》。

地区(今属)姓氏		浏阳(今属湖南)李氏三世藏书		
名、生卒、字号	名(生卒)	作乂	日南	之传
	字(号)[封号、谥号]	彦从	德广	梦符
家　世		世儒之家,三世以学行称。		
科举	参加			
	考中何科			
仕履简历				
藏书情况	数量	万卷	万卷	二万卷
	书楼(书目)名	遗经阁	遗经阁	遗经阁
	来源与特点	隆兴二年(1164)作乂、日南父子建遗经阁,为家藏图书之处,张栻、朱熹等数十人赋诗赞美,一年后焚于火。淳熙十四年(1187)择县南太湖山旁重建,未成而父子相继逝。作乂孙之传既长,慨祖父之志未遂,恶衣绝甘。圭积黍累,再筑是阁,绍熙四年(1193)始成,牙签万轴,漆书万卷。		
备　注				

注:此表主要材料来源于杨万里《诚斋集》卷七五《李氏重修遗经阁记》。

地区(今属)姓氏		莆田(今属福建)郑氏三世藏书		
名、生卒、字号	名(生卒)	樵(1104—1162)	侨(樵从子)	寅
	字(号)[封号、谥号]	渔仲(夹漈先生)[文惠]	惠叔(回溪)[献文]	子敬,一作承敬(肯亭)
家　世		世儒大族		
科举	参加		√	
	考中何科		乾道五年(1169)进士第一	
	仕履简历	一生不应科举,刻苦力学三十年,集天下之书为一书,撰成《通志》二百卷,献书朝廷,诏藏秘府,召对,授右迪功郎、礼兵部架阁文字。	孝宗朝,签书镇南军节度判官,光宗朝,权吏部尚书。宁宗朝拜参知政事,以观文殿学士致仕。	以父任补官,历知吉州,左司郎中兼权枢密院副都丞旨,知漳州。
	著作	《群书会要》三十卷、《求书阙记》七卷、《外纪》十卷、《通志》二百卷、《夹漈书目》一卷、《图书志》一卷。	《包蒙》七卷	《中兴纶言集》二十八卷、《打马图式》一卷。
藏书情况	数量			数万卷
	书楼(书目)名	夹漈草堂(夹漈书目)		衍极堂(郑氏书目)
	来源与特点	郑樵一生读书、藏书、著书,凡遇藏书家,必借读尽抄,故藏书甚富编有家藏书目《夹漈书目》。所著《通志》中设《校雠略》,论类例、论亡书、论求书、论搜书及图书的校勘,上升为理论,又《艺文略》,载录历代目录所收之书。从子侨工书法,尤擅长行书。性喜蓄书,家聚甚丰。与陈振孙相友善。振孙仕莆时,还曾借抄传录其藏书。侨子寅有"衍极堂",藏书数万卷,于本朝典故尤熟。编有《郑氏书目》七卷,列所藏书为七录,曰经、曰史、曰子、曰艺、曰方伎、曰文、曰类。《直斋书录解题》著录其收藏李纲《梁溪易传内外篇》、何万一《长乐财赋志》等多种图书。又曾刻印吕本中《杂说》一卷、《师友杂志》一卷、《诗话》一卷及《两汉文鉴》等。		
备　注				

注:此表主要材料来源于陈振孙《直斋书录解题》、《宋史》卷四三六《郑樵传》、明郑岳辑《莆阳文献传》。[乾隆]《福建通志》卷四四《人物·兴化府》

地区(今属)姓氏		明州(今浙江宁波)史氏三世藏书		
名、生卒、字号	名(生卒)	浩(1106—1194)	弥大	守之
	字(号)[封号、谥号]	直翁(直隐居士)[文惠、忠定。会稽郡王、越王]	方叔[献文]	子仁
家 世		南宋浙东第一世宦大族。		
科举	参加	√	√	
	考中何科	绍兴十五年(1145)进士	乾道五年(1169)进士	
仕履简历		初官绍兴余姚县尉,历温州教授。除太学正,升国子博士,除秘书省校书郎兼二王府教授。孝宗受禅,以中书舍人迁翰林学士、知制诰。除参知政事,拜尚书右仆射。	初官秘书丞,淳熙四年为浙西提举。历官朝奉大夫守宗正少卿,兼太子侍讲,至礼部侍郎。	仕终朝奉大夫,仕不甚显,志行不苟,不满其仲父弥远擅国,著《升闻录》以寓规谏。中年退居月湖居之。与慈湖杨简等人讲肆为乐。
著作		《尚书讲义》二十二卷、《周官讲义》十四卷、《论语口义》二十卷、《会稽先贤祠传赞》二卷、《鄮峰真隐漫录》五十卷。	衍极朴语、衍极图说。	
藏书情况	数量			
	书楼(书目)名	明良庆会、旧学。藏书印为:旧学、复隐、史氏。		
	来源与特点	浩于孝宗朝二拜右相,致仕后治第鄞之西湖,建阁奉两朝赐书,孝宗为书"旧学"名其堂,藏书印即为旧学。子弥大守父藏书,传其子守之,筑楼于月湖名碧沚,并作藏书印,与楼钥并为当时浙东藏书大家,有"南楼北史"之称,为历代藏书家称颂。史氏旧学、碧沚藏书。至明时,文徵明称"今吾吴中藏书家所收古书,有旧学史氏及碧沚印者,多其遗书"。其藏书至清代犹有存者。		
备 注				

注:此表主要材料来源于楼钥《攻媿集》卷一〇,明文徵明《甫田集》卷二二《跋宋通直郎史守之告身》,全祖望《鲒埼亭集》卷四、卷一六。

地区(今属)姓氏		湖州(今属浙江)周氏三世藏书		
名、生卒、字号	名(生卒)	珌	晋	密(1232—1298)
	字(号)[封号、谥号]		明叔(啸斋)	公谨(草窗、萧斋、弁阳啸翁,升阳老人,华不注山人、泗水潜夫)
家 世		世宦、世儒之家。		
科举	参加			
	考中何科			
仕履简历		先世历城(今山东济南)人,父周秘。	济南人,寓吴兴。绍定四年(1231)官富阳令,民称周佛子。	以祖泽为建康府都钱库,累官义乌令。景定二年(1261)为临安府僚属,监和剂药局充奉礼郎兼太祝,宋末为丰储仑所检察。宋亡不仕。晚年寓居杭州癸辛街。
著作				有《蜡屐集》、《蘋洲渔笛谱》、《癸辛杂识》、《齐东野语》、《武林旧事》、《浩然斋视听钞》、《浩然斋雅谈》、《云烟过眼录》、《澄怀录》、《草窗韵语》、《绝妙好词》。
藏书情况	数量		图书四万二千卷、金石之刻一千五百种。	图书四万二千卷、金石之刻一千五百种。
	书楼(书目)名		书种 志雅	书种 志雅(书种堂书目)
	来源与特点	周密自称:吾家三世积累,先君子尤酷嗜,至鬻负郭之田以供笔札之用。冥搜极讨,不惮劳费,凡有书四万二千余卷及三代以来金石之刻一千五百余种,庋置书种、志雅二堂,日事校雠。		
备 注				

注:此表材料来源主要据周密《齐东野语》卷一二《书籍之厄》,陆心源辑撰《宋史翼》卷三四《周密传》。

　　以上是文献资料有详细而较具体的记载三世以上的藏书世家，除此之外，也有些藏书世家，由于种种原因文献记载不详。对此，赵宋宗室中，就有不少这样的藏书世家。如太祖九世孙、著名的藏书家赵希弁，字君锡，袁州（今江西宜春）人，为江西漕贡进士，曾任秘书省校勘书籍。他的藏书就是累积曾祖、祖、父三世图书而成。希弁曾祖子孟，字醇父，号清愿先生，官右从政郎。据赵希弁在《读书附志》自载，子孟藏右安定郡王令畤之墨迹为多，近时诸贤皆跋之①。祖伯荃，为江西漕贡进士，曾任秘书省校勘书籍。而他在介绍《孟子精义》一书时称，是书"卷末'淳熙辛丑冬至前五日点毕'十一字，乃先君子戒庵居士师向手泽也"②。按：希弁生父师同，为衡山令，迁郴洲卒。眉山程公许为其撰墓铭。事分别见《读书附志》卷上编年类"《皇王大纪》"条、卷下别集类三"《沧州先生尘缶编》"条。此处称先君子戒庵居士师向者，是希弁出继之父。这说明其继父师向藏有《孟子精义》。《读书附志》又著录：《世说新语》三卷，"余家旧本盖得之王原叔家，后得晏元献公手自校本，尽去重复，其注亦小加剪截，最为善本云。"③又说明其家旧藏有《世说新语》三卷本。至于赵希弁本人，集三世所藏，又累有增加，藏书更富。淳祐九年（1249），宜春守黎安朝重刊晁公武《郡斋读书志》，嘱赵希弁代为校正。希弁以所藏书勘对晁氏书目，将晁氏未载者，或详略不同者分类著录，仿晁氏体例，撰为《读书附志》一卷。合《郡斋读书志》四卷一并刊刻，世称"袁本"。赵希弁还利用自家数世累积藏书，读书治学、著述。除了《读书附志》、《郡斋读书志考异》外，据《读书附志》中自述，另撰有《读史补注》一百三十卷、《资治通鉴纲目考异》五十九卷、《续资治通鉴补注》九百四十六卷、《建炎以来中兴系年要录补注》二十卷、《续仰山孚惠庙实录》五卷。

　　南宋连续两代的藏书家庭及成员主要有：

　　1. 江西庐陵罗无竞、良弼父子

　　罗无竞，字谦中，号邈翁，庐陵（今江西吉安）人。少有文名，因感世风日

　　①　赵希弁：《读书附志》卷下著录：《藏六居士安乐集》十二卷，《郡斋读书志校证》，第1198—1199页。

　　②　《读书附志》卷上著录：《孟子精义》十四卷，《郡斋读书志校证》，第1098页。

　　③　《读书附志》卷上，《郡斋读书志校证》，第1144页。

下,厌倦举子业,归家闭门读书。逢熙河之役,无竞上书条陈利害。朝廷特旨褒美,授迪功郎。始入仕途,为建宁主簿,后以父丧不复仕。有集数卷,《经解》数卷,《清襟集》三卷藏于家。卒于绍兴初,年五十三。门下客私谥曰孝逸先生。李仲谦为作墓志铭,胡铨作传。罗无竞一生嗜好读书,藏书达万卷。建炎间,金人渡江,无竞自认藏书难以保藏,将遭到与新喻刘氏墨庄藏书一样散失的境遇。谁知金人过其庐,知其为读书门户,曰:"儒先家也,戒无犯。"无竞家族因此未受侵扰①。

罗良弼(1108—1164),字长卿,无竞长子。建炎三年(1129)以诗赋冠乡举,绍兴二十七年(1157)进士及第,授迪功郎,调赣州会昌东尉。有文集三十卷,《欧阳三苏年谱》一卷。另著《欣会录》十卷,《诗话》二十卷,《闻书》七卷。事见《胡澹庵先生文集》卷二六《罗迪功墓志铭》。良弼少与胡铨同学,同师事清节先生萧子荆,娶胡铨从妹为妻,继娶刘氏。博学强记,藏书自上世已万卷,至良弼不啻倍蓰,皆手朱墨,表无虚帙。亲抄书千卷,字画如刻。博学强记,凡百家杂志,下至裨官虞初小说,无不淹贯。晚年,罗良弼与退居乡里的周必大交往甚密。周必大在隆兴癸未(1163)作有《跋罗良弼家欧阳公唐赞草》,称"长卿好古博雅,藏本朝名帖至数十百纸"②。另刘弇《龙云集》周必大序云:"先是,汴京及麻沙刘公集(《龙云集》)二十五卷。绍兴初,予故人会昌尉罗良弼遍求别本,手自编纂,增至三十二卷,凡六百三十余篇。嘉泰三年,贤守豫章胡元衡平一表郑公之乡里,访襄阳之耆旧,欲广其书,激厉后学。予亟属罗尉之子泌缮写定本,授侯刻之。"③可见罗良弼还曾校勘补遗刘弇的文集,嘉泰三年(1203),由其子罗泌缮写定本,交给守令胡元衡刻印出版。

2. 浙江越州上虞李光、孟传父子

李光(1078—1159),字泰发,号转物居士。越州上虞(今属浙江)人。北宋崇宁五年(1106)进士,调开化令,知平江府。高宗即位,擢秘书少监,除知

---

① 事见《胡澹庵先生文集》卷三一《孝逸先生传》,《宋庐陵四忠集》丛书本。

② 《省斋文稿》卷一六,《宋庐陵四忠集》丛书本。

③ 周必大:《龙云集序》,载刘弇《龙云集》卷首,影印文渊阁《四库全书》本。

江州。历知宣州、临安府、婺州，进吏部侍郎，擢吏部尚书。除端明殿学士、江东安抚大使、知建康府、寿春滁濠庐和无为宣抚使。绍兴八年（1138），拜参知政事。李光为人耿直敢言，不怕得罪权贵。早在北宋时，就因得罪权奸朱勔、王黼而被改官，又上言请黜责蔡攸。宋金和议成，秦桧撤淮南守备，夺诸将兵权，光极言，和不可恃，备不可撤。桧恶之。又当着高宗面斥桧"盗弄国权，怀奸误国"，得罪秦桧，除资政殿学士、知绍兴府，改提举临安府洞霄宫。绍兴十一年，责授建宁军节度副使，藤州安置。后移琼州。仲子孟传又被诬以私撰国史，光本人被人告与胡铨诗赋倡和，讥讪朝政，移昌化军。孝宗即位，复资政殿学士，赐谥庄简。《系年要录》卷一五六绍兴十七年十二月纪事云："言者论会稽士大夫家藏野史，以谤时政，于是李光家藏书万余卷，其家皆焚之。"《挥麈后录》卷七亦云："李泰发家旧有万余书，亦以是岁（绍兴十七年）火于秦。"元孔齐《至正直记》卷二载："予至上虞，闻李庄简公光无书不读，蓄书数万卷。子孙不肖，且粗率鄙俗，不能保守，书散于乡里之豪民家矣。"由此可知，李光藏书数万卷，绍兴十七年因时谤，焚毁万余卷。李光著有《易传》十卷、《兵略》十卷、《神仙传》十卷，另有文集四十卷①。

与上引《至正直记》所记不同，据上引宋人张淏所修《宝庆会稽续志》卷五《人物》所载，李光子孙非不肖，而是"诸子皆知名"。长子孟博，字文约，绍兴五年（1135）进士。聪敏强记，为文精于《楚辞》。随侍光贬岭南，自登科未尝一日出仕，竟卒于琼州。仲子孟坚（1115—1169）字文通，少以果毅力学，见称于里之前辈。李光谪岭南，会有告其家有私史，坐罪除名，窜峡州。桧死，始复故官，为常州晋陵丞，历官知秀州，迁提举淮东常平茶盐事。三子孟珍，字文潜，善行草。当时得其简牍人皆珍藏之。尝擢守江阴及沿海制置司参议官，皆不赴。淳熙十一年（1176）卒。而少子孟传尤有声于时，且承继发展了他父亲的藏书事业。

李孟传（1126—1219），字文授。《宝庆会稽续志》卷五《人物》有其传，谓孟传"少讲学有声，而天资爽迈无纤毫世俗之气。当世闻人如曾几、徐度、

---

① ［宋］《宝庆会稽续志》卷五《人物》，第 7149 页。

贺允中、汪应辰、张孝祥诸公一见皆器遇之,与之游。"历官明州象山宰,秩满主管官诰院,迁太府寺丞,出知江州、处州,提举福建常平茶事、提点浙西刑狱。寻奉祠里居,除直宝谟阁致仕。传记记其藏书云:"性嗜书,至老不厌,藏书万卷,悉置左右,翻阅绅绎,周而复始。每得异书,手自校勘,竟其编,乃止多识典故及前辈出处,中朝旧事,历历能道本末,有如目睹。"①著有《盘溪诗文稿》五十卷,《宏词类稿》十卷,《读史》十卷,《杂志》十卷,《记善》、《记异录》各五卷。

据此,虽然李光前三子藏书著述情况不详,但决非不肖子孙,而其少子孟传嗜书,藏书万卷,读书、校书、著书,是名符其实的藏书家。故李光家族,至少是延续二世的藏书世家、文献之家。

3. 江西崇仁李彦华、琥父子

李彦华(1112—1192),字仲实,崇仁(今属江西人)。受书于严拙翁,与欧阳澈、吴澥为友。年三十,筑室山中,以"藏修"名堂,隐居乐道凡五十余年。乡人号曰藏修先生,"家故藏书,至万余轴,矻矻晨夜,钬心刿目"②天文地理,礼乐律历,兵谋方伎,毫分缕析。体习既精,晚而有述,曰《藏修堂》、《巴谷集》、《经传辨疑》、《礼乐遗录》,合而成书三十六卷。

李琥(?—1214)字次琮。魏了翁为其所撰墓志铭称,从小其父以仁义大端授之,故"自幼通大义,不以章句为能,然性颖悟,援笔成文。家储书万余卷,皆父手泽。君口诵心惟,自道德性命之奥,名物度数之详,象纬山河之广,靡不究极。国人弟子挟策问疑,豪析缕解,听之者如瞽得相,惟深疾释老氏书"。琥一生未仕,但坚守"穷则独善其身,达则兼善天下,得志泽加于民,不得志修身见于世"。曾任工部尚书的何异(字同叔)闻其言而壮之,引为上客。何异曾仿用庐山李氏藏书故事,在建昌军麻姑山作一藏书山房,为士子读书之处,琥曾向何异靖求,去麻姑山山房读书。③

据此,崇仁李彦华、琥父子都藏书万余卷,李彦华孙、琥子刘曾官通判武

---

① [宋]《宝庆会稽续志》卷五《人物》,第7149页。
② 魏了翁:《藏修先生李公墓铭》,《鹤山先生大全文集》卷七九。
③ 以上引文并李琥事迹俱见《鹤山先生大全文集》卷七九《李次琮墓志铭》。

冈军,主管户部架阁文字,迁国子录。惜未详其藏书著述情况。但崇仁李氏至少是延续二世的一般士子藏书世家。

4. 福建莆田林霆、光世祖孙

林霆,字时隐,莆田(今属福建)人。擢政和五年(1115)进士第,为敕令所删定官。反对绍兴和议,谓不当置徽钦二帝万里之外而不通问,即挂冠出都门。秦桧死,转承议郎,通判衢州,迁湖州。《宋史·郑樵传》载:"同郡林霆,字时隐,擢政和进士第。博学深象数,与郑樵为金石交,林光朝尝师事之。聚书数千卷,皆自校雠,谓子孙曰:'吾为汝曹获良产矣。'绍兴中,为敕令所删定官,力诋秦桧和议之非,即挂冠去,当世高之"①。

林光世,字逢圣,号水村,霆曾孙。家学渊源,有藏书万卷,少年,父师律举子业,不许读。晚始遍览藏书,因《易》十三卦,取法乾象者,著为图说,名曰《易镜》。淳祐十一年(1251)九月,以《易》学召赴阙,十二月,有旨充秘书省检阅文字,十二年二月敕授常州文学职事,仍为秘书省检阅文字。宝祐二年(1254)正月补迪功郎。九月特添差浙西提举司干办公事。历将作丞,知潮州,数迁得提举浙东常平茶盐。景定初,进《嘉言》三十篇,赐进士出身,官至朝请大夫、直秘阁②。

据此,福建莆田林氏自林霆时藏书数千卷,其曾孙光世能守家业,继续藏书、读书、著书,行举子业,藏书数量增至万卷。其间当经光世祖、父累积,故其家也可列入延续四世的藏书世家。只是光世祖、父聚书、藏书情况不详。姑且作为曾孙承继曾祖藏书之家族。

5. 浙江台州临海林师点、表民父子

林师点(1140—1214)字咏道,号竹村居士,台州临海(今属浙江)人。考科举,屡试不中,一直至老。师友皆名辈胜流,如干卿月、徐似道、钱象祖、谢深甫、陈傅良、楼钥、龚颐正、真德秀等。陈耆卿为其所撰墓志铭谓林师点:"广学而苦成,少所从多有道师儒。""好客如馋,耽士如醉,而尤嗜书传,扶奇剔眇,近购遽求,家已卷数千,犹典衣抄传恐晚。丹铅勘点,蝇头蛰然,至遇

① 《宋史》卷四三六《郑樵传》,第12944页。
② 参见《四库总目提要》卷七《经部七·易类存目一》,第49页。

古帖秘文、断刻坠简,不啻虞箫振耳,商彝夺目,积之久亦余千卷焉。篆隶尤留心,以张谦中、虞仲房为法。"①又吴子良所撰《四朝布衣竹村林君墓表》亦称林师点"酷嗜书,质衣贷家具,购书至几千卷,名帖亦数千卷。每一卷入手,喜津津校雠考订,忘日夜。可谓贫而富于书"②。

林表明字逢吉,号玉溪。临海人,师点子。事迹、仕履不详。陈振孙《直斋书录解题》卷八著录:"《赤城三志》四卷,郡人林表民逢吉撰,绍定己丑(二年,1229)水坏城,修治兴筑,本末详焉。"陈耆卿撰其父《竹村居士林君墓碑》称:"自幼即乡学,受父母督程,其爱古博雅,信好儿而所储书益富,独赀用窘,书又以水多散亡。"与陈耆卿、吴子良游。尝同陈耆卿修《赤城志》,又自修《赤城续志》、《赤城三志》,编《赤城集》,撰《玉溪吟草》。

据上所载,林师点、表民父子二代质衣贷家具,购书藏书几千卷,又购集名帖数千卷,贫而富于书,惜至林表明时,其藏书以水多散亡。

6. 福建仙游余崇龟、日华父子

余崇龟(1150—1210),字景望,仙游(今属福建)人。淳熙五年(1178)进士,历官秘书丞。韩侂胄专权,崇龟独立不倚,曰:"名节至重,官职至轻。"力求去,出知江州,恤民祷雨,民呼为佛。侂胄败,除监察御史。时与金议和,金人以索要侂胄首级相胁,朝廷欲予之,崇龟认为这是辱国之举,遂不附议。官至兵部侍郎。喜藏书"家藏书万卷,出入经史贯串古今,匾其堂曰'静胜'徜徉其中"③。

余日华,字君实,仙游人,崇龟子。嘉泰二年(1202)进士,历知潮阳县、保昌县、湖洋县。嗜诗史,工文翰,所居撷英阁,藏书万卷,法书名画,参错其间,有《兑斋文集》、《凌江唱和集》④。

据此,余崇龟、日华父子先后藏书万余卷,并分别建有"静胜堂"、"撷英阁"以藏图书、书画,其家是至少延续二世的藏书世家。

---

① 《赤城集》卷一六《竹村居士林君墓碑》。
② 《赤城集》卷一六。
③ 宋佚名:《氏族大全》卷二,影印文渊阁《四库全书》本。
④ [乾隆]《福建通志》卷五一《文苑传》,影印文渊阁《四库全书》本。

7.宗室赵善应、汝愚父子

赵善应(1118—1177),字彦远,号幸庵,居余干(今属江西)。太宗七世孙,生平事迹见《朱文公文集》卷九二《笃行赵君彦远墓碣铭》。赵汝愚(1140—1196),字子直。生平事迹详《宋蜀文辑存》卷七一所载刘光祖撰《宋丞相忠定赵公墓志铭》、《宋史》卷三九二《赵汝愚传》。赵善应、汝愚父子藏书事略见上文宗室成员藏书。

8.浙江明州鄞县袁韶、似道父子

袁韶(1161—1237),字彦淳,明州鄞县(今属浙江宁波市)人。淳熙十四年(1187)进士,官吴江丞,改知桐庐县,修筑钱塘江堤,以绝潮患。为左司郎官,接伴金使。金使索岁币,语慢甚,韶折之,使者语塞。累迁至户部尚书,为临安府尹,理讼精简,里巷呼为佛子。绍定初除同知枢密院事,拜参知政事。后官至资政殿学士、浙西安抚制置使。卒赠太师越国公。元代藏书家、袁韶曾孙袁桷(1266—1327)《袁氏旧书目序》云:

> 袁氏旧书之存于今者也,始曾大父越公举进士时,贫不能得书,书多手抄强记。至用高祖姒齐国夫人鱼鈗冠学书。后官中都,凡二十有五年,乃务置书以偿宿,昔所志其世所未有,则从中秘书及故家传录以归,于是书始备矣。于时国家承平,四方无兵革之虞,多用文儒为牧守,公私间暇,击鲜享醴,会寮属以校雠刻书为美绩,至于细民亦皆转相模镂以取衣食。而闽之建、蜀之益其最著者也。绍定辛卯,公自宥府归里,遂累土为堂,贮所得书于东西。荣公日处其中,客至不复道世事,顾嗜陈黄诗,择其适意者手书为编,寓物咏歌,与道游遨,休休焉不知其年之将耄,如是者七年而薨。旧书之传距于今四世矣。桷幼闻公从学正献公时,有手校九经,旁说疑义,皆附书左右,最为精善。①

袁似道(1191—1257),字子渊,韶子。其孙袁桷所撰《西山阡表》对其生平仕履叙述甚详,略云:初以父荫补承务郎,监无为县襄安镇。绍定四年(1231),授江南东路安抚司干办公事,端平二年(1235),充沿海制置司机宜

---

① 袁桷:《清容居士集》卷二二《袁氏旧书目序》,《四部丛刊初编》本。

文字。淳祐七年(1247)通判嘉兴兼尚书省提领田事所检阅。十一年,知严州,宝祐二年(1254)提举台州崇道观。积官至中散大夫。又云:"维我大父(袁似道)训范严密,居家治具毕举","堂奥危坐无笑色,聚书至数万卷,图画鼎彝,鉴裁源委。"①

据此,袁韶、似道父子,子承父业,藏书至多达数万卷。而袁韶、似道父子藏书一直至元代袁韶曾孙、似道孙袁桷(1266—1327)已延续四世②。

9. 江西饶州鄱阳洪皓、适父子

洪皓(1088—1155),字光弼,饶州鄱阳(今江西波阳)人。洪氏其先徙乐平之洪岩,世以耕桑为业。自洪皓伯父彦升元丰八年(1085)才以进士起家。洪皓登政和五年(1115)进士第,王黼、朱勔皆欲婚之,皓力辞。为台州宁海主簿,北宋时历宣教郎,为秀州司录事。建炎三年(1129),擢徽猷阁待制,假礼部尚书使金,被留近十五年,威武不屈。绍兴十二年(1142)始归,除徽猷阁直学士、提举万寿观兼权直学士院。寻因忤秦桧,出知饶州。其子洪适所撰《先君述》③称其:

> 善琴奕,好古,能别三代彝器,见书画不计直必得之,乃已有书万余卷,名画数百卷,皆厄兵烬。居穷绝域,复访求稇载以归。《四夷附录》所载西瓜,先君持以献,故禁圃及乡圃种之皆硕大,西瓜始入中国。有文集十卷,《春秋纪咏》三十卷,《辖轩唱和集》三卷,《帝王通要》五卷,《姓氏指南》十卷,《松漠记闻》二卷,《金国文具录》一卷。④

---

① 《清容居士集》卷三三。

② 按:又据袁桷撰《先大夫行述》,袁桷父即袁似道子名洪(1245—1298),以父遗表恩奏补承务郎,年十七试吏部铨,监镇江府大军仓,为马光祖幕僚。历通判建康府。至元十五年(1278)入觐元世祖,召授朝列大夫同知邵武路总管府事,改温并以疾辞。纪述其生平甚详,但未记有藏书事迹。故又袁洪及子桷都入元,故将明州鄞县作为南宋延续二世的藏书世家。

③ 洪适:《盘洲文集》卷七四《先君述》,影印文渊阁《四库全书》本。

④ 按:《宋史》卷三七三《洪皓传》谓洪皓有文集五十卷,后世有关洪皓传记都据《宋史·洪皓传》谓洪皓有文集五十卷。但《宋史·艺文志》著录《洪皓文集》十卷,陈振孙《直斋书录解题》卷一八、马端临《文献通考·经籍考》均著录洪皓《鄱阳集》十卷,与洪适《先君述》所载同。可见《宋史·洪皓传》所载洪皓文集五十卷有误。又,《直斋书录解题》卷一五著录"《辖轩集》一卷,鄱阳洪皓、历阳张邵、新安朱弁使金得归,道间唱酬。邵为之序。"《文献通考》卷二四九《经籍考七六》同。与洪适《先君述》所载不同。

有关洪皓藏书事，《盘洲文集》中还有不少记述，如卷五〇《缴进太祖皇帝御书奏状》称，曾得北宋乾德、开宝间御府所编次太祖皇帝御笔数十卷。又卷三四《重编唐登科记》序称，洪皓被留在金朝时，曾得昭文馆原藏唐代姚康《科第录》前五卷，最为详尽，而亡其十有一卷。以上太祖皇帝御笔与《科第录》一书，原为北宋时皇室与馆阁藏书，金人攻陷开封后，将其掳掠北去。这说明洪皓虽被拘金国，但他不忘搜罗故国文献，及南归，又将这些图书送呈朝廷，为保存故国文献，作出了很大贡献，应该给予充分肯定。

另史载洪皓"留金时，以教授自给，因无纸则取桦叶写《论语》、《孟子》、《大学》、《中庸》传之，时谓之'桦叶四书'"①。这四部书，成为洪皓特殊意义的藏书。

洪适（1117—1184），初名造，字温伯，又字景温，后改名适，字景伯，晚年自号盘洲老人。皓长子，以父荫补修职郎，任严州录事参军，历浙西提举常平司干办公事。绍兴十二年（1142）与弟遵同中博学鸿词科，除左宣教郎敕令所删定官。累官至尚书右仆射、同中书门下平章事兼枢密使，封魏国公，卒谥文惠。周必大为其作神道碑，称洪适："耽嗜隶古，为《纂释》二十七卷，《隶续》二十一卷，屡加删润，合为一书，将踵欧阳文忠公《集古录》，赵明诚而下弗论也。"②而洪适婿许及之所撰洪适行状亦称洪适"平生澹泊，老犹嗜书不倦。晚岁为文益古轶，出西京之上。尤好汉隶"。"治越之暇，训释考证，博极古书，为《隶释》一书，廿七卷，嗣有附益，为《隶续》廿一卷。其后，时有删润，合《释续》为一，而是正之，以属越帅刊行"③。

根据以上所载，洪皓、适父子均嗜书，喜收藏图书，父子二人又好古，收藏有数量可观的金石、古器物，是一兼收藏图书、书画、金石、古器物的藏书世家。

①　［乾隆］《盛京通志》卷九〇，影印文渊阁《四库全书》本。
②　周必大：《平园续稿》卷二八《丞相洪文惠公神道碑》。
③　许及之：《宋尚书右仆射观文殿学士正议大夫赠特进洪公（适）行状》，《盘洲文集·附录》。

二、南宋藏书世家家庭成员及其特点

南宋沿续二世以上藏书家庭大部分都是仕宦之家,有的还是世宦大家。如十一家三世以上藏书世家中,只有吉州安福刘氏(泳)以经商富殖起家外,其余都是仕宦之家。其中新喻刘氏、巨野晁氏、明州史氏都是宋代著名的世宦大族。在连续二世藏书的九户家庭中,也有八家是仕宦之家。另外,这些藏书世家成员中,大都参加了科举考试并考中科举后入仕做官,另有一些是通过向朝廷献图书或本人撰写的著作得到官职的,还有少数是通过恩荫入仕的。这中间最典型的是新喻刘氏与巨野晁氏。新喻刘氏于南唐李煜时即以明经中第,生五子。宋初除长子立本赐学究出身外,其余四子均考取进士。第三子立之生三子:敵、颁、放,又都中进士。巨野晁氏自迥起至公武沿袭六世,其成员全部考中或特赐进士及第,且晁氏家族自迥起六世(至公字辈)考中进士者不下二十人。①

这些藏书世家不但大多数是仕宦之家,而且也都是学有渊源的世儒之家,家族成员在文化学术事业的不同领域均作出了一定贡献。如巨野晁氏自晁迥以下,以翰墨为业者连续六七世,不但藏书之富为世称道,且"自迥以来,家传文学,几于人人有集"②,出现了包括苏门四学士之一的晁补之这样在宋代文学史上乃至整个中国文学史上都占有一席之地的文学家。至于晁公武,是我国古代著名的文献目录学家,他的《郡斋读书志》,是继北宋李淑《邯郸图书志》后,进一步系统地开创了私家提要目录体例③,也是了解北宋以前图书典籍不可缺少的书目工具书。再如山阴陆氏中陆游是宋代著名的爱国诗人、词人。汝阴王氏中的王明清、湖州周氏中的周密,都是著名的学者,在经学、史学、文学各领域成绩卓著,颇多贡献。周密出生于"种学绩文,代有闻人"④的文献世家,不但是宋末著名的爱国词人,且是学识广博的学

---

① 此据台湾学者王德毅《宋人传记资料索引》(台北鼎文书局,1974—1976年)第三册统计,参以自晁迥至五世孙公字辈墓志传记。

② 《四库全书总目》卷一五八《嵩山居士集》,第1363页。

③ 参方建新:《开宋代私家藏书提要目录先河的李淑与〈邯郸图书志〉》,载《文献》2005年第2期。

④ 《齐东野语·自序》,第4页。

者,撰有《武林旧事》、《齐东野语》、《癸辛杂识》、《浩然斋雅谈》等各类著作数十种。王明清也是一个著述宏富的有名学者①。还有郑樵,用毕生精力,集天下之书为一书,继西汉司马迁之后,编撰了又一部纪传体通史《通志》,虽然不能称为第一,但其记载的时间上起三皇五帝,下迄隋唐,篇幅达二百卷(另附考证三卷)、五百多万字,在这之前,也是绝无仅有的,而且书中的《二十略》,更是在杜佑《通典》之后,开创了典章制度政书的新体例,其学术价值得到当代及后世学者的一致肯定。这些藏书世家成员锲而不舍,代代相传,对藏书事业的执着追求,使他们自己及其子孙后代都具有较高的文化素养,成为世儒之家,并进而成为世宦大族。在宋代,也的确出现了不少数十年、上百年久盛不衰的官宦家庭,有的父子、兄弟、祖孙均位居要职,名列宰执、学士之列。这与隋唐的门阀望族的世宦大族有着明显的不同。可以说。累世藏书、读书,是宋代新产生的世家大族得以繁衍昌盛、人才辈出的文化渊源。

　　总之,南宋藏书世家,是私家藏书发展到一个新的阶段的产物,是这一时期涌现的众多的藏书家中的杰出代表。这些藏书世家成员孜孜于藏书事业,父子祖孙互相影响,代代相传,极大地促进了尚学重教的社会风气。同时,丰富的藏书,也为家庭成员读书治学提供了优越的条件,进而对南宋文化的发展起到了积极的推进作用。

三、南宋的藏书家族

　　宋代除涌现了众多延续二代以上的藏书世家外,还出现了多位成员都是藏书家的家族。北宋时,山东藏书世家晁氏家族就有多位成员同时是著名的藏书家。南宋时,最著名的是福建莆田方氏家族。

　　据李馥《闽中理学渊源考》卷九《著作方先生仪》记载,莆田方氏始祖方廷范在五代时因"历知长溪、古田、长乐三县",将家迁至福建莆田,从此定居于闽,繁衍成一大族。自宋初以后更是家族繁盛,著名于东南,是数百年的

---

　　①　王明清著作有《投辖录》、《玉照新志》、《摭青杂说》、《挥麈前录》(四卷)、《挥麈后录》(十一卷)、《挥麈三录》(三卷)、《挥麈余话》(二卷)及《清林诗话》(已佚)等。

文献故家,向有好学藏书风气,自北宋皇祐至南宋淳祐间,涌现了十余位藏书家,北宋有方子容、方略等。南宋时,最为著名的是方崧卿①。

方崧卿(1135—1194),字季申,莆田(今属福建)人。隆兴元年(1163)进士。历知上饶县、吉州,提点广东刑狱,移广西转运判官、京西转运判官。《宋史》无传,生平事迹见叶适所撰《京西运判方公(崧卿)神道碑》②,周必大为其所作《京西转运判官方君(崧卿)墓志铭》③。叶适在《神道碑》中记方崧卿云:

> 公学极原本,有书以来无不通习。聚帙数万,多朱黄涂乙处,宿疑隐问。一事常类举十余,续《横浦集》、补《襄阳志》,皆厘纠昔谬。韩氏文行于世二百年,其始所从,家异人殊,不能相一,学者患之。公会证旁引,为书二十余卷。得以据依,他本废矣。

周必大在《墓志铭》中说:

> (方崧卿)博观载籍,因流泝源,不极其本弗措也。筑聚书堂,聚书四万卷,手自雠校,尤喜韩昌黎文,为举正十卷、附录五卷,晚别成笺校十卷。奥篇隐帙,搜求殆遍,时时发明韩公为文之本意,非但志其所出而已。在南安续《横浦集》,至京西补《襄阳志》,正讹谬甚多。诗文辩丽,略无陈言,二子类为家集二十卷。

综述周、叶两人所述方崧卿在文化学术上的成就,结合其他记载,可得知方崧卿在从政之余,一生致力于读书、校书、藏书、著书。其藏书四万卷,手自雠校,著有诗文集二十卷、《续横浦集》十二卷、《南安军志》二十卷、《拾遗》一卷、《南安府志》四卷、《补襄阳志》等。尤其值得指出的是,方崧卿对韩愈文集的整理研究,编了《昌黎先生集》、《外集》,撰成《韩集举正》,并于淳熙年间在南安军刊刻④。方崧卿所刻韩愈集世称淳熙刻本,在当时十分流行,

---

① 笔者按:关于对福建莆田方氏家族藏书的考察,福建师范大学李晓花撰有《宋代莆阳书话——方氏藏书》(《四川图书馆学报》2008年6期)。本节撰写时,多有参考、引用,特此声明并致谢。

② 《叶适集》卷一九,第379—380页。

③ 《平园续稿》卷三一。

④ 《直斋书录解题》卷一六,第475页。

以至"他本废矣"①。朱熹则称赞誉说"近世南安本号为精详"②，后来朱熹编刻韩愈文集即以此本为底本。由此可见方崧卿淳熙刻本质量之高，影响之大。除此之外方崧卿还对欧阳修《集古录》"裒聚真迹，刻板庐陵，得二百四十余篇，以校集本"③。据此，方崧卿在读书、藏书、校书、著书的同时，还从事刻书，在文化学术上很多方面作出了贡献。

除了方崧卿，南宋时期莆田方氏家族中的藏书家还有方翥、方万、方渐、方于宝、方秉白、方阜鸣、方其义、方审权、方楷等。

方翥，字次云，绍兴八年（1128）举进士，授闽清县尉，不及一年，就辞官归里，闭门苦读十八年，官至秘书省正字。方翥出身于藏书世家，曾祖父方峻是天圣八年（1030）进士，任过秘书郎。家有祖遗藏书楼，藏书万卷，故称"万卷楼"。方翥的祖父方子容是北宋时期的藏书家，皇祐五年（1053）进士，初官朝请大夫，后出知惠州，时苏轼亦谪居惠州，两人交厚，常有唱酬。家藏字画，多经苏轼题品。方翥从兄方略于崇宁五年（1106）中进士后，历知潮州、琼州，因忤权贵，被贬芹州。他亦喜藏书，扩充祖上藏书到1200笥，并辑有《藏书楼书目》。刘克庄跋《方一轩所藏苏、黄、小米帖》云：

> 吾里收书画家有数。昔惟城南蔡氏，万卷楼方氏，后有藏六堂李氏，云庄方氏。然尤物在天地间，聚散来去不常。藏六堂、云庄之所收者，往城南万卷楼旧物也。俯仰未三十年，眼中所见书画，凡几易主，昔藏百千轴者，今或无片纸，而锦囊牙签卒见于墨林方氏、上塘郑氏、寿峰方氏，则又皆藏六、云庄之散逸流落者也。墨林、寿峰皆万卷楼之族。书画入族人手，犹之子孙也。④

方万（1122—1162），字盈之。绍兴三十年（1160）进士。历官增城尉、监和剂局。刘克庄撰《方揭阳墓志铭》云："万登绍兴第，尝监和剂局，即家为一

---

① 叶适：《京西运判方公神道碑》，《叶适集》卷九，第379页。
② 《直斋书录解题》卷一六，《（朱熹编）校定韩昌黎集》四十卷、《外集》十卷，第476页。
③ 周必大：《欧阳文忠公集古录后序》，《平园续稿》卷一二。
④ 《后村先生大全集》卷一〇五《跋方一轩诸贴》。

经堂。以万藏书故,所居地因而名为一经巷,地在城北后埭南。"①朱熹为其撰有《一经堂记》②。邑人郑裕有诗赞方万云:"留意经术,笃于教子,朱子扁其堂曰一经。……博究六艺,并包五常,东家尼父,北片羲皇,日相讨论,兼收并藏。五经在笥,一经名堂,谦以自牧,虽晦而光。"③可知,方万建有斗车楼与一经楼,藏书达万卷之多。

方渐,重和元年(1118)进士,绍兴中,通判韶州,历知梅州、潮州、南思州,官至朝散郎。所至以书自随,积之至数千卷,皆手自审定。就寝,多不解衣。增四壁为阁,以藏其书,榜曰"富文"④。

方于宝,家有"三余斋",聚书数万卷。绍兴十六年(1146),应诏进《风骚大全集》一百卷,补迪功郎⑤。

方秉白,字直甫,号草堂。与从弟秉俟隐居教授。孝宗朝监司以孝廉荐,不起,后以子阜鸣恩赠朝散大夫。"以孝廉。传家惟书数橱。"⑥有《草堂文集》。

方阜鸣(1157—1228),秉白子,字子默,嘉定元年(1208)进士。官佥书平海军节度判官厅公事,兼南外宗簿,复佥书镇南军节度判官厅公事。刘克庄为建阳令,方阜鸣自江右归,"留钱十万市坊书"⑦。

方其义,字同甫,渐孙,阜鸣族叔。叔侄皆自乡试入太学,和刘克庄父亲同年,都为刘克庄所敬事。后村先生自云:"终身诵之不忘。"其义官至琼州户录。卒后,刘克庄为其所撰墓志铭称其:无产十金,有书千轴,至今脍炙,谓之宝录。⑧

---

①　《后村先生大全集》卷四〇《方揭阳墓志铭》。又方大琮:《铁庵集》卷三二《方氏仕谱志》谓方万其藏书"以一经名堂,实藏书万卷"。同书卷三五《判院方公孺人郑氏圹志》谓方万:"辟全凤斋以教子,架斗车楼以藏书,创一经堂以垂训。"

②　《晦庵先生朱文公文集》卷七七,《朱子全书》,第3695—3696页。

③　庄仲芳:《南宋文范》卷三《一经堂诗》,光绪戊子年(1888)江苏书局刊本。

④　王象之:《舆地纪胜》卷一〇二,四川大学出版社点校本2005年版,第3440页。

⑤　李俊甫:《莆阳比事》卷六,《续修四库全书》本。

⑥　郑岳:《莆阳文献》卷三九,《续修四库全书》本。

⑦　《后村先生大全集》卷一四八《方子默墓志铭》。

⑧　《后村先生大全集》卷一六一《琼州户录方君墓志铭》。

方审权(1180—1264),字立之,号听蛙。数百年文献故家,少抱奇志,从伯父镐仕湖,及归,慨然罢举。以藏书读书自娱,家积书甚富,环居有田数亩,曰:"吾读此耕此,足了一生矣。"①博通古今,能诗。有《真窅》《听蛙》二集。

方楷,字敬则,号一轩。父方淙,嘉定二年(1210)进士,官至直焕章阁。家富藏书,有藏书阁,所藏法书真迹六百余卷,刘克庄为之跋凡四十首②。其中,《好一集录》云:

> 欧阳公集《金石录》千卷,赵德甫(引者按:即赵明诚)续录二千卷。欧辅臣也,赵宰相子也,侍从也,皆仕当天下全盛,南北未分裂之时。然各费二十年,网罗收拾,所获止如此。南渡后,北碑浸难致。方君敬则,妙年被服儒雅,凡世间贵介公子,裘马剑射,槊棋声色之事,率皆不好。惟酷嗜古文奇字,闻有一善碑,一真迹,必高价访求,不得不止,所收为吾里诸故家之冠。而北碑尤多,自石鼓、峄山、诅楚、至隋唐残碣断刻,一一妆饰而笈藏之。积至六百余卷,日增而未已也。③

在刘克庄笔下,方楷对金石的收藏可同欧阳修、赵明诚、李清照夫妇媲美,甚至超过他们。

通过以上对方氏家族藏书情况的简略考察,得以知道,莆田方氏家族不但藏书家众多,代不乏人,从宋初始一直延续到宋末元初;而且收藏规模大、内容丰富,藏书数量有达到万卷甚至数万卷的;除了收藏图书外,还收藏书画、金石拓片。实际上,莆田方氏家族的藏书家还远不止上述几人。而在宋代,如方氏这样人数众多、大规模的、持久延续数百年藏书活动的家族虽然不是很多,但它和上文记述的藏书世家一样,并不罕见,更不是个别现象,它们的出现,是宋代众多的世宦之家、世儒之家长盛不衰的文化基础,同时也是南宋私家藏书发展的缩影。

---

① 《后村先生大全集》卷一六一《方隐君墓志铭》。
② [弘治]《兴化府志》卷四一、四四。
③ 《后村先生大全集》卷一〇五《跋方一轩诸贴》。

第四章 南宋的私家藏书(下)

第一节 南宋藏书家对图书的整理研究

宋代藏书家们在藏书、读书过程中,还对家藏图书进行整理研究,其中既有继承前代藏书家优良传统而更加认真的校雠是正工作,又有开启后世私家藏书创造性的整理编目活动,使宋代目录学的发展尤其是私家藏书目录发展有了历史性的突破,而到了南宋,又更上了一个新的台阶。著名的晁公武的《郡斋读书志》、陈振孙的《直斋书录解题》是继北宋李淑《邯郸读书志》开创的私家藏书提要目录后,我国古代目录学发展史上第一次出现的完整的、留存至今的私家藏书提要目录,成为了解我国南宋中期之前图书的最重要、最常用的书目工具书。

南宋藏书家与学者们还最早对雕板印刷进行了全面系统地探讨、研究,出现了第一部专记版本的私家藏书目录,即尤袤的《遂初堂书目》;而著名藏书家、文献学家、文学家叶梦得(1077—1148)留下的对雕板印刷的诸多精辟论述,堪称对雕板图书版本研究第一人,为在南宋时期建立雕板图书版本学奠定了基础。南宋藏书家们还继承发扬北宋藏书家们在对图书的整理校勘中的"扫灰尘"精神,而且在整理校勘图书过程中,以郑樵为代表,通过总结,撰写了关于求书、校书的专门论著《校雠略》,使之上升为理论。所有这些,都是南宋藏书家们对文化学术事业作出的新的贡献。

一、对家藏图书的整理编目

以个人之力,对社会上流传图书编制书目,始自刘宋王俭《七志》与齐梁阮孝绪《七录》,而据现存材料记载,对家藏图书进行登记编成目录的始见于唐代。《新唐书·艺文志》史部目录类、《郡斋读书志》卷九著录有《吴氏西斋书目》一卷。《郡斋读书志》谓:"右唐吴兢录其家藏书,凡一万三千四百六十八卷。兢自撰书,附于正史之末,又有续抄书列于后。"①以上两书所载唐及唐以前私家藏书目录仅此一家,未详载其体例,《旧唐书》卷一〇二《吴兢传》亦只称"兢家藏书颇多,尝目录其卷第,号《吴氏西斋书目》"。但用一卷篇幅著录一万三千余卷书,著录不可能详细,只能"目录其卷第"而已。比之唐代,宋代藏书家们对家藏图书的整理编目十分重视,这是因为私家藏书数量比之前代大为增加。藏书愈多,如不加整理,则杂乱无章,无法寻检利用。故宋代藏书家重视编制家藏图书目录,首先是为了更好地保管利用图书。同时,宋代藏书家还重视图书校勘订正,而对家庭图书的编目整理,也是他们对图书校勘整理的成果。而南宋私家图书编目更是在北宋的基础上有了进一步的发展与创新。

(一)宋代的私家藏书目录

综合晁公武《郡斋读书志》、尤袤《遂初堂书目》、陈振孙《直斋书录解题》、郑樵《通志·艺文略》、《宋史·艺文志》所载,结合其他文献记载,南宋藏书家编有家藏图书目录的有十多家,其中一些人们熟悉的大藏书家如叶梦得、莆田李氏、周密等都编有家藏图书目录,可惜大都已经失传。现将南宋藏书家所编家藏图书目录情况表述如下②:

---

① 晁公武:《郡斋读书志》卷九,《郡斋读书志校证》,第401页。
② 此表标注体例一如本书他表,为节省篇幅,使表格清楚明了,书名省却书括号、数字均用阿拉伯数字,与全书正文标注不同。

序号	姓名	藏书数量(卷)	书目			材料来源	备注
			名称	卷数	存佚		
1	江正	数万	江氏书目	2	佚	挥麈后录5、周文忠公集48	宋史·艺文志3作:徐州江氏书目
2	王溥(923—982)	1万多	王氏书目		佚	嵩山文集16刘氏藏书记	
3	刘羲仲		刘氏书目		佚	嵩山文集16/刘氏藏书记	
4	毕士安(938—1005)	与秘府等	名称不详		佚	墨庄漫录5	
5	宋绶(991—1040)	2万多	名称不详		佚	墨庄漫录5	
6	祁元振(993—1066)	4万	名称不详		佚	文献通考174引/过庭录	
7	刘沆(995—1060)		刘沆书目	2	佚	宋史·艺文志3	
8	王洙(997—1057)	数万	名称不详		佚	墨庄漫录5	
9	李淑(1002—1059)	2.3万	邯郸图书志	10	佚	郡斋读书志9、直斋书录解题8	
10	李德刍		邯郸再集书目	30	佚	宋史·艺文志3	德刍,李淑子
11	欧阳修(1007—1072)	1万	欧阳参政书目		佚	通志·艺文略4	
12	沈立	数万	沈谏议书目	2	佚	通志·艺文略4	宋史·艺文志3又著录沈氏万卷堂书目2卷,是否同一书目,俟考
13	吴秘		吴秘家藏书目		佚	宋史·艺文志3	吴秘,景祐元年(1034)进士

（续表）

序号	姓名	藏书数量(卷)	书目			材料来源	备注
			名称	卷数	存佚		
14	胡朝请(失名)		致政胡朝请书目		佚	山谷外集诗注9	
15	王钦臣	数万	名称不详		佚	墨庄漫录5、却扫编卷下	
16	沈绅		沈少卿书目	2	佚	通志·艺文略4	宋史·艺文志3又著录沈氏万卷堂书目2卷,是否同一书目,俟考
17	田镐	3万	田氏书目	6	佚	郡斋读书志9	
18	吴良嗣	数万	籯金堂书目		佚	遂初堂书目、通志·艺文略四、宋史·艺文志3	
19	蔡致君		夷门蔡氏书目		佚	斜川集5	
20	濡须秦氏		秦氏书目	1	佚	直斋书录解题8	
21	吕大防(1027—1097)		吕氏书目		佚	宋史·艺文志3	
22	李定(1028—1087)		李正义书目		佚	通志·艺文略四	
23	刘恕(1032—1078)		名称不详		佚	嵩山文集16刘氏藏书记	
24	钱勰(1034—1097)		名称不详		佚	墨庄漫录5	
25	赵宗绰(1035—1096)	7万	名称不详		佚	容斋四笔13	

（续表）

序号	姓名	藏书数量(卷)	书目 名称	卷数	存佚	材料来源	备注
26	陈贻范		庆善楼书目	2	佚		宋史·艺文志3作陈贻范颍川庆善楼家藏书目
27	吴与	2万	吴氏书目	4	佚	直斋书录解题8、通志·艺文略四	通志·艺文略四作漳浦吴氏藏书目4卷
28	叶梦得(1077—1148)	4万	叶石林书目		佚	遂初堂书目	
29	方略	1万	方作谋万卷楼书目	1	佚	通志艺文略4	竹溪鬳斋十一稿续集卷30作藏书楼书目
30	莆田方氏		望壶书目	3	佚	竹溪鬳斋十一稿续集31	
31	董逌		广川藏书志	20	佚	直斋书录解题8、遂初堂书目、宋史·艺文志3	
32	东平朱氏	1万	朱氏藏书目		佚	周紫芝太仓梯米集5	
33	晁公武	2.4万	郡斋读书志		佚	直斋书录解题8、宋史·艺文志3	今存郡斋读书志衢州本作20卷，袁州本作前志4卷,后志2卷
34	莆田李氏		藏六堂书目		佚	直斋书录解题8	
35	王正己(1118—1196)	2万	名称不详		佚	攻媿集52酌古堂文集序	

（续表）

序号	姓名	藏书数量(卷)	书目			材料来源	备注
			名称	卷数	存佚		
36	尤袤 (1124—1193)	2万	遂初堂书目		存	直斋书录解题8、宋史·艺文志3	诚斋集78作益斋书目,宋史·艺文志3作遂初堂书目2卷
37	陆游 (1125—1210)		名称不详		佚	嘉泰会稽志16藏书	
38	蔡瑞		石庵藏书目		佚	叶适集12石庵藏书目序	
39	郑寅	数万	郑氏书目	7	佚	直斋书录解题8	
40	陈振孙	5万	直斋书录解魖	22	存	四库全书总目85、史部·目录类	
41	许棐	数千	梅屋书目		佚	献丑集.梅屋书目序	献丑集全书仅1卷
42	王柏 (1197—1274)	1万	鲁斋清风	15	佚	鲁斋王文宪公文集9鲁斋清风录	
43	周密 (1232—1298)	4.2万	书种堂书目		佚	齐东野语12	
44	周密 (1232—1298)	4.2万	志雅堂书目		佚	齐东野语12	

上表所列,是笔者收集到的四十四家私家藏书目录,其中序号27的吴与以上二十七家属北宋,另有十七家属南宋。比较而言,南宋的私家藏书目录没有北宋多,但其影响远胜过北宋。最突出的表现是,大藏书家晁公武与陈振孙所编的《郡斋读书志》、《直斋书录解题》,不但著录图书数量多,而且在北宋李淑《邯郸图书志》开创的私家藏书目录撰写简要解题的基础上,有了

进一步完善,与《邯郸图书志》一起,开了撰写私家藏书提要目录先河。其次,在编撰私家藏书目录时,不但如《晁志》、《陈录》注意对家藏图书版本的著录,而且出现了如尤袤《遂初堂书目》那样专门详备地著录版本的家藏图书目录。以上两点,在私家藏书目录撰写上,对后世影响深远,极大地促进了元明清藏书家们对家藏图书的编目整理,具有重要的意义。

(二)晁公武《郡斋读书志》

晁公武,字子止,济州巨野(今山东巨野)人。大约生于北宋崇宁(1102—1106)间。晁氏作为世宦、世儒大族的藏书世家,笔者在藏书世家一节中已经作了介绍。晁公武出身于这样的官僚士大夫家庭,从小受到良好教育,有着较高的文化修养。靖康之难后,晁公武随父避难入蜀,绍兴二年(1132)考中进士,为四川转运使井度属官,后历知恭州、荣州、合州。孝宗即位后,入为吏部郎中、监察御史。乾道四年(1168 年),以敷文阁待制为四川安抚制置使,官至吏部侍郎。晚年致仕后,侨居于嘉州(今四川乐山县)符文乡。

晁公武博学广闻,治学勤奋,著作颇丰,据《直斋书录解题》等书记载,有十数种之多,惜已散佚,只有其对所藏图书编写的目录书籍《郡斋读书志》流传下来。由于晁氏世居汴京昭德坊,故此书又称《昭德先生郡斋读书志》,实际上是他知荣州(今四川荣县)时所编。关于编写此书的缘由经过,《郡斋读书志自序》有详细叙述,称其素与曾任四川转运使的井度厚。井度"天资好书,自知兴元府至领四川转运使,常以俸之半传录","人间多有异本,闻之未尝不力求,必得而后已","历二十年,所有甚富"。《序》中又称井度晚年,将其收集的五十箧书赠于作者。合作者家旧藏,"除其复重,得二万四千五百卷有奇。今三荣僻左少事,日夕躬以朱黄,雠校舛误。终篇,辄撮其大旨论之"。从这段话中可以看到,晁公武编写这部《读书志》经过三个阶段:先是将井度所赠书与自家旧藏图书除其重复,得书二万四千五百余卷;接着,"日夕躬以朱黄,雠校舛误",最后,于每书之后,"辄撮其大旨论之",即写出提要。由此可见其用力之勤。

《郡斋读书志》共著录晁公武实际所收藏图书一千四百多部①。基本包括了南宋以前我国古代的各类主要图书,它按照当时已经通行的分类,总分经、史、子、集四部,部下设类。经部十类,合二百五十五部,计三千二百四十四卷;史部十三类,合二百八十三部,七千三百八十八卷;子部十七类,合五百五十五部,计七千七百六十卷;集部三类,合四百零八部,计六千一百六十一卷。

1. 经部十类:

(1)易类

(2)书类

(3)诗类

(4)礼类

(5)乐类

(6)春秋类

(7)孝经类

(8)论语类

(9)经解类

(10)小学类

2. 史部十三类:

(1)正史类

(2)编年类

(3)实录类

(4)杂史类

(5)伪史类

(6)史评类

(7)职官类

(8)仪注类

---

① 《郡斋读书志》流传版本有衢本、袁本。著录书籍数量不同,本书根据以衢本为底本,以袁本合校的上海古籍出版社出版的《郡斋读书志校证》1990 年版。

(9)刑法类

(10)地理类

(11)传记类

(12)谱牒类

(13)书目类(小序作目录类)

3.子部十七类:

(1)儒家类

(2)道家类

(3)法家类

(4)名家类

(5)墨家类

(6)纵横家类(小序作纵横类)

(7)杂家类

(8)农家类

(9)小说类

(10)天文卜算类(小序作天文历算类)

(11)五行类(小序无五行类)

(12)兵家类

(13)类书类(小序作类家类)

(14)杂艺术类(小序作杂艺类)

(15)医家类(小序作医书类)

(16)神仙类

(17)释书类

4.集部三类:

(1)楚辞类

(2)别集类

(3)总集类

《郡斋读书志》作为我国现存最早的一部有提要的私家藏书目录,全书有总序,每部之前有大序,即总论,四十五类中二十五类前有小序。每类之内,各书大致以时间先后排列,每书下有简介,即提要。少则十余字,多则数百字。提要中包括书名、卷数、篇目、篇数、编次经过,有的还引录有关序跋。提要中有较大的篇幅,也是其最重要内容是对作者的介绍与评论,有的直接来自耳闻目睹,有的录自唐宋两代历朝实录、登科记、宋历朝国史。其对作者与著作的评论也比较公允。由于《郡斋读书志》是一部全书有总序、部有大序、类有小序,集著录、介绍、校雠、考订于一书的目录书籍,故受到后世历代学者的重视与称赞,并为后来目录学的发展起到了重要的引导作用。其稍后的陈振孙《直斋书录解题》、元马端临的《文献通考·经籍考》,以至清代的《四库全书总目提要》,均深受其影响。直到现在,《郡斋读书志》仍然是有重要使用价值的书目工具书。

(三)陈振孙《直斋书录解题》

陈振孙(？—约1261),字伯玉,号直斋,湖州安吉(今属浙江)人。曾任鄞县、绍兴、溧水教官。理宗宝庆二年(1226),通判兴化军,历诸王宫大小学教授、台州知州、嘉兴知府等。淳祐四年(1244),任国子监司业,后官至侍郎,以宝章阁待制致仕。《宋史》未为其立传。陈振孙出生于小官僚家庭,但其自谓"愚未冠时,无书可观,虽二史(引者按:指前后《汉书》)亦从人借"。①大概正是家中少书,不能满足其读书愿望,故陈振孙年轻时就注意对图书的收集。其得书途径除了购买外,主要靠抄录。上引周密《齐东野语》卷一二谓:"近年唯直斋陈氏书最多,盖尝仕于莆,传录夹漈郑氏、方氏、林氏、吴氏旧书,至五万一千一百八十余卷。"《直斋书录解题》中不少解题下载有作者如何抄录得到此书的经过。如"《梁溪易传》九卷、《外篇》十卷"条解题云:丞相昭武李纲伯纪撰。"其书未行于世,馆阁亦无之。莆田郑寅子敬从忠定之曾孙得其家藏本,顷倅莆田日,借郑本传录"②。而"《长乐财赋志》十六卷"题解云:

---

① 陈振孙:《直斋书录解题》卷五《东汉诏令》,第133页。
② 《直斋书录解题》卷一,第16页。

知漳州长乐何万一之撰。往在鄞学,访同官薛师雍子然,几案间有书一编,大略述三山一郡财计,而累朝诏令申明沿革甚详。其书虽为一郡设,于天下实相通。问所从得,薛曰:"外舅陈止斋修《图经》,欲以为《财赋》一门,后缘卷帙多,不果入。"因借录之,书无标目,以意命之曰《三山财计本末》。及来莆田,为郑寅子敬道之,郑曰:"家有何一之《长乐财赋志》,岂此耶?"复借观之,良是。其间亦微有增损,末又有《安抚司》一卷。并钞录附益为全书。①

另如"《孙子》十卷"条题解称:"题晋孙绰兴公撰。恐依托。《唐志》及《中兴书目》并无之。余从程文简家借录。"②"《造化权舆》六卷"条题解称:"唐丰王府法曹赵自勔撰。天宝七(年)[载]表上。陆农师著《埤雅》颇采用之,其孙务观尝两为之跋。余求之久不获,己亥岁从吴门天庆《道藏》中借录。"③等等,类似条目还很多,这也说明周密之语援引有据,亦足见陈振孙藏书之富,抄书之勤。

陈振孙十分推崇晁公武的《郡斋读书志》,认为"其所发明有足观者"④。他的《直斋书录解题》就是仿效晁公武《读书志》,对家藏图书编制的目录。并基本按照《读书志》体制,其分类虽未标明经、史、子、集四部,实际上按四部顺序排列,共分图书五十三类,比《读书志》多了八类。其分类如下:

经部,十类:易类、书类、诗类、礼类、春秋类、孝经类、语孟类、经解类、谶纬类、小学类。

史部十六类:正史类、别史类、编年类、起居注类、诏令类、伪史类、杂史类、典故类、职官类、礼注类、时令类、传记类、法令类、谱牒类、目录类、地理类。

子部,二十类:儒家类、道家类、法家类、名家类、墨家类、纵横家类、农家类、杂家类、小说家类、神仙类、释氏类、兵书类、历象类、阴阳家类、卜筮类、

---

① 《直斋书录解题》卷五,第 167—168 页。
② 《直斋书录解题》卷一〇,第 304 页。
③ 《直斋书录解题》卷一〇,第 306 页。
④ 《直斋书录解题》卷八《晁氏读书志》,第 235 页。

形法类、医书类、音乐类、杂艺类、类书类。

集部，七类：楚辞类、总集类、别集类、诗集类、歌词类、章奏类、文史类。

《直斋书录解题》与《郡斋读书志》不同的是，没有总序和各部大序，在五十三个类目中只有九类有小序，即经部的语孟、小学，史部的起居注、时令，子部的农家、阴阳家、音乐，集部的诗集、章奏类。但是，它对每书都著录有卷数、编撰者姓名和提要即"解题"。其解题内容与《郡斋读书志》的提要各有不同侧重。如对欧阳修文集的著录，《读书志》云：

> 《欧阳文忠公集》八十卷，《谏垣集》八卷。右皇朝欧阳修字永叔，吉州人。举进士，累迁知制诰。夏竦以永叔党于杜、韩、范、富，因以外甥张氏事污之，下开封府治之，无状，坐用张氏奁中物市田，出知滁州。召入修《唐书》，为翰林学士。未几，参知政事。蒋之奇言其帷箔事，连其子妇吴氏，诏诘之奇，辞穷，坐贬。年六十，乞致仕。卒，谥文忠。博极群书，好学不倦，尤以奖进天下士为己任，延誉慰藉，极其力而后已。于经术，治其大指，不求异于诸儒。与尹洙皆为古学，遂为天下宗匠。苏明允以其文辞令雍容似李翱，切近适当似陆贽，而其才亦似过此两人。至其作《唐书》、《五代史》，不愧班固、刘向也。独议濮邸事，议者不以为是。有苏子瞻序。①

《直斋书录解题》著录云：

> 《六一居士集》一百五十二卷、《附录》四卷、《年谱》一卷。参政文忠公庐陵欧阳修永叔撰。本朝初为古文者，柳开、穆修，其后有二尹、二苏兄弟。欧公本以辞赋擅名场屋，既得韩文，刻意为之。虽皆在诸公后，而独出其上，遂为一代文宗。其集遍行海内，而无善本，周益公（必大）解相印归，用诸本编校，定为此本，且为之《年谱》。自《居士集》、《外集》而下，至于《书简集》，凡十，各刊之家塾。其子纶又以所得欧阳氏传家本，乃公之子棐叔弼所编次者，属益公旧客曾三异校正，益完善

---

① 《郡斋读书志》卷一九，《郡斋读书志校证》第989—990页。

无遗恨矣。《居士集》,欧公手所定也。①

比较两书,很明显晁《志》的著录,侧重于对作者的介绍与评论,而陈《录》除了对作者的介绍及评论外,还有对图书的内容、流传及版刻的介绍及评论。尤其是对版刻的介绍,十分详细。如对韩愈文集的著录,陈《录》一共著录了三部三个本子,一是当时流传的《昌黎集》四十卷、《外集》十卷。二是《昌黎集》四十卷、《外集》一卷、《附录》五卷、《年谱》一卷、《举正》十卷、《外钞》八卷。其解题云:"《年谱》,洪兴祖撰,莆田方崧卿增考,且撰《举正》以校其同异,而刻之南安军。《外集》但据嘉祐蜀本刘煜所录二十五篇,而附以石刻联句、诗文之遗见于他集者。及葛峤刻柳文,则又以大庚丞韩郁所编注诸本号《外集》者,并考校疑误,辑遗事,共为《外钞》刻之。"三是《校定韩昌黎集》四十卷、《外集》十卷。其解题云:

> 晦庵朱侍讲熹以方氏本校定。凡异同定归于一,多所发明,有益后学。《外集》皆如旧本,独用方本益《大颠》三书。愚案:方氏用力于此集勤矣,《外集》删削甚严,而存此书以见其邀速常语,初无崇信之说,但欲明世间问答之伪,而不悟此书为伪之尤也,盖由欧阳公跋语之故。不知欧阳公自以《易大传》之名与己意合,从而实之,此自通人之一蔽,东坡固尝深辨之,然其谬妄,三尺童子所共识,不待坡公也。今朱公决以为韩笔无疑,方氏未足责,晦翁识高一世,而其所定者乃尔,殆不可解。今案《外钞》第七卷曰"疑误"者,韩郁注云,潮州灵山寺所刻,末云吏部侍郎潮州刺史者,非也。退之自刑部侍郎贬潮,晚乃由兵部为吏部,流俗但称韩吏部尔。其书盖国初所刻,故其谬如此。又潮本《韩集》不见有此书,使灵山旧有此刻,集时何不编入? 可见此书妄也。然其妄甚白,亦不待此而明。②

故《直斋书录解题》的解题,在对图书的介绍尤其对图书的撰著、流传、刻印及各版本的比较评价,更为详细、具体。据初步统计,《直斋书录解题》对图

---

① 《直斋书录解题》卷一七,第 496 页。
② 以上引文均见《直斋书录解题》卷一六,第 475—476 页。

书版本的著录,包括浙本、闽本、川本等地方刻本和官府刻本、某某私家刻本、某家书坊刻本及书院、寺院刻本,还有陈振孙亲自传录的手抄本。这一方面反映了他收藏图书之丰富、版本之多;另一方面也说明他精通版本,重视对图书版本的著录。

《直斋书录解题》一书共著录图书五万一千一百八十卷,超过了南宋官修目录《中兴馆阁书目》所著录的四万四千四百八十六卷。可以说,它基本上反映了当时流传于世的图书情况,因此,受到了当时与后世学者的好评,周密赞其"极其精详"①。四库馆臣谓:"古书之不传于今者,得籍是以求其崖略;其传于今者,得籍是以辨其真伪,核其异同,亦考证之所必资,不可废也。"②陈振孙认真考核后撰写的解题,不但成为马端临撰写《文献通考.经籍考》的主要根据,也使后世对其中一些散佚不传的图书知其大概。

二、校雠图书,发扬扫灰尘精神

宋代藏书家们对图书进行整理的另一项工作是对图书进行认真校雠订误,并长期坚持不辍。"校书如扫尘",这一至今仍为学者文人奉为至理名言之语就是宋代藏书家总结出来的,也是宋代藏书家们校书实践的真实写照。

沈括《梦溪笔谈》卷二五载云:"宋宣献博学,喜藏异书,皆手自校雠,常谓校书如扫尘,一面扫,一面生,故有一书每三四校,犹有脱谬。"③宋宣献即宋绶(991—1040),是宋代著名的大藏书家,家藏图书二万多卷,所藏图书以校雠精审著称于时。其子宋敏求(1019—1079)不但承继父亲的藏书事业,扩大了家藏图书,也继承发扬其父用扫灰尘精神校书的家风。苏颂为宋敏求所撰神道碑称其:"家书数万卷。多文庄(杨徽之)、宣献(宋绶)手泽与四朝赐札,藏秘唯谨。或缮写别本,以备出入。退朝则与子侄蹲酬订正,故其

①　《齐东野语》卷一二《书籍之厄》,第217页。

②　《四库总目提要》卷八五《史部·目录类一》,中华书局1965年版第731页,按:中华书局此本文字有缺漏,此处据上海古籍出版社《直斋书录解题》点校本1987年版《附录》一之一,第652页。

③　《梦溪笔谈校正》,第824页。

收藏最号精密。平生无他嗜好,唯沉酣简牍以为娱乐,虽甚寒暑,未尝释卷。"①朱弁《曲洧旧闻》卷四记载说:"宋次道龙图(引者按,宋敏求字次道,晚年官拜龙图阁直学士)云:'校书如扫尘,随扫随有。'其家藏书皆校三五遍者。世之蓄书,以宋为善本。"

宋代藏书家中,如宋绶、敏求父子这样重视校书、精于校书者颇多,也是宋代私家藏书中较为普遍的风气。如上述晁说之家藏书"虽不敢与宋氏争多,而校雠是正,则未肯自让"②。再如宋城王钦臣藏书四万多卷,虽秘府之盛无以逾之,"每得一书,必以废纸草传之,又求别本参校,至无参误,乃缮写之……此本专以借人及子弟观之。又别写一本,尤精好,以绢素背之,号镇库书,非己不得见也,镇库书不能尽有,才五千余卷"③。《宋史》卷三四《刘挚传》载刘挚(1030—1097):"嗜书,自幼至老,未尝释卷。家藏书多自雠校,得善本或手抄录,孜孜无倦。"郭延泽"聚图籍万余卷,手自刊校"④。婺源王汝舟亦手所校书万余卷。⑤

南宋藏书家们继承北宋藏书家们的优良传统,继续发扬"扫灰尘"精神,同样十分重视对图书进行认真校雠订误。仍以晁公武、陈振孙为例,在他们所撰《郡斋读书志》与《直斋书录解题》中就有他们本人"日夕躬以朱黄,雠校舛误"的许多记录。兹各举数例如下:晁《志》卷一《易类》"《石经周易》十卷,《周易指略例》一卷"条谓:

> 右伪蜀广政辛亥孙逢吉书。广政,孟昶年号也。《说卦》"乾,健也"以下有韩康伯注,《略例》有唐四门助教邢璹注。此与国子监本不同者也。以蜀中印本校邢璹注《略例》,不同者,又百馀字。详其意义,似石经误,而无他本订正,姑两存焉。⑥

---

① 苏颂:《苏魏公文集》卷五一《龙图阁直学士修国史宋公神道碑》,中华书局点校本1988年版,第776页。
② 晁说之:《嵩山文集》卷一六《刘氏藏书记》,《四部丛刊初编》本。
③ 徐度:《却扫编》卷下,《丛书集成初编》本。
④ 《宋史》卷二七一《郭延谓传附郭延泽传》,第27册第9298页。
⑤ [宋]《新安志》卷七,《宋元方志丛刊》本中华书局1990年版,第8册第7695页。
⑥ 《郡斋读书志校正》,第5页。

晁《志》"《方言》十三卷"条：

> 右汉扬雄子云撰，晋郭璞注。雄赍油素，问上计孝廉，异语悉集之，题其首曰：《轩使者绝代语释别国方言》。予傅本于蜀中，后用国子监刊行本校之，多所是正，其疑者两存之。然监本以"（上秋下佳）"为"秋侯"，以"雯"为"更"，引《传》"糊其口于四方"作"糊予口"，未必尽得也。①

又"《曾子》二卷"条谓："考其书已见于《大戴礼》，世人久不读之，文字谬误为甚。乃以《大戴礼》参校之，其所是正者，至于千有余字云。"②《魏国忠献公别录》三卷条谓："右皇朝韩魏公琦相仁宗、英宗，其门人王岩叟记其言论事实。然以《国史》考之，其岁月往往抵牾，盖失之诬也。"③《太玄经》十卷条谓："右汉扬雄子云撰。雄作此书，当时已诮其艰深，其后字读多异。予尝以诸家本参校，不同者，疏于其上"④。"《老子道德经》二卷"条谓：

> 因以诸家本参校，其不同者近二百字，互有得失，乙者五字，注者五十五字，涂者三十八字。其间徽宗御注最异。诸本云："天下柔弱莫过于水，而攻坚强者莫之能胜，以其无能易之。"而御注作："天下莫柔弱于水，而攻坚强者莫之能先，以其无以易之也。"诸本云："恬淡为上，胜而不美，而美之者，是乐杀人者，不可得志于天下矣。吉事尚左，凶事尚右。偏将军处左，上将军处右，言以丧礼处之。"御注作："恬淡为上，故不美也。若美，必乐之。乐之者，是乐杀人也。夫乐杀人者，不可得志于天下矣。故吉事尚左，凶事尚右。偏将军处左，上将军处右，言居上则以丧礼处之。"其不同至如此。⑤

在晁《志》中还有很多这样的校书记载，不再一一列举。再看《直斋书录解题》，也有很多关于陈振孙本人校勘书籍的著录。如对朱熹撰"《诗集传》二

---

① 《郡斋读书志》卷四《小学类》，《郡斋读书志校证》，第149页。
② 《郡斋读书志》卷一〇《儒家类》，《郡斋读书志校证》，第411页。
③ 《郡斋读书志》卷九《传记类》，《郡斋读书志校证》，第378页。
④ 《郡斋读书志》卷一〇《儒家类》，《郡斋读书志校证》，第425页。
⑤ 《郡斋读书志》卷一一《道家类》，《郡斋读书志校证》，第457页。

十卷"的解题中说:"今江西所刻晚年本,得于南康胡泳伯量,校之建安本,更定者几什一云。"①"《元和姓纂》十卷"解题云:

> 唐太常博士三原林宝撰。元和中,朔方别帅天水阎某者,封邑太原以为言。上谓宰相李吉甫曰:"有司之误,不可再也。宜使儒生条其源系,考其郡望,子孙职任,并总缉之。每加爵邑,则令阅视。"吉甫以命宝,二十旬而成。此书绝无善本,顷在莆田以数本参校,仅得七八,后又得蜀本校之,互有得失,然粗完整矣。②

又"汉小黄令梁焦延寿赣撰《易林》十六卷"解题谓,对此书"求之累年,宝庆丁亥始得之莆田。皆韵语古雅,颇类《左氏》所载《繇辞》。或时援引古事,间尝筮之,亦验。颇恨多脱误。嘉熙庚子从湖守王寺丞侑借本两相校,十得八九。其中亦多重复,或诸卦数爻共一繇,莫可考也③"。再如"《高氏小史》一百三十卷"条解题称:"唐殿中丞高峻撰。本书六十卷,其子迥分为一百二十。盖钞节历代史也。司马温公尝称其书,使学者观之。今案《国史志》凡一百九卷,目录一卷。《中兴书目》一百二十卷,止于文宗。今本多十卷,直至唐末。""此书旧有杭本,今本用厚纸装襟夹面,写多错误,俟求杭本校之。"④"《景祐太一福应集要》十卷"解题称,其家所藏之本"字多讹,未有他本可校"⑤。《京氏参同契律历志》一卷称"虞翻注。专言占象而不可尽通,字亦多误,未有别本校"⑥。后二例从另一方面说明陈振孙对家藏图书都是广收版本进行校勘,以至因此两书无他本可校特地说明。

除了晁公武、陈振孙对本人藏书、校书有较详细具体的记载外,文献资料中还有很多关于南宋藏书家校书的记载,如绍兴三十一年(1164)官拜尚书右仆射的朱倬(1086—1163)"家藏书数万卷,皆手自校雠"⑦。李光之子

---

① 《直斋书录解题》卷二《诗类》,第39页。
② 《直斋书录解题》卷八《谱牒类》,第227—228页。
③ 《直斋书录解题》卷一二《卜筮类》,第374—375页。
④ 《直斋书录解题》卷四《别史类》,第109—110页。
⑤ 《直斋书录解题》卷一二《阴阳家类》,第370页。
⑥ 《直斋书录解题》卷一二《卜筮类》,第376页。
⑦ 魏了翁:《朱公(倬)神道碑》,《鹤山先生大全文集》卷七四。

李孟传（1126—1219），性嗜书，至老不倦，藏书万卷，悉置左右，翻阅绅绎，周而复始，每得异书，手自校勘，竟其遍乃止①。与周必大交往甚密，晚舍为邻，把酒论文无虚日的王伯刍（1132—1201）"喜藏书，《六经》诸史日夜校雠笺训"②。与郑樵为金石交的福建莆田藏书家林霆"聚书数千卷，皆自校雠。谓子孙曰：'吾为汝曹获良产矣。'"③绍定初除同知枢密院事的鄞县（今属浙江宁波）人袁韶（1161—1237），一生抄书、购书不辍，筑堂贮书"手校《九经》，旁说疑义，皆附书左右，最为精善"④。类似的例子举不胜举。诚然，有些记载，或许有夸大溢美之辞。但有一点可以肯定，南宋藏书家们大都是学有专长的文人学者，又惜书如命，潜心学问，是否校书万卷，甚或数万卷暂且不论，但他们对图书校雠的重视和专心致志、锲而不舍，即如扫灰尘一样坚持不辍则是一种较为普遍现象，既是继承了前代藏书家们的优良传统，也为后世藏书家树立了榜样。

三、著录研讨，首建雕版图书版本之学

（一）广收异本，珍藏善本

如上文所述，由于雕版印刷在南宋已得到广泛运用，使得藏书家们购置图书更加方便容易，而购置的图书不但内容种类十分丰富、广泛，而且由于刻印图书的地域不同、主体不同，形成了不同的版本，即所谓的杭本、蜀本、闽本与官刻本、私家刻本、坊刻本、书院刻本等。南宋藏书家们在收藏图书时，已有了很强的版本意识，广收异本，珍藏善本，并详加校勘。如宁宗朝官拜同知枢密院事、参知政事的藏书家楼钥（1137—1213），平时对图书不管是刻本、抄本，必一一收藏，亲手校雠。至晚年为得潘景宪的八十二篇本《春秋繁露》，仍转辗访求，必欲得之而后快。他曾自述访求此书云：《繁露》行世者，"皆不合《崇文总目》及欧阳文忠公所藏八十二篇之数，余老矣，犹欲得一

---

① ［宋］《宝庆会稽续志》卷五，第 7149 页。
② 周必大：《率斋王居士（伯刍）墓志铭》，《平园续稿》卷三三，《宋庐陵四忠集》丛书本。
③ 《宋史》卷四三六《郑樵传》，第 12944 页。
④ 袁桷：《清容居士集》卷二二《袁氏旧书目序》，《四部丛刊初编》本。

善本,闻婺女潘同年叔度景宪多收异书,属其子弟访之,始得此本,果有八十二篇。"①

南宋藏书家们广收异本,寻求善本,并不是为了猎奇,而是对图书进行整理校勘时,对同一图书的不同版本进行广泛认真的参互校对,编刻新的刻本、善本。以方崧卿整理刊刻《昌黎先生集》为例,其《韩文举正·序》云:

> 韩文自校本盛行,世无全书。欧公谓韩文印本初未必误,多为校雠者妄改。仆尝得祥符中所刊杭本四十卷,其时犹未有《外集》,今诸集之所谓旧本者,此也。既而得蜀人苏溥所校刘、柳、欧、尹四家本,此本嘉祐中尝刊于蜀,故传于世,继又得李左丞汉老、谢参政任伯所校秘阁本。李本之校阁本最为详密,字之疑者皆标同异于其上,故可得以为据。大抵以公文石本之存者校之,阁本常得十九,校本得十七,而蜀本得十五六焉。今只以三本为定,其诗十卷则校之唐令狐氏本。碑志祭文则以南唐保大本兼订焉。其赵德《文录》、《文苑英华》、姚宝臣《文粹》字之与旧本合者,亦以参校,诸本所不具而理犹未通者,然后取之校本焉。韩文旧本皆无一作蜀文,间有一二亦只附见篇末,今皆一遵旧本而别出。此书字之当刊正者,以白字识之;当删削者,以圈毁之;当增者,位而入之;当乙者,乙而倒之;字须两存而或当旁见者,则姑注于其下,不复标出;(阁)[闽]与杭、蜀皆同,则合三本而言之;同异不齐,则志其长者。其他如古本"汝"多作"女","互"多作"亙","预"作"与","傲"作"敖","丛"作"藂","缺"作"缼","二十"、"三十"之为"廿"、"卅"。此类非一,亦不敢尽从刊改。今之监本已非旧集,然校之潮、袁诸本,犹为近古,《如送牛堪序》,阁本、杭本皆系于十九卷之末,惟此本尚然,今用以为正,而录诸本异同于其下,此本已正者亦不复尽出,庶几后学犹得以考韩氏之旧也。②

据此序,方崧卿对韩集的整理校勘用了不下十种版本,计有:旧本、古本、校

---

① 《攻媿集》卷七七《跋春秋繁露》。
② 方崧卿:《韩文举正·序》,影印文渊阁《四库全书》本。

本、刊本、别本、新监本、旧监本、李本、谢本、唐本等。旧本指"祥符中所刊杭本四十卷"，古本指"唐人之旧也"。唐本指唐令狐氏本，是"唐令狐绚之子澄所藏本，咸通十一年书，止有诗赋十卷"。几乎将当时流行的韩愈诗文版本全部搜罗殆尽，然后认真校对，指出各本的不同、特点及不足。又周必大《欧阳文忠公集跋》载其对欧阳修《欧阳文忠公集》的整理校勘云：

> 《欧阳文忠公集》，自汴京、江、浙、闽、蜀皆有之。前辈尝言公作文，揭之壁间，朝夕改定。今观手写《秋声赋》凡数本，《刘原父手帖》亦至再三，而用字往往不同，故别本尤多。后世传录既广，又或以意轻改，殆至讹谬不可读。庐陵所刊，抑又甚焉，卷帙丛脞，略无统纪。私窃病之，久欲订正，而患寡陋，未能也。会郡人孙谦益老于儒学，刻意斯文，承直郎丁朝佐博览群书，尤长考证，于是遍搜旧本，傍采先贤文集，与乡贡进士曾三异等互加编校，起绍熙辛亥春，迄庆元丙辰夏，成一百五十三卷，别为附录五卷，可缮写模印。惟《居士集》经公决择，篇目素定，而参校众本，有增损其辞至百字者，有移易后章为前章者，皆已附注其下。如《正统论》、《吉州学记》、《泷冈阡表》，又迥然不同，则收置外集。自余去取因革，粗有据依，或不必存而存之，各为之说，列于卷末，以释后人之惑。第首尾浩博，随得随刻，岁月差互，标注抵牾，所不能免。其视旧本，则有间矣。既以补乡邦之阙，亦使学者据旧鉴新，思公所以增损移易，则虽与公生不同时，殆将如升堂避席，亲承指授，或因是稍悟为文之法，此区区本意也。①

从周必大此篇跋文亦可得知，他对欧阳修诗文集的校勘整理，搜集版本之多，校勘之认真，完全可与方崧卿编刻韩集相媲美。经过周必大对欧阳修诗文等著作的整理校对后刻印的《欧阳文忠公集》，订正了当时流传的欧阳修文集各种版本的许多错误，从此欧集有了定本，代替了之前流传的其他各种版本。

再如岳飞之孙岳珂（1183—1243），家藏书颇多，而多异本、珍本。他为

---

① 《欧阳修全集·附录五》，中华书局点校本2001年版，第2759页。

校刻《九经》收集贮藏的各种《九经》刻本就有二十三种之多①,在校勘《九经》时,"以家塾所藏诸刻,并兴国于氏、建安余仁仲本,凡二十本。又以越中旧本注疏、建本有音释注疏、蜀注疏合二十三本。专题本经名士,反复参订,始命良工入梓。其所撰《相台书塾刊正九经三传沿革例》,于书本、字画、注文、音释、句读、脱简、考异皆罗列条目,详审精确"。钱泰吉认为"不可不家置一编也"②。另据周密《癸辛杂识》后集记载,贾似道、廖莹中刻书时,"其所援引多奇书",而廖氏所刻之书世绥堂本,在当时就被认为是善本而珍藏之。

(二)尤袤《遂初堂书目》首创著录图书版本

在南宋士大夫中,不但出现了诸如楼钥、方崧卿、岳珂、廖莹中这样数十年广求异本、善本,同时对图书详加校对,整理、编刻新的善本的藏书家,也有如陈振孙的《直斋书录解题》在为家藏图书编目时注意著录版本,介绍图书的版刻情况,而且还出现了专门著录版本的家藏图书目录,这就是宋代另一流传下来的著名的私家藏书目录——尤袤的《遂初堂书目》。

尤袤(1127—1194),字延之,常州无锡(今属江苏)人。绍兴十八年(1148)进士,为泰兴令。历秘书丞兼国史院编修官、实录院检讨官,著作佐郎兼太子侍读等职。孝宗朝,除太常少卿、兼中书舍人。光宗朝,官终礼部尚书,卒赠金紫光禄大夫,谥文简。袤尝取孙绰《遂初赋》以自号,光宗书匾以赐,故用"遂初"命其堂,为其藏书之处。陈振孙称其为"淳熙名臣,藏书至多"③,"藏书为近世冠"④。关于尤袤藏书事,杨万里《益斋藏书目序》载云:"延之于书靡不观,观书靡不记","每退,则闭户谢客,日计手抄若干古书。其子弟亦抄书,不惟延之手抄而已也;其诸女亦抄书,不惟子弟抄书而已也。"杨万里序中还载尤袤之言:"吾所抄书,今若干卷,将汇而目之,饥读之以当肉,寒读之以当裘,孤寂而读之以当友朋,幽忧而读之以当金石琴瑟

①　岳珂:《刊正九经三传沿革例》,影印文渊阁《四库全书》本。
②　钱泰吉:《曝书杂记》卷上《武英殿仿宋本五经》,《丛书集成初编》本。
③　陈振孙:《直斋书录解题》卷八,上第236页。
④　陈振孙:《直斋书录解题》卷一八,第543页。

也。"①从杨万里此序中可得知,尤袤的《遂初堂书目》又名《益斋书目》,著录了尤袤及其子弟、子女以抄书为主要形式蓄积的图书。

《遂初堂书目》共著录尤袤家藏图书三千二百余种,按经、史、子、集四部分类,部下有类,计经部九类、史部十八类、子部十二类、集部五类。每种图书只记书名,无卷数、无撰人姓名,亦无解题。但在书目下却广记版本,有的一书记有数本。如史部正史类著录:川本《史记》、严州《史记》、川本《前汉书》、吉州本《前汉书》、越州本《前汉书》、湖北本《前汉书》、川本《后汉书》、越本《后汉书》、旧杭本《三国志》、旧杭本《晋书》、川本《三国志》、川本《晋书》、旧本《晋书》、《南史》、旧本《北史》、《宋书》、《南齐书》、《梁书》、《陈书》、《魏书》、《北齐书》、《后周书》、旧杭本《前唐书》、旧杭本《后唐书》、川本小字《旧唐书》、川本大字《旧唐书》、《旧五代史》。这中间著录的《前汉书》有四种版本,《晋书》与《后唐书》都有三种版本。据粗略统计,《遂初堂书目》所著录的版本有成都石刻本、杭本、旧监本、京本、高丽本、江西本、川本、严州本、吉州本、越州本、越本、湖北本、旧杭本、川本小字、川本大字、朱子新定、旧本、朱墨本等。《遂初堂书目》这种在书目中详记版本的著录方法,被认为是开创了后世版本目录学的先河,在我国目录学发展史上具有重要地位。

（三）叶梦得对雕版印刷及其图书的研究

宋代藏书家在编制书目、著录版本的同时,还对当时虽已得到广泛运用,但还属于新生事物的雕版印刷及其图书进行了研究,产生了如叶梦得这样的研究雕版印刷的专家。

首先。关于雕版印刷的起始问题,叶梦得说:"世言雕板印书始冯道,此不然。但监本《五经》板,道为之尔。柳玭《家训序》言其在蜀时,尝阅书肆,云'字书、小学率雕板印纸',则唐固有之矣。但恐不如今之工。"②从这条记载,可以看到宋人对雕版印刷起始问题的讨论。见于记载的还有朱翌《猗觉寮杂记》卷六,也认为雕印文字,唐以前无之,唐末益州始有墨版。而宋代另

---

① 杨万里:《诚斋集》卷七八,《四部丛刊初编》本。
② 《石林燕语》卷八,第116页。

一大藏书家王明清也就雕版印刷起始问题发表过看法①。

其次，是关于雕版刻印的图书与写本的关系。叶梦得认为："唐以前,凡书籍皆写本,未有模印之法,人以藏书为贵,人不多有,而藏者精于雠对,故往往皆有善本。"有了雕版印书后,"学者易于得书,其诵读亦因灭裂,然板本初不是正,不无讹误,世既一以板本为正,而藏本日亡,其讹谬者遂不可正,甚可惜也"②。

再次,他对当时各地刻印的图书进行了比较研究,总结分析道："今天下印书,以杭州为上,蜀本次之,福建最下。京师比岁印板。殆不减杭州,但纸不佳。蜀与福建多以柔木刻之,取其易成而速售,故不能工。福建本几遍天下,正以其易成故也。"③从这段话中,我们可以看到,叶梦得对雕版印书的研究涉及到雕版所用木料的质地、印书用纸与刻工等诸方面,指出了当时北宋刻印图书的四个中心:杭州、四川、福建、开封。这一记述,还反映了宋代图书生产、流通的加速与高度发展的商品化倾向。因此,这一段话成为研究宋代雕版印刷和图书业的珍贵材料,它连同叶梦得其他关于雕版印刷的记述,几乎为所有研究中国图书印刷史的学者注意与重视,也几乎为所有关于中国出版印刷史与研究版本学发展史的论著所引用。所以,叶梦得是我国最早对雕版印刷进行系统研究者之一,也就是说,关于雕版印刷的版本学是宋代如叶梦得、尤袤这样的藏书家建立的。

我国近代著名学者、目录学家姚名达指出："校勘学(狭义校勘学)、版本学、刊刻学之确立,自兹(宋代)始也。"④通过以上关于宋代藏书家对图书的编目、整理、校勘与版本的研究考察,证明姚名达的这一结论是符合历史实际的,是正确的。而校勘学、版本学、刊刻学、目录学等的确立,应当归功于宋代的藏书家们。

---

① 王明清认为镂版印书"创见"于五代毋丘俭雕印《文选》,见《挥麈余话》卷二。

② 《石林燕语》卷八,第116页。

③ 《石林燕语》卷八,第116页。

④ 姚名达:《中国目录学史》《校雠篇·私家校雠》,上海书店据商务印书馆1957年版复印本,第195页。按:上引姚先生之语,在"校勘学"下注曰:"狭义校勘学。"实际上,宋代藏书家不但建立了狭义校勘学,而且确立了校雠学理论。郑樵《通志·二十略》中专设有《校雠略》即是。

第五章　南宋的寺观藏书

　　自佛教传入中国,东汉明帝时,在首都洛阳建造了我国历史上第一座寺院白马寺后,寺院作为僧人生活、修行的场所,随着佛教的广泛传播,不但占据名山大川,遍布都市乡邑,还到处见于穷乡僻壤,成为各地占地最广、构造最为雄伟壮丽的建筑。各寺院为了僧徒们诵经、作法事与修行的需要,将口授佛经与汉译佛经以及从域外传来的佛经进行抄录、整理,收藏于寺院,这就有了最早的寺院藏书活动。所以,从一定意义上说,寺院藏书是随着佛教的传入中国后的诵经、译经就开始的,而寺院最早的藏书是佛经。

　　在东汉产生的中国本土宗教道教,借托老子为其祖师,以道家经典为道经之基础,又广泛吸收神、仙、鬼巫之术,成为自己的教理、教义,但主要以道教经典为主。

　　寺观藏书与官府、私家、书院藏书作为中国古代四大藏书系统之一,是随着佛道的发展而发展,佛道经书及相关图书大量出现以后。就寺院藏书而言,随着魏晋南北朝时期佛教的大发展,不但大量的汉译佛经成倍增长,还出现了不少解释、研究佛教经典的著作以及记述寺院僧人、佛教徒活动等与佛教相关的书籍、碑刻,这就为寺院扩大了藏书来源。在此同时,历代最高统治者对佛教的大力支持,予以政治、经济上的种种特权,也使各地寺院收藏图书有了厚实的经济基础与实力。但是,在雕版印刷未发明与未广泛运用之前,寺观藏书都是手写的图书,其藏书的规模与数量受到很大限制。而唐代开始的在部分士大夫中的排佛老倾向的影响下,除了佛老经典之外,寺观作为较为封闭的宗教场所,与官方藏书、私家藏书的规模、数量、种类无法比拟,所藏图书主要是佛老典籍及与此相关的图书。

到了宋代,雕板印刷开始得到广泛运用,继五代吴越时最早对佛经进行刻印后①,第一次对佛教经典进行了整体开雕印刷,这也为广大寺院、道观收藏自身经典图书带来了极大便利,尤其是随着佛道的世俗化、儒佛道三教合一,佛道为包括士大夫在内的全社会各阶层所接受与尊奉,出现了更多的宣扬佛道、研究佛道、记述佛道发展的著作、图书,使寺观藏书更加丰富多采。在此同时,为了进一步争取士大夫们的支持,也为了研究吸收儒家学说以发展佛老,寺院道观也注意收藏儒学经典及相关图书,使寺院道观不再仅仅是封闭的佛道圣地,成为对上自最高统治阶层、下至平民百姓开放的社会活动场所。随着佛道的世俗化、寺院道观的开放性与社会化程度的提高,寺观图书收藏功能有了飞跃性变化,正式成为我国古代四大藏书系统之一。

第一节　宋代佛道政策与佛道的恢复发展

北宋建立后,鉴于后周世宗实行灭佛毁寺的过激政策影响了社会稳定的教训,宋太祖赵匡胤停止了后周对佛教实行的打击政策,下诏"诸路州府寺院,经显德二年停废者勿复置,当废未毁者存之"②。为了表示对佛教的支持,太祖还召见了"出游西域二十余年"的沧州僧道圆,"赐以紫衣及金币"③

---

① 据顾志兴《浙江藏书史》:吴越国时,始于隋唐佛像刻印的雕版印刷技术相对成熟。历代钱王出于其"信佛顺天"的需要,分别于公元 956 年、965 年、975 年三次大规模刻印佛经。1917 年在湖州天宁寺发现 956 年吴越王钱俶刻《一切如来必秘全身舍利宝箧印陀罗尼经》二卷。经首有:"天下都元帅吴越国王钱弘俶印宝箧印经八万四千卷在宝塔内供养显德三年丙辰岁记。"显德为后周世宗柴荣年号,显德三年为公元 956 年。965 年刻印的经卷于 1971 年在绍兴城关塔基粗木简内被发现。975 年刻印的于 1924 年 8 月在杭州西湖雷锋塔圮后的废墟中发现,均有题记,图文并茂。雷峰塔陀罗尼经卷全长二米,高七厘米,卷首刻礼佛图,次为经文,经文首行十一字,余每行均为十字,全卷二百七十一行,共二千七百余字。经纸分绵纸、竹纸二种,卷端题有:"天下兵马大元帅吴越国王钱俶造此经八万四千卷舍入西关砖塔永充供养"等字。

② 《长编》卷一,建隆元年六月辛卯条,第 17 页。

③ 《长编》卷六,乾德三年十一月戊午、癸亥条,第 161 页。

乾德四年（966）又赐钱三万资助僧行勤等一百五十人游历西域①。而为了宣扬佛教，开宝四年（971），宋太祖即派遣张从信前往四川益都雕《大藏经》，据《开元释教录》所载依次刊行，历时十余年，至太平兴国八年（983）完成，共约五千多卷，十三万版。这是我国历史上第一次大规模地雕印的汉文《大藏经》，世称《开宝藏》。宋太宗赵光义继续推行太祖恢复发展佛教的政策，在五台山、峨嵋山、天台山大建佛寺。真宗在位时，更是大力提倡佛教。太宗作《圣教序》，真宗"亦继作，悉编入经藏"，并亲撰《释氏论》，宣称"释氏戒律之书，与周、孔、荀、孟迹异道同"②。

在此同时，赵宋王朝对道教也大力提倡。宋太宗曾专门召见华山道士陈抟（？—989），赐号"希夷先生"，并在开封、苏州等地建立道观。真宗、徽宗对道教的推崇、提倡更是不遗余力。大中祥符二年（1009）十月甲午，真宗下诏："诸路、州、府、军、监、关、县择官地建道观，并以'天庆'为额。民有愿舍地备材创盖者，亦听。"③明年，真宗又"遣官葺舒州灵仙观、常州宜兴洞灵观"④。真宗在位后期，为粉饰太平。伪造天书降临，虚构一赵姓祖先赵玄朗为道教的天神，尊为"太上混元皇帝"，再次在都城开封和各地广建宫观。其中在开封所建玉清昭应宫、会灵观以宰相领使；各地所建宫观，以"提举某某宫"的形式安置退职大臣，并成为一项制度。宋徽宗赵佶则自称是神霄帝君临凡，甚至指使道录院册自己为"教主道君皇帝"。此外，他还对道士封官授禄，置道阶，设道官，等级有差，不一而足。

在宋代最高统治者的提倡下，佛教在后周被毁败的情况下得到恢复发展，道教则有了进一步发展。据《宋会要辑稿》道释一之一三至一四载："国初，两京、诸州僧尼六万七千四百三人，岁度千人，平诸国后，籍数弥广，江、浙、福建尤多。"至天禧五年（1021），"僧三十九万七千六百一十五人，尼六万一千二百三十九人"其中僧尼数位列前三位的是：福建七万一千八十人、川

---

①　《长编》卷七，乾德四年三月癸未条，第168页。
②　《长编》卷四五，咸平二年八月丙子条，第962页。
③　《长编》卷七二，第1637页。
④　《长编》卷七三，大中祥符三年闰二月戊午条，第1657页。

峡五万六千二百二十一人、江南五万四千三百一十六人。

景祐元年(1034),僧三十八万五千五百二十人,尼四万八千七百四十二人。庆历二年(1042),僧三十四万八千一百八人,尼四万八千四百一十七人。

熙宁元年(1068),僧二十二万七百六十一人,尼三万四千三十七人。熙宁十年,僧二十万二千八百七十二人,尼二万九千六百九十二人。①

到了北宋后期,僧尼与男女道士数量有了快速增加。大观四年(1107)五月四日,臣僚上言:"伏见天下僧尼比之旧额约增十倍,不啻数十万人。尝究其源,乃缘尚书祠部岁出度牒几三万道"②。每年尚书省祠部发放的度牒几三万道,比之元丰间要增加数倍③,以致朝廷不得不加以限止。

南宋初,金兵南掠,包括一些名寺大刹在内的很多寺观被毁于战火。如镇江府(治今江苏镇江市)"承平时寺极盛,楼观几万楹,兵乱后十无一二"④。苏州"建炎兵烬,所存惟觉报小寺及子城角天王祠"⑤。越州(治今浙江绍兴)法云禅寺遭"建炎庚戌兵燹之祸","首废于火,一瓦不遗"⑥。江西高安大中祥符观,在"靖康之先,宫殿庑廊,金碧照耀,与逍遥福地争雄",而在南宋之初"厄于兵火,所存无几,仅于三清殿以祀紫庭香火"⑦。太平州天庆观"(靖)康、建炎初,干戈傱扰,劫火洞然",除"昊天、圣祖二殿"外,化为荆榛瓦砾之场。对于南宋初寺院被破毁情景,时人孙觌(1081—1169)在《抚州曹山宝积院僧堂记》中谓:"自佛法入中国,至宋兴,逾千年,衡岳、庐阜、钱塘、天台,佛僧之盛甲天下。靖康夷狄之乱,一变为茨棘瓦砾之场。"⑧另李纲

---

① 按:此条据《宋会要辑稿》道释一之一四载,疑熙宁元年"僧二十二万七百六十一人"为"三十二万七百六十一人"之误抄,熙宁十年,"僧二十万二千八百七十二人"为"僧三十万二千八百七十二人"之误抄。

② 《宋会要辑稿》职官一三之二三、二四。

③ 按:据《宋会要辑稿》职官一三之二一载:元丰六年(1083)六月三日礼部言:"祠部给度僧牒准诏及递年数","元丰三年六千三百九十四、四年四千一百九十六、五年九千八百九十七"。此三年每年平均发放度牒为七千一百六十二道。

④ 周必大:《二老堂杂志》卷五,《丛书集成初编》本。

⑤ 范成大:《吴郡志》卷六《官宇》,第723页。

⑥ 陆游:《渭南文集》卷一九《法云寺观音殿记》,《陆放翁全集》,第114页。

⑦ [雍正]《江西通志》卷一二六《高安冲道黄真人新殿记》,影印文渊阁《四库全书》本。

⑧ 孙觌:《鸿庆居士集》卷二一,影印文渊阁《四库全书》本。

（1083—1140），在南宋初所撰《汀州南安岩均庆禅院转轮藏记》中亦称："今天下兵革未息，盗寇蜂起。凡通都会邑、名山奥区，所谓大禅刹者，焚爇摧毁，盖不可胜计。其间经藏，金碧相辉，化为灰烬瓦砾之场者多矣。"①而据笔者对《咸淳临安志》所载全部寺观尼院的逐一检查，南宋初临安城内外被毁于战火的寺观有十五座之多。

　　针对以上情况，南宋最高统治者继续推行北宋时扶持佛道发展的政策，在宋金军事力量基本达到均衡，尤其是绍兴和议签订之后，随着南宋的经济文化恢复发展，各地被毁的寺观得以重建，寺观与僧尼道士的数量有了较快的恢复增加。以福建福州地区为例，据《淳熙三山志》记载：

　　　　唐自高祖至于文宗二百二十二年，寺止三十九，至宣宗乃四十一（时闽人林谓作《记》，存寺七十八，废寺三十六），懿宗一百二，僖宗五十六，昭宗十八。殚穷土木，宪写官省，极天下之侈矣。而王氏入闽，更加营缮，又增寺二百六十七，费耗过之。自属吴越，首尾才三十二年，建寺亦二百二十一（自前至此，共为寺七百八十一，特以会到府有起置年月者计之，余或更名，或重建，不可知也），虽归朝化，颓风散习，浸入骨髓。富民翁妪，倾施赀产，以立院宇者亡限。庆历中，通至一千六百二十五所（此林世程庆历三年所记也。其所记有寺额者二百一所，今见存者只一百七十二所，外二十九所已不载州籍，如安福寺、宝峰寺以主僧不谨及童行不律废。余恐更易名额，或颓败产绝。若通计之，比绍兴间已少百二十一）。绍兴以来止一千五百二十三（绍兴甲寅，曾师建记，虽总云一千六百二十六所，其逐县所载只一千五百二十一，皆不可以为据。惟绍兴二十二年奉使钟世明根括寺院，宽剩时共管寺院一千五百一十二所，内一千四百八十六所常住所收有余及无余三十七所，无僧尼主持），今州籍县申犹一千五百四（自太平兴国四年终庆历寺二百四十一，皇祐后寺二百六，率多旧寺重建，其未会到起置年月者一百七十五，共为寺

<hr>

　　①　《李纲全集》卷一三三，岳麓书社 2004 年版，第 1284 页。按：对于两宋之交寺院道观受战乱被毁情况，杨倩描《南宋宗教史》（人民出版社 2008 年）有较详细论述，可参阅（见是书第一章第一节之一"战争对寺观的破坏"）。

七百二十三,若通前代计之,比绍兴间又少一十九所,恐废坏无人住持,遂成绝产)。①

就南宋全国来说,绍兴二十七年(1157)八月,高宗曾问权礼部侍郎贺允中今僧道之数,允中言:"道士止有万人,僧有二十万。"需要强调的是,如上已指出,当时的南宋疆域大致只有北宋的五分之三,故僧道总数二十一万,比之北宋盛平时并不减少,无怪乎高宗感叹道:"朕谓目今田业多荒[业](菜),不耕而食者犹有二十万人,若更给卖度牒,是驱农为僧。且一夫受田百亩,一夫为僧,即百亩之田不耕矣。"②为了防止更多农民脱离农耕,加重国家财政负担,宋高宗虽然对卖度牒为僧在数量上加以限止,但对佛道总的还是持支持态度。其中最为明显的是亲自为一些寺院道观赐额、书额,并赐以御书御制,亲自临幸临安城内外及近郊的寺院道观。笔者仅据《咸淳临安志》所载,南宋各帝对临安城内外题额、赐额、御书匾的寺院有数十座,如灵鹫兴圣寺、中竺天宁万寿永祚禅寺等。高宗与孝宗及南宋各帝还曾多次临幸上天竺灵感观音寺、灵芝崇福寺等临安城内外寺院道观。如绍兴五年(1135)九月丙辰,高宗"幸上天竺,以万岁香山供养菩萨。召住持应如赐对,如辩慧称旨,赐金帛。祠部度僧牒以勉修造"。③。再如城外西郊的天申万寿圆觉院,高宗、孝宗"两朝皆临幸"。高宗"御书寺额'归云堂'匾及'三昧正受'四大字阁扁",孝宗"赐御书《圆觉经》及御书《圣制诗》二首"。高宗与孝宗还曾亲临位于临安近郊的余杭径山寺,高宗"就书'龙游阁'匾榜;孝宗皇帝书'兴圣万寿禅寺',又赐以《圆觉经解》。天下丛林,拱称第一。"④又如对湖州常照院,高宗"赐御书'寂而常照,照而常寂'八字,以示名院本指,且赐'天申金刚无量寿阁'匾榜,及紫檀刻佛号、如来阁榜悉御书也"。又一再赐"所临晋王羲之帖二十二纸,唐陆柬之《兰亭诗》一卷及米芾《史略帖》一卷,题团扇二

① 梁克家:[宋]《淳熙三山志》卷三三《寺观类》,中华书局《宋元方志丛刊》本 1990 年版,第 8147 页。引者按:括号内文字,是原书注文。又,原文文字模糊不清,此据文渊阁《四库全书》本及文意作了对校及理校。
② 《宋会要辑稿》道释一之三四、三五。
③ 释觉岸:《释氏稽古略》卷四,影印文渊阁《四库全书》本。
④ 楼钥:《径山兴圣万寿禅寺记》,《攻媿集》卷五七。

柄,又赐白金助建立①。这一系列恩赐优宠,充分说明高宗对佛教、寺院的关
注、扶持。

另外,南宋的很多皇后、妃子都有自己的功德院,对作为功德院的寺院,
后妃本人及朝廷更是赐钱、赐地、赐经书。

南宋佛教在中国古代佛教发展史上另外值得一提的是,形成了五山十
刹为代表的一批著名寺院。关于五山十刹的形成,史籍多有记述,其中明人
田汝成《西湖游览志余》所记较为详述,谓:

> 杭州内外及湖山之间,唐已前为三百六十寺,及钱氏立国,宋朝南
> 渡增为四百八十,海内都会未有加此者也。为僧之派有三,曰禅、曰教、
> 曰律。今之讲寺即宋之教寺也,嘉定间品第江南诸寺,以余杭径山寺、
> 钱塘灵隐寺、净慈寺、宁波天童寺、育王寺为禅院五山。钱唐中天竺寺、
> 湖州道场寺、温州江心寺、金华双林寺、宁波雪窦寺、台州国清寺、福州
> 雪峰寺、建康灵谷寺、苏州万寿寺、虎丘寺为禅院十刹。以钱唐上天竺
> 寺、下天竺寺、温州能仁寺、宁波白莲寺为教院五山。钱唐集庆寺、演福
> 寺、普福寺、湖州慈感寺、宁波宝陀寺、绍兴湖心寺、苏州大善寺、北寺、
> 松江延庆寺、建康瓦棺寺为教院十刹。②

同样,对于道教宫观,南宋各帝、后亦支持有加,以位于余杭县内著名的
道观洞霄宫为例,南宋初,"毁于兵,绍兴二十五年旨赐钱重建"。乾道二年
(1166)已退位为太上皇帝的高宗与太上皇后,专程乘舆临幸该宫,"御书《度
人经》一卷以赐。又明年,太上皇后复来游。淳熙六年《道藏》成,八年赐藏
经"。以后,南宋各帝对洞霄宫亦十分关心,"孝宗皇帝尝赐道士俞延禧画、
《古涧松》诗。光宗皇帝又御书'怡然'二字,赐'延禧'为斋匾。宁宗皇帝御
书'演教堂',理宗皇帝赐内帑铸钟,御书《清净经》一卷及'洞天福地'四大
字以赐"③。

---

① 《渭南文集》卷二一《湖州常照院记》,《陆放翁全集》,第122页。
② 田汝成:《西湖游览志余》卷一四,上海古籍出版社点校本1980年版,第260页。
③ [宋]《咸淳临安志》卷七五《寺观一》,第4033页。

正是在最高统治者的支持扶殖下,南宋佛道的寺院、宫观在建炎、绍兴初遭受战火破坏以后,得到较快的恢复,并有了进一步的发展。至南宋中期,正如朱熹指出的:"今老佛之宫遍满天下,大郡至逾千计,小邑亦或不下数十,而公私增益,其势未已。"①这些遍布各地,数以万计的寺院宫观,成了南宋寺观藏书的基础,而以"五山十刹"与余杭洞霄宫为代表的一批在中国宗教发展史上有着重要地位与影响的寺院、宫观,则成为南宋的寺观藏书的主体。

第二节　南宋寺院对佛教典籍的收藏

与前代后世所有的寺院一样,南宋寺院收藏的图书主要是佛教经典,而以收藏佛教经典总汇《大藏经》作为最大的愿望与目标。南宋收藏《大藏经》的寺院数量超越前代任何时期,这中间除了一部分是由北宋、少量是北宋之前留存下来的外,主要由朝廷赐予、自身抄录、雕印与地方乡绅、善男信女捐赠与资助而来。而自北宋始,一直坚持的官方、私家(主要是僧人)对佛经的翻译与刻印,是南宋寺院佛教典籍藏书得到快速发展的主要原因。

一、宋代佛经的翻译与刻印

自萧梁经隋至唐初,由于最高统治者的提倡,官方组织的大规模的译经、写经、抄经活动,使佛教经典的种类与数量有了很大增加,如据《隋书·经籍志四》载:"开皇元年,高祖普诏天下,任听出家。仍令计口出钱,营造经像。而京师及并州、相州、洛州等诸大邑之处,并官写一切经,置于寺内;而又别写,藏于秘阁。天下之人,从风而靡,竞相景慕,民间佛经,多于《六经》数十百倍。"②伴随着这种大规模的译经、抄经活动,又对佛教经典进行了整理、编目,出现了汇集诸多佛经与有关僧人所撰著作的《大藏经》,即《隋书·

---

① 朱熹:《延和奏札七》,《晦庵先生朱文公文集》卷一三,《朱子全书》,第 653 页。
② 魏徵等:《隋书》卷三五《经籍志四》,中华书局点校本 1900 年点校本,第 1099 页。

经籍志》所说的一切经。在这之后，唐五代无论是官方还是私人，对佛经经典的翻译一直没有停止过。唐代是中国历史上翻译佛经数量最多的时期，而《大藏经》的篇幅与内容也不断得到扩大与增加。至宋代，朝廷除了与前代一样支持、鼓励寺院僧徒个人译经外，也十分重视官方的译经，并专门设立官方翻译佛经的机构。史载太平兴国五年（980），诏"就太平兴国寺大殿西度地作译经院。中设译经堂"，以中天竺摩伽陀国僧法天、北天竺迦湿弥罗国僧天息灾、乌填曩国僧施护等高僧绎经①。就在太平兴国七年译经院建成后之当年"七月十二日，天息灾上新译《圣佛母经》，法天上《吉祥持世经》，施护上《如来庄严经》，各一卷"，"诏入藏，刻板流行"。两天后，太宗又临幸译经院，"召译僧坐，慰谕，给卧具、幕、绘彩、什器等物，悉度其院童行十人为僧，增修佛殿经藏。自是尽取禁中所藏梵央，令天息灾等视《藏录》所未载者翻译之"。是年十二月，诏选梵学沙门一人为笔受，义学沙门十人为证义，又赐《大藏经》以备撰阅。自是每岁再三献新经，后每诞圣节、五月一日即献经，皆召坐，赐缯帛，以其经付藏。太平兴国八年，太宗又根据天息灾等言，"选童子五十人，令习梵字学"，翻译佛经。是年"诏改译经院为传法院，又置印经院"。雍熙元年九月，"诏自今新译经论，并刊板摹印，以广流布"。雍熙三年十月戊午，太宗御制《新译三藏圣教序》以冠经首，令刊石御书院。以后，又不断翻译，每新一经出，太宗、真宗或有御制序、诏，与将新译佛经一起雕板，编入《大藏经》。下面据《宋会要辑稿》道释二所载，节录北宋中期前几次重要的译经、刻经、重编《大藏经》的活动。

淳化五年（994），"诏所译经写二本，一编入《大藏》，一藏本院（传法院）"。

大中祥符六年（1013）八月，根据译经润文、兵部侍郎赵安仁请求，对"准诏编修藏经表，乞赐名题制序。诏以《大中祥符法宝录》为名，御制序给之。录凡二十一卷，"，"安仁又请以太宗及皇帝圣制编次《东土圣贤集》"。

大中祥符八年闰六月，"内出太宗皇帝御制《妙觉集》五卷付传法院，编

---

① 《宋会要辑稿》道释二之五，《长编》卷二三，太平兴国七年六月条，第522—523 页。按以下引文未出注者均见《宋会要辑稿》道释二之五至九《传法院》。

入《大藏》"。天禧三年(1019)二月,译经三藏法护等请降御注四(年)[十]二章《遗教经》,传写入藏,从之。

天禧三年九月,起居舍人吕夷简言:"故御史中丞赵安仁尝刻《圆觉道场礼忏禅观法》印板,望送传法院附入经藏。"从之。

天禧四年二月,秘演等请以圣制《述释典文章笺注》附大藏,诏可。是年,以宰臣丁谓兼充译经使。润文官常一员,天禧中以翰林学士晁迥、利瓦伊同润文,始置润文二员,丁谓罢使后,亦不常置。天圣三年(1025)又以宰相王钦若为之,自后首相继领,然降麻不入衔。又以参政、枢密为润文,其事浸重。每生辰,必进新经。前两日,二府皆集以观翻译,谓之开堂。

类似关于译经刻经事,今本《宋会要辑稿》道释二中有较详细具体的记载。据大中祥符六年(1012)至八年由译经润文、兵部侍郎赵安仁、杨亿和僧惟净等人奉敕编成的《大中祥符法宝录》著录,自太平兴国七年到祥符四年(982—1011)间,译成的经律论共二百二十二部、四百一十三卷。另有东土著撰十一部、一百六十卷。而《宋会要辑稿》道释二又载云:

> 景祐三年十二月,译经使吕夷简、润文宋绶言:"准诏续修《法宝录》,请依旧体御制序。"序曰:"自兴国壬午,距今乙亥五十四载,其贡献并内出梵经无虑一千四百二十八夹,译成经论凡五百六十四卷,译者释文、释华梵、对传、句读。辩佉楼之笔,简韦佗之辞。云云。"诏刊于石,赐名,诏以《景祐新修法宝录》为名。是录即自大中祥符四年以后至景祐三年,惟净与法众并预编纂。

据此,自太平兴国壬午即七年(982)至(景祐)乙亥即二年(1035),五十四年中,共译经五百六十四卷。而有学者考证,"至神宗元丰五年(1082)译经院(传法院)废置为止,百年之间,译经不辍,共译成二百五十九部,七百二十七卷梵经,仅次于唐代"[①]。

---

① 见黄启江:《宋代的译经润文官与佛教》,《故宫学术季刊》1990 年 7 卷 4 期,第 13 页注一;参考吕夷简《景祐新修法宝录》(新文丰出版社影印本)。又见余万居译、中村元著《中国佛教发展史》,天华出版社 1984 年版,第 408 页。

　　从上引《宋会要辑稿》等所载北宋译经活动可得知,这些新译佛经一出,即连同御制、御序都加以雕印,并编入《大藏经》。所以,虽然史载南宋官方几乎未组织大规模的译经活动,但北宋所译的经卷成为当时及南宋寺院佛经收藏的新内容,这使北宋中期之后尤其是南宋时,寺院收藏的佛经数量比前代又有了很大增加。史载,唐五代时的《大藏经》总数为五千四十八卷,而北宋时新译佛经七百二十七卷,则佛经经藏总数达到五千七百多卷,增加七分之一。

　　在译经并将所译经卷及时刻印的同时,宋代还多次大规模地组织雕印《大藏经》的活动。上已指出,早在宋代建立不久,开宝四年(971),宋太祖即派遣张从信前往四川益都雕《大藏经》,据《开元释教录》所载依次刊行,历时十余年,至太平兴国八年(983)完成,共约五千多卷,十三万版。由于这是我国历史上第一部官方刻印的《大藏经》,始刻印于北宋开宝年间,故此部《大藏经》名为《北宋官版大藏经》,又名《开宝藏》、《蜀本藏》。

　　宋代第二次大规模地雕印《大藏经》,始自神宗元丰三年(1080),至徽宗崇宁二年(1103)完成。故又称《崇宁万寿大藏》,简称《崇宁藏》。此《大藏经》刻于福建福州东禅寺等禅院,全藏共六千四百三十四卷,五百九十五函。又称《东禅寺大藏经》、东禅寺本、闽版、闽本。

　　第三次雕刻的《大藏经》名为《毗卢藏》,由于雕刻于福州开元寺,又称福州开元寺本、福州藏。宋徽宗政和二年(1112,一说政和五年),由开元寺的住持本明禅师等当时多位著名僧人募资私家雕刻,大约于高宗绍兴二十四年(1154)先刻成五百六十四函,至孝宗乾道八年(1172),又续刻禅宗部三函。总计五百六十七函,六千一百十七卷。

　　第四次所刻《大藏经》名《思溪圆觉藏》,简称《思溪藏》。刻于南宋湖州,又称湖州本、湖州版《大藏经》。此《大藏经》系由曾官密州观察使的湖州思溪人王永从、曾官崇信军节度使的王永锡兄弟捐资,另由当地大慈院僧净梵、圆觉院僧怀深等募资所刻,开雕于北宋末,雕成于绍兴二年(1132),凡五百四十八函,五千四百八〇卷,一千四百二十一部(一说一千四百五十三部)。

　　宋代第五次所刻《大藏经》也是在湖州,始于南宋淳熙二年(1175),完成于淳祐二年（1242），为安吉州（浙江吴兴）思溪资福禅寺向民间集资所刊，故称《思溪资福藏》，凡五百九十九函，五千七百四十卷。理宗宝庆元年（1225），湖州改称安吉州，故此《大藏经》亦称《安吉州藏》①。

宋代所刻的最后一部《大藏经》名《碛砂藏》，于南宋嘉定九年（1216）由时为保义郎的武臣赵安国捐资，高僧法音等募资于平江府（治今江苏吴县）碛砂延圣院开始雕刻。宝祐六年（1258）以后，因延圣院火灾和蒙古军南下而被迫中断。元大德元年（1297），在松江府僧录管主八主持下，得以继续雕刻，到至治二年（1322）竣工。全藏计五百九十一函，六千三百六十二卷，一千五百三十二部。由于此藏大部分刻于南宋碛砂延圣院，故又称延圣院版、延圣寺版。

通过以上对宋代雕刻《大藏经》的简单回顾，可以发现，与译经主要集中在北宋中期前不同，以上宋代六次雕印《大藏经》，除了两次刻于北宋外，有四次都刻于南宋（其中《毗卢藏》始刻于北宋末，完成于南宋初），而六次雕刻都在南方地区，其中湖州两次，福州两次，蜀州（四川成都）、平江府（江苏苏州）各一次。这就为南宋寺院收藏《大藏经》提供了极大方便，从我们下面的考察也说明，南宋收藏《大藏经》的寺院也主要集中在当时的两浙路（现在的江浙沪）、福建路（今福建地区）与今四川成都及江西地区。

二、南宋寺院的藏殿、轮藏与转轮藏

藏经殿是寺院收藏佛教经卷的处所，也是大型寺院中的主要建筑之一。在一些中小型寺院中即使没有藏经殿，也有藏经阁、藏经楼的。由于宋代新译经卷数量的增加以及对包括《大藏经》在内的佛教经典的雕刻，不但极大地丰富了宋代寺院的佛经收藏，也使寺院收藏佛经比之前代更为方便。因此宋代寺院中特别重视藏经殿的建造。而随着佛教典籍数量的大量增加，藏殿的规模也越来越大，越来越雄伟壮丽。如元祐七年（1092）九月，翰林学

---

① 按：关于湖州所刊《思溪圆觉藏》与《思溪资福藏》，以王国维为代表的近现代学者也有认为后一藏即《思溪资福藏》是"就思溪王氏所刊（《思溪圆觉藏》）加以增补，未必别有一刻也"。见《两浙古刊本考》卷下，《王国维遗书》，上海古籍书店1983年版，第8页。

士范百禄（1030—1094）以中书侍郎闻大政，追荣其世曾祖、祖、父三世，在四川成都东北近郊之五里，以家族之力，筑佛庙以极崇奉之意，徽宗赐名"慈因忠报禅院"，"凡为屋二百楹"，"又度大藏为经阁在院西，其土纵三十五尺，横七十七尺，为复屋直三而曲四。致饰甚严，所藏经五千四十八卷"①。南宋时期，藏殿的建造更为重视。处州龙泉县（今属浙江丽水市）只是南宋两浙东路一偏僻小县，其县西山集福教院建于唐代，一直无专门藏殿。北宋宣和末年，该寺主僧讽邑人相与施钱将寺院扩建整新，"宏侈于其旧"，"既又储大木数千章"，修建藏经殿，于绍兴十四年（1144）"鸠工而为之"，落成于明年之秋。新建之藏殿"土木之崇高，像设之雕镂，经帙之整洁，遂甲于境内焉"②。再如明州余姚（今属浙江）福昌院寺，自绍兴初，该寺"僧惟岳更其殿而大之。法莲者为轮藏而屋之，体修者募其藏之书，皆未就而死。于是其徒中暐等五人，相与谋继其役。乡土寒啬，无所贷乞，中暐独苦心强力，寸累铢积，不弛不亟，四十年而毕成，今其藏宇困困隆隆，金碧玲珑。函书满中殿，则翼翼鳞鳞，周楯重轩，像饰一新。盖其费缗钱二万焉"③。而南宋寺院在对藏殿的建设中，为了更好地宣传佛教教义，方便尊奉佛教的善男信女们来寺院崇佛念经，很多寺院还都广置转轮藏，建立轮藏殿。

所谓轮藏就是可以旋转的放置佛经的装置，也就是佛经书架。寺院中放置轮藏的殿则称轮藏殿。关于轮藏的制作，据说最早源于南北朝时梁代佛教信士傅翕，宋代宗鉴大师所集《释门正统》卷三《塔庙志》载云：

> 诸方梵刹立经藏殿者。初，梁朝善慧大士傅翕，愍诸世人，虽于佛道颇知信向，然于赎命法宝，或有男女生来不识字者，或识字而为他缘逼迫不暇披阅者。大士为是之故，特设方便，创成转轮之藏，令信心者推之一匝，则与看读同功。故其自誓曰：有登吾藏门者，生生不失人身。又能旋转不计数者，是人所获功德，即与诵经无异。

① 黄庭坚：《成都府慈因忠报禅院经藏阁记》，《山谷别集》卷四，影印文渊阁《四库全书》本。
② 张嵲：《处州龙泉西山集福教院佛经藏记》，《紫微集》卷三二，影印文渊阁《四库全书》本。
③ 孙应时：《福昌院藏殿记》，《烛湖集》卷九，影印文渊阁《四库全书》本。

《释氏稽古略》卷二《傅大士》条亦谓：

> （善慧）大士以佛经目繁多，人或不能遍阅，乃建大层龛，中心立一
> 柱，启八面，而实诸经，谓之"轮藏"。立愿曰："登吾藏门者，生生世世，
> 不失人身；发菩提心者，能推轮藏，即与持诵诸经功德无异。"

据此，轮藏最初是为了不识字不能诵读佛经或无暇诵读佛经的人设立的，而
后世逐渐演变为象征性地读经颂佛祈求福佑的方式，那些信奉佛教而又不
愿或不能经常诵读佛经的善男信女，只要去寺院转动轮藏，即等同念经之功
德。白居易《记苏州南禅院千佛堂所建转轮藏》云：

> 堂之中，上盖下藏。［藏］盖之间，轮九层，佛千龛，彩绘金碧以为
> 饰；环盖悬镜六十有二，藏八面，面二门，丹漆铜锴以为固；环藏敷坐六
> 十有四，藏之内，转以轮，止以柅。经函二百五十有六，经卷五千五十
> 有八。①

白居易在《记》文中还说，苏州南禅院的转轮藏，"太和二年（828）秋作，
开成元年（836）春成。堂之费计缗万，藏与经之费计缗三千六百"，历时八
年。根据白居易所记，结合其他文献所载，唐代的转轮藏都建于经堂之中②，
建造一座轮藏既旷日持久，且需大量经费。关于轮藏及轮藏殿，唐代之前文
献记载十分罕见，唐五代文献中所载建有转轮藏的寺院也曲指可数。至宋
代，寺院所建转轮藏日渐增多，对此，宋人感叹道：

> 昔韩梓材唐之名儒也，尝为清泉寺作轮藏记，其间所载太和中率天
> 下佛祠逾三万，其能置大藏者不过十百，然以唐较宋朝，其增置佛祠不
> 啻数倍，而能置大藏者又何止于十百而已哉。③

---

① 白居易：《苏州南禅院千佛堂转轮藏石记》，《白居易集》卷七○，中华书局点校本1979年
版，第1487页。

② 如长庆二年（822）杨承和所撰《邠国公功德铭》谓："又于堂内造转轮经藏一所，刻石为云，
凿地而出。"（见《金薤琳琅》卷一九，影印文渊阁《四库全书》本。）

③ 袁桷：［元］《延祐四明志》卷一八引苾刍法明为象山县宝梵教寺所撰纪文，中华书局《宋元
方志丛刊》1990年版，第6402页。

生活于北南宋之交的叶梦得(1077—1148)说:"吾少时见四方为转轮藏者无几。比年以来,所至大都邑,下至穷山深谷,号为兰若,十而六七,吹螺伐鼓,音声相闻,襁负金帛,踵蹑户外,可谓甚盛。"①这说明,不但北宋与唐时相比,宋代与唐代相比,宋代寺院能置轮藏《大藏经》的"何止于十百而已",而且,南宋初期,较叶梦得儿时的北宋后期,有转轮藏的寺院已达到十之六七,而且规模"可谓甚盛"。

寺院的转轮藏从唐经北宋至南宋,数量、规模大增的过程中,对轮藏的建造也逐渐规范,并形成了一套制作制度与工艺。宋代著名土木建筑学家李诫(？—1100)《营造法式》卷一一《小木作制度六》对"造经藏之制"即对收藏经卷的书架及转轮有十分详细、具体的记载,包括形状、规格、另部件及每一另部件的功能、尺寸大小。是书卷二三《小木作功限四》一节又专设"转轮经藏"一条,对转轮藏各部分的尺寸大小及造作功数作了详细的叙述,谓"转轮经藏,一坐八瓣,内外槽帐身造"。其主要部分有"外槽、帐身,腰檐、平坐,上施、天宫楼阁,共高二丈,径一丈六尺"。其中各部分比例尺寸为:

> 帐身外柱至地,高一丈二尺。
>
> 腰檐,高二尺。
>
> 枓槽,径一丈五尺八寸四分。
>
> 平坐,高一尺,径一丈五尺八寸四分。
>
> 天宫楼阁,共高五尺,深一尺。
>
> 里槽,高一丈三尺,径一丈。
>
> 坐高三尺五寸,坐面径一丈一尺四寸四分,枓槽径九尺八寸四分
>
> 帐身,高八尺五寸,径一丈。
>
> 柱上帐头,共高一尺,径九尺八寸四分。
>
> 转轮,高八尺,径九尺。用立轴,长一丈八尺,径一尺五寸。
>
> 经匣,每一只长一尺五寸,高六寸(盝顶在内),广六寸五分。

以上每一部分又有若干零部件组成,《营造法式》亦分别对其尺寸大小与

---

① 叶梦得:《建康府保守寺轮藏记》,《石林建康集》卷四。

所用功数作了详细具体的叙述。如以转轮为例,其所列另部件及造作功有:

> 轴每一条,九功。辐每一条,外辋每二片,里辋每一片,里柱子每二十条,外柱子每四条,挟木每二十条。面版每五片,格版每一十片,后壁格版每二十四片。难子每长六丈,托辐牙子每一十枚,托栿每八条,立绞榥每五条,十字套轴版每一片,泥道版每四十片。右各一功。拢裹五十功,安卓五十功。

这是对转轮的造作尺寸与所需的功数的记述,而整座转轮藏"总计造作共一千九百三十五功,二分拢里共二百八十五功,安卓共二百二十功"。这还不包括建造安置转轮藏的藏殿与佛经经卷,据宋人所撰有关寺院建造转轮藏的记文,建造一座转轮藏,其费少则几百万贯,多则一二千万。如吉州隆庆禅院所建"转轮经藏,木石金碧,妙天下之材,百工妙天下之手,阅二岁而藏成,机发于踵,大车左旋,人天圣凡,东出西没,鬼工神械,耀人心目,其费无虑二千万"①。南康军都昌县(今属江西)祇园禅院所建转轮藏总共花费从乾道九年(1173)至淳熙七年(1180)前后用了七年,其费"一千万以上"。尤袤为该寺所撰《轮藏记》记云:

> 其制函受帙,室受函。经之帙五千四十有八,而为函已有八十有四。大木中立,众材辐辏。室则环附如纲目,如弈局。阴为机关,激轮运转,其崇二十有五尺,其周八面寻有五寸,上为毗卢遮那,宫殿楼阁充满虚空境界中,为善财参五十三善知识,因地下为八大龙神舒爪运肘之势,其外覆以大殿,广容其藏。②

南宋"轮藏之兴,周遍禅刹"③,"凡所建立,费巨万计。寸积铢累,仰施于人,鸠工抡材,不计程度,期于满意"④。寺院所建转轮藏及藏殿规模越建越大,越建越华丽,轮藏及经匣越制越精巧,收藏经卷越来越多,这充分反映了南

---

① 黄庭坚:《吉州隆庆禅院转轮藏记》,《山谷集》卷一八,影印文渊阁《四库全书》本。
② 尤袤:《轮藏记》,《梁溪遗稿·补编》,《常州先哲遗书》本。
③ 李纲:《澧州夹山普慈禅院转轮藏记》,《李纲全集》卷一三三,第 1280 页。
④ 李纲:《汀州南安岩均庆禅院转轮藏记》,《李纲全集》卷一三三,第 1284 页。

宋寺院对佛教典籍收藏在数量及质量上都有了很大提高,其中的原因除了上述宋代译经尤其是多次雕刻《大藏经》得到经卷的渠道更多、更方便外,还因为宋代寺院比之前代更具开放性,以此吸引民众来寺院念经作法事,对此,南宋初官拜宰相的李纲(1080—1140)指出:

> 创转轮藏,以贮佛语及菩萨语,关机斡旋,周行不息,运转一匝,则与受持诵、书写一《大藏经》教等,无有异。夫一藏教,其数五千四十八卷,一偈一句,含无量义。其有受持读诵书写,非积岁时晦明寒暑不能成就云,何乃于屈伸臂间、运动机轮而得圆满。①

"于屈伸臂间、运动机轮而得圆满",对于那些笃信佛教祈求菩萨保佑,却不愿对着青灯黄卷诵经念佛的善男信女来说,转轮藏是他(她)们最省时,省力、最方便的选择;而且这项拜佛诵经活动,还带有一定的娱乐性,所以更能吸引一般民众。故凡有轮藏的寺院,"岁时邦人来会,稽首作礼,藏为旋转,或三或五,至于七,人人欢踊,各满志愿"②。人们"推挽所逮,有大音声发于其中,凡见闻瞻礼,咸极所至,祈禳感应辄如向","以故学佛喜舍之徒,常辐辏于三解脱门,斋储于是取给焉"③。而对于寺院来说,建造转轮藏还是一项"创收"活动,可以此增加经济收入。因为寺院创建转轮藏后,不但能吸收更多人前来拜佛烧香,而且一般人推转轮藏后,都要捐施一定钱财,有的寺院则明确规定推转轮藏要收费。如"平江府常熟县一般寺院的收费标准是,每推转轮藏三圈",收费"三百六十(文)"④。而南宋时"临江军惠历寺初造轮藏成,寺僧限得千钱则转一匝",百姓才能了却"念为转藏以资冥福"⑤,以至普通百姓累月辛苦而不得遂其心愿。这种受商品经济发展影响,以增加经济收入为目的,也是宋代寺院大力建造转轮藏的重要原因之一。但是,不管出于何种目的,南宋寺院广建藏殿与转轮藏,反映了宋代寺院收藏佛教经典

---

① 李纲:《澧州夹山普慈禅院转轮藏记》,《李纲全集》卷一三三,第 1280 页。
② 邹浩:《永州法华寺经藏记》,《道乡集》卷二六,影印文渊阁《四库全书》本。
③ 傅达可:《轮藏记》,《海昌备志》卷一二,清道光刊本。
④ 庄绰:《鸡肋编》卷中,中华书局点校本 1983 年版,第 68 页。
⑤ 费衮:《梁溪漫志》卷一〇《惠历寺轮藏》,上海古籍出版社点校本 1985 年版,第 118 页。

的普遍化,比之前代不但数量有了明显增加,而且形成了宋代寺院收藏佛教经书的一个新的特点。

三、南宋寺院收藏佛教典籍举要

由于北宋时新翻译了大量佛经,又加上自宋初起至南宋多次对包括《大藏经》在内的佛经的雕印,使宋时寺院收藏佛教经籍更为方便、容易;而随着佛教的世俗化、平民化色彩的更加浓厚,开放程度的更为扩大,寺院为了吸引更多的民众前来诵经拜佛,也更加注意佛教经典的收藏,这使南宋寺院佛教经典的收藏在北宋的基础上有了进一步发展。

南宋寺院收藏的佛教经典包括两个方面,一是手抄的,二是雕刻的。手抄的经卷大都是前代而主要是北宋寺院留存下来的,如宋初都城开封新建的佑国寺内,就有后唐明悟大师首写《大藏经》凡五千四十八卷①。而四川导江迎祥院经藏中,有唐人吴彩鸾用小字书写的佛本行经六十卷②。另如北宋时秀州华亭(今上海松江)海惠院藏有募人手抄的《大藏经》八百函,五千零四十八卷,又建转轮藏③。而北宋虔州(今江西赣县)崇庆禅院所藏宝轮藏,"于江南壮丽为第一,其费二千余万",历时十六年抄成④。又据周密《齐东野语》卷一五《腹笥》条记载,湖州(今属浙江)坜川南景德寺,为南渡宗子聚居之地,大殿皆椤木为之,佛像尤古。"咸淳辛未三月,火忽起白佛殿,其中藏经数百卷,多五代及国初时人手写,皆磋碧纸,金银书"。由于佛寺建筑雄伟坚固,故很多寺院中所藏前代经卷至南宋时仍能完好地保存下来,继续成为这些寺院藏书。

南宋时,一些寺院也继续以抄经作为收藏佛经的途径,但是比之北宋,南宋寺院以抄经为主要方式来收藏经书经卷现象已有所减少,特别是抄录《大藏经》这样的佛经总汇,既旷日持久,又需借用其他寺院的藏本,而自北

---

① 王嗣宗:《佑国寺记》,《全宋文》巴蜀书社 1989 年版,第 3 册第 299 页。
② 张邦基:《墨庄漫录》卷三,第 98 页。
③ 陈舜俞:《海惠院经藏记》,《都官集》卷八,影印文渊阁《四库全书》本。
④ 《苏轼文集》卷一二《虔州崇庆禅院新经藏记》,第 390 页。

宋初起几次刻印的《大藏经》,寺院可通过购置,快速、便捷地收藏《大藏经》。故就笔者收集到的材料,南宋时期,新收藏《大藏经》的寺院,都是刻本,未见有抄本。僧徒与崇佛的善男信女抄写佛经,主要不是以寺院收藏为目的,而是作为僧尼与崇佛男女修行的功课、祈佑的手段。这是南宋寺院佛经收藏与前代相比颇为明显的不同,也是其显著特点。与此相联系的是:南宋时期能收藏佛经总汇《大藏经》的寺院数量比之唐及唐代之前,有了成倍增长,也超过北宋。据笔者收集到的材料,南宋时期明确记载收藏有《大藏经》的寺院达一百多所,而这一百多所寺院又主要集中在今浙江、江苏、江西、湖南、四川、福建等地区。虽然这一百多所寺院收藏的《大藏经》,大部分是北部时期留存下来的,但也有不少寺院是南宋时新创建的。如上文在考察《大藏经》的雕印时所述福州东禅寺刻藏《崇宁藏》、福州开元寺所刻藏《毗卢藏》、湖州王氏兄弟在圆觉禅院所刻藏《思溪藏》、思溪资福禅寺刻藏的《思溪藏》,都是在南宋时刻印后收藏的。兹将南宋主要地区新收藏有《大藏经》的佛寺,择要考述如下。

(一)浙江地区

南宋时,今浙江地区新收藏《大藏经》的寺院,据顾志兴先生《浙江藏书通史》记载,有临安府上天竺讲寺,"淳熙元年(1174)孝宗赐《大藏经》五百函"。余杭崇福寺,"南宋景定年间(1260—12164)僧人寿涛建,有梵典五千余卷"。湖州(安吉州)道场护圣万寿禅寺,"宋理宗时,住持介清(? —1241)建观音藏殿,藏《大藏经》五千四百八十卷"[①]。明州(庆元府)天王寺,乾道间(1163—1173)朱世则舍金建夕阳阁藏经,并捐《大藏经》全藏藏之[②]。除此之外,今浙江地区南宋时新收藏《大藏经》的寺院还有:临安府传法五藏院、湖州德清华岩禅院、瑞安府乐清白石净慧院、越州诸暨接待院、台州临海普安禅寺、明州余姚福昌院、处州龙泉西山集福教院。

---

① 按:牟巘《陵阳先生集》卷二四《龙源禅师塔铭》,记龙源(介清)禅师于理宗朝重建因火被毁道场护圣万寿禅寺时云:"(嘉定)丙子劫火,洞然化为瓦砾,迨(宝庆)乙酉凡十年,旧观未还,师既至,慨然以起废自任。首建大佛宝殿,金碧辉煌,像设华好。次建观音藏殿,摹大藏经五千四十八卷,及旃檀林列,翠阁、蒙堂、法堂、僧堂等之钟鼓法器,由中徂外,焕然一新。"《吴兴丛书》本。

② 详见《浙江藏书史》,第113—118页。

1. 临安府传法五藏院

传法五藏院，"绍兴初建，以处流寓，院有宝藏五轮，一轮转而四轮随之"①。

2. 湖州德清华岩禅院

华岩禅院，此寺为武功大夫李从之(1087—1164)于绍兴七年(1137)致仕后，居湖州德清时所建。孙觌撰李从之墓志铭记述此寺建造及藏经云：

> (李从之)吕山之东少北，卜地寿藏，斥地二千亩，手植松栢环之，从旁建一刹。重门步廊，穹堂奥殿，斋庖宿庐，廨库之属几万础，塑佛菩萨像数十躯，建窣堵波，高三百尺，营一大经储藏，五千四十八卷，宝奁钿轴，纳之匦中，买田十顷，日食千余指，赐名华岩禅院，选一时名缁主之。②

3. 瑞安府乐清白石净慧院

叶适所撰《白石净慧院经藏记》谓此寺"始建于唐之龙纪，为广教集云。而今名净慧者，大中祥符之所锡也。其在政和，尝易为道士之观，而后还为院，既还而睦州盗起，焚于宣和之三年"，绍兴末，寺僧仲参重建，经乾道至淳熙三年(1176)而得以恢复，并创建昔之所无转经藏，"转经藏，屋庐闳丽，像设精严，殆为一院之极"。③

4. 台州临海普安禅寺

普安禅寺建于萧梁之世，旧为安众院，治平中赐额为普安禅寺。宣和末，毁于战火，绍兴间恢复重建，"然山号宝藏，而经龛梵庋阙焉"。于是寺僧"乃书抵泸南帅冯公楒，得经五千四十八卷，规为转轮大藏，中栖千函，外覆大屋。学者恣取观之"。④

5. 越州诸暨接待院

此院之"自大殿、经藏、西方阁、像设以及堂奥庑序"等，都由县丞与本县

---

① [宋]《咸淳临安志》卷八一《寺观七》，第4105页。
② 孙觌：《宋故武功大夫李公墓志铭》，《鸿庆居士集》卷三九，影印文渊阁《四库全书》本。
③ 《叶适集》卷九，第137—138页。
④ 王之望：《台州重修普安禅寺记》，《汉滨集》卷一四，影印文渊阁《四库全书》本。

乡绅百姓损助,于绍定(1228—1233)至淳祐(1241—1252)经数十年而建成的①。

6. 明州余姚福昌院

上文《南宋寺院的藏殿、轮藏与转轮藏》一节引述《紫微集》卷三二《处州龙泉西山集福教院佛经藏记》,靠该寺两代寺僧"苦心强力,寸累铢积,不弛不惢,四十年而毕成",不但藏有《大藏经》,且建有转轮藏。

7. 处州龙泉西山集福教院

上文《南宋寺院的藏殿、轮藏与转轮藏》一节引述孙应时《福昌院藏殿记》,该寺亦不但有《大藏经》,也建有转轮藏。且邑人"相与施钱而新之"。不再赘述。

(二)江苏地区

今江苏地区在南宋时新收藏《大藏经》的寺院有:建康府保宁禅寺、常州永庆禅院、常州无锡县资圣禅院、常州无锡县开利寺、常州无锡县崇安寺。

1. 建康府保宁禅寺

保宁禅寺建于吴大帝赤乌四年(241),后多次改名。至宋太平兴国中赐额曰保宁。叶梦得(1077—1148)《轮藏记》:"建康府保宁寺,当承平时于江左为名刹,更兵火久废。今长老怀祖守其故址,于煨烬之余十有四年,堂殿门庑,追复其旧而一新之。最后作转轮藏,余镇建康时见其始经营。"②

2. 常州永庆禅院

永庆禅院,本唐正勒寺,北宋时赐号承天,又改能仁。靖康之乱,几被毁,独存三门大殿一法堂。南宋初,妙觉大师法缘者主其院,恢复重建,"营大藏聚书五千四十八卷而楼藏之"③

3. 常州无锡县资圣禅院

资圣禅院原名资寺,建于唐咸通(860—873)中,历二百余年至宣和末,"颓垣败屋,旁穿上漏"破损不堪。南宋初,有清智大师普璇者至,改为资圣

---

① 吴师道:《诸暨接待院记》,《敬乡录》卷一四,影印文渊阁《四库全书》本。
② 《石林建康集》卷四。又见[宋]《景定建康志》卷四六,第2073页。
③ 孙觌:《常州永庆禅院兴造记》,《鸿庆居士集》卷二二。

禅院,"稍募众力,斥舍旁地,寻丈积累,三倍于旧"。"然后聚佛书为高屋,建大藏楼,瓯两轮间,俾出而读之"①。

4. 常州无锡县开利寺

开利寺兴自萧梁时,至宋,"至和中,有富有长者即寺之西南隅,除莱地,撤败庑数楹,始改筑焉,广宇穹堂,极一时巨丽"。建炎之乱,官军舍其中,不戒于火,一夕而烬。寺僧普能者引其徒,奋然募款起废。居亡几,斋宫、宿庐、庖湢皆具。然后鸠材数千张,敛钱数十万,营一大藏殿。殿成,以黄金、丹沙、瑠璃、真珠,旃檀众香,创宝轮藏,浮空涌地,间见层出,若化成然,龙天拥卫,鬼神环绕,光明晃耀,如百千日②。

5. 常州无锡县崇安寺

崇安寺,东晋时名兴宁寺,历六代跨隋唐,至五季因之不改。"入宋,太平兴国初始赐名崇安寺。建炎之乱,废于兵火,表里洞然,无尺椽片瓦之遗。于是寺僧大比丘义深,除地西南隅,营所谓藏殿者。县人承信郎樊仲方施巨材数千丈,为钱一千万,又闻晋汉间马氏王南楚时,有胡僧室刹缚罗,劫五轮宝藏于长沙间福院,规模宏丽,为天下最,好事者图其迹以传。"义深访得之,殿成,依图命工建大轴贯其中,创五机轮。右承直郎高凤印施五千四十八卷纳之③。

(三) 江西地区

今江西地区在南宋新收藏《大藏经》的寺院有:吉州龙须山寺、吉州安福县石泉寺、吉州安福县兴崇院。

1. 吉州龙须山寺

王庭珪所撰《龙须山转轮经藏记》,详记其收藏《大藏经》及创建转轮藏云:

> 吉州龙须山,昔有异僧法登禅师,自曹溪得法来,遇长者龙须,于此
> 地筑庵而留之,遂为登禅师,道场后人因以龙须名其山。旧无《大藏

---

① 孙觌:《常州资圣禅院兴造记》,《鸿庆居士集》卷二二。
② 孙觌:《常州资圣禅院兴造记》,《鸿庆居士集》卷二二。
③ 孙觌:《崇安寺五轮藏记》,《鸿庆居士集》卷二三。

经》,绍兴甲寅(引者注:四年,1134),长老秉雍领众始募置满五百函,欲建法轮而屋之。会移锡隆庆而以怀宗踵其席,始谋建藏室于寺之西隅,度其费莫知所出,有居士刘存正、胡瑾、张孝友闻而乐趋之,各出钱百万以上,由是施者摩肩而至,以故功易成。藏之前后,神物瑰伟……①

《记》文还称此转轮藏建成于"绍兴甲子(十四年,1144)四月八日也"。据此,此龙须山所建转轮藏用时整整十年,其经费主要由寺院向当地民众募捐而来。

2. 吉州安福县石泉寺

据杨万里撰《石泉寺经藏记》载:"下泳萧民望甚贤而喜士,尤嗜蓄书,发粟散廪而饔飧《六经》,捐金抵璧而珠玉百氏。旧嗜蓄儒书,后颇嗜蓄佛书,"新作一经藏于石泉寺以贮之"②。

3. 吉州安福县兴崇院

兴崇院建于治平三年(1066),宣和六年(1124)、建炎四年(1130),相继遭到二次火灾,被毁。寺僧延贽与惠崇者两次重建,殿阁逮庖湢毕葺,然经卷全无。乾道淳熙间释海璇居是寺,海璇良于医,以所得钱与里之侠士捐助之钱,由海璇之徒"杖竹履草,风饦露寐,走二千里至福唐市经于开元寺以归。为卷者五千四十有八,为瓯者数十百。承以耦轮,帱以崇殿。金碧炜煌,丹漆可鉴。龙光神威,森然欲动。鼓舞旺庶,罔不尊礼"③。

4. 池州景德寺

韩元吉撰池州《景德寺五轮藏记》,详记景德寺建造转轮藏略云:

> 比丘颢宁住池州景德寺,有《大藏经》,一夕而火。众皆聚泣,以为不祥。宁独笑曰:"是将待我而易也,庸何伤?"宁始传法在长芦,能鼎新其栋宇而老于佛乘,池人亦敬异之。不逾月,果以其愿力,更为所覆之殿,悉大其旧。又为藏者五,摹诸经分置其上。阅再岁而后成。中为机

---

① 王庭珪:《卢溪文集》卷三四,影印文渊阁《四库全书》本。
② 《诚斋集》卷七三。
③ 杨万里:《兴崇院经藏记》,《诚斋集》卷七三。

轮,轇轕运动,复以无量金银五彩而为严饰,又以无数幡幢宝铎网幔而为供具,珠珍间错,丹碧照耀,老稚环观,叹未曾有。①

据《记》文,此次重置《大藏经》并创建转轮藏,费金钱一万七千缗,始乾道七年(1171)正月迄九年十月。"藏崇二十五尺,袤十有三尺,四傍者崇减于中六尺,袤则减其半",当地富人施财、施经,民施力,寺之徒施缘化者也。

5.信州广教院

韩元吉《广教院重修转轮藏记》记该寺转轮藏云:

> 信州城北有大宝刹,名曰广教。惟昔陆羽,即山种茶,泉乳甘洁,草木清润。刹西南隅,实建大藏,爰以精金,合众宝色,天宫楼台,遍覆其上。复作大海,激水腾波,鱼龙出没,守护其下;诸天彩女,箜篌笙笛,作乐歌舞,围绕其前。此土所有诸佛菩萨,真经妙义,分卷析轴,函置其中。有主藏神,绀面赤发,双角巍然,非龙非妖,非夜叉鬼,以指划口,出风雨声,率领眷属,挟持其轮。州之境内,若男若女,凡曰祈祷,惟神是依。或时江湖舟堕险处,出手云间,拯度危急,以是因缘,多历年所。②

6.南昌宝华寺

宝华寺"基于唐,昌于五季",入宋"世异事殊,随葺随毁"。至南宋宁宗时重修一新,"门庭靖深,鼓钟明亮"。嘉泰间(1201—1204)"始建转轮藏经"。③

(四)其他地区

1.汀州南安(今属福建)岩均庆禅院

据李纲撰《汀州南安岩均庆禅院转轮藏记》,此寺转轮藏建于建炎四年(1130),由本寺"景涧、宝谦二僧同发心募众缘所造","宝藏制度精巧,堂宇靓深"④。

---

① 韩元吉:《南涧甲乙稿》卷一六,《丛书集成初编》本。
② 《南涧甲乙稿》卷一六。
③ 释道灿:《重修宝华寺记》,《柳塘外集》卷二,影印文渊阁《四库全书》本。
④ 《李纲全集》卷一三三,第1284页。

2.澧州（今湖南）夹山普慈禅院

李纲所撰《澧州夹山普慈禅院转轮藏记》，记该寺制转轮藏及创建转轮藏殿云：

> 澧州夹山普慈禅院，传明大师演化法席，十方禅侣响赴云集，具《大藏经》，独无轮藏。惟大比丘长老善能，兴崇寺宇，规模建立。而荆南府故能仁寺改为官舍，有旧经藏，制度精好。澧倅吴君，适至其处，乞归付之，为天申节祝延圣寿道场之所，创大宝殿，芘覆安设，相方面势，博广严丽，檀信施财，匠石献巧；水漂巨木，材皆香楠，以充殿楹；溪出异石，形如覆钟以奠轮趾。众缘和合，不日告成。金碧相鲜，炳焕殊特，诸天宫殿，大地山河，磅礴穹霾，与藏回旋。诸大菩萨，及护法神，宴坐奔驰，与藏往复。互相戛摩，出大音声，演出苦空，无我妙义，凡见闻者，靡不蒙益①。

3.桂阳监（今湖南郴州）永宁寺

该寺所建轮藏，系由比丘慈严居永宁，"悉其志力以营兹事（轮藏），勤苦历年，而后克成"②。

以上是笔者收集到的南宋新收藏《大藏经》及建有转轮藏的寺院。所有《大藏经》全部为雕印的刻本。其经费来源主要是由当地富人捐助与寺院僧徒向一般民众募捐而来，也有少量寺院由当地官府资助。

第三节　南宋道观对道教典籍的收藏

与寺院所藏图书主要为佛经一样，南宋道观中所藏图书也主要是道教典籍，亦以收藏道教经书、道家及相关著作的总汇《道藏》为最大愿望与目

① 《李纲全集》卷一二二，第1280—1281页。
② 胡寅：《桂阳监永宁寺轮藏记》，《斐然集》卷二〇，《四库全书珍本》初集，商务印书馆1935年版。

标。由于宋代不管是官方还是私家在前代基础上继续对道教经典及道家著作进行编撰、校订,尤其是对《道藏》的刻印,为南宋道观收藏《道藏》,带来了很大便利。不少道观通过朝廷赏赐、购置与地方乡绅、道教徒的资助,都收藏有《道藏》;而为了宣传道教,吸引一般民众来道观诵经奉道,有些道观也如寺院那样设立转轮藏。

一、宋代《道藏》的编撰与刻印

发源于中国本土的道教,以老子为其祖师,以道家著作《老子》等为道经。道教徒们在长期的修行、传教过程中,不断地对教理、教义、教规戒律进行了阐述、发挥与总结,并对修炼之术、斋醮仪式等也形成一套固定模式,以此编撰了许多新的道经。在此同时,道教徒们为了宣传弘扬道教,不断地扩大道教经典的范围,增加其内容,不但把后出的所有道家著作与传注、研究道家著作列为道书,而且将"至如韩子、孟子、淮南之徒并不言道事,又有八老黄白之方、陶朱变化之术,翻天倒地之符,辟兵杀鬼之法及药方呪厌",都作为道书,至北周天和五年(570),玄都观道士所上《玄都经目》称,"道经、传记、符图论六千三百六十三卷",以至受到佛教徒们的嘲讽①。道教典籍的杂与种数的繁多,使对道书的概念范围存在着一定分歧,也使将道书汇集带来了较大困难,故相对于佛教经书的汇编,道教经书的汇编虽然有着文字语言上的优势、便利,然而,汇集成《道藏》比《大藏经》却要迟。

对于《道藏》的汇编,《文献通考·经籍考》引宋《三朝国史志》有一简略明了的论述,谓:

> 宋《三朝国史志》曰:《班志·艺文》,道家之外复列神仙在方伎中,东汉后,道教始著而真仙经诰别出焉。唐开元中,列其书为《藏》目,曰《三洞琼纲》,总三千七百四十四卷。厥后乱离,或至亡缺。宋朝再遣官校定,事具《道释志》。尝求其书,得七千余卷,命徐铉等雠校,去其重

---

① 释道宣:《广弘明集》卷九《诸子道书三十六》,《四部丛刊初编》本。相关记载及议论又见释道世《法苑珠林》卷六九。

复，裁得三千七百三十七卷。大中祥符中，命王钦若等照旧目刊补，凡
四千三百五十九卷（洞真部六百二十卷，洞元部一千一十三卷，洞神部
一百七十二卷，太真部一千四百七卷，太平部一百九十三卷，太清部五
百七十六卷，正一部三百七十卷）合为新录，凡四千三百五十九，又撰篇
目上献，赐名曰《宝文统录》①。

据此，道书的最早汇总成《道藏》，是在唐代玄宗开元（713—741）期间，其名
曰《三洞琼纲》，此《道藏》即史称《开元道藏》。而宋初太宗朝，官方搜访得
道书多达七千多卷，太宗命徐铉、王禹偁雠校，去其重复，得三千七百三十七
卷，真宗太宗祥符中，王钦若又奉命重校道书并重编《道藏》，新编《道藏》
"凡四千三百五十九卷"，于大中祥符九年（1016）三月完成②。

以上是宋代建立后官方两次对道书的大规模校订，并在此基础上，编纂
了宋代第一部《道藏》，名《宝文统录》。宋代官方第二次编纂《道藏》是在真
宗天禧三年（1019）。关于这次编纂的大致经过，负责编纂的道士张君房说：

臣于时尽得所降到道书，并续取到苏州旧《道藏》经本千余卷、越
州、台州旧《道藏》经本亦各千余卷，及朝廷续降到福建等州道书、明使
摩尼经等，与道士依三洞纲条、四部录略，品详科格，商较异同，以铨次
之，仅能成藏，都卢四千五百六十五卷，起《千字文》"天"字为函目，终于
"宫"字，号得四百六十六字，且题曰《大宋天宫宝藏》，距天禧三年春写
录成七藏以进之。③

这部《大宋天宫宝藏》的内容，比之《宝文统录》，又多了二百零六卷，并

---

① 《文献通考》卷二二四《经籍考五一》，第 1802 页。
② 宋初徐铉与王钦若等校道书、重编道藏事，李焘《长编》卷八六，大中祥符九年三月乙酉条有
较详细记载：枢密使王钦若上新校《道藏》经，赐目录名《宝文统录》，上制序，赐钦若及校勘官器币有
差。寻又加钦若食邑，校勘官阶勋，或赐服色。初，东封后，令两街集有行业道士修斋醮科仪，（二年
七月壬申。引者按：括号内文字为原书注文，下同。）命钦若详定，成《罗天醮仪》十卷。（八年正月丙
申）又选道士十人校定《道藏》经。（二年八月辛卯）明年，于崇文院集官详校，钦若总领，铸印给之。
旧藏三千七百三十七卷，太宗尝命散骑常侍徐铉、知制诰王禹偁、太常少卿孔承恭校正写本，送大宫
观，钦若增六百二十二卷。第 1975 页。
③ 《云笈七签·序》。

采用千字方为函目,这是新的顺序标注方法,成为后世《道藏》的格式。在《大宋天宫宝藏》的基础上,张君房又撮其精要,掇其蕴奥,总万余条,成《云笈七签》一百二十卷①,于仁宗天圣(1023—1031)间上之。《道藏》菁华,备具于是。

宋代编纂的第三部《道藏》是在徽宗政和三年(1113)。徽宗即位之初,"兴道教,诏天下搜访道家遗书,就书艺局令道士校定"②。通过此次搜访校订,道书的数量又有了增加,《文献通考·经籍志》称:"近世张君房所集道书,凡四千五百六十五卷,崇观间增至五千三百七十八卷。"③在此基础上,政和三年十二月癸丑,又下诏:"天下应道教仙经,不以多寡,许官吏、道俗、士庶缴申,所属附急递投进。及所至,委监司郡守搜访"④。再次搜访道书,并命道士元妙宗、王道坚校定。次年即政和四年,礼部尚书黄裳(1044—1130)"奏请建飞天法藏,藏天下道书五百四十函",请赐名"以镂板进于京"⑤。这是我国历史上第一次将全部《道藏》"镂板"。

由于此《道藏》雕刻于政和间,雕刻地点为福建天宁万寿观,故名为《政和万寿道藏》,简称为《万寿道藏》。

在政和间对道书进行搜访校对与雕刻《万寿道藏》之后,重和元年(1118)又先后颁《御制圣济经》、《御注道德经》,接着又用蔡京言,集古今道教史事为纪志,赐名《道史》⑥,另又编写了《道典》。"自汉至五代为《道史》,本朝为《道典》"⑦。

以上是北宋编纂道书与《道藏》的情况。可惜的是,这些官方搜集与编成并收藏于秘书省的道书、《道藏》,均毁于北宋末战火。南宋建立后,最高

---

① 《郡斋读书志》卷一六,《郡斋读书志校证》,第 752 页。按:《直斋书录解题》卷一二著录是书作一百二十四卷(第 348 页)。

② 《历世真仙体道通鉴》卷五一,《道藏》第 148 册,涵芬楼影印本。

③ 《文献通考》卷二二四《经籍考五十一》著录《四十九章经》引李壁序,第 1805 页。

④ 杨仲良:《续资治通鉴长编纪事本末》卷一二七《徽宗皇帝·道学》,北京图书馆出版社 2003 年版。

⑤ [宋]《淳熙三山志》卷三八《寺观类六》,第 8239 页。

⑥ 《宋史》卷二一《徽宗本纪三》,第 400—401 页。

⑦ 《续资治通鉴长编纪事本末》卷一二七《徽宗皇帝·道学》。

统治者在抗金战争取得局部胜利,政局得到稳定之后,开始重建道宫和《道藏》。绍兴十七年(1147),在都城临安重建原东京时所建官方宫观太乙宫,内设高宗皇帝本名殿,匾皆高宗御书。其规模大略如太平兴国旧制①。鉴于原雕刻于福建天宁万寿观的《政和万寿道藏》已毁,特命该观将其收藏的《政和万寿道藏》抄录一部。淳熙二年(1175),天宁万寿观完成了《政和万寿道藏》的抄录,将其送到都城临安,然后朝廷又组织人员分抄了多部。对于这次抄录《道藏》的具体情况,史载不详,但大乙宫得到赐予此次抄录的《道藏》时称:"淳熙四年重建《道藏》成,御书《琼章宝藏》以赐。"②可见,此次抄录《道藏》不仅是简单的照抄《政和万寿道藏》,而是属重建《道藏》,当对《政和万寿道藏》内容有所补充增加,故孝宗将此命名为《琼章宝藏》。

通过以上对宋代编写、收访、抄录、刻印道书、《道藏》的总结回顾,得以知道,宋代编写、收访、抄录、刻印道书《道藏》主要是在北宋,而又集中在真宗、徽宗两朝,这主要是真、徽二帝特别崇奉道教的缘故,而北宋官方抄录、刻印,收藏于馆阁与上清宫、太乙宫等朝廷直接建造的官方宫观的道书与各部《道藏》,当时也都赐给了各地宫观。北宋灭亡,都城东京被严重破坏,馆阁与上清宫、太乙宫所藏的道书与各部《道藏》均被毁不存,而赐给各地宫观尤其是南方宫观的《道藏》大都得以保存下来,成为南宋时道观藏书的基础。

二、南宋宫观道教典籍收藏举要

北宋官方包括君主在内由朝廷组织撰写、收集、整理校订的这些道教典籍与编纂的《道藏》,或分赐给京城及各地的宫观,或由各地宫观抄录,成为宫观藏书的主要内容与来源,而各宫观又以收藏整部《道藏》为努力目标。对此,范镇(1007—1087)所撰《崇道观道藏记》,曾较详细地叙述了北宋时朝廷赐于天下宫观道教典籍,而剑南地区因未赐到,当地寺观极力访求道书的过程:

①　参见[宋]《咸淳临安志》卷一三《行在所录·宫观》,第3481页。
②　[宋]《咸淳临安志》卷一三《行在所录·宫观》,第3481页。

宋兴,祥符天禧中,始崇起其教,而玉清昭应官、景灵宫、会灵观、祥源观,皆置使典领。又使其徒与诸儒衷其书,订正谬讹,缮写以藏其处,而以其余赐天下官观,以广其传,独剑南一道未遑及焉。嘉祐初,成都府郫县道士姚若谷、梓州飞鸟县道士朱知善慨然欲尽求其书,而莫由得也。于是东走于凤翔府之上清太平宫、庆成军之太宁宫,又东至于亳州之太清官、明道官,凡得书二千余卷。太清宫者老子所生所,谓厉乡者也,有九井,有古桧,有丹灶,于是纵观焉。又览唐开元及祥符中行幸故处以归。治平元年,今天子既即位,若谷又与其徒仇宗正、邓自和列言于府曰:"释氏书遍满州县,而道家所录独散落不完,愿至京师得官本以足其传。"于是端明殿学士兼翰林侍读学士、尚书户部侍郎韩公知府事,以其状闻,且言蜀之名山秘洞胜景为多,而道家书不完,无以奉扬清净之风。有诏即建隆观给官本以足其传,凡得五百帙四千五百卷,溢于唐者又千九百二十二卷,可谓完且备矣。若谷、宗正、自和且将益其书为五本,藏于成都之天庆观、郫县之崇道观、青城山之丈人观、梓州飞鸟县之洞灵观、绵州之洪德观,使学者优游以求,其所谓清虚自然之要,而至乎其师之道,如太史公所谓者,顾不伟欤。①

从上面范镇的记述得以知道,北宋时不但玉清昭应宫、景灵宫、会灵观、祥源观等朝廷直接管理的宫观,皆置使典领,又命其徒与诸儒衷其书(道书),是正缪讹,缮写以藏于其处;而且,"以其余赐天下宫观"。这使天下很多宫观都得到朝廷赐予的道书甚或《道藏》。而见于记载,除了上引范镇所说北宋真宗、仁宗、哲宗时曾多次赐于各地道观包括《道藏》在内的大量道教图书外,北宋末重和元年(1118),又根据"资政殿大学士、知陈州邓洵武奏请,乞选择《道藏》经数十部先次镂板,颁之州郡"②。

南宋道观正是在此基础上,对道教典籍的收藏有了进一步增加。其来源,有较大一部分是北宋时留存下来的。除此之外,还有南宋朝廷新的赐予

---

① 袁说友:《成都文类》卷三七,影印文渊阁《四库全书》本。又载明周复俊编《全蜀艺文志》卷三八。所引文字,据二者作了校勘。

② 杨仲良:《续资治通鉴长编纪事本末》卷一二七《徽宗皇帝·道学》。

与道观通过抄录、购置而新增加的。下面对南宋宫观以收藏道教典籍主要是《道藏》的情况，择要作一考察。

根据笔者收集到的材料，有确切记载南宋宫观对道教典籍收藏最多的是今浙江地区，其中又以当时都城所在地临安地区为最多。这是因为临安作为南宋都城，与北宋时一样，有多座御前宫观，有的是根据北宋原有的名称重建的，有的是新建的。南宋吴自牧所著专记临安城市风貌的著作《梦粱录》卷八《大内》设有《御前宫观》专篇，称：

> 御前宫观，在杭城者六，湖边者三。多是潜邸改建琳宫，以奉元命，或奉感生帝，属内侍提举宫事，设立官司守卫兵士。凡宫中事务，出纳金谷日膳，道众修崇醮款，凡有修整宫宇，及朝家给赐银帛，殿阁贴斋钱帛，并皆主计给散，羽士俱沾恩甚隆，外观皆不及也。①

接着《梦粱录》对这九座宫观作了具体介绍，分别是东太乙宫、西太乙宫、佑圣观、显应观、四圣延祥观、三茅宁寿观、开元宫、龙翔宫、宗阳宫。这些宫观很多都藏有数量可观的道教经典甚至《道藏》、转轮藏。兹据有关文献所载，略加考述如下：

1. 东太乙宫

《建炎以来朝野杂记》：“（东）太乙宫，以绍兴十七年建，明年宫成，凡一百七十楹，分六殿，大殿曰‘灵休’（奉十神太一朔像），夹殿曰‘琼章实室’（藏殿）。”②《咸淳临安志》卷一三载云：

> 太乙宫，在新庄桥南，始于太平兴国初，即京都祠五福太一。驻跸以来，岁祀于惠照僧舍。言者以为未称，请即行宫北隅择爽垲地建祠。诏礼寺讨论，权宜设位，塑十神像……绍兴十七年，遂命两浙转运司度地建宫，十八年三月成，凡一百七十四区，殿门曰“崇真”，大殿曰“灵休”，挟殿曰“琼章宝室”。皇帝本命殿曰“介福”，三清殿曰“金阙寥阳”，斋殿曰“斋明”。又用礼部侍郎沈该言：“国家乘火德王天下，宜即

---

① 《梦粱录》，第67页。
② 《建炎以来朝野杂记》甲集卷二《太一宫》，第79页。

道宫别立殿,专奉火德,配以阏伯,祀以夏至。"遂又建殿曰"明离",扁皆高宗皇帝御书。两庑绘三皇五帝、日星岳渎、九宫贵神等,与从祀一百九十有五,大略如太平兴国旧制,每祀用四立日,设笾豆簠簋尊罍,如上帝礼,两庑以次降杀,车驾尝亲谒焉。孝宗皇帝建本命殿,曰"崇禧"。乾道间以旱亲祷,即日雨。淳熙四年,重建《道藏》成,御书"琼章宝藏"以赐。十三年,又御书钟楼,曰"琼音之楼"。①

另《梦粱录》载:"东太乙宫,在新庄桥南。元东都祠五福太乙神也。""绍兴间,命浙漕度地建宫,凡一百七十四区,殿门匾曰'崇真',大殿匾曰'云休',挟殿匾曰'琼章宝室'"。"淳熙建藏殿,匾曰'琼章宝藏'"②。据此,东太乙宫是按照北宋东都之制而建,其建置制度也完全承继东京太乙宫,规模宏大,殿阁甚多,其匾额都为御题,而且观中还设有高宗、孝宗本命殿。绍兴十八年(1148)建成时,即有藏殿"琼章宝室",淳熙四年(1177),重建藏殿,曰"琼章宝藏",藏有《道藏》。光宗以后,各帝又对太乙宫进行了修缮或增建殿阁。对此,《咸淳临安志》卷一三《行在所录·宫观》亦有记载。

2. 佑圣观

《梦粱录》载云:

> 佑圣观,在端礼坊西,原孝庙(孝宗)旧邸,绍兴间以普安(引者注:孝宗未即位时封普安郡王)外第设立,光庙(光宗。引者按:此处疑有误。"光庙",当作"孝庙")乾道年间,又开甲观之祥。淳熙岁,诏改为道宫,以奉真武。绍定重建观门,曰"佑圣之观",殿曰"佑圣之殿",藏殿匾曰"琼章宝藏",御制《真武赞》及宸翰《黄庭经》,皆刻之石以赐。后殿奉元命,西奉孝庙神御,即明远楼旧址也。孝庙少年时题杜甫诗曰:"富贵必从勤苦得,男儿须读五车书。"理庙又书全篇,锓于东宫厅屏风上曰:"碧山学士焚银鱼,白马却走深岩居。古人已用三冬足,年少今开万卷余。晴云满户团倾盖,秋水浮阶溜决渠。富贵必从勤苦得,男儿须

---

① [宋]《咸淳临安志》卷一三《行在所录·宫观》,第3481页。
② 《梦粱录》卷八《大内》,第67页。

读五车书。"①

据此,佑圣观建有藏殿"琼章宝藏",藏有《道藏》。《咸淳临安志》卷一三《行在所录·宫观》所载同,且谓佑圣观除了有孝宗、理宗御书杜甫诗石刻外,理宗还尝御制《真武赞》及御书《黄庭经》以赐②。

3. 显应观

《梦粱录》载云:

> 显应观,在丰城门外,聚景园之北,处湖之东,水四面绕观,观额宣和所赐。靖康年间,高庙(高宗)为康邸,出使至磁州,神马引而南。建炎初,秀邸妻梦神指一羊谓曰:"以此为识。"遂诞毓孝庙。由是累朝祠祀弥谨。殿中为显应之殿,其神位曰"护国显应兴圣普佑真君"。高庙为书殿匾,且揭以御名,昭其敬也。孝庙宸书"琼章宝藏"之匾,理庙书《洞古经》以赐刻石。宁庙御题观碑,其额以表功忠③。

《咸淳临安志》卷一三《行在所录·宫观》对显应观所载同。以此说明显应观亦有专藏《道藏》之殿,赐名"琼章宝藏"。

4. 四圣延祥观

《咸淳临安志》载:"四圣延祥观,在孤山,旧名四圣堂。四圣者,道经云:紫微北极大帝之四将,曰天蓬、天猷、翊圣、真武。"绍兴十四年(1144)建,"二十年,诏复东都延祥旧名,殿曰北极四圣之殿,门曰会真之门"。有藏殿收藏《道藏》,孝宗御书曰"琼章宝藏"庆元四年(1198),起居郎张贵谟为观《记》云:绍熙五年(1194),"增创钟楼及本观所造轮藏,为屋几三百楹"④。据此,四圣延祥观还创设有转轮《道藏》。

5. 宁寿观

《咸淳临安志》:

---

① 《梦粱录》卷八《大内》,第 69 页。

② [宋]《咸淳临安志》卷一三《行在所录·宫观》,第 3483 页。

③ 《梦粱录》卷八《大内》,第 69 页。

④ [宋]《咸淳临安志》卷一三《行在所录·宫观》,第 3486 页。参见《梦粱录》卷八《大内》,第 70 页。

宁寿观,在七宝山,本三茅堂,绍兴二十年因东都旧名赐观额,殿曰"太元",奉茅君像,徽宗皇帝御画。也有徽宗皇帝、钦宗皇帝、高宗皇帝神御殿(下注徽庙、钦庙神御原在禁中,高庙原在聚景园,皆迎奉于此)。有累朝所赐御书:则高宗皇帝《黄庭度人经》,宁宗皇帝"道纪堂"字,理宗皇帝《养生论》。又有绍兴赐古器玩三种,皆希世之珍……景定庚申,今太傅平章军国重事魏国公贾似道以江汉功成入相,理宗皇帝赐内府金币百巨万直,固辞。续有旨就观宣索《阴符经》以赐。①

庆元初,陆游为宁寿观撰碑,碑文云:

伏观宁寿观,实居七宝山之麓,表里江湖,拱辅宫阙,前带驰道,后枕崇阜,尽得都邑之胜。广殿中峙,修廊外翼,云章宝室,签帙富丽,浩浩乎道山蓬莱之藏也。钟经二楼,翚飞霄汉,飘飘乎化人中天之居也。金符象简,羽流毕集,进趋有容,肃恭斋法,济济乎茹灵芝饮沆瀣之众也。导以霓旌,节以玉磬,侍者翼从,以登讲席,琅琅乎彻九天震十方之音也。祐陵之御画,德寿重华之宸翰,焕乎河雒之图书也。鸿钟大鼎,华盖宝剑,褚遂良、吴道子之遗迹,卓乎秘府之怪珍也。荣光异气,夜烛天半,所以扶卫社稷,安镇夷夏者,于是乎在,非他宫馆坛宇可得而比。②

由此可见宁寿观不但是御前宫观中地位十分重要,有徽宗、钦宗、高宗神御殿,建筑规模壮丽宏大,而且图书收藏十分丰富,藏有宋代多位皇帝御制墨迹、御书道教经书及稀世珍宝古器玩。其藏道书所"云章宝室","签帙富丽,浩浩乎道山蓬莱之藏也",以至陆游认为,包括道教图书收藏在内,宁寿观的综合地位"非他宫馆、坛宇可得而比"。

6. 龙翔宫

龙翔宫在后市街,原为为理宗潜邸。淳祐四年(1244)诏建道宫,"赐名龙翔,以奉感生帝"。《咸淳临安志》卷一三《行在所录·宫观》、《梦粱录》卷八《大内》都载龙翔宫规模宏大,一应殿阁俱全,有经楼匾曰"凝真之章",藏

① [宋]《咸淳临安志》卷一三《行在所录·宫观》,第3487页。
② 陆游:《行在宁寿观碑》,《渭南文集》卷一六,《陆放翁全集》,第91页。

殿匾曰"琅函宝藏"。可见其藏有《道藏》。

7. 宗阳宫

宗阳宫在三圣庙桥东,始建于咸淳四年(1268)四月。《咸淳临安志》载云:

> 咸淳四年四月诏筑官,赐名"宗阳"。门曰"宗阳之官",曰"开明之门";中为"无极妙道之殿",以奉三清;东为"顺福之殿",以奉寿和圣福皇太后元命。三清之后,为"虚皇之殿"。直北为门,曰"真应之门";中为"毓瑞之殿",以奉感生帝;后为"申祐之殿",以奉今上皇帝元命;又为"通真之殿",以奉佑圣。自开明以内,左则"玉籍之楼"、"景纬之殿"、"寿元之殿";右则"蕊简之楼"、"琼章宝书"、"北辰之殿"。规制大抵视龙翔宫。①

《梦粱录》卷八《大内》所载同,亦称:自开明门内,左有"玉籍之楼"、"景纬之殿"、"寿元之殿";右有"栾简之楼"、"琼章宝书"、"北辰之殿"。可见宗阳宫建有藏殿"琼章宝书",当藏有《道藏》。

8. 洞霄宫

洞霄宫,在临安府余杭县(今属杭州)县治所西南一十八里,非属御前宫观,但它是我国古代历史上最为悠久的道观之一。"自汉武帝迄唐五代,至宋一千九百余年,原名天柱,宋大中祥符年赐观额洞霄"②,为道家三十六小洞天、七十二福地之一。据《咸淳临安志》载,南宋初毁于兵,又云:

> 绍兴二十五年,旨赐钱重建。乾道二年太上皇帝(高宗)、太上皇后乘舆临幸,御书《度人经》一卷以赐。又明年,太上(高宗)皇后复来游。淳熙六年《道藏》成,八年赐藏经。孝宗皇帝尝赐道士俞延禧画《古涧松》诗,光宗皇帝御书"怡然"二字赐延熹为斋匾,宁宗皇帝御书"演教堂",理宗皇帝赐内帑铸钟,御书《清净经》一卷及"洞天福地"四大字以赐。③

---

① ［宋］《咸淳临安志》卷一三《行在所录·宫观》,第3485页。
② 《梦粱录》卷一五《城内外诸宫观》引,第136页。
③ ［宋］《咸淳临安志》卷七五《寺观一》,第4033页。

又，咸淳元年（1265），资政殿学士、宣奉大夫杨栋所撰《东阳楼记》称："先墓在余杭，庐居山中，数游洞霄，《道藏》写本甚真，山庐无事时得假借，无何阅之遍。"①据此，联系上引《咸淳临安志》所载，可知位于临安府余杭县之洞霄宫，藏有朝廷所赐整部《道藏》，又有自高宗、孝宗至光宗、宁宗、理宗御书、御制及御书道经。

除了南宋临安府（基本包据今杭州市地区）以上八大道宫有规模很大的藏殿，收藏有大量道书甚或整部《道藏》外，今浙江其他地区还有多座道观藏有丰富的道教典籍或整部《道藏》。据笔者收集到的材料，有明确记载的主要有以下几座②。

9. 绍兴府神霄玉清万寿宫

神霄玉清万寿宫，原为佛寺，名大能仁禅寺，在府南二里许。创建于晋，后废，至吴越王时复建，号圆觉寺。咸平六年（1003）改赐承天寺，政和七年（1117）上后土号，曰承天效法厚德光大后土皇地祇。诏天下承天僧寺皆改为能仁寺，避后土号。是岁，诏建神霄玉清万寿宫，以僧寺壮丽富赡者改建，而越以能仁为之石刻。据《嘉泰会稽志》载，有经藏，名"云章宝室"③。则此道宫藏有《道藏》。

10. 台州凝真宫

台州凝真宫，在仙居县东南三十余里括苍洞，唐天宝三载（744）因洞而建。北宋天禧二年（1018）改今额，宣和（1119—1126）中"毁于寇，建炎初（1128）重建。淳熙九年（1182）道士陈会真得内赐《道藏》以归，镇之"④。光宗在储宫，书"琼章宝藏"四字镇之。⑤

11. 婺州元宝观

婺州元宝观在东阳县南四十里，齐中兴二年（502），邑人陈元宝舍宅建。

---

① 载邓牧：《洞霄图志》卷六，影印文渊阁《四库全书》本。

② 为便于统计并整体了解今浙江地区重要道观收藏道教典籍情况，以下对各道观标注的顺序号，承沿上文序号。

③ ［宋］《嘉泰会稽志》卷七《宫观院》，第6827页。

④ 陈耆卿：［宋］《嘉定赤城志》卷三〇《寺观门》，中华书局《宋元方志丛刊》1990年版，第7525页。

⑤ ［宋］《嘉定赤城志》卷二二《山水门四》，《宋元方志丛刊》，第7450页。

宋天禧间改名元宝观,后废。绍兴四年(1134),陈元宝后裔严重建。陈亮《元宝观重建大殿记》记其兴废重建及建《道藏》事云:

> 东阳县之南四十里,有观曰元宝,世传齐人陈元宝舍宅为之,因以名云。宣和剧盗之火,观为煨烬,则其里陈君严始建所谓北极殿者……皆彦清(引者按:陈严字)之为,而绍兴之二十一年也。未几,殿蠹于蚁,彦清之子德佐过而动心焉,思与诸弟协力成之,使其父之志与殿俱存。而主观事葛元度并以风其诸子曰:"先志今何如?"欣然捐金合百万先之。元度先建《道藏》一所,为民祈福,祷请如响,其积亦颇伙,并倾私囊,募众缘以建其事,殿未成而元度死,其徒胡大云继之,犹藉德佐之弟德先、德高以自助。用财合一千万,役人之力凡万五千,经始于淳熙辛丑之春,落成于甲辰之冬。宏壮伟丽,一切视彦清在时,远近合睹,起敬增叹①。

12. 处州景霄观

据《浙江藏书史》载,今浙江地区南宋道观收藏道书还有处州景霄观,谓:"景霄观,在缙云壶镇南宫山。始建于梁代,称青莲馆,宋崇宁二年(1103)赐景霄观额,北宋末毁于兵火。后有道士朱存一及弟子章仲景等重建,并购道教典籍等四千五百余卷贮于观中。"②

以上是南宋时期今浙江地区收藏道教典籍及《道藏》的代表性宫观,不包括如台州崇道观北宋时就藏有《道藏》而保存到南宋的宫观。除今浙江地区外,今江苏、江西、福建地区亦有不少道观都收藏大量道书或《道藏》,如平江府天庆观,据陈振孙《直斋书录解题》记载:"《造化权舆》六卷,唐丰王府法曹赵自勔撰","余求之久不获,己亥岁,从吴门天庆[观]《道藏》中借录"③。又载,《云笈七签》一书,先在莆田传录,才二册,"后于平江天庆[观]《道藏》得其全,录之"④。说明南宋平江府天庆观有《道藏》。再如元吴澄所

---

① 陈亮:《陈亮集》(增订本)卷二五,中华书局点校本1987年版,第282—283页。
② 《浙江藏书史》第125页。笔者按:此条材料笔者未掌握,惜是书上述记载未出社材料来源,笔者遍寻未得,故直接引用是书所载,特此声明。
③ 《直斋书录解题》卷一○,第306页。
④ 《直斋书录解题》卷一二,第348页。

撰《金华玉山观记》载,抚州乐安县(今属江西)玉山观,久废,"宋建炎间,阖山道士谢居义创道院于金华山麓之金石原",经谢之徒冲隐大师杜行正、徒孙詹季立、詹之徒李拱辰几代努力,得以自营殿宇,"而好施者为造门庑,自此道院升为观。嘉泰甲子(四年,1204),构经藏"①。又如江西庐山和龙虎山作为历代道教活动中心,南宋时亦都藏有《道藏》。著名诗人陆游乾道五年(1169)授夔州通判,以次年闰六月十八日自山阴启程入蜀赴任。期间游庐山太平兴国宫,亲见该道宫"有经藏,亦佳,匾曰'云章琼室'"②。另虞集所撰《龙虎山〈道藏〉铭》载云:"龙虎山者,嗣汉天师居之。其上清正一宫者,道家之总会也。宋庆元中,冲静先生留用光见之,宁宗使有司新其宫,而藏室之所谓经者,皆粉黄金为泥书。"③据此,江西龙虎山道观所藏道经用金泥写成。

第四节　南宋寺观中的其他藏书与对私家藏书的寄存

一、南宋寺观中的其他藏书

除了佛道典籍外,宋代寺院道观还藏有其他类图书。其中一个重要方面是本朝君主的御书御札。据史籍记载,宋代各朝君主除了将自己的御书御札等赐于近侍大臣外,亦常赐于寺院宫观。早在北宋初,太宗曾草书经史三十纸,刻石模印,装饰百轴,至道元年(995)六月,遣内侍裴愈乘传往江南诸州购募图籍时,"付愈赍诣名山福地,道宫佛寺,各藏数本"④。至道三年六月乙未,太宗去世不到三月,真宗即"诏以太宗御书墨迹赐天下名山胜境"⑤。咸平二年(999),诏赐太宗御书一百二十轴于建昌军(今江西南城)麻姑仙

① 吴澄:《吴文正集》卷四七,影印文渊阁《四库全书》本。
② 陆游:《入蜀记》第四,《陆放翁全集》卷四四,第282页。
③ 虞集:《道园学古录》卷四五,《四部丛刊初编》本。
④ 《长编》卷三八,至道元年六月乙酉条,第817页。
⑤ 《长编》卷四一,至道三年六月乙未条,第867页。

都观①。

再如真宗,天禧四年(1020),真宗生前就已将部分御制御集"约分部帙"雕版摹印,"颁赐馆阁及道释经藏名山胜境"②。明年八月,"庚午,赐近臣《御集》,并赐天下名山寺观"③。

除了御书御札外,宋代皇帝出于对释、道典籍的尊崇,为提倡推行释道,甚至亲自抄写经卷,撰著有关佛道的著作。如太宗就曾"游心释部,观妙真宗",御制《妙觉集》五卷。大中祥符八年(1015),诏命将《妙觉集》入佛经大藏,为各寺院所藏。④ 另上文已提及真宗亲撰《崇释论》,徽宗有《御制圣济经》、《御注道德经》。又据《宋会要辑稿》道释一之二记载,大中祥符二年,下诏"天下寺观曾赐得太宗御书处",在额定数之外,可特度一人。可见宋代君主赐给各地寺观御书御札并给予的荣誉和优待。而各地寺观因此也对御书御札十分珍惜,妥加保管。仁宗庆历初,东京大相国寺造有专门收藏太宗御书的大殿名宝奎殿。⑤ 明州阿育王山广利寺建于东晋义熙元年(405),历史悠久,名闻天下。皇祐二年(1050),主持该寺的大觉禅师怀琏被仁宗"召对化成殿,因赐食禁中,及授以御制《释典颂》十四篇并提纲语句"。治平三年(1066),英宗降诏允许将仁宗御制归本寺,为此,该寺特地"建造宸奎阁奉藏所赐御书"。苏轼亦为此撰文以记。⑥

南宋各帝承继了北宋太宗、真宗等的做法,也经常对天下寺院宫观赐以御书御札。如高宗、孝宗二帝对临安城内外主要寺院与御前宫观、主要道观都赐以匾额、御书御札及诗文墨迹,因此临安城内外很多寺院宫观都专门建有安放御书御制、诗文墨迹的御书阁。如下天竺灵山教寺之御书阁所藏累

① 王平叔:《建昌军纪》,[正德]《建昌府志》卷六,天一阁藏明代方志选刊本。

② 《长编》卷九六,天禧四年十一月壬戌条,第2222页。

③ 《长编》卷九七,第2252页。

④ 不知撰名:《宋大诏令集》卷二二三《以太宗妙觉集编入佛经大藏记》,中华书局1962年版,第862页。

⑤ 《长编》卷一三三,庆历元年八月甲申条,第3161页;又见同书卷一三五,庆历二年一月辛未条,第3219页。

⑥ 见张津等修《乾道四明图经》卷九《育王广利寺窟奎阁记》,中华书局《宋元方志丛刊》本1990年版,第4929页。按:此记不见于孔凡礼整理点校的《苏轼文集》。

朝宸翰有：

> 仁宗皇帝六：曰龙凤、曰国泰民安、曰升祠、曰佛、曰安、曰佛法。
>
> 高宗皇帝四：曰天竺时思荐福之寺、曰天竺灵山寺、曰枕流亭、曰适安亭。
>
> 宪圣慈烈皇太后二：曰金刚经、曰般若蜜多心经。
>
> 宁宗皇帝二：曰净土九品观堂、曰神御之殿。
>
> 理宗皇帝八：曰无量寿佛宝阁、曰天竺灵山教寺、曰金光明三昧堂、曰瑞光之塔、曰灵应大法师、曰灵应正觉大法师、曰灵应正觉广济大法师、曰灵应正觉广济普照大法师①。

不但如下天竺灵山教寺这样的大寺院，即使如富阳县的净明寺，也有御书阁②。而於潜县北明空院，理宗不但御书"松岩"及"方丈"四大字，而且御制《顶相赞》以赐，于是，该寺嘉熙间专门建阁安奉③。另外如余杭径山寺、明州雪窦寺、绍兴府圆通妙智教院、瑞安府开元寺等也都建有御书阁。再如绍兴三年（1133），朝廷访得"开元寺有仁宗皇帝御书一大匣，道场山天圣、报本二寺各有祖宗御书"④。

除了御书御制外，宋代寺观还藏有其他各种图书，在宋代儒、佛、道三者融合过程中，士人研究佛教、道教及典籍之风颇盛。而僧人、道徒们为了宣扬其教义，亦多有撰著。对此，仅据《郡斋读书志》卷一一"道家类"，卷一六"神仙类"、"释书类"著录，除了佛道经典外，发挥、解释佛道两教的图书有数百种之多，这仅是晁公武个人收藏，由此可推测寺观所藏此类图书之多，而有些藏书家的图书正是从寺观转抄搜集而来。如《景祐天竺字源》一书，"僧惟净等集进，以华梵对翻，有十二转声、三十四字母，各有齿、牙、舌、喉、唇五音。仁宗御制序，镂板颁行。吴郡虎丘寺有赐本如新"⑤。陈振孙据以借录。

---

① ［宋］《咸淳临安志》卷八〇《寺观六》，第 4088 页。
② ［宋］《咸淳临安志》卷八四《寺观一〇》，第 4140 页。
③ ［宋］《咸淳临安志》卷八四《寺观一〇》，第 4138 页。
④ 《宋会要辑稿》崇儒六之二。
⑤ 《直斋书录解题》卷一二，第 356 页。

而据《宋会要辑稿》记载,绍兴四年(1134),起居郎常同上言,为了使搜访而来的图书不致散佚,请求别录副本藏之各地寺院返观。常同上言云:

> 渡江以来,始命搜访典记、祖宗正史、实录、宝训、会要,得于搢绅士庶之家,残缺之余,补缉仅足,良亦艰矣。然今三馆、秘阁、尚书、佛庐签轴苟简,藏贮不精。且宅都未定,有迁徙之虑,间阎相比,有延烧之虞。一旦守护不谨,则累朝盛典,又复散落矣。臣愚谓宜少给笔札之费,别录副贰之书,藏之名山道观、僧寺,依收掌御书例,量赐拨放,以酬守护之劳。庶使国朝之书,永久常存,不至散缺。①

根据《宋会要辑稿》此条记载,说明南宋时一些名山道观、僧寺当都藏有正史、实录、宝训、会要等各种图书。

二、南宋寺观对私家藏书的寄存

自古以来,除了处在京城都市的少数寺观外,一般的寺庙、宫观大都远离尘嚣,藏之名山,环以秀川,故成为文人学者专心读书治学、修身养生的好去处。在宋代历史上,就有如王安石等不少官僚士大夫在退隐之后或遭贬黜之时,长住寺观,或紧邻寺观,与僧道为友,交往密切。而据《释氏稽古略》卷四记载,南宋绍兴二年(1132)进士第一的张九成(1092—1159),在奸相秦桧专政时因反对秦桧向金屈膝投降,"以为讥议朝政",贬南安军,"谪居十四年,寓横浦僧舍,谈经著书"。再如绍兴末,傅自得(1016—1083)客于泉州城东之佛寺间,即其寓舍之西偏治一室,名之"乐斋"。朱熹为撰《乐斋记》云:

> 左右图史,自《六经》而下,百家诸子史氏之记籍,与夫骚人墨客之文章,外至浮屠老子之书,荒虚谲诡诙谐小说,种植方药卜相博奕之数,皆以列置,无外求者。公(傅自得)于是日俯仰盘礴于其间,翻群书而诵之,蚤夜不厌,人盖莫窥其所用心,而公自以为天下之乐无易此者,故尝取欧阳子之诗以名其室曰"至乐之斋"。②

---

① 《宋会要辑稿》崇儒四之二四。
② 《晦庵先生朱文公文集·别集》卷七,《四部丛刊初编》本。

更有些文人学者把寺院道观作为藏书读书之地。最著名的例子是北宋李常借庐山五老峰下白石庵藏书。

李常(1027—1090),字公择,建昌(今江西南城县)人。皇祐元年(1049)进士,历官秘阁校理三司条例检详官。哲宗朝,累拜御史中丞,后出知邓州,徙成都,卒于途。李常少时读书庐山五老峰下白石庵僧舍,既擢第,留所抄书九千卷,名曰李氏山房。苏轼《李氏山房藏书记》载云:

> 余友李公择,少时读书于庐山五老峰下白石庵之僧舍,公择既去,而山中之人思之,指其所居为李氏山房,藏书凡九千余卷……而书固如也,未尝少损,将以遗来者,供其无穷之求,而各足其才分之所当得。是以不藏于家,而藏于其故所居之僧舍,此仁者之心也。①

从苏轼此《记》中可得知,李常之所以将少时读书之图书寄藏于庐山白石庵舍,是以遗来者阅读使用,使其发挥更大效益。因此李氏山房藏书室,被誉为有近代公共图书馆性质的藏书楼。

南宋时将寺院道观作为私人藏书寄存之处也时有所见,如绍兴二年(1132),秘书少监洪炎上言:"太平州芜湖县僧寺寄收蔡京书籍"②。而最典型、最著名,能与李常在庐山设李氏山房藏书相媲美的是洪咨夔在西天目山下宝福寺藏书读书之事。

洪咨夔(1176—1236),字舜俞,号平斋,於潜(今浙江临安)人。嘉泰二年(1202)进士,历监察御史、刑部尚书、翰林学士。理宗宝庆元年(1225),洪咨夔因上书指责公卿获罪,被贬官。尔后,回家乡於潜,读书于西天目山下宝福寺,"合新、故书得万有三千卷,藏之闻复阁下,如李氏庐山故事"③。

南宋洪咨夔与北宋李常分别藏书于西天目山宝福寺、庐山五老峰白石庵,一直被作为中国古代藏书史上的佳话传颂。

---

① 《苏轼文集》卷一一,第359页。
② 《宋会要辑稿》崇儒四之二四。
③ 魏了翁:《洪氏天目山房记》,《鹤山先生大全文集》卷四九。

第六章 南宋书院藏书

在中国古代四大藏书系统中,书院藏书是最后形成的一个系统,而后世意义上的作为民办公助集授徒教学、学术研究于一体的书院,是在宋代才正式形成的。所以,考察真正意义上的最早的书院藏书,也是在北宋初才开始形成的,这也是笔者认为中国古代四大藏书系统形成确立于宋代的基本观点。但是,特别需要指出的是,由于宋代文化教育,学术事业的发展与书院教学、研究的需要,虽然书院藏书形成得比较晚,但是它的发展规模却很快速。到了南宋时期,随着书院数量的成倍增加,与包括书院自身刻书在内的藏书渠道的扩大,其藏书功能也得到很大提高,终于使其成为在中国古代藏书发展史上一个不可替代的包括对图书的收藏、管理、利用、研究、整理、刻印在内的文化系统工程。

第一节 宋代书院的发展

一、书院的产生与形成

根据文献记载,书院名称最早出现在唐代。据《唐会要》载,"(开元)六年,乾元院更号丽正修房院"。"(开元)十三年四月五日,因奏封禅仪注,敕中书门下及礼官学士等,赐宴于集仙殿。上(玄宗)曰:'今与卿等贤才同宴于此,宜改集仙殿丽正书院为集贤院。'"①这是现存文献可寻找到的关于书院的最早记载之一。《新唐书·百官志二》:"集贤殿书院:学士、直学士、侍读学士、修撰官,掌刊辑经籍。凡图书遗逸、贤才隐滞,则承旨以求之。谋虑可施于时,著述可行于世者,考其学术以闻。凡承旨撰集文章、校理经籍,月终则进课于内,岁终则考最于外。"②又《资治通鉴》开元十一年五月己丑条:"上(玄宗)置丽正书院,聚文书之士。"胡三省注云:

> 汉、魏以来,有秘书之职。梁于文德殿内藏聚群书。北齐有文林馆学士,后周有麟趾殿学士,皆掌著述。隋写群书正副二本藏于宫中,其余以实秘书外阁。炀帝于东都观文殿东西厢贮书,自汉延嘉至隋皆秘书掌图籍,而禁中之书时或有焉。太宗在藩,置学士十八人。其后弘文、崇文二馆皆有学士。开元五年,乾元殿写四部书,置乾元院使,有刊正官四人,知书官八人,分掌四库书。六年,更号丽正修书院,置使及检校官,改修书官为丽正殿学士。八年,加文学直,又加修撰、校理、判正、校勘官。十一年,置丽正书院修书学士。十三年,改丽正修书院为集贤殿书院,五品以上为学士,六品以下为直学士,宰相一人为学士知院事,常侍一人为副知院事,又置判院一人,押院中使一人,又置集贤院侍讲学士、侍读直学士。其后又增修撰官、校理官、待制官、留院官、知检讨官、文学直之类。③

可见作为最早以书院为名的唐代丽正书院,与后世的书院性质不同,它与宋代的馆阁一样,是国家机构,是国家藏书、修书处所。它虽然藏有很多图书,但属于官方藏书系统中的中央藏书机构。另外,它没有如宋代以后的书院那样,具有教学功能。故清人袁枚指出:"书院之名起于唐玄宗时,丽正书院、集贤书院皆建于朝省,为修书之地,非士子肄业之所也。"④

---

① 王溥:《唐会要》卷六四《集贤院》,中华书局 1955 年版,第 1118、1119 页。又见《旧唐书》卷九七《张说传》,中华书局点校本 1975 年版,第 3054 页。
② 欧阳修:《新唐书》卷四七《百官志二》,中华书局点校本 1975 年版,第 1212 页。
③ 司马光:《资治通鉴》卷二一二,中华书局点校本 1956 版,第 6755—6756 页。
④ 袁枚:《随园随笔》卷一四,江苏广陵古籍刻印社 1991 年版。

关于私人修建的书院，最早出现在唐贞元时，明天顺五年（1461）修成的《明一统志》卷七一载："张九宗书院，在遂宁县书台山，唐贞元间（785—804）建。"尔后，清雍正七年（1729）所修《四川通志》卷五（收入《四库全书》）与[嘉靖]《四川通志》卷七九将唐贞元误刊为贞观，称："张九宗书院，在遂宁县，唐贞观九年建。"有些书院研究者据此认为张九宗书院建于贞观九年（635），要比丽正书院早九十年。按张九宗，四川遂宁人，两《唐书》未立传，生卒年不详，但据文献资料中有关张九宗的零星记载得知，他主要生活于德宗、顺宗、宪宗朝。元和五年（810）曾为刺史①。事实上，误刊贞元为贞观的上引两《四川通志》，在他处所记张九宗事迹、活动时，都在上述德宗、顺宗、宪宗朝。但是不管怎样，在没有新的材料发现之前，以私人名义建立的书院在唐后期已创建，而张九宗书院当是中国古代早期创建的书院之一。继张九宗书院等早期为数不多的几家书院后，唐代后期还有多家私人创建的书院。对此，据有学者查检统计，"《全唐诗》中提到了十一所，见于地方志的有十七所"②。其中比较重要与著名的有江西的桂岩书院、陈氏东佳书堂（义门书院）、衡州石鼓书院。但是这些书院，大都是文人学者个人读书治学的处所③。为了读书治学，当然就需有一定图书，而在读书治学过程中，这些文人学者或多或少有门生学子随其左右，也有不少年轻士子上门求学，当然也有主动招徒讲学的。所以，就如任何事物都有酝酿产生、形成、发展的过程一样，最早产生于唐代后期的书院，经过唐末五代，初步形成了具有教学、学术研究功能的后世意义上的书院，而自北宋始逐渐定型并有了较大发展。其中具有重要标志的是，在北宋初出现了对当代、后世书院建设发展产生重大影响的四大书院。对此，记载宋代史事的基本史书《宋会要辑稿》、李焘《长编》、王应麟《玉海》、马端临《文献通考》等都有记载。其中《文献通考》综述云：

———————————

① 祝穆·《方舆胜览》卷六三、六五，中华书局点校本 2003 年版，第 1101 页、1132 页。

② 赵连衡：《中国书院藏书》，贵州人民出版社 2009 年版，第 3 页。

③ 按：其中创建于元和九年（814）、位于江西高安的桂岩书院，据说是我国古代最早的私家招徒授业书院，但史载不详。

　　宋初有四书院:庐山白鹿洞(太平兴国二年知江州周述言:庐山白
鹿洞学徒常数十百人,望赐《九经》,诏乃从其请),嵩阳书院(至道二年
赐额及印本《九经》),岳麓书院(咸平四年郓州守臣李允则奏:岳麓山书
院修广舍宇,有书生六十余人听诵,乞下国子监降《释文》等书,诏从
之),应天府书院(祥符二年新建书院,诏以曹诚为助教。国初有戚同文
者,通五经业,高尚不仕,聚徒教授常百余人,许让、郭承范、董循、陈象
与、王砺、滕涉皆其门人。同文卒后,无能继其业者,至是始有是命并赐
院额。此四书院之外又有茅山书院)。①

从《文献通考》此条综述,可对宋初的书院概括出如下几个特点:第一,宋初
的四大书院主要是授徒教学的教育单位,已形成较大规模,生徒少则六七十
人,多则超过百人。第二,这些书院都得到当地政府、地方官员的关心支持,
而从地方官将这些书院之事直奏朝廷,得到赐书,嵩阳书院得到朝廷赐额,
应天府书院创建人戚同文卒后因无能继其业者,朝廷不但赐额,还"诏以曹
诚为助教",都说明,宋初书院得到朝廷的直接过问、支持、资助。第三,由于
教学的需要,书院极需《九经》等图书,这也成为书院收藏图书的初衷,并随
着书院数量的增加、规模的扩大,迫使书院进行积极主动地去收藏图书,以
适应日常教学与学术研究活动的需要。

二、南宋书院的发展

　　在宋初四大书院已初步形成为民办公助教育单位性质的基础上,宋代
书院得到较快发展,到南宋更是得到快速发展,大小不等的书院如雨后春笋
般地出现在全国各地。根据当代多位学者统计,两宋书院的数量,以数百
计,而南宋大约占四分之三以上②。南宋书院不但在数量上比北宋有了成倍

---

① 《文献通考》卷六三《职官考一七》,第571页。
② 对于宋代书院的数量,学界统计分歧较大,白新良统计为五百十三所(《中国古代书院发展
史》,天津大学出版社1995年版,第4页、第7页);邓洪波统计为七百十一所(《中国书院制度研究》,
浙江教育出版社1997年版,第335页)。又《中国书院藏书》谓:"总计宋代书院共有397所,其中北
宋约占22%,南宋约占78%。"第4页。

增加,而且其规模、体制也得到极大发展,还新产生了一大批有重大影响、对当代及后世文化教育事业作出重大贡献的书院。对此《续文献通考》有一总结性的论述:

> 宋自白鹿、石鼓、应天、岳麓四书院后,日增月益,书院之建所在有之。宁宗开禧中,则衡山有南岳书院,掌教有官,育士有田,略仿四书院之制。嘉定中,则涪州有北岩书院。至理宗时尤伙,其得请于朝,或赐额,或赐御书,及间有设官者。应天有明道书院,苏州有鹤山书院,丹阳有丹阳书院,太平有天门书院,徽州有紫阳书院,建阳有考亭书院、庐峰书院,崇安有武夷书院,金华有丽泽书院,宁波有甬东书院,衢州有柯山书院,绍兴有稽山书院,黄州有河东书院,丹徒,道州有濂溪书院,兴化有涵江书院,桂林有宣成书院、全州有清湘书院。度宗朝,则淳安有石峡书院,衢州有清献书院,其它名贤戾止士大夫讲学之所,自为建置者不与焉①。

以上《续文献通考》所载仅是"其得请于朝,或赐额,或赐御书,及间有设官者"的南宋最主要、最著名的书院,凡二十所,比北宋时四大书院总数增加五倍。至于"其它名贤戾止士大夫讲学之所,自为建置者不与焉",也就是说,无法统计,由此可见南宋书院之多。而据上引《续文献通考》,结合宋元方志所记,南宋书院遍布境内各地,又以经济、文化发达地区为多。就以《续文献通考》所载二十所最著名的书院为例,主要分布在今湖南、浙江、江西、江苏、安徽地区。而南宋总的书院主要也分布在上述地区。

　　考察南宋书院的发展过程,可发现一个少为学界关心留意的现象,即南宋书院大量出现是在南宋中后期即宁宗朝,就以上引《续文献通考》所载二十所最著名的书院而言,均出现在宁宗朝及宁宗朝以后。期间,自北宋后期至南宋前期,宋代书院数量并不多,并且出现了衰退现象,如宋初四大书院中白鹿洞书院毁于北宋后期,"屋宇不存,其记文、石刻遂徙置军城天庆

---

　　① 王圻:《续文献通考》卷五〇《学校考》,影印文渊阁《四库全书》本。

观"①。淳熙六年(1179),朱熹知南康军,才由朱熹奏请朝廷,得以重建。北宋中期后,石鼓书院亦"废而不复修",淳熙十二年,才在当地地方长官的关心下,"始因旧址列屋数间"再建②。对此,淳熙十四年,湖南提刑宋若水等复石鼓书院,朱熹应宋若水之请在所撰《衡州石鼓书院记》中说:

> 予惟前代庠序之教不修,士病无所于学,往往相与择胜地,立精舍,以为群居讲习之所。而为政者,乃或就而褒表之。若此山、若岳麓、若白鹿洞之类是也。逮至本朝,庆历,熙宁之盛,学校之官遂遍天下,而前日处士之庐无所用,则其旧迹之芜废,亦其势然也……抑今郡县之学官,置博士弟子员,皆未尝考其德行道义之素。其所受授,又皆世俗之书,进取之业,使人见利而不见义,士之有志于为己者,盖羞言之。是以常欲别求燕闲清旷之地,以共讲其所闻而不可得。此二公所以慨然发愤于斯役,而不敢惮其烦,盖非独不忍其旧迹之芜废而已也。③

朱熹这段话的意思是:太学、府州、县学等官办学校,主要是为培养学生考取科举,故随着宋代科举事业的发展,官学等得到地方政府的重视,也得到为获取功名的广大士子的青睐,这使府州、县学得到极大发展,而书院一度为包括地方官员在内的官僚士大夫的忽视,"则其旧迹之芜废,亦其势然也"。以上朱熹的分析,尤其是对宋代书院办学宗旨的分析,不免失于偏颇。固然,宋代的一些重要的大型书院,以讲学与研讨儒家经典为主,学术气氛十分浓厚。也有很多书院,如私人创办的家族式书院,主要是对家族子弟延师进行科举教学,使他们考取科举。但是,自北宋中期后,官学教育发展很快,书院教育发展较慢,甚至有所停滞则是事实。这种情况在南宋中期得到了较好的改变,在渡过了北宋后期、南宋前期的低谷后,到南宋后期,书院得到了较为快速的发展。从上引《续文献通考》的概述,结合其他文献记载,可以发现南宋后期自宁宗朝开禧(1025—1028)以后,书院的发展形成了一定的

---

① 朱熹:《白鹿洞牒》,《晦庵先生朱文公文集》卷九九,《朱子全书》,第4584页。
② 朱熹:《衡州石鼓书院记》,《晦庵先生朱文公文集》卷七九,《朱子全书》,第3782页。
③ 《晦庵先生朱文公文集》卷七九,《朱子全书》,第3783页。

规模、创建了不少一流的书院,而"至理宗时尤伙"。以宋代书院最多的今江西地区为例,据对［雍正］《江西通志》查检,今江西地区宋代所建书院约为一百三十六所,其中南宋中后期即宁宗朝后所建或重建的超过一百所。这是因为,自孝宗朝始,以朱熹为代表的一些著名学者,为了宣扬、传播理学,不但亲自创建、重建书院,授徒教育,延请名儒讲学,他们本人也频频到各地的书院讲学,身体力行支持书院教学。至理宗朝,随着党禁解禁与理学被最高统治者的承认提倡,为了纪念前代周敦颐、二程及朱熹、吕祖谦等儒学大师,在他们任职、读书、讲学处所,都建起了书院以纪念祠祀他们,并直接以这些名儒大家之名为书院名额。使书院不但成为授徒教育、延请名儒讲学与进行学术研究的场所,也使书院增添了纪念、祠祀名儒及各学派代表人物的功能。有的门人学生,后代子孙则在其师、其祖、父读书、讲学之地直接创建书院,以祠祀其师、父、祖。这样的事例举不胜举,如广信府(治今江西梧州)怀玉书院,原为唐大历中僧志所创法海寺,北宋时学士杨亿精舍亦在山麓,南宋时朱喜与陆九渊、汪应辰等著名学者讲学兹山,于是"有司及门人拓而大之,置田以供四方来学者,自是怀玉之名与四大书院相等"①。最典型的是,仅江西地区纪念、祠祀周敦颐而以其号命名的濂溪书院就有六所,除了二所为南宋以后所建,另四所都是在南宋时创建或重建②。再如以南宋著名学者张拭命名的南轩书院,南宋时就有四所,一所在江西袁州(治今江西宜春),一所在湖南衡山县南岳(治今湖南),一所在四川汉州城内,一所在建康府,都是为纪念祠祀张拭而建。其中建康府的南轩书院,还是朝廷"命建康府建",以"祠先儒张栻"③。正是这些南宋新建的以百为计数的众多书院,成为南宋书院藏书发展的基础。

---

①　［雍正］《江西通志》卷二二《书院二》,影印文渊阁《四库全书》本。

②　按:"其一在宁州治东旌阳山麓,濂溪先生任分宁时创书院,以延四方游学之士,后人因以名。"又袁州府有"宗濂书院,在萍乡县东芦溪镇,宋周濂溪先生监税是镇,尝立书院以教授,后人即其地建祠。又于县治南立濂溪书院"。在九江府有三所,一所为宋代所建。详见［雍正］《江西通志》卷二二《书院二》。

③　《宋史》卷四六《度宗本纪》,第901页。

第二节 南宋书院藏书发展的特点与来源

一、南宋书院藏书发展的特点

如上所述,后世意义上的书院初步形成于唐末五代,至北宋初才日趋成熟。在其形成之初,由于受到规模、建置、财力的限制及当时战乱、社会动荡的影响,办学条件很差,连《九经》等一般的儒家经典等必需的教学用书都十分缺乏,故谈不上藏有多少图书。就以宋初四大书院为例,庐山白鹿洞书院,学徒众多,但无《九经》,太平兴国二年,"知江州周述言庐山白鹿洞学徒常数(千)[十]百人乞赐《九经》使之肄习,诏国子监给本仍传送之"。嵩阳书院、岳麓书院,亦分别于太宗至道二年(996)、咸平四年(1001)得到朝廷所赐印本《九经》、《释文》等书。而南京应天府睢阳书院,是宋初四大书院中藏书最多的书院,全靠府民曹诚出家财建造,亦才"聚书千五百余卷"①。而这四家书院图书的来源除了应天府睢阳书院外,主要靠朝廷赐予。在这之后,即北宋中期以后,随着雕板印刷枝术的逐渐成熟,图书生产与流通的加快,增加了书院获得图书的来源与渠道。至南宋,随着书院数量的快速增长,其藏书得到前所未有的发展,拥有图书的书院数量大大增加。据笔者对宋代基本史籍与宋元人文集、宋元方志与部分明清文集、方志等的搜寻,南宋有较明确藏书记载的书院有三十余所,其中少数书院的图书是北宋遗留下来的,极大部分是南宋时新增。而且,南宋书院藏书与北宋相比,其数量更多,规模更大。就藏书数量来说,出现了不少藏书数千卷甚至超过万卷的书院。如上文所述魏了翁鹤山书院藏书达到十万卷,再如浙江东阳南园书院藏书达到三万卷,江西贵溪石林书院储书数万卷,福建漳浦梁山书堂,藏书二万卷②。

---

① 《宋会要辑稿》崇儒二之二。
② 有关以上书院藏书,详下文南宋重要藏书楼纪略。

就藏书规模而言,不少南宋书院建有专门藏书楼、藏书阁,如江西白鹿洞书院、湖南岳麓书院、衡州石鼓书院等。而临汝书院建有尊经阁,浙江遂安札溪书院有明经阁,浙江丽泽书院除了建有藏书阁外,还建有遗书阁,专藏吕祖谦原讲习之处图书及吕祖谦的著作。这些名目不一的藏书阁乃至藏书楼,所藏图书不但为日常教学服务,也成为士子们"研习之资",同时也为图书的保存、传承起了很大作用。

据此,总结南宋书院藏书发展的特点,最明显的一点是:南宋时期书院藏书的数量与规模比之北宋有成倍的增加、扩大。

二是南宋书院藏书来源的多渠道、多样化。通过上文考察说明,北宋尤其是北宋前、中期,包括四大书院在内,书院藏书的很大部分是朝廷赐予,而南宋书院藏书主要来源已不是靠朝廷赐予。据笔者查阅《宋会要辑稿》、《系年要录》、《玉海》、《宋史全文》及宋人文集等,南宋时朝廷对书院赐予图书的记事只有二条,即淳熙八年(1181),朱熹知南康军时,经二次上奏请求,将"太上皇帝(高宗)御书石经及印版本《九经疏》、《论语》、《孟子》等书赐"给白鹿洞书院①。另,绍兴十三年(1143)六月"内出御书《周易》,九月四日御书《尚书》终篇刊石,颁诸州学"②。显然,这与北宋初赐予庐山白鹿洞书院等《九经》情况不同,前一条材料是表示白鹿洞书院的特殊地位,后一条材料是表示朝廷对儒学经典的重视与提倡。需要指出的是,这一情况并不说明南宋最高统治者对书院藏书的不重视,而是说明南宋一般书院都收藏有如《九经》之类基本图书。这同时说明书院藏书不再仅是通过朝廷赐予,而可以通过其他渠道获得。其中地方政府与官僚士大夫、当地乡绅的资助,购置图书成为藏书的主要来源。除此之外,有的书院还变被动收藏为主动收藏,即通过刻印图书增加自身图书收藏。对此,下文有专门的考察论述。

第三,实是求是地说,南宋书院及藏书虽然有了很大发展,但比之官方藏书、私家藏书,无论是藏书规模与藏书数量、种类都不能同日而语,即使与寺观藏书相比,也差距很大。首先,由于书院主要是传授儒家思想与以教学

---

① 《晦庵先生朱文公集》卷一六《书石经及国子监注疏等事》,《朱子全书》,第653页。
② 《玉海》卷三四《绍兴御书石经》,第645页。

为主的性质所决定,与前代一样,南宋书院收藏的图书主要以儒家经典著作为主。到南宋后期,随着党禁的解除,理学的被最高统治者的承认、提倡,书院藏书增加了不少周敦颐、二程等前代理学开创者的著作及南宋朱熹、张拭、吕祖谦等理学大师的著作。但总的来说,南宋书院藏书比较单一,除了儒家经典著作与历代儒学大家的著作,重要的官方所编正史外,很少有其他著作,甚至很少有诸子类图书。在这方面,它与南宋的寺观藏书相比也要逊色得多。这就在很大程度上影响了它的藏书数量与规模。或谓,不是有四川鹤山书院藏书十万卷,浙江南园书院藏书三万卷的书院吗? 是的,南宋是有这样的书院,但这是为数不多的个例,就私家藏书而言,宋代有数十成百的藏书达万卷的藏书家,故书院藏书显然不能与之相提并论。而且,即使偶有如鹤山书院、南园书院这样藏书超万卷的书院,实际上都是书院创建者魏了翁、郭钦止的个人家藏图书。

另外,南宋书院的发展主要是在南宋中后期,大多数书院是在南宋后期创建或重建的。而理宗端平二年(1235)宋蒙联军灭金之后,蒙古军即开始将矛头直指南宋。不久,蒙古军大举南下,使南宋王朝大兵压境,危机四伏,而度宗朝后(1264—1279),南宋王朝更是内外交困。南侵的蒙古军队所到之处,烧杀掳掠,使南宋的经济、文化遭到极大破坏,包括书院藏书在内的整个藏书业也遭到几近毁灭性的打击,严重地影响、阻碍了南宋书院及其藏书的发展。这也是南宋书院藏书总的来说规模不大,数量不多的原因。

但是,综观南宋书院藏书,比之前代有了很大发展,它进一步巩固发展了北宋形成的书院藏书系统,为元明清以后书院藏书的发展打下了良好基础,在中国古代书院藏书史乃至整个中国古代藏书史上有着重要的地位,对保存传播中国传统文化作出了很大贡献。

二、南宋书院藏书的来源

南宋书院藏书来源,除个别书院得到朝廷赐予外,主要来源有三个方面:书院创建者的家藏图书,地方官府与个人资助,以及书院自己购买,抄录、刻印。

（一）书院创建者的家藏图书

宋代书院很多是本人或父祖授徒办学而创立的，而创办者也都是文人学者，家中都有一定的图书，有的还是藏书家。故书院创办时，很多以家藏图书作为书院的基本藏书。如上文已多次提到的藏书达十万卷的四川鹤山书院，其中很大一部分是该书院创建人魏了翁的家藏图书。周必大所撰《董君（亿）墓志铭》谓：江西吉州永丰人董亿（1171—1202），"即先庐竹林，辟观过斋，聚书万卷，日延贤师友讲贯道艺"，有"别墅在城东，创潜乐书院，时与亲宾尊酒论文"①。另如婺州（今浙江金华）石洞书院，创办人郭钦止"徙家之藏书以实之"②。而明州鄞县（今属浙江宁波市）花厓书院主人应伯震（1217—1291），家藏图书五千卷，科举失利，乃作花厓书院，"延良师教子侄"③，亦是以家藏图书作为书院教学用书。类似的例子还有吉安秀溪书院等，这都说明南宋不少书院创建之初的藏书，来源于创建者家藏图书。

（二）地方政府、个人资助与购置

南宋书院藏书的另一重要来源是由当地官府与个人资助，其中包括直接捐助图书与资金捐助。图书捐助除了书院创建人之外，还有地方官员，乡绅。资金捐助中包括书院日常开支与扩建等，其中一部分用于购置图书、刻印图书。如衡州石鼓书院，南宋初已毁，淳熙十二年（1185）后，在地方长官潘畤、宋若水的直接过问下，得以恢复重建，并"割田置书"，"摹国子监及本道诸州印书若干种若干卷，而俾郡县择遣修士以充入之"；当地其他官员林栗、苏诩、管鉴、薛伯宣等，"皆奉金赟割公田以佐其役"④。而最为典型的是朱熹淳熙六年（1179）出知南康军时，亲自恢复重建白鹿洞书院，并直接帮助书院进行藏书建设。他不但将为刘靖之作传而刘靖之之子所赠刘氏先人所藏《汉书》四十四通，送给白鹿洞书院，而且还请求江西各州府给白鹿洞书院捐助图书。对此，下文南宋重要书院图书藏书纪略将有具体介绍。

① 周必大：《董君（亿）墓志铭》，《平园续稿》卷三五，《宋庐陵四忠集》丛书本。
② 《叶适集》卷九《石洞书院记》，第155页。
③ 陈著：《应长卿墓志铭》，《本堂集》卷九一，影印文渊阁《四库全书》本。
④ 详朱熹：《衡州石鼓书院记》，《晦庵先生朱文公文集》卷七九，《朱子全书》，第3782—3783页；卷九三《运判宋公（若水）墓志铭》，《朱子全书》，第4302页。

（三）抄录、刻印

在唐中期雕扳印刷未发明之前，以及北宋初期雕扳印刷还未广泛运用时，图书的保存、流传与收藏主要靠抄录，故北宋书院藏书除了靠朝廷与地方政府赐予资助、购置外，也主要靠抄录。但随着雕板印刷技术的逐渐成熟，南宋书院规模的扩大，不少书院开始以刻印图书作为其收藏来源。关于书院刻书，叶德辉《书林清话》卷三收集到宋代书院所刻书有：

绍定三年（1230），婺州丽泽书院重刻司马光《切韵指掌图》二卷，又曾刻吕祖谦《新唐书略》三十五卷。绍定四年，象山书院刻袁燮《絜斋家塾书钞》十二卷。淳祐六年（1246），泳泽书院刻大字本朱子《四书集注》十九卷。淳祐八年，龙溪书院刻陈淳《北溪集》五十卷、《外集》一卷。宝祐五年（1257），竹溪书院刻方岳《秋崖先生小稿》八十三卷。景定五年（1260），环溪书院刻《仁斋直指方论》二十六卷、《小儿方论》五卷、《伤寒类书活人总括》七卷、《医学真经》一卷。咸淳元年（1265），建宁府建安书院刻《晦庵先生朱文公文集》一百卷、《续集》十卷、《别集》十一卷。鹭洲书院曾刻《汉书》一百二十卷①。

又傅增湘《藏园图书经眼录》所载宋代书院刊本有：南宋嘉定十七年（1224），白鹭洲书院刻汉班固撰、唐颜师古注《汉书集注》一百卷，其牌记有"甲申岁刊于白鹭洲书院"②。有《后汉书注》九十卷，刘宋范晔撰，唐李贤注《志注补》三十卷③。有司马光《资治通鉴》二百九十四卷，其后牌记为"鄂州孟太师府三安抚位刊梓于鹤山书院"④。

除此之外，据《郡斋读书志.附志》载，《周易玩辞》十六卷，"平庵项安适平父所述也"，"其子寅孙刊于建安书院"⑤。又该书作者赵希弁自称，《朱熹》所著《中庸章句》一卷、《或问》二卷、《中庸辑略》二卷、《大学章句》一卷、

① 《书林清话》卷三《书院本》，第 85 页。
② 傅增湘：《藏园图书经眼录》卷三《史部一》，中华书局 1983 年版，第 186 页。
③ 《藏园图书经眼录》卷三《史部一》，第 196 页。
④ 《藏园图书经眼录》卷三《史部一》，第 224 页。
⑤ 《郡斋读书志·附志》，《郡斋读书志校证》，第 1090 页。

《或问》二卷,他家所藏各两本,"岳麓书院精舍及白鹿洞书院所刊者"①。另谓其家所藏朱熹著《论语集注》十卷、《孟子集注》十四卷,"岳麓、白鹿洞(书院)所刊也"②。又南宋时抚州旧刻有《仪礼》,淳祐九年(1249)临汝书院初建时,"尝模印入书阁"③。

　　值得注意的是,上引各书所载的宋代书院刻书,全部是在南宋时候,这至少说明,北宋书院刻书不多,而南宋时书院刻印图书已不鲜见。这是否可以这样认为:书院刻书作为新的图书刻印系统与版本系列,即中国古代版本学上称之为书院刻书与书院本是在南宋时初步形成的;而南宋之后,随着书院刻书的不断发展,至元代逐渐形成规模。南宋书院刻书不但成为自身藏书的重要来源,也为图书的保存、传播、流通作出了很大贡献;在此同时,书院靠出售所刻图书获得了一定的经济收入,以此加强书院建设,并用以购置图书,增加自身的藏书。

第三节　南宋书院藏书举要

　　为了较全面地考察南宋书院的藏书情况及地域分布,根据作者搜集的材料,本节以现在省区为单位,分别对有较明确的藏书记载的南宋书院作一介绍。

一、湖南地区

1.潭州岳麓书院
关于岳麓书院的创建兴替及藏书,《玉海》概述云:

　　　　岳麓书院,开宝九年潭州守朱洞始创宇于岳麓山抱黄洞下,以待四方学者。作讲堂五间、斋序五十二间,孙迈为记。咸平二年,潭守李允

---

① 《郡斋读书志·附志》,《郡斋读书志校证》,第 1095 页。
② 《郡斋读书志·附志》,《郡斋读书志校证》,第 1099 页。
③ 黄震:《黄氏日抄》卷九一《修抚州仪礼跋》,影印文渊阁《四库全书》本。

则益崇大其规模。三年,王元之为记,曰:"西京首述文翁,东观先书卫飒,观其理蜀郡(引者按:观,原文脱漏,据《四部丛刊》本《小畜集》补),教桂阳,率以庠序为先"云云。中开讲堂,揭以书楼,塑先师十哲之象,画七十二贤,潇湘为洙泗,荆蛮为邹鲁。四年二月二十日辛卯,允则奏岳麓山书院修广舍宇,生徒六十余人,请下国子监赐诸经、《释文义疏》、《史记》、《玉篇》、《唐韵》,从之。祥符五年,山长周式请于太守刘师道,广其居,谭绮为记。式以行谊著,八年,召见便殿,拜国子主簿,使归教授,给诏:因旧名赐额,仍增给中秘书。于是书院之称闻天下。乾道元年,帅臣刘珙重建(下注:为四斋),定养士额二十人。二年十一月,张栻为之记。淳熙十五年,帅臣潘畤广二斋,益额十人,陈傅良为记。淳祐六年,赐御书"岳麓书院"四字,揭之中门①。

另查王禹偁所撰《潭州岳麓书院记》,确如上引《玉海》所说,有"中开讲堂,揭以书楼"的记述,说明宋初岳麓书院已专门建有书楼。遗憾的是张栻所撰《潭州重修岳麓书院记》②、陈傅良所撰《潭州重修岳麓书院记》③,都未有书院书楼与藏书的记载。但元人吴澄《岳麓书院重修记》称:延祐元年(1314)整治岳麓书院时,"木之朽者易,壁之漫者垩。上瓦下甓,更撤而新。前礼殿傍四斋,左诸贤祠,右百泉轩,后讲堂。堂之后阁曰'尊经',阁之后亭曰'极高明',悉如其旧"④。可见南宋时,岳麓书院的藏书楼名尊经阁,此阁的名称一直延续到后世。

2. 衡州石鼓书院

衡州石鼓书院建于唐代,是宋代直至明清我国最著名的书院之一。朱熹《衡州石鼓书院记》记述该书院创建、兴废及南宋淳熙重建及藏书情况云:

衡州石鼓山据烝湘之会,江流环带,最为一郡佳处。故有书院,起唐元和间,州人李宽之所为,至国初时尝赐敕额。其后乃复稍徙而东,

① 《玉海》卷一六七《岳麓书院》,第3074页。
② 张栻:《南轩集》卷一〇,影印文渊阁《四库全书》本。
③ 陈傅良:《陈傅良文集》卷三九,浙江大学出版社点校本1999年版,第498—499页。
④ 吴澄:《吴文正集》卷三七,影印文渊阁《四库全书》本。

以为州学,则书院之迹,于此遂废而不复修矣。淳熙十二年,部使者东阳潘侯畤德鄜始因旧址列屋数间,榜以故额,将以俟四方之士有志于学而不屑于课试之业者居之,未竟而去。今使者成都宋侯若水子渊,又因其故而益广之,别建重屋,以奉先圣先师之象,且摹国子监及本道诸州印书若干种若干卷,而俾郡县择遣修士以充入之。盖连帅林侯栗,诸使者苏侯诩、管侯鉴、衡守薛侯伯宣皆奉金赍割公田以佐其役。逾年而后落其成焉①。

又,朱熹为宋若水(1131—1188)所撰墓志铭谓:"衡州故有石鼓书院,墟废亦久,前使者潘侯畤始复营之,公成其终,为增置弟子员,以永嘉戴溪为之师,割田置书,教养如法。"②据此,作为宋代名书院的衡州石鼓书院在北宋末南宋初被毁不存。孝宗淳熙十二年(1185)后,经当地两任地方官潘畤、宋若水恢复重建,并抄录国子监及本郡诸州所刻印书收藏之。

二、江西地区

1.南康军白鹿洞书院

白鹿洞书院在江西庐山,是宋初四大书院之一。唐代贞元年间(785—805),李渤与兄隐居庐山白鹿洞,后李渤为江州刺史,即洞创台榭。南唐升元(937—942)中,因洞建学馆,谓之白鹿。宋初,其规模发展到有学徒数十百人,太平兴国二年(977)三月,经知江州周述上言请求,太宗赐以《九经》。咸平五年(1002),又敕有司重加修缮,至皇祐时,规模有了进一步扩大③。但在北宋末南宋初,毁于战乱,其藏书也荡然无存。淳熙六年(1179),朱熹出知南康军,行视陂塘并庐山,而东得白鹿洞书院废址,见书院已不复存,仅存废址,"慨然顾其僚曰:是盖唐李渤之隐居,而太宗皇帝驿送《九经》,俾生徒肄业之地也!"④为此,朱熹决定恢复重建白鹿洞书院,并发布文牒,告谕民

① 《晦庵先生朱文公文集》卷七九,《朱子全书》,第3782—3783页。
② 朱熹:《运判宋公(若水)墓志铭》,《晦庵先生朱文公文集》卷九三,《朱子全书》,第4302页。
③ 关于白鹿洞书院,宋元史籍多有记载,《玉海》卷一六七有一综合性记述,可参阅。
④ 吕祖谦:《白鹿洞書院記》,《东莱集》卷六,影印文渊阁《四库全书》本。

众。在文牒中,朱熹首先回顾了白鹿洞书院自唐代李渤隐居读书此处,至创建及本朝赐《九经》不断发展的历史后云:

> (书院)后经兵乱,屋宇不存,其记文、石刻,遂徙置军城天庆观。昨来当职,到任之初,即尝询访,未见的实。近因按视陂塘,亲到其处,观其四面,山水清邃环合,无市井之喧,有泉石之胜,真群居讲学遁迹著书之所。因复慨念庐山一带,老佛之居以百十计,其废坏无不兴葺。至于儒生旧馆,只此一处。既是前朝名贤古迹,又蒙太宗皇帝给赐经书,所以教养一方之士,德意甚美。而一废累年,不复振起。吾道之衰,既可悼惧,而太宗皇帝敦化育材之意亦不著于此邦,以传于后世,尤长民之吏所不得不任其责者。其庐山白鹿书院,合行修立①。

于是,朱熹命军学教授杨大法,星子县令王仲杰董其事,白鹿洞书院得以较快地炼复重建。在此期间,朱熹又对书院藏书建设表示了极大的热情与关心,在书院刚建立后,他就将为刘靖之(1128—1178,字子和)作传而刘靖之之子所赠刘氏先人所藏《汉书》四十四通,送往白鹿洞书院,"使藏之,以备学者看读"②。同时,他还向江西境内各州府求助,为白鹿洞书院征集图书。他在给对其执弟子礼的黄灏的一封信中嘱托黄灏云:

> 白鹿成,未有藏书,欲于两漕求江西诸郡文字,已有札子恳之。此前亦求之陆仓矣,度诸公必见许。然见已有数册,恐致重复。若已呈二丈,托并报陆仓,三司合力为之。已有者不别致,则易为力也。书办乞以公牒发来,当与收附,或刻之金石,以示久远计。二公必乐为之也。旦夕遣人至金陵,亦当遍干诸使者也③。

淳熙八年(1181)一月二十五日,朝廷除朱熹提举江南西路常平茶盐公事,在准备赴任待次之际,朱熹上了《缴纳南康任满合奏禀事件状》。朱熹此《状》

---

① 《晦庵先生朱文公文集》卷九九《白鹿洞牒》,《朱子全书》,第4584页。
② 《晦庵先生朱文公文集》卷八一《跋白鹿洞所藏汉书》,《朱子全书》,第3851页。
③ 朱熹《与黄商伯书》,见毛德琦《白鹿书院志》卷二,《白鹿洞书院古志五种》,中华书局1995年版。按:商伯,为黄灏字。

凡四奏,其第四奏主要内容为乞赐白鹿洞书院敕额及乞颁降太上皇帝高宗御书石经及国子监《九经注疏》等事。奏文向朝廷禀报了他此次知南康军任上恢复重建白鹿洞书院的经过。最后指出书院重建之事"今已了毕,但其敕额官书,皆已烧毁,散失无复存者","欲望圣明,俯赐鉴察,追述太宗皇帝、真宗皇帝圣神遗意,特降敕命,仍旧以白鹿洞书院为额,仍诏国子监,仰摹光尧寿圣宪天体道性仁诚德继武纬文太上皇帝御书石经及印版本《九经疏》、《论语》、《孟子》等书,给赐本洞,奉守看读,于以褒广前烈,光阐儒风"①。根据宋代国史记载,是年十一月辛丑,孝宗准予礼部所上朱熹的奏请,事下国子监,赐额白鹿书院,并以国子监所摹高宗御书石经,印造《九经注疏》、《论》、《孟》等书给赐②。

在知南康军任上,朱熹还为白鹿洞书院规划创建藏书阁,只是由于不久除提举江南西路常平茶盐公事,离开南康军,其规划未能实施。但受朱熹的影响,当地的地方官与白鹿洞书院历任山长对书院藏书十分重视。在朱熹离开南康军多年后,当地学官李琪终于在白鹿洞书院建造了藏书阁云章阁。近半个世纪后,宝庆二年(1226),又在知军王拭支持下,由学官丁燧对云章阁进行了增修扩大。曹彦约所撰《白鹿书院重建书阁记》,记其重建书阁藏书情况云:

> 白鹿洞之复有书院,前使君朱文公所建也;书院之有御书石经,孝宗皇帝之赐,文公之请也。藏书而有阁焉,又文公之所度地,前学官李君琪之所创,前使君宗学桂博士欲改而大之,今使君太府王寺丞增益,其费命学官丁君燧董成之。几五十年而后,文公之志始遂,亦难矣哉。

曹彦约在《记》中记此次重建书阁云:"旧阁尚卑隘,总高深之数,为丈者率不满二,其广特加一焉。今所增或以丈计,或以尺数,蔑有不满之虑,书院伟矣,阁崇

---

① 《朱文公文集》卷一六,《朱子全书》,第 757 页。

② 马廷鸾:《庐山白鹿洞书院兴复记》,《碧梧玩芳集》卷一七:"谨按国史,淳熙八年十一月辛丑,礼部言知南康军朱熹奏庐山白鹿洞书院在本军星子县界,恭闻先朝尝赐之国子监九经,又尝敕有司重加修缮,考此山佛老之祠以百数,兵乱之余,次第兴葺,而先王礼乐之宫所以为化民成俗之本者,乃反寂寥。"又见李才栋等编《白鹿洞书院碑记集》,江西教育出版社 1995 年版,第 20 页。

且广矣。"①可见经过此次重新修建,白鹿洞书院建筑雄伟,其藏书阁"崇且广"。

2.抚州临汝书院尊经阁

临汝书院在抚州(今江西临川)府城西南二里许,淳祐九年(1248),提举江西常平茶盐事冯去疾创建,以祀其师朱熹。咸淳七年(1271)因吏部侍郎曾渊之请,敕赐额为临汝书院②。《吴文正集》卷三七《临汝书院重修尊经阁记》,记临汝书院于南宋时建尊经阁藏书云:

> 宋淳祐戊申,冯侯去疾提举江南西路常平茶盐事,至官之日,以其先师徽国文公朱先生尝除是官而不及赴,乃于抚州城外之西南营高爽地,创临汝书院,专祠文公,为学者讲道之所。明年己酉,书院成,位置分画,率仿太学,故其屋室规制,非他书院比,左个之左竖危楼,贮诸经及群书于其间,匾曰"尊经阁"。

又黄震《修抚州仪礼跋》云:

> 《仪礼》为礼经,汉儒所集,《礼记》其传尔。自《礼记》列《六经》而《仪礼》世反罕读,遂成天下难见之书。抚州旧有刊板,某以咸淳七年来抚,板已漫灭不全。闻淳祐九年本州初建临汝书院,时尝模印入书阁,取而正之,则此时书板已多不可辩,盖此书之不全久矣。因遍于寓公寻借得蜀本参对而足之,凡重刻者六十五板,计字三万四千三百八十五,补刻者百六十九板,计字二万三千五百六十七。幸今再为全书云。咸淳九年二月③。

据黄震此跋,抚州所刻《仪礼》,临汝书院曾"模印入书阁",也就是说藏有抚州地方官府所刻而书院据以印刷的《仪礼》。

3.吉州秀溪书院

秀溪书院,在江西吉安安福县南三十里,嘉泰元年(1201)邑人周奕建。嘉泰二年,杨万里为撰《秀溪书院记》云:

---

① 曹彦约:《白鹿书院重建书阁记》,《昌谷集》卷一五,影印文渊阁《四库全书》本。

② 《黄氏日抄》卷八八。

③ 《黄氏日抄》卷九一。

安福县之南三十里而近有秀溪者,十里而九萦,凝为天镜,涌为车轮,行为齐纨鲁缟之纹,激为金簧玉磬之音。人士周奕彦博居其上,筑馆临之,命之曰"秀溪书院",讲经有堂,诸生有舍,丛书于间,旁招良傅,以训其四子①。

《记》又称秀溪书院主人周奕"嗜学而强记,经史百氏靡不综贯"。据此,秀溪书院实际上是一所当地乡绅士人私人创办的专以教子的学校,而以书院名之,但杨万里称其"讲经有堂,诸生有舍,丛书于间,旁招良傅",说明它也招收其他学子,有一定规模,且藏有不少图书。

4. 袁州南轩书院

袁州(治今江西宜春)南轩书院在府城东湖上,本南轩祠,元虞集《南轩书院新建藏书阁记》谓:"袁州路南轩书院者,祠广汉张子宣公(栻)而列于学官者也。""端平丙申(三年,1236),郡守庐山彭方度地于东湖之上,始创书院,又七年而后成"。又称"国朝(引者按:指元朝)以来,莫之改也。近岁水啮,其北址藏书之阁圮焉"。可见,创建于南宋端平三年的袁州南轩书院,建有藏书阁。

5. 南安军道源书院

道源书院在南安军治所大庾县县学东,宋仁宗庆历七年(1047),周敦颐为南安军司理,程珦以兴国令摄判事,遣二子程颢、程颐受业于此。南宋乾道三年(1167)军学教授郭见义辟一屋以祠周敦颐与二程。淳祐二年(1242),在江万里提议下,创建书院,名"周程书院"。宝祐六年(1258)改名为"道源书院"。景定四年(1263)理宗赐"道源书院"四大字为额。书院建云章阁以藏之②。而据[雍正]《江西通志》卷二二引[嘉靖]《江西通志》谓:"云章阁在府学东,宋淳(熙)[祐]间建,以贮经籍者。理宗书'道源书院'四字赐额"。则道源书院的云章阁早已建立,"以贮经籍者"。

6. 吉州白鹭洲书院

白鹭洲书院在吉州城东白鹭洲上,淳祐间江万里为州守,以程大中尝为

---

① 《诚斋集》卷七七。按:南宋时江西另还有一座"秀溪书院",在新建县,见[雍正]《江西通志》卷二一《书院一》。

② 参见[雍正]《江西通志》卷二二《书院二》。

庐陵尉,乃即白鹭洲建书院以祀周敦顾、程大中、程颢、程颐、张载、朱熹六君子。理宗御书"白鹭洲书院"额之。书院置田租八百石有奇,绕城濠池,岁入租银五十两。建有云章阁,以贮经籍①。欧阳守道《四书集义序》谓,淳祐十一年,吉州"以郡学与白鹭洲书院养士之余力,刊《四书集义》者"②。另据傅增湘《藏园图书经眼录》载,嘉定十七年(1224),白鹭洲书院刻汉班固撰、唐颜师古注《汉书集注》一百卷③。

7. 隆兴府龙光书院六经楼

龙光书院在隆兴府丰城县荥塘剑池庙左,宋绍兴年间邑人陈自侁创建,高宗赐额。其规制宏敞,"前立头门,中设大殿,祀先师像。后建《六经》楼、仰止堂。左为讲堂,右为规戒堂,四方就学者三百余人,悉廪之"④。

8. 抚州石林书院

石林书院在抚州贵溪县,叶梦得创建。叶梦得,号肖翁,又号石林,受业傅子云。举进士,授秘书丞,累官知抚州⑤。清[同治]《贵溪县志·书院》收录有宋曾留远所撰《石林书院记》,谓:叶梦得奉祠后,"即依山林,即闲旷以讲授为业,遂构石林书院攀桂楼于东边藏修焉。其规划大略视昔之岳麓、嵩阳,今之紫阳、槐堂之制,缭以周垣,荫以嘉树,聚古今图书数万卷,中列文宣、四配之像,从以周(惇颐)、程(颢、颐)、张(载)、朱(熹)与象山(陆九渊)、琴山(傅子云)诸儒。复买田以奉四时祠祭,增廪饩以给学者之不足,由是东南之士至无虚日矣。"。据此,贵溪书院藏书有数万卷。

三、浙江地区

1. 婺州石洞书院

石洞书院在婺州(今浙江金华市)东阳县四十五里,为邑人郭钦止于绍

---

① 参见[雍正]《江西通志》卷二一《书院一》。
② 阳守道:《巽斋文集》卷一二,影印文渊阁《四库全书》本。
③ 《藏园图书经眼录》卷三《史部一》,中华书局 1983 年版第 186 页。
④ [道光]《丰城县志》卷五。
⑤ 按:宋代另有一叶梦得(1077—1148),字少蕴,亦号石林,长洲(今江苏苏州)人。即本拙著上文多次提到的宋代著名藏书家、文献学家叶梦得。

兴十八年(1148)建。叶适《石洞书院记》谓："石洞,郭氏名山也。"又云:

> 石之高翔俯踞,而竹坚木瘦皆衣被于其上;水之飞湍瀑流,而蕉红蒲缘皆浸灌于其下。潭洞之洼衍,阿岭之嵌突,以亭以宇,可钓可奕,巧智所欲集,皆不谋而先成。君(郭钦止)又荫茂密以崇其幽,植芳妍以绚其阳,左右面势,彼此回薄,而山之向背曲折,阴晴早暮,姿态备矣。君甚乐之,以为山水之美,千载而潜,譬犹赵璧、隋珠,璞于外而韫于中,其一日忽彰,何异武陵、天台显于今而闷于昔也!既而叹曰:"吾寒生也,地之偶出于吾庐,非赐余者,吾其可自泰而游!将使子孙勤而学于斯,学其可以专,盍使乡里之秀并焉"。于是度为书院,礼名士主其学,徙家之藏书以实之。储洞之田为书院之食,而斥洞之山为书院之山①。

据此,石洞书院创建之初,创建人郭钦止"徙家之藏书以实之"。另叶适所说"礼名士主其学",这中间有吕祖谦、魏了翁等,而叶适本人亦曾主书院讲席。另据曹彦约所撰《跋东阳郭氏石洞书院记》称:"郭氏《石洞书院记》,叶水心(适)之所作,楼攻媿(钥)之所书,朱晦翁(熹)之所题,为当代三绝矣"②。可见石洞书院在当时名望、学术地位都很高。此后,石洞书院的规模得到进一步发展扩大,至明末清初,有房三十余楹,前为大厅,后为紫阳讲堂,两旁为厢房③。一直为浙中的一所著名书院。

　2.婺州丽泽书院

　　丽泽书院位于婺州(今浙江金华市),是南宋后期建立的一所较著名的书院,与吕祖谦有关。吕祖谦(1137—1181),字伯恭,寿州(治今安徽凤台)人。隆兴元年(1163)进士,继又中博学宏词科,是南宋著名学者,人称"东莱先生",乾道淳熙间,与朱熹、张拭齐名,时称"东南三先生",一生以授徒讲学为主。楼钥所撰《东莱吕太史祠堂记》云:

> (吕祖谦)其教人则以孝弟忠信为先,以穷经躬行为务。故登其门

---

① 《叶适集》卷九,第155页。
② 曹彦约:《昌谷集》卷一七,影印文渊阁《四库全书》本。
③ [雍正]《浙江通志》卷二八。

者,随其性质,咸有得焉。自建炎南渡,父祖始寓于婺,假官屋以居,其地在光孝观之侧。入仕虽久,而在官之日仅四年,故在婺之日最多。四方学者几于云集,横经受业皆在于此。晚始买屋于城之北隅,以旧居归之官。

《记》又云:吕祖谦去世后二十七年,开禧三年(1207),当地士大夫及吕祖谦门人,以祖谦旧居之半为堂以祠祖谦。在当地官员的支持、资助下,嘉定元年(1208)秋,祠堂建成,"为屋才十余楹,外门五间,祠室及前轩各三间。又欲前为一堂,匾以'丽泽书院',以存公(吕祖谦)之旧,且为后来讲习之地,后为遗书阁,以庋平日所著,如《大事记》、《读诗记》、《闺范》、《近思录》、《春秋》、《尚书讲义》、《家法》、《祭礼》及它书之未成者"①。据此,丽泽书院是吕祖谦之门生学徒为纪念祠祀其师而建立的,吕祖谦生前未有丽泽书院之名,且其初建之时,规模并不大。楼钥作为与吕祖谦同科进士,交往颇深,又亲闻其事,所记当援引有据。故有些著作称丽泽书院为吕祖谦所建云云,与事实不符。但丽泽书院为纪念祀祠吕祖谦而建,专建有遗书阁,藏有吕祖谦原讲习之处图书及吕祖谦的著作。之后,随着吕祖谦学术地位被后世进一步承认与提高,丽泽书院的社会地位也越来越高,元明之后,历代统治者都对它尊崇有加,一直是全国著名书院之一。

3. 婺州南园书院

南园书院,在婺州东阳县东南四十里。[雍正]《浙江通志》卷二八引[万历]《金华府志》谓:"宋蒋友松建,聚书三万余卷,宾硕儒,以教其族党子弟"。

4. 严州钓台书院

钓台书院在严州府城(今浙江杭州建德)东五十里,汉严光隐钓处。景祐元年(1034)范仲淹知睦州始创祠宇。《景定严州续志》载其创建、扩建及规模云:

钓台距城五十里,范文正公始创祠宇。绍兴四年,知州颜为尝加葺治,名其阁曰"客星轩",曰"羊裘"。八年,知州董弅作招隐堂于祠之左,

---

① 以上引文均见《攻媿集》卷五五《东莱吕太史祠堂记》。

前《志》列于桐庐县古迹下。淳熙五年，知州萧燧重修，吕成公为记。绍定戊子（二年，1229），知州陆子遹始创书院。淳祐辛丑（元年，1241），知州王似始延堂长训严氏子孙，月计所廪给之。又十一年辛亥，知州赵汝历凿石累土以广其地，益以栋宇，为门三间，榜曰"钓台书院"。历级而升为官厅，左仍先生祠也。"羊裘轩"、"客星阁"、悉仍其旧。以"招隐堂"废址为"燕居堂"，下为门庑，榜曰"燕居之门"。由官厅而右为讲堂，榜曰"清风堂"，堂之北为复屋，榜曰"遂高堂"，堂之南临流为阁，榜曰"云峰烟水"。为四斋，曰"明善"，在清风堂之左，"希贤"在其右，曰"尚志"，在"云峰烟水"之左，"修己"在其右，为炉亭，曰"会友"……①

另［雍正］《浙江通志》卷二九《学校》载："钓台书院，《严陵志》汉严子陵耕钓处，宋景祐中知州范仲淹始创祠宇。绍定戊子，山阴陆子遹来知州事，辟书院于台下，处僧庐于东偏，复葺'高风阁'，置经史子集，用训迪严、方二家子弟"。则钓台书院之"高风阁"，是书院的藏书阁，藏有经史子集四部书。

5. 明州（庆元府）花厓书院

花厓书院，在明州鄞县（今属浙江宁波市），邑人应伯震（1217—1291）建。伯震字长卿，号花厓，世居鄞通远之蜜岩。陈著所撰《应长卿墓志铭》谓：应伯震"少依外家杜氏学，长从西轩黄先生受诗，深得本旨。眼空流辈，谓科名可拾取。试乃辄为异见者黜。不自沮业，所学益力，间作花厓书院，藏书五千卷。延良师教子侄"②。

四、江苏地区

1. 建康府明道书院

明道书院是为纪念著名学者程颢生前担任过江宁府上元县③主簿而建，程颢死后，门人学生尊称其为明道先生，因以为名。在建康府治建康（今江苏南京市）府学旁。《景定建康志》载云：

---

① ［宋］《景定严州续志》卷三《学校》，第4369页。
② 《本堂集》卷九一。
③ 按：上元县在今江苏南京市区，北宋时属江宁府，南宋时属建康府。

（明道）书院所由建也，先是，淳熙初忠肃刘公珙祠程子于学官，朱文公（熹）为之记。绍熙间，主簿赵君师秀来居其官，即听事西偏绘像祠之。嘉定乙亥，主簿危君和复请于太守刘公榘，乃于簿廨之东，得钤辖旧廨之地改筑新祠，部使者西山真公（德秀）捐金三十万、粟二千斛以助之。未几李公珏来继，刘公咸相其役，前护重门，中俨祠像，匾其堂曰"春风"。上为楼，旁二塾，曰"主敬"，曰"行恕"，名其泉曰"泽物"，表其坊曰"尊贤"。既成，率郡博士及诸生行舍菜礼。自是春秋中丁率为彝典，置堂长及职事员，延致好修之士。西山尝记其事，刻诸石崇重。未几，忽就隳废，堂宇虽存，讲肄阙如，遂为军储宾寓之所。淳祐己酉二月，天大雷电，书阁忽灾，退庵吴公因更创之。阁视旧益伟，下为春风堂，聘名儒以为长，招志士以共学，广斋序增廪，稍仿白鹿洞规以程讲课，士趋者众。圣天子闻而嘉之，亲洒"明道书院"四大字赐为额，与四书院等。宝祐丙辰，裕斋马公得西山断碑于瓦砾中，重刻之，跋其后。开庆已未，马公再建大闸，视事之始，与部使者率僚属会讲于春风堂，听讲之士数百。乃属山长修程子书，刻梓以授诸生，给田以增廪，而教养之事备焉。续善意，保成规，寿斯文之脉，则有望于后之君子云。祠堂居中，三间，广四丈，深三丈，中设塑像，榜曰"河南伯程纯公之祠"。东西两廊，各一十五间。御书阁在春风堂之上，五间，广八丈，深四丈，上严奉宸翰，环列经籍。春风堂在祠堂之后，七间，广十丈，深五丈，盖会讲之所也……①

这段记载，不但十分详细而又具体地记述了明道书院建造过程、规模设置，也记述了书院建造之初，即建有藏书阁，后淳祐己酉（九年，1249）书阁遭雷击毁后，"更创之，阁视旧益伟"，另又建有御书阁，"在春风堂之上，五间，广八丈，深四丈，上严奉宸翰，环列经籍"可见该书院藏书当十分丰富。

2. 平江府和靖书院

和靖书院在平江府（治今江苏省苏州市）府治东，原为北宋时钦宗赐号为和靖处士的尹焞（1071—1142）读书处。嘉定七年（1214）士人黄士毅请于

---

① ［宋］《景定建康志》卷二九《儒学志二》，第 1811 页。

知府陈希绘像祀之。端平二年（1235）胡淳请即其地为学，仓司曹豳因奏立书院以和靖为额，嘉熙四年（1240），浙西提举常平茶盐事的陈振孙建藏书堂①。陈振孙作为著名藏书家、目录学家，十分重视图书收藏，和靖书院所藏图书当不少，惜无具体的藏书记载。

五、广西地区

1. 桂林府宣城书院

宣城书院在桂林府治北，建于景定三年（1262），祀张栻、吕祖谦。理宗书额赐之。元臧梦解《重修宣成书院记》载宣城书院创建及藏书云：

> 景定三年，始以南轩、东莱同升建祠，加锡封爵。时南山朱公（撰孙）经略两广，以南轩持节东莱，垂弧实在兹土，虽学有三先生祠，而宣成之祀不及。乃请于朝，建二先生精舍，敕赐"宣成书院"匾额。此宣成书院之所自始也。是年，南山朱公又即原南轩先生所创郡学之西、新城之东，筑台立祠，藏奎有阁，讲书有堂，肄业有斋，设山长职事弟子员。帅漕两司，拨田租钱盐数各有差，月有课，岁有养，轮奂之美者十有五年②。

宣城书院毁于南宋末战火，元时重建。

2. 全州清湘书院

清湘书院，在全州北二里柳山。北宋端拱元年（988），著名文学家柳开（947—1000）出知全州，作读书堂于北山。柳开公事之后，"率学者讲诵其间，后人因名之曰柳山"。南宋嘉定八年（1215），郡守林岊于此遗址筑室馆士，增置讲堂斋舍，以为书院。宝庆元年（1225），郡守程榆奏请赐额为"清湘书院"。程珌（1164　1242）撰有《赐名清湘书院记》③。宝庆三年，郡守赵必愿创率性堂、燕居楼于柳侯祠北。魏了翁《全州清湘书院率性堂记》略记清湘书院创建、扩建及藏书事云：

① ［弘治］《姑苏志》卷二四《书院》，影印文渊阁《四库全书》本。
② 汪森：《粤西文载》卷二九，影印文渊阁《四库全书》本。
③ 程珌：《洺水集》卷七，影印文渊阁《四库全书》本。

吾友林仲山昂守全日,得柳侯仲涂氏读书遗址,乃锄荒筑室,馆士储书,与邦人讲肆其间,且以致怀贤尚德之意。嗣守者不替,有引斋庐廪,稍岁衍月,益今锡之号,荣殆与睢、岳、嵩、庐四书院相为侪等。今守赵立夫必愿复增而大之,中为堂三楹,榜以"率性"①。

六、其他地区

1.(湖北)鄂州南阳书院尊经阁

南阳书院在鄂州(治今湖北武汉)。据《宋季三朝政要》卷一载,"孟珙任四川宣抚使兼京湖制帅,创南阳书院,以处襄汉流寓之士"。而据元程文海《重修南阳书院记》,称孟珙于淳祐(1241—1252)间建南阳书院。按:孟珙(1195—1246),卒于淳祐六年,故南阳书院当建于淳祐初。该书院房屋面积六十余楹,"田租岁入六千石有奇","为钱四百万,养士百有四十人"②。南阳书院还专门建有名"尊经阁"的藏书阁。程文海《尊经阁铭》云:"南阳书院既成,乃葺旧阁,谋藏书也","萃列郡校官板本书至,因庋之其上,以待学者。汇经史子集为八架,架有壁而加扃镝焉"③。此虽是记元初大德五年(1301)南阳书院重修后之建阁情况,但《铭》中称"葺旧阁"云云,则说明,南宋末孟珙创建南阳书院时,已建有藏书阁"尊经阁"。

2.(福建)漳州漳浦梁山书堂

梁山书堂在漳州漳浦梁山下,原为唐代诗人、户部侍郎潘存实读书处,邑人吴与创建于南宋初。吴与,字可权,元丰五年(1082)进士,官终广南东路提点刑狱。平生历官凡七任,悉以俸余市书,所藏至三万余卷。郑樵称海内藏书者四家,以与所藏本最善④。宋林希逸(1193—1171)称梁山书堂编有《梁山书堂目录》,四卷,"兴化方家有之"⑤。

---

① 《鹤山先生大全集》卷四八。
② 高斯得:《公安南阳二书院记》,《耻堂存稿》卷四,《丛书集成初编》本。
③ 程钜夫:《雪楼集》卷二三,影印文渊阁《四库全书》本。
④ [康熙]《漳浦县志》卷一五,又见陆心源《宋史翼》卷一九《吴与传》,中华书局1991年版,第203页。
⑤ 林希逸:《竹溪鬳斋十一稿续集》卷三〇,影印文渊阁《四库全书》本。

后 记

笔者自上个世纪80年代初,从著名宋史专家徐絜民(规)师,完成硕士研究生学业毕业后,就留在母校原杭州大学古籍研究所(即现在的浙江大学古籍研究所),从事中国古典文献学与宋代历史的教学研究,长期为本科生、研究生开设有关中国古代文献目录学的课程,并对宋元藏书进行了探索研究,陆续撰写并发表了十余篇有关宋元藏书的论文,还参加了傅璇琮、谢灼华先生为主编、宁波出版社组织编写、于2001年出版的《中国藏书通史》中宋元部分大部分章节的撰写。2005年秋,杭州社科院南宋史研究中心组织编写大型丛书《南宋史研究丛书》时,将《南宋藏书史》一书的撰写任务交给了我。之后,由于本人另外还承担了本丛书中《南宋临安大事记》(已由杭州出版社2008年出版)与其他教学、科研任务,此书的撰写直到今年春天才算完成。后又几经修改,呈送给出版社出版。现在,我将它呈现出来,诚恳地接受专家学者、学界同仁与广大读者的检验、批评、指正。

近年来,关于中国藏书及藏书史的研究十分活跃,其中尤其是关于资料汇集性、实录性的私家藏书研究更是成绩卓著,有关论文达到数百上千,并出现了以《中国私家藏书史》为代表的一些专门著作。相对而言,对中国古代藏书的另三大系统:官方藏书、寺观藏书、书院藏书的研究尤其是官方藏书研究,似稍显不足。故拙著在撰写时,用了较多的精力对南宋官方藏书进行了探索、考察,对于寺观藏书与书院藏书也发掘了一些新的资料,有所补充。对于南宋私家藏书,为避免资料性地堆积,少作个体一般的叙述性介绍,主要采取表格量化的方式,从中考析其特点,揭示其发展规律以及包括对图书整理、编目、校勘、研究等方面的贡献。

本书第三章、第四章即《南宋的私家藏书》(上、下),由浙江大学出版社编辑王晴博士撰写初稿,经方建新改定。根据《南宋史研究丛书》有关规定限制,作者只署方建新一人名字,这是需要特别加以说明的。

另外,本书在引用文献时,为便于读者查阅核对,原稿在出注其来源时,大多注明图书册数,但根据《南宋史研究丛书》撰写体例,并使整套丛书统一,已删去册数序号,只注明页码。

拙著的撰写得到很多师友的关心、帮助,特别是浙江大学建筑设计院石增礼博士。多年前,石增礼博士还在浙江大学建筑工程学院读研究生时,曾听过我开设的中国古典文献学课程。当时,我根据《南宋馆阁录》的记载,请他画了一张南宋秘书省建筑复原图。此次拙著初定稿时,请求他允许我使用此图,他不但慷慨允准,还对原图几易其稿,查阅相关文献,进行了十分认真仔细的修改,他的这种对学术、工作的认真负责精神,使我深为感动。在这里,我要再次向他表示诚挚的感谢!

还要感谢匿名评审专家对拙著的认真审阅,提出了不少宝贵意见。

拙著的撰写,也得到了杭州社科院南宋史研究中心同仁的关心、督促,在此亦表示衷心感谢。

方建新

2012 年 12 月 12 日

编　后　语

　　历史并不意味着永远消失,从某种意义上说,它总会以独有的形式存在并作用于当前乃至未来。历史学"述往事"以"思来者","阐旧邦"以"辅新命",似乎也可作如是观。历史的意义通过历史学的研究被体现和放大,历史因此获得生命,并成为我们今天的财富。

　　宋朝立国三百二十年(960—1279),是中国封建社会里国祚最长的一个朝代,也是封建文化发展最为辉煌的时期,对后世影响极大。其中立国一百五十三年(1127—1279)的南宋,向来被认为是一个国力弱小、对外以妥协屈辱贯穿始终的偏安王朝,但就是这一"偏安"王朝,在经济、文化、科技等方面却取得了辉煌成就,对金及蒙元入侵也作出过顽强的抵抗。如果我们仍囿于历史的成见,轻视南宋在中国历史上的地位和作用,就不会对这段历史作出更为深刻的反思,其中所蕴涵的价值也不会被认识。退一步说,如果没有南宋的建立,整个中国完全为女真奴隶主贵族所统治,那么唐、(北)宋以来的先进文化如何在后世获得更好的继承和发展,这可能也是人们不得不考虑的一个问题。南宋王朝建立的历史意义,于此更加不容忽视。

　　杭州曾是南宋王朝的都城。作为当时全国的政治、经济和文化的中心,近一个半世纪的建都史给杭州的城市建设、宗教信仰、衣食住行、风俗习惯,乃至性格、语言等方面都打下了深刻的烙印。南宋历史既是全国人民的宝贵财富,更是杭州人民的宝贵财富。深入研究南宋史,是我们吸取历史经验和教训的需要,是批判地继承优秀文化遗产的需要,也是今天杭州大力建设文化名城的需要。还原一个真实的南宋,挖掘沉淀在这段历史之河中的丰富遗产,杭州人责无旁贷。

2005年初,在杭州市委、市政府的大力支持和指导下,杭州市社会科学院将南宋史研究列为重大课题,并开始策划五十卷《南宋史研究丛书》的编纂工作,初步决定该丛书由五大部分组成,即《南宋史研究论丛》两卷、《南宋专门史》二十卷、《南宋人物》十一卷、《南宋与杭州》十卷、《南宋全史》八卷。同年8月,编纂工作正式启动。同时,杭州市社会科学院成立南宋史研究中心,聘请浙江大学何忠礼教授、方建新教授和浙江省社会科学院徐吉军研究员为中心主任和副主任,具体负责《南宋史研究丛书》的编纂工作。为保证圆满完成这项任务,杭州市社会科学院诚邀国内四十余位南宋史研究方面的一流学者担任中心的兼职研究员,负责《丛书》的撰写。同时,为了保证书稿质量,还成立了学术委员会,负责审稿工作,对于一些专业性较强的书稿,我们还邀请国内该方面的权威专家参与审稿,所有书稿皆实行"二审制"。2005年11月,《南宋史研究丛书》被新闻出版总署列为国家"十一五"重点图书出版规划项目。2006年3月,南宋史研究中心高票入选浙江省哲学社会科学首批重点研究基地,南宋史研究项目被列为省重大课题,获得省市两级政府的大力支持。

以一地之力整合全国学术力量,从事如此大规模的丛书编纂工作在全国为数不多,任务不仅重要,也十分艰巨。为了很好地完成编纂任务,2005、2006两年,杭州市社会科学院邀请《丛书》各卷作者和学术委员召开了两次编纂工作会议,确定编纂体例,统一编纂认识。尔后,各位专家学者努力工作,对各自承担的课题进行了认真、刻苦的研究和撰写。南宋史研究中心的尹晓宁、魏峰、李辉等同志也为《丛书》的编纂付出了辛勤的劳动,大家通力合作,搞好组稿、审校、出版等各个环节的协调工作,使各卷陆续得以付梓。如今果挂枝头,来之不易,让人感慨良多。在此,我们向参与《丛书》编纂工作的各位专家学者表示由衷的感谢!

鉴于《丛书》比较庞大,参加撰写的专家众多,各专题的内容多互有联系,加之时间比较匆促,各部专著在体例上难免有些不同,内容上也不免有些重复或舛误之处,祈请读者予以指正。

《南宋史研究丛书》是"浙江文化研究工程成果文库"中的一项内容,为该文库作总序的是原中共浙江省委书记,现中共中央政治局常委、中央书记处书记习近平同志,为《南宋史研究丛书》作序的是中共浙江省委常委、杭州市委书记、杭州市人大常委会主任王国平同志和浙江大学终身教授、博士生导师徐规先生。在此谨深表谢意!

希望这部《丛书》能够作为一部学术精品,传诸后世,有鉴于来者。

杭州市社会科学院院长　史及伟

2007 年 12 月

图书在版编目（CIP）数据

南宋藏书史/方建新著.
–北京：人民出版社，2012
（《南宋史研究丛书》/王国平主编）
ISBN 978-7-01-011244-2

Ⅰ.①南…　Ⅱ.①王…②方…　Ⅲ.①藏书—图书史—中国—南宋
Ⅳ.①G259.294.42

中国版本图书馆 CIP 数据核字（2012）第 227540 号

南宋藏书史
NANSONG CANGSHUSHI

作　　者：方建新
责任编辑：张秀平
封面设计：祁睿一
装帧设计：山之韵

人民出版社 出版发行

地　　址：北京市东城区隆福寺街 99 号
邮政编码：100706　www.peoplepress.net
经　　销：全国新华书店
印刷装订：北京昌平百善印刷厂
出版日期：2013 年 4 月第 1 版　2013 年 4 月第 1 次印刷
开　　本：787 毫米×1092 毫米　1/16
印　　张：24.25
字　　数：400 千字
书　　号：ISBN 978-7-01-011244-2
定　　价：70.00 元